Transformation, Wachstum und Wettbewerb in Rußland

Wirtschaftswissenschaftliche Beiträge

Informationen über die Bände 1–111
sendet Ihnen auf Anfrage gerne der Verlag.

Band 112: V. Kaltefleiter, Die Entwicklungshilfe der Europäischen Union, 1995. ISBN 3-7908-0838-5

Band 113: B. Wieland, Telekommunikation und vertikale Integration, 1995. ISBN 3-7908-0849-0

Band 114: D. Lucke, Monetäre Strategien zur Stabilisierung der Weltwirtschaft, 1995. ISBN 3-7908-0856-3

Band 115: F. Merz, DAX-Future-Arbitrage, 1995. ISBN 3-7908-0859-8

Band 116: T. Köpke, Die Optionsbewertung an der Deutschen Terminbörse, 1995. ISBN 3-7908-0870-9

Band 117: F. Heinemann, Rationalisierbare Erwartungen, 1995. ISBN 3-7908-0888-1

Band 118: J. Windsperger, Transaktionskostenansatz der Entstehung der Unternehmensorganisation, 1996. ISBN 3-7908-0891-1

Band 119: M. Carlberg, Deutsche Vereinigung, Kapitalbildung und Beschäftigung, 1996. ISBN 3-7908-0896-2

Band 120: U. Rolf, Fiskalpolitik in der Europäischen Währungsunion, 1996. ISBN 3-7908-0898-9

Band 121: M. Pfaffermayr, Direktinvestitionen im Ausland, 1996. ISBN 3-7908-0908-X

Band 122: A. Lindner, Ausbildungsinvestitionen in einfachen gesamtwirtschaftlichen Modellen, 1996. ISBN 3-7908-0912-8

Band 123: H. Behrendt, Wirkungsanalyse von Technologie- und Gründerzentren in Westdeutschland, 1996. ISBN 3-7908-0918-7

Band 124: R. Neck (Hrsg.) Wirtschaftswissenschaftliche Forschung für die neunziger Jahre, 1996. ISBN 3-7908-0919-5

Band 125: G. Bol, G. Nakhaeizadeh/ K.-H. Vollmer (Hrsg.) Finanzmarktanalyse und -prognose mit innovativen quantitativen Verfahren, 1996. ISBN 3-7908-0925-X

Band 126: R. Eisenberger, Ein Kapitalmarktmodell unter Ambiguität, 1996. ISBN 3-7908-0937-3

Band 127: M.J. Theurillat, Der Schweizer Aktienmarkt, 1996. ISBN 3-7908-0941-1

Band 128: T. Lauer, Die Dynamik von Konsumgütermärkten, 1996. ISBN 3-7908-0948-9

Band 129: M. Wendel, Spieler oder Spekulanten, 1996. ISBN 3-7908-0950-0

Band 130: R. Olliges, Abbildung von Diffusionsprozessen, 1996. ISBN 3-7908-0954-3

Band 131: B. Wilmes, Deutschland und Japan im globalen Wettbewerb, 1996. ISBN 3-7908-0961-6

Band 132: A. Sell, Finanzwirtschaftliche Aspekte der Inflation, 1997. ISBN 3-7908-0973-X

Band 133: M. Streich, Internationale Werbeplanung, 1997. ISBN-3-7908-0980-2

Band 134: K. Edel, K.-A. Schäffer, W. Stier (Hrsg.) Analyse saisonaler Zeitreihen, 1997. ISBN 3-7908-0981-0

Band 135: B. Heer, Umwelt, Bevölkerungsdruck und Wirtschaftswachstum in den Entwicklungsländern, 1997. ISBN 3-7908-0987-X

Band 136: Th. Christiaans, Learning by Doing in offenen Volkswirtschaften, 1997. ISBN 3-7908-0990-X

Band 137: A. Wagener, Internationaler Steuerwettbewerb mit Kapitalsteuern, 1997. ISBN 3-7908-0993-4

Band 138: P. Zweifel et al., Elektrizitätstarife und Stromverbrauch im Haushalt, 1997. ISBN 3-7908-0994-2

Band 139: M. Wildi, Schätzung, Diagnose und Prognose nicht-linearer SETAR-Modelle, 1997. ISBN 3-7908-1006-1

Band 140: M. Braun, Bid-Ask-Spreads von Aktienoptionen, 1997. ISBN 3-7908-1008-8

Band 141: M. Snelting, Übergangsgerechtigkeit beim Abbau von Steuervergünstigungen und Subventionen, 1997. ISBN 3-7908-1013-4

Band 142: Ph. C. Rother, Geldnachfragetheoretische Implikationen der Europäischen Währungsunion, 1997. ISBN 3-7908-1014-2

Band 143: E. Steurer, Ökonometrische Methoden und maschinelle Lernverfahren zur Wechselkursprognose, 1997. ISBN 3-7908-1016-9

Band 144: A. Groebel, Strukturelle Entwicklungsmuster in Markt- und Planwirtschaften, 1997. ISBN 3-7908-1017-7

Band 145: Th. Trauth, Innovation und Außenhandel, 1997. ISBN 3-7908-1019-3

Band 146: E. Lübke, Ersparnis und wirtschaftliche Entwicklung bei alternder Bevölkerung, 1997. ISBN 3-7908-1022-3

Band 147: F. Deser, Chaos und Ordnung im Unternehmen, 1997. ISBN 3-7908-1023-1

Band 148: J. Henkel, Standorte, Nachfrageexternalitäten und Preisankündigungen, 1997. ISBN 3-7908-1029-0

Band 149: R. Fenge, Effizienz der Alterssicherung, 1997. ISBN 3-7908-1036-3

Band 150: C. Graack, Telekommunikationswirtschaft in der Europäischen Union, 1997. ISBN 3-7908-1037-1

Fortsetzung auf Seite 280

Ralf Wiegert

Transformation, Wachstum und Wettbewerb in Rußland

Mit 28 Abbildungen und 41 Tabellen

Physica-Verlag

Ein Unternehmen
des Springer-Verlags

Reihenherausgeber
Werner A. Müller

Autor
Dr. Ralf Wiegert
Universität Potsdam
Europäisches Institut für
Internationale Wirtschaftsbeziehungen (EIIW)
August-Bebel-Straße 89
14482 Potsdam
wiegert@rz.uni-potsdam.de

ISSN 1431-2034
ISBN 3-7908-0055-4 Physica-Verlag Heidelberg

Bibliografische Information Der Deutschen Bibliothek
Die Deutsche Bibliothek verzeichnet diese Publikation in der Deutschen Nationalbibliografie; detaillierte bibliografische Daten sind im Internet über <http://dnb.ddb.de> abrufbar.

Physica-Verlag Heidelberg
ein Unternehmen der BertelsmannSpringer Science+Business Media GmbH

http://www.springer.de

© Physica-Verlag Heidelberg 2003
Printed in Germany

Umschlaggestaltung: Erich Kirchner, Heidelberg

SPIN 10924570   88/3130-5 4 3 2 1 0 – Gedruckt auf säurefreiem und alterungsbeständigem Papier

Für Katrin und Johann, meinen Eltern zum Dank

Der vermeintliche Gutsbesitzer Chichikov und seine Geschäftsidee:

"Ich bin ein Rindvieh! sprach er zu sich selbst. Ich suche meine Brille, und dabei trage ich sie groß und breit auf meiner Nase! Ich brauche diese toten Seelen nur zu kaufen, solange sie als lebend im Register stehen. Setzen wir den Fall, ich kaufe tausend Stück, und setzen wir den Fall, die Lombardbank beleiht mir jede Seele mit zweihundert Rubeln – dann habe ich zweimalhunderttausend Rubel im Vermögen! Außerdem ist jetzt die Zeit dafür besonders günstig. Denn wie lange ist es her, seit wir die große Seuche hatten? Damals sind, Gott sei gelobt, die Leute haufenweis gestorben."

(zitiert aus: Nikolaj Gogol, Die toten Seelen, in deutscher Übersetzung im Aufbau-Verlag, Leipzig, 1954, S. 362).

Inhaltsverzeichnis

1 Einleitung

Rußland ist ein Land der Extreme. Es ist nicht nur das größte Land der Erde, beherbergt den nördlichen Kältepol des Planeten und umfaßt insgesamt 11 Zeitzonen. Es hat im 20. Jahrhundert auch drei erfolgreiche Revolutionen gesehen: Die erste war nur von kurzer Dauer und führte vorübergehend zu einer bürgerlichen Regierung. Die zweite, die noch im gleichen Jahr 1917 begann, verwandelte das Land von einem ländlich-rückständigen Feudalstaat in eine zentral verwaltete sozialistische Industriegesellschaft. Die dritte schließlich beendete die über 70 Jahre währende sozialistische Ära mit einer Demontage der Zentralverwaltungswirtschaft, um an ihre Stelle eine Marktwirtschaft mit einem demokratischen System auf politischer Ebene zu setzen. In der Realität der ersten Transformationsdekade ist allerdings eine Wirtschaftsform entstanden, die zwischen Elementen einer marktwirtschaftlichen Ordnung und ökonomischem Raubrittertum schwankt.

Der Aufstieg und Fall der politisch-militärischen Macht Rußlands ist nahezu ohne Beispiel: Hatte die damalige Sowjetunion nach dem Zweiten Weltkrieg und im Zuge der von ihr gemeinsam mit den westlichen Alliierten diktierten Nachkriegsordnung den Status einer Supermacht erreicht, die mit den USA das Führungsduo einer bipolaren Weltordnung bildete, so findet sich Rußland am Ende des 20. Jahrhunderts als ein Land wieder, das zwar noch über atomare Gefechtsmittel verfügt, aber in praktisch allen anderen Belangen bestenfalls als eine mittlere Großmacht mit einer schlecht ausgerüsteten Armee, einer im Gefolge der Desintegration der Sowjetunion auf knapp 150 Mio. Einwohner gesunkenen Bevölkerung sowie einem verkleinerten Staatsgebiet gelten kann.

Auch wenn Rußland ab 2006 als Vollmitglied in den Kreis der G7- bzw. der G8-Staaten (inklusive Rußlands) aufgenommen wird, so scheint die ökonomische Bedeutung des Landes im globalen Maßstab auf den ersten Blick relativ gering zu sein: Zu Beginn des 21. Jahrhunderts liegt die jährliche Wirtschaftsleistung gemessen am Bruttoinlandsprodukt auf Basis der jeweiligen Preise und Wechselkurse mit der Österreichs auf ungefähr gleicher Höhe. Allerdings verfügt Rußland über große Vorkommen an natürlichen Rohstoffen. Beispielsweise umfassen die nachgewiesenen Gasreserven rund ein Drittel der Gasreserven weltweit, die Ölreserven knapp 5% der weltweiten Vorkommen (EBRD, 2001, 76). Die insgesamt vermuteten Öl- und Gasvorkommen Rußlands sind wohl wesentlich größer als die nachgewiesenen Reserven, die Förderung eines nicht unerheblichen Teils der vermuteten Vorkommen ist jedoch aufgrund widriger klimatischer und geologischer Bedingungen aus Kostengründen vorläufig nicht rentabel.

Das sowjetische Gesellschaftsmodell, das in den 20er und 30er Jahren des 20. Jahrhunderts die russische Wirtschaft mit einer rücksichtslosen Industrialisierungspolitik geprägt hatte, verblaßte in den 70er Jahren zunehmend; die ökonomische Entwicklung in der Sowjetunion stagnierte. In den 80er Jahren verstärkten sich die wirtschaftlichen Probleme der Sowjetunion nochmals, so daß ohne tiefgreifende Systemreformen ein deutliches Absinken des Wohlstandsniveaus zu befürchten war (EASTERLY/FISHER, 1994; GREGORY/STUART, 1994; OFER, 1987; IWF et al., 1990). Nach seinem Amtsantritt als Generalsekretär der KPdSU im Jahre 1985 setzte Gorbachev[1] erste zaghafte Reformen der sowjetischen Zentralverwaltungswirtschaft um. Allerdings hatte Gorbachev weniger die Abschaffung des sowjetischen Wirtschaftssystems als vielmehr eine grundlegende Reform im Sinn (GOLDMAN, 1991). Ab 1989 wurde jedoch, auch angesichts der weitergehenden politischen und wirtschaftlichen Liberalisierungen in anderen Ländern des Rates für gegenseitige Wirtschaftshilfe (RGW), immer deutlicher, daß die von der Gruppe um Gorbachev angestoßene Reformbewegung auf sie selbst zurückschlug. Mit der Auflösung der Sowjetunion zum Ende des Jahres 1991, der Unabhängigkeit der Russischen Föderation und dem damit verbundenen Machtübergang zum russischen Präsidenten El'tsin endete die Ära Gorbachev. Das Ziel der El'tsin-Administration bestand nun nicht mehr in der Reform des sowjetischen Wirtschaftssystems, sondern in seiner Abschaffung sowie im Aufbau eines marktwirtschaftlichen Systems.

Die Folgen der politischen und wirtschaftlichen Umwälzungen in den Ländern Mittel- und Osteuropas sowie der Sowjetunion sind in nahezu allen Bereichen des Lebens in den ehemals sozialistischen Ländern – aber auch darüber hinaus – zu spüren. Dabei zeigte sich die Abkehr von der sozialistischen Zentralverwaltungswirtschaft als extrem schwierig: Der Systemübergang zur Marktwirtschaft wurde in fast allen Ländern von einem hohen Maß an wirtschaftlicher Instabilität, teilweise drastischen Produktionseinbußen und einem gesunkenen Wohlstandsniveau begleitet. Es sind allerdings erhebliche Unterschiede innerhalb der Ländergruppe des ehemaligen RGW festzustellen. Vor allem in den Ländern der ehemaligen Sowjetunion hat sich der Systemwechsel als schwieriger und langwieriger als in den meisten mitteleuropäischen Ländern herausgestellt, wie z.B. in Polen, Ungarn, der Tschechischen Republik oder auch in Slowenien. Die Phase des wirtschaftlichen Niedergangs dauerte länger, ebenso wie der ökonomische Einbruch selbst tiefer ging.

Die Gründe für die besonderen wirtschaftlichen Probleme Rußlands sind dabei nicht ohne weiteres ersichtlich. Es ist unbestritten, daß Rußland als das Kernland der ehemaligen Sowjetunion durch deren Desintegration einer sehr starken wirtschaftlichen Belastung ausgesetzt war. Zudem gelten etwa für einen prägnanten Vergleich der Lage Rußlands, Polens und Ungarns am Beginn des Übergangs von der Zentralverwaltungswirtschaft zur Marktwirtschaft die Worte Grigorij Yavlinskijs, der über Rußlands Ausgangsbedingungen folgendes bemerkte: "Die Wirtschaft unseres Landes ist nicht wie in Polen und Ungarn jahrzehntelang durch die

---

[1] Für die Transskription von Namen und Ausdrücken in kyrillischer Schrift werden in dieser Arbeit die Regeln der Library of Congress verwendet. Dies mag teilweise für den deutschen Leser ungewohnt erscheinen, da der ehemalige sowjetische Präsident statt Gorbatschow somit Gorbachev geschrieben wird (und aus Jelzin wird El'tsin).

zentrale Planung beschädigt worden. Es ist viel schlimmer: Unsere Wirtschaft ist von der zentralen Planung erst geschaffen worden" (zitiert nach EIGENDORF, 1995, 39).

Damit weist Yavlinskij u.a. auf zwei besondere Merkmale des sowjetischen Wirtschaftssystems hin: Einerseits war die Struktur einzelner Industriebranchen hochkonzentriert, und die Betriebsgröße von Unternehmen wurde in erster Linie auf der Basis der Ausnutzung von statischen Größenvorteilen durch die sowjetischen Planer konzipiert. Dies hatte u.a. zur Folge, daß ganze Städte und im Extremfall ganze Regionen von der Entwicklung einzelner Unternehmen abhingen. Andererseits stellten Unternehmen sowjetischen Typs in der Regel über die Lohnzahlung hinaus ihren Beschäftigten weitere Leistungen zur Verfügung, beispielsweise Wohnraum, Kindergärten und andere Sozialleistungen bis hin zur Versorgung mit Lebensmitteln. Ein Zusammenbruch eines solchen Unternehmens ohne Reform- bzw. Begleitmaßnahmen des Staates hätte nicht nur eine hohe Arbeitslosigkeit in der betroffenen Kommune oder Region zur Folge, sondern würde auch den Zusammenbruch des Systems der sozialen Sicherung bzw. der Lebensgrundlage für die meisten Menschen dort bedeuten. Wirtschaftliche und soziale Probleme sind also eng miteinander verbunden.

Neben den Problemen aufgrund der von der Sowjetunion geerbten Struktur des Unternehmenssektors sind einige weitere Merkmale Rußlands festzuhalten, die das Land von den meisten anderen Transformationsländern, insbesondere Ländern wie Polen, Ungarn und der Tschechischen Republik, unterscheiden:

- Ein Rohstoffsektor (z.B. Gas, Öl, verschiedene Erze) mit großer gesamtwirtschaftlicher Bedeutung: Im Jahr 2000 wurde über ein Fünftel des russischen Bruttoinlandsprodukts über den Öl- und Gasexport erwirtschaftet, die russischen Staatseinnahmen bestanden im selben Jahr zu gut 30% aus Abgaben der Öl- und Gasbranche (EBRD, 2001, 79). Es ist darüber hinaus kennzeichnend für die russische Regulierungspolitik im Hinblick auf den Rohstoff- und Energiesektor, daß Energieunternehmen über künstlich niedrige Energiepreise insbesondere energieintensive Industriezweige implizit subventionieren. Private Haushalte können ebenfalls von den niedrigen Energiepreisen profitieren (de facto auch von dem oft unsanktionierten Ignorieren von Rechnungen), auch wenn gegen Ende der 90er Jahre verstärkt Versorgungsprobleme auftraten.
- Ein hohes Korruptions- und Kriminalitätsniveau: Rußland gilt als eines der korruptesten Länder der Welt. Zahlreiche Untersuchungen haben dies, beispielsweise anhand von Umfragen, bestätigt (EBRD, 1999; HELLMAN/JONES/ KAUFMANN, 2000; TRANSPARENCY INTERNATIONAL, 2001). Eine russische Studie (INDEM, 2002) hat ergeben, daß in Rußland jährlich rund US-Dollar 36 Mrd. an Schmiergeldern gezahlt werden, was ungefähr 12% des Bruttoinlandsprodukts entspricht. Dabei sind 82% der russischen Betriebe und Geschäftsleute an Schmiergeldzahlungen beteiligt. Rund 10% des Wertes jeder Geschäftstransaktion muß laut dieser Studie für Korruptionszahlungen aufgewendet werden.
- Eine geringe Bedeutung von kleinen und mittleren Unternehmen: Rußland hat zwar bezüglich des Anteils des privaten Sektors am Bruttoinlandsprodukt schon

Ende der 90er Jahre ein ähnliches Niveau wie Polen und Ungarn erreicht (EBRD, 2001), jedoch ist die Bedeutung von kleinen und mittleren Unternehmen wesentlich geringer (WELTBANK, 2002).

- Eine Überalterung der Industrieanlagen und ein hoher Modernisierungsbedarf: Die Industrieanlagen Rußlands veraltern zunehmend angesichts mangelnder Investitionen. Dies bedeutet, daß nicht nur die notwendige Modernisierung der Anlagen nicht in Gang kommt, sondern selbst der Erhalt der Maschinen und Anlagen oftmals gefährdet ist. Ein sinkender Kapitalstock zieht aber tendenziell ein sinkendes Produktions- bzw. Wachstumspotential nach sich.

- Eine Erosion der staatlichen Gewalt: Die russische Reformpolitik hat einerseits den ökonomischen Akteuren mit den ersten Reformversuchen der Ära Gorbachev gegen Ende der 80er Jahre ökonomische Freiheiten zugestanden, es aber gleichzeitig nicht vermocht, diese Freiheiten in eine neue bzw. reformierte ökonomische Ordnung zu integrieren. Schon diese ersten Reformversuche führten dazu, daß Insider – in der Bürokratie und im Management von Unternehmen – in der Lage waren, sich Vermögenswerte inoffiziell anzueignen bzw. quasi zu privatisieren (BUITER, 2000). Einerseits eröffnete diese reformpolitische Vorgehensweise bestimmten Akteuren Möglichkeiten, staatliche Unternehmen und Ressourcen regelrecht auszuplündern, andererseits führte dies zur faktischen Abschaffung der alten rechtlichen und ökonomischen Ordnung. Die russische Regierung versuchte seit 1992 gegen den zunehmenden Macht- und Kontrollverlust vorzugehen. Es wurde jedoch deutlich, wie wenig die russische Regierung in den 90er Jahren in der Lage war, eine konsistente Reformstrategie zu entwickeln, sondern vielmehr durch diskretionäre, oft auch sich widersprechende Maßnahmen Krisensymptome zu bekämpfen versuchte (NAGY, 2000).

Der ökonomische Niedergang, die Erosion der wirtschaftlichen Ordnung und der Machtverlust des Staates haben zu einer Krise des Transformationsprozesses in Rußland geführt, aus der ein schneller Ausweg unmöglich erscheint. Die Schuld an dieser Transformationskrise wird in der Regel auf die Reformstrategie, ungünstige Ausgangsbedingungen und die Rolle einzelner Akteure verteilt. Nicht erst, aber insbesondere seit der Finanzkrise vom August 1998 ist die russische Reformpolitik und auch die Rolle der ausländischen Berater, inklusive des IWF, Ziel vehementer Kritik geworden (STIGLITZ, 1999; WELFENS, 1999; SHLEIFER/ TREISMAN, 2000). Mit Blick auf den notwendigen wirtschaftlichen Aufholprozeß ist diese "Schuldfrage" allerdings nur insoweit von Belang, wie ihre Klärung zur Beseitigung von Hindernissen für ein langfristiges ökonomisches Wachstum beitragen kann.

In den Jahren 1999 bis 2001 waren für Rußland zum ersten Mal seit dem Ende der sowjetischen Ära positive wirtschaftliche Wachstumsraten zu beobachten, und zwar von über 5% (in der Spitze bis zu 8%). Trotz des wirtschaftlichen Aufschwungs kam die Investitionstätigkeit jedoch nur wenig in Schwung. Auch das für Rußland typische Phänomen der Kapitalflucht hielt weiter an. Diese Phänomene in Kombination mit der Überalterung des Kapitalstocks und den Defiziten Rußlands bei der Entwicklung eines funktionsfähigen privaten Sektors, insbesondere im Bereich kleiner und mittlerer Unternehmen, werfen mehrere grundlegende Fragen auf, die im Hinblick auf die wirtschaftliche Entwicklung Rußlands und damit für den Erfolg des Transformationsprozesses überhaupt von zentraler Bedeutung sind: Welche wachstumspolitischen Konsequenzen bringen die geschilderten Phänomene mit sich und welche Einflußfaktoren sind für die Investitionszurückhaltung und die Entwicklung des privaten Sektors sowie der Unternehmen in Rußland überhaupt verantwortlich? Welche Rolle spielen dabei die hohe Korruptionsneigung und der Rohstoff- bzw. Energiesektor? Möglicherweise sind die Probleme im privaten Sektor, der Mangel an Unternehmensrestrukturierung insgesamt, die hohe Korruptionsneigung und die Investitionszurückhaltung in Rußland miteinander verbunden.

Es stellt sich hinsichtlich einer Lösung der russischen Transformationskrise und der Konzipierung einer Reformstrategie die Frage, in welcher Form und mit welchen Folgen die mangelhafte marktwirtschaftliche Ordnung und das hohe Korruptionsniveau die wirtschaftliche Entwicklung Rußlands beeinflussen. Dies ist einer der beiden grundlegenden Ansatzpunkte der vorliegenden Arbeit. Der zweite Ansatzpunkt zielt auf die Wachstumsperspektiven Rußlands. Ohne langfristiges Wachstum wird die Legitimität von Marktwirtschaft und Demokratie schwach bleiben. Es ist nach den Faktoren zu fragen, die die langfristige wirtschaftliche Entwicklung eines Landes und damit auch den russischen Wachstumsprozeß beeinflussen. Schließlich benötigt Rußland, sofern es im Hinblick auf das Pro-Kopf-Einkommen zu den mitteleuropäischen Transformationsländern oder gar zu den Ländern der Europäischen Union aufschließen möchte, eine Periode anhaltend hoher wirtschaftlicher Wachstumsraten. Dabei besteht das Anliegen der Arbeit darin, am Beispiel Rußlands zu zeigen, welche Voraussetzungen für einen langfristigen wirtschaftlichen Aufholprozeß gegeben sein müssen und welche Bedeutung dabei der marktwirtschaftlichen Ordnung und insbesondere einem funktionierenden Wettbewerb zukommt. Während kleine offene Volkswirtschaften wie etwa Ungarn, Tschechien oder Polen über Importkonkurrenz im Zuge einer weitreichenden Handelsliberalisierung einen hohen Wettbewerbsdruck im Inland erzeugen können, ist dies für Rußland offenbar schwieriger.

Die vorliegende Arbeit will zur Beurteilung der russischen Entwicklung sowohl traditionelle und neuere Elemente der ökonomischen Wachstumsforschung wie auch die Erkenntnisse der Ordnungs- und Regulierungstheorie heranziehen. Mit dieser Vorgehensweise soll eine breitere Perspektive für die besonderen Probleme Rußlands zu Beginn des 21. Jahrhunderts gewonnen werden. Auch wenn, wie noch zu zeigen sein wird, die ökonomische Wachstumsforschung sehr wohl institutionelle Aspekte bzw. die Rolle marktwirtschaftlicher Institutionen in ihre Analysen integriert, lassen doch die meisten wachstumstheoretischen Modelle diese weitgehend außer Betracht. Dies kann hinsichtlich der Analyse einer Transformationsökonomie, die im Begriff ist, eine marktwirtschaftliche Ordnung zu schaffen, nicht befriedigen. Es bietet sich daher an, beide Bereiche zu betrachten, um ein umfassenderes Bild der tatsächlichen Lage zu erhalten.

Das Kernelement des neoklassischen Wachstumsmodells, die Kapitalbildung durch Investitionsaktivitäten, ist in der Realität in hohem Maße abhängig von den Erwartungen der Investoren und der Wahrscheinlichkeit, mit der diese Erwartungen in der Zukunft erfüllt werden. Eine funktionierende marktwirtschaftliche Ordnung stellt in dieser Hinsicht ein wichtiges stabilisierendes Element für die Erwartungshaltung von Investoren dar. Destabilisierend wirken sich demgegenüber Faktoren aus, die die Erwartungen von Investoren dämpfen bzw. verunsichern, beispielsweise indem die Eigentumsrechte am zukünftig aus der Investition zu erwirtschaftenden Ertrag durch Kriminalität oder Korruption gefährdet erscheinen.

Der Begriff Korruption läßt sich definieren als die "mißbräuchliche Inanspruchnahme eines öffentlichen Amtes für private Zwecke" (SENTURIA, zitiert aus PRITZL, 1997, 43). Aus ökonomisch-rationaler Sicht lassen sich vier verschiedene Motive für Korruption feststellen, insbesondere in Form der Bestechung öffentlicher Entscheidungsträger durch Personen und Unternehmen (vgl. ROSE-ACKERMANN, 1999, 9-10):

• Durch Korruption kann die Marktäumung bei Gütern, deren Bereitstellung durch öffentliche Entscheidungsträger beeinflußt werden kann, verbessert und Übernachfrage abgebaut werden.
• Bestechungszahlungen können für öffentliche Entscheidungsträger als Quasi-Bonuszahlungen fungieren, die sie angesichts einer geringen offiziellen Entlohnung zu einer besseren, aber möglicherweise auch verzerrten Erledigung ihrer Aufgaben anleiten.
• Korruption kann für Unternehmen kostensenkend wirken, wenn durch die Bestechungszahlungen beispielsweise Steuern und Abgaben inoffiziell gesenkt oder vermieden werden können.
• Schließlich ist es für die Durchführung illegaler Aktivitäten rational, öffentliche Entscheidungsträger regelmäßig zu bestechen, um diese von der Verfolgung solch krimineller Aktivitäten abzuhalten bzw. diese zu decken.

In der Transformationsliteratur wurde der Korruptionsbegriff in den allgemeineren Begriff des Rent Seeking integriert (ASLUND, 1996; ZAOSTROVTSEV, 2000; PRITZL, 1998). Der Begriff des Rent Seeking geht auf Arbeiten aus dem Bereich der Regulierungstheorie zurück (KRUEGER, 1974; TULLOCK, 1980; POSNER, 1975; vgl. PRITZL, 1997, 202-235). Mit Renten werden Einkommen bezeichnet, die im Vergleich alternativer Ressourcennutzungsmöglichkeiten über dem Durchschnittseinkommen der Volkswirtschaft liegen und somit einen "Einkommensüberschuß" (Excess Return) darstellen. Als Quasi-Renten kann man den Wohlfahrtsunterschied zwischen der aktuellen Verwendung der gegebenen Ressourcen und ihrer nächstbesten Verwendung definieren.

Die traditionelle Regulierungstheorie identifiziert Renten vor allem im Zusammenhang mit staatlichen Regulierungen und Abgaben wie Zöllen oder anderen Lasten, die zu direkten oder indirekten Zusatzeinkommen bei den begünstigten Individuen führen. Allgemein werden unter dem Begriff Rent Seeking alle Aktivitäten von Wirtschaftssubjekten zusammengefaßt, die mit dem Ziel einer marktbasierten Einkommensumverteilung Ressourcen benötigen (MURPHY/SHLEIFER/VISHNY, 1993). Dies sind also Aktivitäten, die letztlich keinen Mehrwert schaffen und die auch keine unternehmerischen Aktivitäten im Schumpeterschen Sinne darstellen, sondern bei denen mittels eines Kampfes um Machtpositionen lediglich vorhandenes oder in der Zukunft erwirtschaftetes Einkommen zwischen Individuen transferiert wird.

Korruption und das Phänomen des Rent Seeking werfen damit – neben den Fragen nach den Folgen für die Investitionstätigkeit – auch die Frage nach den Folgen für die ökonomische Effizienz auf. Grundsätzlich stellt nur ein funktionierender marktwirtschaftlicher Wettbewerb die ökonomische Effizienz sicher (EUCKEN, 1952/1990; HOPPMANN, 1977). Eine möglichst weitgehende Handlungs- und Wahlfreiheit auf seiten von Unternehmen wie Haushalten und gleichzeitig eine quasi natürliche Begrenzung der individuellen Macht und Einflußsphäre durch den Wettbewerb führen zu einer rationalen Ressourcennutzung und zu einer effizienten Marktversorgung (statische Effizienz des Wettbewerbs). Handlungs- und Wahlfreiheiten ermöglichen es Individuen zudem, stets nach innovativen Verbesserungen der Ressourcennutzung zu suchen (dynamische Effizienz des Wettbewerbs). Die Einführung eines funktionierenden Wettbewerbs ist daher für einen erfolgreichen Transformationsprozeß, der die verzerrte planwirtschaftliche Produktionsstruktur überwinden soll, unverzichtbar. Dabei gilt, daß insgesamt ein Ausgleich zwischen der Erhaltung der Funktion des Wettbewerbs als marktwirtschaftlichem Anreiz-, Lenkungs- und Kontrollverfahren (Institutionenschutz) und der individuellen Handlungs- und Entschließungsfreiheit (Individualschutz) erreicht werden sollte (BERG, 1995).

Im Transformationsprozeß ergibt sich bei der Einführung von Wettbewerb in der ökonomischen wie auch der politischen Sphäre ein erhebliches Spannungs- und Konfliktfeld, da einzelne, zu sozialistischen Zeiten besonders einflußreiche Gruppen wie die Bürokratie und das Management großer Industriebetriebe an Einfluß verlieren. Damit entsteht ein erhebliches Potential für eine eher struktur-konservative Transformationsstrategie, die insbesondere die Einführung von Elementen eines funktionierenden Wettbewerbs zu verhindern sucht. Da zudem das sozialistische System regionale Großbetriebe und Monopole entstehen ließ, gibt es auch Widerstand seitens der "Altmonopolisten".

Für die Analyse des Verhältnisses zwischen Politikern, Interessengruppen und Unternehmen gibt es eine Fülle von Ansatzpunkten. Wichtig ist dabei insbesondere der Ansatz der Neuen Politischen Ökonomie, die das Handeln von politischen Entscheidungsträgern auf der Basis der Interdependenzen zwischen Wirtschaft und Politik zu erklären versucht, wobei Politiker mit der Zielsetzung des Machtgewinns bzw. Machterhalts antreten, was in der Demokratie mit einer Maximierung der Wählerstimmen verbunden ist (FREY, 1986). In einer Demokratie sehen sich die Wähler in der Regel einem Parteienspektrum ohne eindeutig abgrenzbare politische Leitlinien gegenüber, aus dem alternative Politikprogramme nur schwer erkennbar sind. Die Neue Politische Ökonomie hat daher u.a. zu der Erkenntnis geführt, daß es gut organisierten Interessengruppen vergleichsweise leicht fällt, eigene Interessen durchzusetzen bzw. eine Umverteilungspolitik zu ihren Gunsten zu betreiben (OLSON, 1965).

Es ist davon auszugehen, daß der Einführung marktwirtschaftlichen Wettbewerbs im Zuge des Transformationsprozesses erheblicher Widerstand entgegengebracht wird. Marktwirtschaftlicher Wettbewerb allgemein in Transformationsländern wird daher starken Beschränkungen unterworfen sein. Sofern sich einzelne Individuen oder Interessengruppen im Transformationsprozeß in einer Weise durchsetzen können, daß Wettbewerbsbeschränkungen quantitativ und qualitativ ein kritisches Mindestmaß überschreiten, daß also die Einführung einer wettbewerbsorientierten marktwirtschaftlichen Ordnung und eines Mindestmaßes an Wettbewerb verhindert oder blockiert wird, ist der Erfolg des Transformationsprozesses insgesamt gefährdet. Man kann in solch einem Fall von einer Wettbewerbsblockade durch einzelne, gut organisierte Gruppen sprechen. Sollte eine Wettbewerbsblockade tatsächlich vorliegen, muß auch die Frage gestellt werden, inwieweit Neugründungen von Unternehmen überhaupt Möglichkeiten besitzen, sich unter solchen Rahmenbedingungen gegenüber etablierten Unternehmen durchzusetzen.

Zwar suggeriert der Terminus Wettbewerbsblockade ein völliges Versagen des marktwirtschaftlichen Wettbewerbs, was im allgemeinen und auch im besonderen Fall Russlands sicher nicht der Fall ist. Um jedoch auf den besonderen Charakter bzw. die Folgen der Wettbewerbsbeschränkungen und -verzerrungen in Rußland, die in dieser Arbeit erörtert werden sollen, hinzuweisen, erscheint die Nutzung eines prägnanten Bergiffes angebracht.

Die vorliegende Arbeit muß sich, auch angesichts der breit angelegten Herangehensweise, bezüglich einiger Aspekte, bei denen im Falle einer isolierten Betrachtung eine tiefergehende Analyse wünschenswert wäre, in ihren Ausführungen beschränken. Dies gilt für den Bereich der Wettbewerbspolitik an sich bzw. der Anwendung wettbewerbspolitischer Leitbilder (BERG, 1995; EICKHOF, 1992), deren Analyse erhebliche Defizite seitens der russischen Wettbewerbsbehörden sowie der verantwortlichen Branchenministerien offenbart (HÖLZLER; 1996; OECD, 2001a). Im Rahmen der Ableitung einer Reformstrategie am Ende von Kap. 4 wird jedoch auf die wichtigsten Aspekte der russischen Wettbewerbspolitik eingegangen.

Darüber hinaus muß sich auch die Wachstumsanalyse auf die Betrachtung der Kernelemente beschränken. Dies hat zur Konsequenz, daß einige Reformbereiche, die für die Ableitung von Wachstumserfordernissen durchaus Beachtung verdienen, nicht oder nur am Rande dargestellt und untersucht werden können. Einer davon ist der Bereich der Reform des Rentensystems in Rußland. Das russische Rentensystem weist angesichts eines geringen durchschnittlichen Versorgungsniveaus, das viele Rentner zum Zusatzerwerb zwingt, sowie der demographischen Entwicklung und der Ausgestaltung als Umlageverfahren einen dringenden Reformbedarf auf (KOLEV/PASCAL, 2002; WELFENS/WIEGERT, 2002a; DENISOVA/GORBAN/YUDAEVA, 1999). Ein vollständiger Kollaps des staatlichen Rentensystems hätte unabsehbare soziale Folgen und damit auch Konsequenzen für die wirtschaftliche Entwicklung insgesamt.

Gang der Untersuchung

Die Arbeit gliedert sich in die vier Hauptkapitel 2 bis 5, das sechste Kapitel faßt die wichtigsten Ergebnisse der Analyse zusammen. Kapitel 2 schildert zunächst die gesamtwirtschaftliche Entwicklung in Rußland. Es soll einen Eindruck von der besonderen Problematik des Reformprozesses und der Reaktionen auf die sich verändernden ökonomischen und institutionellen Rahmenbedingungen auf der Ebene der Unternehmen wie auch auf der Ebene der politischen Entscheidungsträger vermitteln. Dabei wird insbesondere auf die Folgen der Reformen für die Unternehmensentwicklung eingegangen.

Kapitel 3 ermittelt aus ökonomischer Sicht zentrale Aspekte für einen ökonomischen Konvergenzprozeß Rußlands und will auf der Basis der wirtschaftlichen Lage zu Beginn des 21. Jahrhunderts die Wachstumsprobleme und -aussichten des Landes untersuchen. Die Analyse profitiert dabei u.a. von den zahlreichen wichtigen Fortschritten, die die ökonomische Wachstumsforschung in den vergangenen beiden Jahrzehnten erzielt hat.

Ausgehend vom neoklassischen Standardmodell von SOLOW (1956) geht die Analyse zunächst auf die Bedeutung der Kapitalbildung und -allokation für den wirtschaftlichen Wachstumsprozeß ein und untersucht die Entwicklung Rußlands sowie die geringe Investitionstätigkeit und die Folgen daraus für die Wachstumsperspektiven des Landes. SUTELA (1998) hat den Zusammenhang zwischen dem Finanzsektor als Ort der Kapitalallokation und dem wirtschaftlichen Wachstum aufgegriffen und auf den Fall Rußlands angewandt, wobei er mit dem unterentwickelten russischen Finanzsektor eine wesentliche Ursache für die Kapitalknappheit des Landes ausmacht. Darüber hinaus werden einzelne Wachstumsfaktoren analysiert und im Hinblick auf ihre Bedeutung für die russische Entwicklung eingeordnet. Dies betrifft den schon erwähnten Finanzsektor, den Faktor Humankapital, Handel und Direktinvestitionen bzw. die Integration in die Weltwirtschaft sowie marktwirtschaftliche Institutionen.

Kapitel 4 nimmt die Problematik des Spannungsfelds der Einführung von Wettbewerb, Rent Seeking und dem Verhältnis zwischen Politikern und Unternehmen auf. Dabei wird auf die Bedeutung des Wettbewerbs für den Transformationsprozeß sowie auf die Erkenntnisse der Regulierungstheorie ausführlicher eingegangen. Anhand des Modells von SHLEIFER/VISHNY (1994) werden die Effizienzwirkungen der Korruption, Regulierung und des Einflusses von Interessengruppen diskutiert. Danach wird die Bedeutung der Korruption und Regulierungsentscheidungen für die Entwicklung des Wettbewerbs und eines tragfähigen privaten Sektors vor dem Hintergrund der bisherigen russischen Reformentwicklung analysiert. Es wird im Rahmen eines Transaktionskostenansatzes gezeigt, daß Korruption und Rent Seeking-Aktivitäten hohe Zusatzkosten für Unternehmen verursachen, die Unternehmensgründungen und -expansionen verhindern und damit helfen, die Investitionszurückhaltung in Rußland zu erklären. Die Sonderprobleme natürlicher Monopole, die in Rußland durchaus eine wichtige Rolle spielen, werden grundsätzlich behandelt, aber nicht sektoral en detail. Im Rahmen der polit-ökonomischen Betrachtungen geht die Analyse allerdings auf die spezielle Rolle des Rohstoff- und Energiesektors für die implizite Subventionierung russischer Unternehmen ausführlich ein.

Der Finanzsektor und insbesondere die Rolle von Geschäftsbanken spielen unter den verschiedenen Wachstumsaspekten des Kapitels 3 eine herausragende Rolle. Dies liegt im wesentlichen an der Bedeutung des Finanzsektors als Allokationsmechanismus des Faktors Kapital, dessen Wachstum und Einsatzeffizienz für das wirtschaftliche Wachstum insgesamt im neoklassischen Wachstumsmodell von zentraler Bedeutung ist. Speziell der russische Finanzsektor kann aber auch als relevant für die besondere Rolle des Staates und für die Folgen der Transformationskrise in Rußland betrachtet werden. Daher geht Kapitel 5 unter diesen Aspekten näher auf den russischen Finanzsektor und insbesondere auf das Bankensystem ein.

Das Ende des Kapitels 5 nimmt noch einen weiteren, gesamtwirtschaftlich relevanten Aspekt des Finanzsektors auf, nämlich die Gefährdung der Stabilität der wirtschaftlichen Entwicklung durch potentielle oder tatsächliche Finanzkrisen. MCKINNON (2000) hat darauf hingewiesen, daß angesichts einer schwachen Regulierung des Banken- und Finanzsektors und unterentwickelter Finanzmärkte Banken in Schwellenländern eine fast natürliche Stabilitätsgefahr darstellen, weil sie sich erfahrungsgemäß nur unzureichend gegen Währungsrisiken absichern. Es ist daher zur Vermeidung von wechselkursbedingten Finanzmarktkrisen rational, die Währung von Ländern mit unterentwickelten Finanzmärkten an eine globale Leitwährung (oder einen Währungskorb) zu binden. Wie die Ausführungen in Kapitel 5 zeigen, ist Rußland tatsächlich seit der Finanzkrise von 1998 zu einer Fixierung des Rubel an den US-Dollar zurückgekehrt. Kapitel 6 schließt die Betrachtungen ab mit einer Zusammenfassung der Ergebnisse und einem Ausblick auf die Entwicklung regionaler und globaler Integrationsoptionen und -chancen Rußlands.

2 Einkommensrückgang, Reformprozeß und Unternehmensentwicklung

2.1 Die wirtschaftliche Entwicklung im postsozialistischen Rußland: Tendenzen und stilisierte Fakten

2.1.1 Gesamtwirtschaftliche Entwicklung

Ein erster Blick auf den Transformationsprozeß der 90er Jahre in Rußland fällt ernüchternd aus: Von der politischen Perspektive her betrachtet wird zwar in der Regel der weitgehend friedliche Verlauf des Systemübergangs sowie der Auflösung der Sowjetunion als Erfolg hervorgehoben, jedoch ist die wirtschaftliche Entwicklung weitaus schlechter verlaufen als bei Reformbeginn allgemein erwartet wurde. Das Wohlstandsniveau des überwiegenden Teils der Bevölkerung hat sich erheblich verschlechtert. Das Pro-Kopf-Einkommen pro Jahr auf Dollarbasis lag im Jahr 2000 bei US-Dollar 1697, nach einem vorübergehenden Anstieg in 1997 auf rund US-Dollar 3000. Polen wies im Jahr 2000 demgegenüber ein Pro-Kopf-Einkommen von US-Dollar 4108 und Ungarn von US-Dollar 4552 auf (Zahlen auf Basis jeweiliger Preise und Wechselkurse; EBRD, 2001). Die Lebenserwartung bei Männern wie Frauen ist in einer Weise zurückgegangen, daß diese Entwicklung mit derjenigen aus Kriegszeiten verglichen wurde (HELENIAK, 1995; SOUTHERLAND/HANSON, 2000; ELLMAN, 1997). Für ein Land, das sich im Grunde genommen – von dem Dauerkonflikt in Tschetschenien abgesehen – in Friedenszeiten befindet, dürfte eine derartige Verschlechterung dieses demographischen Indikators in der Moderne fast einmalig sein.

Nach sieben Jahren mit teilweise dramatischen Produktionsrückgängen – mit Ausnahme des Jahres 1997, in dem ein Nullwachstum verzeichnet wurde – realisierte das Land in 1999 erstmals wieder wirtschaftliches Wachstum. Allerdings wurde das Wachstum der Jahre 1999-2002 von zwei außerordentlich günstigen externen Faktoren wesentlich beeinflußt: die in 1999 gestiegenen Rohstoffpreise, insbesondere der Ölpreis, und der aus der scharfen Rubelabwertung infolge der Finanzkrise 1998 entstandene internationale Wettbewerbsvorteil der russischen Industrie, der vor allem zu einer verstärkten Importsubstitution führte. Als dritter Faktor läßt sich die mit der Rubelabwertung bzw. dem abrupten Anstieg der Inflationsrate im August und September 1998 einhergehende Reallohnsenkung um rund 30% anführen, welche die Lohnkosten der Unternehmen erheblich reduzierte (DIW, 2002, 90).

Die gesamtwirtschaftliche Entwicklung Rußlands seit 1992 läßt sich mit Blick auf das Wachstum des Bruttoinlandsprodukts im wesentlichen in vier Phasen einteilen. Einer ersten Phase eines starken, übergangsbedingten Rückgangs des realen Bruttoinlandsprodukts in den Jahren 1991-95, die zeitweise mit einer Hyperinflation einherging, folgte eine zweite Phase der vorübergehenden Stabilisierung in den Jahren 1996 und 1997. Die dritte – und bislang kürzeste – Phase bezieht sich auf die erneute Destabilisierung der wirtschaftlichen Situation im Vorfeld und Gefolge der Finanzkrise im August 1998, der allerdings eine Phase mit einer überraschend schnellen und mittlerweile tiefgreifenden wirtschaftlichen Erholung folgte. Rußland hat nun schon drei Jahre mit hohem wirtschaftlichem Wachstum (1999: 5,4%, 2000: 8,3%, 2001: 5,5%, siehe Tab. 1) hinter sich, das auch mit Blick auf die Finanzlage des Zentralhaushalts durch steigende Steuereinnahmen Wirkung zeigte. Die verbesserte Finanzlage des Zentralhaushalts führte u.a. dazu, daß Rußland seinen finanziellen Verpflichtungen gegenüber den ausländischen Gläubigern nach dem vorübergehenden Zahlungsstopp 1998 nachkommen konnte. Zusätzlich war ein gewisser fiskalischer Spielraum vorhanden, der prinzipiell für eine auf eine mittelfristige Konsolidierung der Haushaltslage angelegte Finanzpolitik genutzt werden konnte, beispielsweise für die Einrichtung eines sogenannten Stabilitätsfonds, in den Rücklagen zum Ausgleich zukünftiger Defizite eingestellt wurden (ZOLOTAREVA et al., 2002).

Tab. 1. Rußland und ausgewählte Transformationsländer: Veränderung des Bruttoinlandsprodukts, in %

	1990	1991	1992	1993	1994	1995	1996	1997	1998	1999	2000	2001	2000*
Rußland	-4	-5	-15	-8,7	-13	-4,1	-3,5	0,9	-4,9	5,4	8,3	5,5	63
Ukraine	-3,4	-12	-14	-14	-23	-12	-10	-3	-1,9	-0,2	5,8	7	42
Polen	-12	-7	2,6	3,8	5,2	7	6	6,8	4,8	4,1	4	2	127
Ungarn	-3,5	-12	-3,1	-0,6	2,9	1,5	1,3	4,6	4,9	4,2	5,2	4,5	104

*Geschätzter Niveauwert des Bruttoinlandsprodukts im Jahr 2000, 1989 = 100.
Quelle: EBRD (2000, 2001), Transition Report 2000 und Transition Report 2001, London.

Der kumulierte Rückgang des russischen Bruttoinlandsprodukts hat offiziellen Angaben zufolge in den Jahren 1989 bis 1998 rund 44% betragen (ASLUND, 2001). Der wirtschaftliche Niedergang stellt sich damit in Rußland als wesentlich gravierender als in den meisten mitteleuropäischen Transformationsländern wie beispielsweise Polen und Ungarn dar, d.h. der Rückgang der gesamtwirtschaftlichen Produktion ist wesentlich höher und die Rückkehr zu positiven Wachstumsraten dauerte länger. In der Ukraine verlief die Entwicklung jedoch ähnlich der in Rußland. Im Jahre 2000 erreichte Rußland laut Schätzungen der EBRD 63% des Werts des Bruttoinlandsprodukts aus dem Jahre 1989, die Ukraine nur 42%. Dagegen erreichte Polen schon 127% und Ungarn 104% des Niveaus des Jahres 1989 (Tab. 1).

Tab. 2. Rußland und ausgewählte Transformationsländer: Veränderung der Industrie- und Agrarproduktion, in %

	1993	1994	1995	1996	1997	1998	1999	2000
				Veränderung der Industrieproduktion				
Rußland	-14	-21	-3,3	-4	1,9	-5,2	8,1	9
Ukraine	-8	-27,3	-12	-5,1	-0,3	-1	4	12,9
Polen	6,4	12	9,6	8,3	11,5	4,8	4,4	7,1
Ungarn	4	9,6	4,6	3,4	11,1	12,4	10,4	18,3
				Veränderung der Agrarproduktion				
Rußland	-4,4	-12	-7,6	-5,1	0,1	-12	2,4	4
Ukraine	1,5	-17	-3,6	-9,5	-1,9	-9,8	-6,9	7,6
Polen	6,8	-9,3	10,7	0,7	1	1	-2	0
Ungarn	-9,7	3,2	2,6	6,3	-1,8	-0,3	0,1	na

Quelle: EBRD (2000, 2001), Transition Report 2000 und Transition Report 2001, London.

Im Hinblick auf einzelne Sektoren läßt sich ein der gesamtwirtschaftlichen Entwicklung entsprechender Verlauf der Produktionsentwicklung im Industrie- und Agrarsektor der betrachteten Länder konstatieren, wobei hier die schon ab dem Jahre 1993 in Polen und Ungarn erreichten positiven Wachstumsraten im Industriebereich auffällig sind. Dies gilt insbesondere im Vergleich mit den Jahren 1993 und 1994 in Rußland und der Ukraine, die beispielsweise für Rußland einen Rückgang der Industrieproduktion von 14 bzw. 21% brachten. Erst im Jahre 1997 konnte Rußland im Industriesektor ein geringes Wachstum von 1,9% verzeichnen (siehe Tab. 2).

Tab. 3. Bruttoanlageinvestitionen in Rußland und ausgewählten Transformationsländern, 1992-2000, Veränderung in %

	1992	1993	1994	1995	1996	1997	1998	1999	2000
Rußland	-41,5	-25,8	-26,0	-7,5	-19,3	-5,7	11,2	2,4	18,0
Ukraine	na	na	na	na	-20,1	2,1	2,6	0,1	12,1
Polen	2,3	2,9	9,2	16,9	19,7	21,7	14,2	6,5	3,1
Ungarn	-2,6	2,0	12,5	-4.3	6.7	9.2	13,3	5,9	6,6

Quelle: EBRD (2000, 2001), Transition Report 2000 und Transition Report 2001, London.

Interessanterweise aber hat sich die Investitionstätigkeit im Zuge des Wirtschaftsaufschwungs der Jahre 1999 bis 2002 und der damit steigenden Unternehmensgewinne nicht in dem Maße erholt, wie dies etwa im Hinblick auf die Entwicklungen in mitteleuropäischen Transformationsländern in den 90er Jahren zu erwarten gewesen wäre. Zwar sind die Bruttoanlageinvestitionen real parallel zu den gestiegenen Unternehmensgewinnen in 1999 bis 2001 jeweils gewachsen – 2000 sogar um 18% (vgl. Tab. 3) –, die Investitionsquote jedoch hat sich nicht wesentlich erhöht. Sie betrug in 2000 14,34% und lag damit 3 Prozentpunkte unter dem Wert von 1995 (vgl. Tab. 24 in Kap. 3).

Die realen Bruttoanlageinvestitionen sind in Polen in den Jahren 1992 bis 2000 stets gestiegen, dies gilt auch für Ungarn mit Ausnahme der Jahre 1992 und 1995 (Tab. 3). Die Investitionsquote in Polen lag in den Jahren 1997 bis 2000 im Durchschnitt bei rund 20% und in Ungarn bei 21% (vgl. Tab. 24 in Kap. 3). Zudem wird in Rußland knapp ein Viertel der Investitionen in der Brennstoffindustrie getätigt, gefolgt vom Verkehrs- und Nachrichtenwesen (dieser Bereich beinhaltet u.a. Telekommunikationsnetze wie auch den Bau von Pipelines) mit ebenfalls rund einem Viertel sowie der Wohnungswirtschaft mit knapp 15% der Gesamtinvestitionen (DIW, 2002, 92). Die geringe Neigung von Unternehmen, in Rußland zu investieren, wird darüber hinaus verdeutlicht durch im Vergleich mit anderen mittel- und osteuropäischen Ländern geringen ausländischen Direktinvestitionen sowie insbesondere einer – trotz wirtschaftlicher Erholung – hohen Kapitalflucht.

Tab. 4. Alter und Nutzungsdauer von Industrieanlagen in Rußland

	Nutzungsdauer industrieller Anlagen (Durchschnitt in Jahren)
1995	14,1
1990	10,8
1980	9,5
1970	7,5
	Anlagen nicht älter als fünf Jahre (in %)
1996	9,7
1990	29,4
1980	35,5
1970	40,8
	Industrielle Anlagen älter als 20 Jahre (in %)
1995	23
1990	10,8
1980	9,5
1970	8,4

Quelle: LYNCH, A. (2002), Roots of Russia's Economic Dilemmas: Liberal Economics and Illiberal Geography, Europe-Asia Studies, Vol. 54, Nr. 1, 34.

Die geringe Investitionsneigung steht in scharfem Kontrast zum hohen Kapitalbedarf für den Erhalt und die Modernisierung des russischen Kapitalstocks. Der hohe Investitionsbedarf wird angesichts der zunehmenden Überalterung der Industrieanlagen deutlich. Die durchschnittliche jährliche Nutzungsdauer industrieller Anlagen erhöhte sich von 7,5 Jahren im Jahr 1970 auf 10,8 Jahre 1990 und auf 14,1 Jahre 1995 (Tab. 4). Entsprechend sank der Anteil der Industrieanlagen, die nicht älter als fünf Jahre sind, von 35,5% in 1980 über 29,4% in 1990 auf 9,7% in 1996, und der Anteil der Industrieanlagen mit einem Alter von mehr als 20 Jahren stieg an, und zwar von 9,5% in 1980 auf 23% in 1995. Anderen Angaben zufolge stieg das durchschnittliche Alter von Maschinen und Anlagen von 10,8 Jahren im

Jahre 1990 auf 14,9 Jahre im Jahre 1996 an (DE BROECK/KOEN, 2000, 14-15). Die Daten zum Alter von Anlagen und ihrer Nutzungsdauer machen deutlich, daß schon in den 70er und 80er Jahren eine langsame Überalterung des Kapitalstocks zu beobachten war, daß aber in den 90er Jahren diese Entwicklung eine Beschleunigung erfahren hat.

Eine Reihe von Autoren hat versucht, die Ursachen für den ökonomischen Kollaps Rußlands in den 90er Jahren zu analysieren (Überblick: MURRELL, 1996; BERG/BORENZSTEIN/SAHAY/ZETTELMEYER, 1999; ROLAND/VERDIER, 1997). BLANCHARD/KREMER (1997) führen den Produktionsrückgang wesentlich auf den Zusammenbruch der Produktions- und Absatzstrukturen in der Sowjetunion und dem ehemaligen Rat für gegenseitige Wirtschaftshilfe (RGW) zurück. Die Liberalisierung und der Wegfall der staatlichen Planung führte demzufolge zu einem abrupten Anstieg der Transaktionskosten auf seiten der Unternehmen – beispielsweise hinsichtlich der Neuorganisation von Absatz- und Beschaffungswegen – und einem Nachfrageeinbruch, dem viele Firmen in den Transformationsländern insgesamt und speziell in den Ländern der ehemaligen Sowjetunion nicht gewachsen waren. Für die Länder der ehemaligen Sowjetunion stellte sich dabei ein zweifaches Problem: Einerseits galten sie als Kernländer des RGW und andererseits waren sie von der Europäischen Union als möglichem neuen Absatzmarkt weiter entfernt als etwa Polen, Ungarn oder die Tschechische Republik.

Es gibt allerdings eine Reihe von Anzeichen, die darauf hinweisen, daß der tatsächliche Produktionsrückgang in den offiziellen Statistiken systematisch überzeichnet wurde. Während ASLUND (2001) gar einen Produktionsrückgang mit Hinweis auf die verzerrte sowjetische volkswirtschaftliche Gesamtrechnung und den steigenden Anteil der Schattenwirtschaft an der Wertschöpfung insgesamt rundweg negiert, haben beispielsweise GAVRILENKOV/KOEN (1994) anhand der Kennziffer Elektrizitätsverbrauch festgestellt, daß ein solch großer Rückgang von rund 40% nicht stattgefunden haben kann: Der Elektrizitätsverbrauch ist in Rußland von 1989 bis 1997 lediglich um 23% zurückgegangen (DE BROECK/ KOEN, 2000, 28). Vielmehr sind systematische Fehler bei der Erfassung der Daten bzw. Unterschiede bei der Weitergabe der Daten im planwirtschaftlichen und marktwirtschaftlichen System hierfür verantwortlich. Allerdings weist GAVRILENKOV (1997) nach, daß die offiziellen Daten der staatlichen russischen Statistikbehörde (GOSKOMSTAT) aufgrund einer pauschalen Einbeziehung des Schattenwirtschaftssektors die Produktionsdaten sogar zu hoch angeben.

Tatsächlich dürfte die in Rußland besonders starke Ausbreitung schattenwirtschaftlicher Aktivitäten einen bedeutenden Teil des Produktionsrückgangs aufgefangen haben. Dies gilt auch für verlorengegangene Arbeitsplätze im offiziellen Sektor, deren Inhaber im Bereich der Schattenwirtschaft Neuanstellungen gefunden haben. Die schattenwirtschaftlichen Aktivitäten in Rußland haben gegen Ende der 90er Jahre verschiedenen Schätzungen zufolge einen Umfang von 25-40% des Bruttoinlandsprodukts erreicht (ASLUND, 2001; EBRD, 2000).

Der Produktionsrückgang schlägt sich ebenfalls in der Produktivitätsentwicklung nieder. Die totale Faktorproduktivität (Quotient aus dem Gesamtertrag der Produktion und den gesamten Faktorkosten), die in den 70er und 80er Jahren in der Sowjetunion stagnierte (DE BROECK/KOEN, 2000), ging ab 1989 zurück,

1992 und 1994 mit zweistelligen Raten, um im weiteren Zeitverlauf erst ab 1997 wieder positive Wachstumsraten zu verzeichnen (Abb. 1). Dieser zweigeteilte Verlauf der totalen Faktorproduktivität reflektiert z.T. die zurückgehende Auslastung des Kapitalstocks wie der Beschäftigten, was wiederum einerseits auf den abrupten Wegfall der staatlichen Planung als Koordinationssystem, aber andererseits auch auf den obsoleten Charakter eines Teils des zu sozialistischen Zeiten akkumulierten Kapitalstocks und eines in den 90er Jahren fortbestehenden Beschäftigungsüberhanges zurückzuführen ist.

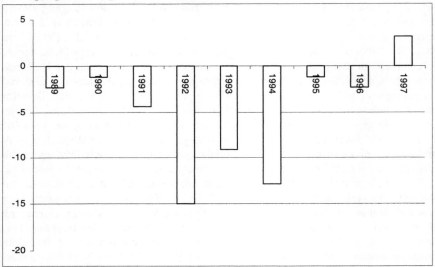

*Veränderung in %.
Quelle: DE BROECK/KOEN (2000).

Abb. 1. Veränderung der totalen Faktorproduktivität 1989-97*

Ein Blick auf die Entwicklung der Produktivität der einzelnen Produktionsfaktoren Arbeit und Kapital zeigt für beide einen ähnlichen Kurvenverlauf (Abb. 2). Zum besseren Vergleich der einzelnen Faktorproduktivitäten wurde in der Abb. 2 sowie in den folgenden Abb. 3 und 4 die Vertikalachse jeweils logarithmisch skaliert. Infolge des Produktionsrückgangs sank die Arbeits- wie Kapitalproduktivität drastisch, was auf einen hohen Grad an Unterauslastung der Produktionskapazitäten und einen hohen Beschäftigungsüberhang hindeutet. Eine Restrukturierung des Unternehmenssektors im Sinne eines effizienteren Ressourceneinsatzes sollte sich durch einen deutlichen Anstieg der Produktivitätsentwicklung bemerkbar machen. Ein solcher ist ab 1997 zumindest in Ansätzen zu erkennen. Es ist allerdings unklar, ob der Anstieg der Produktivitäten auf eine tatsächliche Effizienzsteigerung oder vielmehr auf die inzwischen stattgefundene Reduzierung des Kapitalstocks und die Reduzierung der Beschäftigung (im Zuge eines Anstiegs der Arbeitslosenquote) bei einem gleichbleibenden Produktionsniveau zurückzuführen ist.

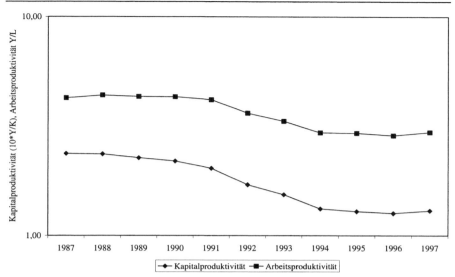

Anmerkungen: Für die Vertikalachse wurde aus Darstellungsgründen eine logarithmische Skalierung verwendet. Die Werte für die Kapitalproduktivität sind aus Darstellungsgründen um den Faktor 10 erhöht.
Quelle: Eigene Berechnungen auf Basis von Daten der EBRD.

Abb. 2. Entwicklung der Arbeits- und Kapitalproduktivität in Rußland

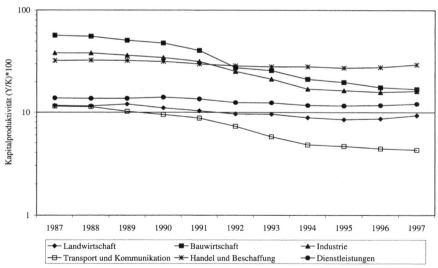

Anmerkung: Für die Ordinatenachsen wurde aus Darstellungsgründen eine logarithmische Skalierung verwendet.
Quelle: Eigene Berechnungen auf Basis von Daten der EBRD.

Abb. 3. Kapitalproduktivität in Rußland nach Sektoren

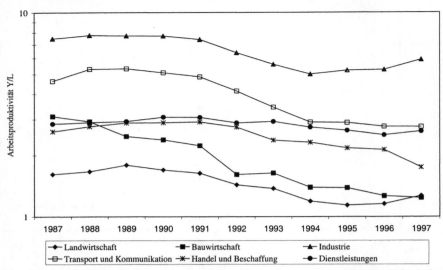

Anmerkung: Für die Ordinatenachsen wurde aus Darstellungsgründen eine logarithmische Skalierung verwendet.
Quelle: Eigene Berechnungen auf Basis von Daten der EBRD.

Abb. 4. Arbeitsproduktivität in Rußland nach Sektoren

Im übrigen setzt sich mit Blick auf die sinkende Kapitalproduktivität ein Trend fort, der seit Anfang der 60er Jahre des vorigen Jahrhunderts in der Sowjetunion festzustellen war. Die Kapitalproduktivität betrug im Jahre 1995 nur noch ungefähr ein Fünftel ihres Wertes von 1960. Die Arbeitsproduktivität war dagegen von 1960 bis 1990 angestiegen (GAVRILENKOV, 2000).

Im Rahmen einer sektoralen Betrachtung der Produktivitätsentwicklung fällt insbesondere mit Blick auf die Kapitalproduktivität der starke Rückgang in der Industrie, in der Bauwirtschaft und im Transport- und Kommunikationssektor auf (Abb. 3). Speziell in der Bauwirtschaft sowie in der Industrie ist eine Erholung der Kapitalproduktivität bis 1997 noch nicht zu erkennen. Demnach ist in der Industrie und Bauwirtschaft von im Vergleich mit den anderen Sektoren hohen Kapazitätsunterauslastungen und obsoleten Teilen des Kapitalstocks auszugehen. Ein etwas anderes Bild ergibt sich im Hinblick auf die Arbeitsproduktivität, welche in den genannten Sektoren zwar ebenfalls deutlich zurückging, jedoch ab 1994 – insbesondere im Bereich der Industrie – einen Anstieg zu verzeichnen hatte. Dieser Anstieg ist weitgehend auf den Abbau des Beschäftigungsüberhanges parallel zu der steigenden Arbeitslosenquote zurückzuführen (Abb. 4). In der Bauwirtschaft und im Transport- und Kommunikationssektor ist die Arbeitsproduktivität seit 1990 stark gesunken. In diesen Sektoren ist daher von einem erheblichen Restrukturierungsbedarf und einem hohen Beschäftigungsüberhang auszugehen.

Arbeitsmarkt

Die Zahl der Erwerbspersonen sank im Transformationsverlauf kontinuierlich, was zum Teil den allgemeinen Trend der rückläufigen Bevölkerungsentwicklung wiedergibt. Die Zahl der Beschäftigten ging ebenfalls zunächst langsam, ab 1993/94 jedoch verstärkt zurück. Dies reflektiert die ansteigende Arbeitslosenquote, die 1998/99 rund 12% erreichte (Abb. 5). Hierbei ist bemerkenswert, daß die Quote der offiziell registrierten Arbeitslosen insbesondere zu Ende der 90er Jahre die 2%-Grenze wieder unterschritt, nachdem sie 1995 und 1996 bei fast 4% der Erwerbstätigen gelegen hatte (Abb. 5). Dies reflektiert einerseits den administrativ größeren Registrierungsaufwand seitens der Arbeitslosen, andererseits aber auch den geringen Nutzen der oft entweder gar nicht oder nur mit Verzögerung ausbezahlten Arbeitslosenunterstützung (DENISOVA, 1999). Der Rückgang der Arbeitslosenquote in 1999 bis 2001 ist dabei nur etwa zur Hälfte auf den Anstieg der Beschäftigung zurückzuführen. Der Rest entfällt auf ehemalige Erwerbspersonen, die nicht mehr in der Statistik aufgeführt werden.

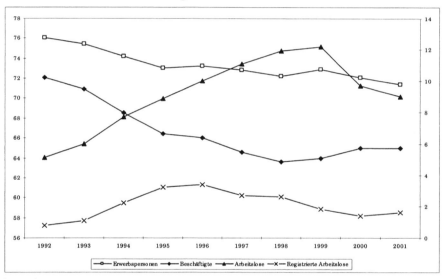

Anmerkungen:
Alle Angaben zum Ende der Periode; Erwerbspersonen: linke Skala, in Mio.; Beschäftigte: linke Skala, in Mio.; Arbeitslose: rechte Skala; Differenz zwischen Beschäftigten und Erwerbspersonen, als Anteil in % der Erwerbspersonen; registrierte Arbeitslose: rechte Skala, in %; amtlich registrierte Arbeitslose, in % der Erwerbspersonen.
Quelle: DIW (2002), Rußlands Wirtschaft auf riskantem Kurs, Wochenbericht des DIW 6/2002, 69.Jg., 89-106.

Abb. 5. Der russische Arbeitsmarkt 1992-2001

Die ansteigende Arbeitslosenquote macht deutlich, daß im Zeitverlauf verstärkt strukturelle Anpassungsmechanismen über den steigenden Wettbewerbsdruck auf den Arbeits- und Gütermärkten sowie über die graduelle Reduzierung direkter staatlicher Subventionen wirksam wurden. Immerhin wirkte sich die gesamtwirtschaftliche Erholung der Jahre 1999 bis 2001 ebenfalls – nun in umgekehrter, also positiver Weise – auf den Arbeitsmarkt aus, was sich in einer sinkenden Arbeitslosenquote ausdrückte.

Tab. 5. Langzeitarbeitslosigkeit und ihre Zusammensetzung nach Alter und Geschlecht

Land	Langzeitarbeits-losigkeit**	Anteil der Männer*	Anteil der Frauen*	Anteil der Jugendlichen*	Anteil der Älteren*
Tschech. Republik	32.3	30.9	33.6	14.9	36.2
Ungarn	53.4	56.4	48.7	40.8	53.6
Polen	34.1	29.8	37.9	27.2	32.8
Rußland	32.8	29.5	36.8	26.0	33.7

* an der Zahl der Langzeitarbeitslosen insgesamt.
** Anteil an der Zahl der Arbeitslosen insgesamt.
Anmerkungen: Daten für Tschechische Republik und Polen für 1997/Q2, für Ungarn 1996/Q2 und für Rußland 1996/Q1. Jugendarbeitslosigkeit bezieht sich auf Personen im Alter zwischen 15 (in Rußland 16) und 24 Jahren, die Gruppe der Älteren umfaßt Personen zwischen 50 und 54 (Frauen) und 50 und 59 (Männer), in Ungarn alle Personen zwischen 55 und 59 und in Polen alle Personen über 55 Jahre.
Quelle: NESPOROVA, A. (1999), Employment and Labour Market Policies in Transition Economies, Geneva: ILO, 21.

Die tatsächliche Struktur der Arbeitslosigkeit – und hier vor allem derjenigen Personen, die zwar erwerbsfähig, jedoch nicht arbeitslos gemeldet sind – ist aufgrund der Datenlage schwierig zu beurteilen. In Tab. 5 ist der Anteil der Langzeitarbeitslosen in Rußland im Vergleich mit anderen Transformationsländern dargestellt. Dabei erscheint die Lage in Rußland auf den ersten Blick insbesondere im Vergleich zu Ungarn weniger besorgniserregend (32,8% in Rußland gegenüber 53,4% in Unagrn als Anteil der Langzeitarbeitslosen an den Arbeitslosen insgesamt). Die polnischen und tschechischen Werte liegen ungefähr auf der gleichen Höhe wie der russische Anteil der Langzeitarbeitslosen. Jedoch ist, wie oben betont wurde, von einem Beschäftigungsüberhang in Rußland auszugehen, da vielfach Arbeitnehmer zwar noch offiziell im Beschäftigungsverhältnis verbleiben, jedoch teilweise immense Lohneinbußen bzw. Lohnrückstände hinnehmen müssen (ODING, 2002). Oft sind auch Sozialleistungen von Unternehmen verschiedener Art (Wohnung, Lebensmittel) und der Druck seitens regionaler Administrationen gegen Massenentlassungen für das Verbleiben von Arbeitnehmern im Betrieb selbst für den Fall verantwortlich, wenn diese keine Lohnzahlungen mehr erhalten (ZINOVIEVA, 1998).

Im Idealfall sollten die Beschäftigten, die von staatlichen bzw. privatisierten Betrieben entlassen wurden, von dem neu entstehenden privaten Sektor aufgefangen werden. Aufgrund der Überbetonung des industriellen Sektors in der planwirtschaftlichen Wirtschaftsstruktur war zu erwarten, daß die neu gegründeten privaten Unternehmen vor allem im Bereich des Dienstleistungssektors tätig werden. Entsprechend sollte der Beschäftigungsanteil in der Industrie zurückgehen. Gesamtwirtschaftlich betrachtet ist tatsächlich eine Stärkung des tertiären Sektors feststellbar (siehe Abb. 6, wobei diese allerdings eine etwas differenziertere sektorale Betrachtungsweise verwendet – Einteilung in Industrie, Bauwirtschaft, Land- und Forstwirtschaft, Transport und Telekommunikation, Handel und andere Sektoren): Während der Beschäftigungsanteil in Land- und Forstwirtschaft nahezu konstant blieb, ging er in der Industrie (und auch in der Bauwirtschaft) zurück. Dafür expandierten der Anteil des Handels und auch der Anteil des Residualbereichs (andere Sektoren), welcher überwiegend aus Dienstleistungsaktivitäten, z.B. im Finanzbereich, bestehen dürfte.

Die Reallokation des Faktors Arbeit wurde in den mitteleuropäischen Transformationsländern durch verhältnismäßig hohe Transfers für Arbeitslose unterstützt. Dies führte zu einem schnelleren Beschäftigungsabbau bei ehemaligen Staatsbetrieben. Teilweise waren die von Entlassungen betroffenen Mitarbeiter durch die Sozialleistungen in der Lage, ihre Qualifikationen zu verbessern und sogar ein Startkapital für Unternehmensgründungen anzusammeln. Dabei spielte die Tatsache eine Rolle, daß vielen Selbständigen die Arbeitslosenunterstützung zunächst weitergezahlt wurde (BOERI/TERRELL, 2002).

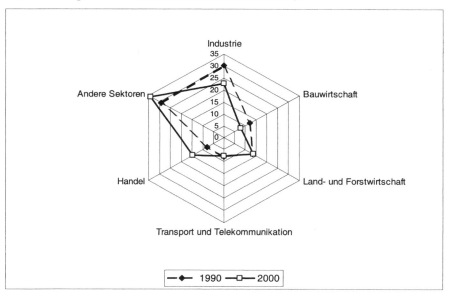

Anteil an der Gesamtbeschäftigung in %.
Quelle: WIIW (2001), Handbook of Statistics – Countries in Transition, Wien, 105.

Abb. 6. Beschäftigung in Rußland nach Sektoren 1990 und 2000*

Die Gründungs- und Expansionsaktivität junger privater Unternehmen in Rußland verläuft im Vergleich zu den mitteleuropäischen Transformationsländern sehr schleppend (ASLUND, 1997). Man kann bislang in Rußland noch keineswegs von einem breiten unternehmerischen Mittelstand sprechen. Ein großer Teil des Kleinunternehmertums in Rußland befindet sich im schattenwirtschaftlichen Sektor.

Dies ist für solche Unternehmen vor allen Dingen deswegen folgerichtig, weil sie sich damit dem Zugriff einer korrupten Bürokratie, Überregulierungen seitens des Staates und eines oft extrem leistungsfeindlichen Abgaben- und Steuersystems entziehen können (BARKHATOVA, 2000). Daher ist es ausgesprochen schwer, aufgrund der Datenlage verläßliche Aussagen über den Umfang des Kleinunternehmertums bzw. über die Auswirkungen für den Arbeitsmarkt zu treffen. Einen internationalen Vergleich verschiedener Transformationsländer zieht die WELT-BANK (2002): Ihren Daten zufolge hat in den 90er Jahren mit Blick auf den Beschäftigungsanteil kleiner und mittlerer Unternehmen eine deutliche Trennung in zwei Ländergruppen in den Transformationsländern stattgefunden. Der Beschäftigungsanteil der kleinen und mittleren Unternehmen liegt beispielsweise in Ungarn bei rund 55%, in Rußland lediglich bei 20%.

In den meisten mitteleuropäischen Transformationsländern ist es damit gelungen, einen bedeutenden Anteil der in den ehemals sozialistischen Großbetrieben frei werdenden Arbeitskräfte im Bereich kleiner und mittlerer Unternehmen in neu geschaffene Beschäftigungsverhältnisse zu bringen. Durch den hohen Anteil kleiner und mittlerer Unternehmen an der Wertschöpfung in mitteleuropäischen Transformationsländern hat sich zudem die strukturelle Flexibilität bzw. die Reaktionsfähigkeit des Unternehmenssektors auf exogene Schocks deutlich verbessert. Für Rußland bleibt damit auf dem Arbeitsmarkt und im Bereich kleiner und mittlerer Unternehmen noch ein hoher Anpassungs- bzw. Aufholbedarf zu konstatieren.

Anhand von Fallstudien von Firmen und Haushaltsbefragungen versuchen CLARKE/KABALINA (2000) Erkenntnisse über das Agieren privater Unternehmen auf dem Arbeitsmarkt in Rußland zu gewinnen: Insgesamt läßt sich feststellen, daß mittlerweile ein nach wettbewerblichen Gesichtspunkten organisierter Arbeitsmarkt entstanden ist, auf dem Jobs bei neu gegründeten privaten Unternehmen im Vergleich zu staatlichen oder privatisierten Unternehmen sehr gefragt sind. Die amtliche Arbeitsvermittlung bei der Jobsuche spielt im privaten Sektor kaum eine Rolle. Lediglich 3% aller ehemals Jobsuchenden gaben an, daß sie ihre Stelle über diesen Weg der Arbeitsvermittlung gefunden haben. Bei staatlichen Firmen ist der Wert nur unwesentlich höher. Bei privaten Arbeitsvermittlungen ist die Lage ähnlich. Von großer Bedeutung dagegen sind persönliche Beziehungen, rund zwei Drittel der Jobsuchenden fanden hiermit eine Stelle.

2.1.2 Öffentliche Haushalte

Im Laufe der 90er Jahre wurde vielfach die Erosion der staatlichen Gewalt in Rußland als ordnender Kraft für die Rahmenbedingungen des wirtschaftlichen Lebens beklagt (NAGY, 2000). Einer der Hauptgründe für den Verlust dieser staatlichen Autorität, die sich beispielsweise in der weitverbreiteten Nichteinhaltung von Verträgen und Zahlungsverpflichtungen staatlicherseits widerspiegelte, war die fehlende finanzielle Grundlage für das staatliche Handeln. Hierzu trug die umfassende und wachsende russische Schattenwirtschaft bei (zu den Ursachen und Folgen schattenwirtschaftlicher Aktivitäten siehe SCHNEIDER/ENSTE, 2000). Zudem

gab es in der offiziellen Wirtschaft massive Steuerhinterziehung, aber auch ein in-
effizientes und unübersichtliches Steuersystem, das die staatlichen Steuereinnahmen beständig zurückgehen ließ (PIRTTILÄ, 1999; YAKOVLEV, 1999; TREIS-
MAN, 1999).

Insbesondere große Unternehmen waren darüber hinaus in der Lage, ihre gesetzliche Steuerlast auf dem Wege politischer Verhandlungen zu reduzieren; hierdurch entstanden verschiedene Formen des Steuernachlasses (IWF, 1999). So haben sich die Einnahmen der öffentlichen Haushalte in Rußland sowohl auf föderaler wie auf regionaler Ebene von 1994 bis 1998 im Verhältnis zum Bruttoinlandsprodukt erheblich verringert. Erst nach der Finanzkrise, im Zuge des wirtschaftlichen Aufschwungs der Jahre 1999 bis 2002 und nach der Reduzierung bzw. der
Vereinheitlichung der Einkommenssteuersätze auf 13% verbesserte sich die finanzpolitische Lage des Zentralhaushalts deutlich.

Tab. 6. Entwicklung der öffentlichen Einnahmen und Ausgaben in Rußland, in % des Bruttoinlandsprodukts, 1994-2001*

	1994	1995	1996	1997	1998	1999	2000	2001
Föderaler Haushalt								
Einnahmen	11,9	12,1	12,5	10,2	8,9	12,6	16,0	17,8
Ausgaben	22,5	17,4	20,9	17,1	13,7	13,9	13,7	13,7
davon: Transfers zu den Regionen	3,6	1,8	2,4	2,0	1,6	1,3	1,4	3,1
Transfers zu außerbudgetären Fonds	na	na	0,5	0,9	0,6	0,4	0,4	na
Saldo	-10,6	-5,3	-8,4	-7,0	-4,8	-1,4	2,3	4,0
Konsolidierter Haushalt der Regionen[1]								
Einnahmen	15,4	12,6	15,0	16,7	14,5	13,6	15,1	14,8
Ausgaben	14,9	13,0	16,0	18,0	14,9	13,6	14,6	13,7
Saldo	0,5	-0,4	-0,9	-1,3	-0,3	0,0	0,5	1,1
Außerbudgetäre Fonds								
Einnahmen	na	na	8,8	10,0	8,7	8,2	8,6	na
Ausgaben	na	na	8,7	9,9	8,7	7,9	7,1	na
Saldo	na	na	-0,1	0,1	0,0	0,3	1,5	na
Öffentliche Haushalte insgesamt								
Einnahmen	33,4	31,3	33,4	36,9	29,9	32,7	37,9	na
Ausgaben	43,1	37,2	42,7	42,1	35,1	33,7	33,6	na
Saldo	-9,7	-6,0	-9,3	-8,1	-5,2	-1,0	4,3	na

*für 2001 nur 1. Halbjahr.
[1]Zahlen umfassen die konsolidierten Haushaltsdaten für Regionen und Kommunen.
Quelle: OECD (2000; 2002).

Allerdings profitierten die regionalen Haushalte bzw. die außerbudgetären
Fonds (Sozialversicherungen) nicht in dem Maße von den steigenden Staatseinnahmen wie der Zentralhaushalt, was u.a. auf Veränderungen in der Verteilung
von Steuereinnahmen zwischen der föderalen und der regionalen Ebene zurückzuführen ist (OECD, 2002). Der Anteil der Regionen an den Steuereinnahmen blieb
2001 mit 14,8% unter den Werten der Jahre 1996 und 1997 mit 15,0% und 16,7%

des Bruttoinlandsprodukts (Tab. 6). Dank der stark gesunkenen Ausgaben konnten die Regionen zusammen in 2001 dennoch einen Überschuß in Höhe von 1% des Bruttoinlandsprodukts realisieren. Bemerkenswert ist darüber hinaus, daß die russische Regierung die Folgen der steuerrechtlichen Veränderungen zum Nachteil der Regionen und zum Vorteil des Zentralhaushalts dadurch auszugleichen suchte, daß sie die Transfers vom Zentralhaushalt zu den Regionen beträchtlich erhöhte. Sie betrugen im Jahr 2001 3,1% des Bruttoinlandsprodukts (Tab. 6). Auf die besondere Problematik des fiskalischen Föderalismus in Rußland wird noch detaillierter eingegangen (Kap. 2.2.2).

Ein wichtiges Haushaltsrisiko liegt in der hohen Auslandsverschuldung Rußlands. Die Auslandsschulden des Landes beliefen sich im Jahr 2000 auf US-Dollar 142 Mrd., was rund 80% des russischen Bruttoinlandsprodukts entspricht. Die Zins- und Tilgungszahlungen werden ab 2003 rapide ansteigen und bis 2008 jährlich zwischen US-Dollar 15 Mrd. und 20 Mrd. liegen (ILLARIONOV, 2001, 5). In 2000 lag das Ausgabenvolumen des föderalen Haushalts bei umgerechnet rund US-Dollar 34 Mrd. Damit muß auf Basis der Haushaltsstruktur des Jahres 2000 rund die Hälfte der Ausgaben des Zentralhaushalts für die Zins- und Tilgungszahlungen der Auslandsschulden aufgewendet werden. Die russische Regierung hat angesichts dieser Schuldenlast ein natürliches Interesse an einem möglichst hoch bewerteten bzw. einem nicht weiter abwertenden Wechselkurs des Rubel zum US-Dollar, da weitere Abwertungen die Auslandsschuld in Rubeleinheiten weiter erhöhen würden.

Das auslösende Moment für die russische Finanzkrise vom Sommer 1998 ist in der Finanzierung des föderalen Haushalts zu suchen, dessen Defizit in den Jahren zuvor in steigendem Maße über den privaten Kapitalmarkt durch die Ausgabe kurzfristiger Staatsschuldtitel (GKO und OFZ) gedeckt wurde.[2] Dies zeigen die Analysen von KHARAS/PINTO/ULATOV (2001) und CHAPMAN/MULINO (2001) in einer detaillierten Untersuchung der Ursachen der Finanzkrise. Neben Fundamentalfaktoren wie dem anhaltend hohen Budgetdefizit sowie negativen Terms of Trade-Effekten[3] aus dem Verfall des internationalen Rohölpreises spielten demnach aus kurzfristiger Sicht vor allem das allzu lange Festhalten der Zen-

---

[2] Der überwiegende Teil der staatlichen Schuldobligationen bestand aus kurzfristigen Wertpapieren, den sogenannten GKO, die in Form von Nullkuponanleihen emittiert wurden und in der Regel eine Laufzeit von drei Monaten hatten. Darüber hinaus wurden in geringerem Umfang Papiere mit längeren Laufzeiten emittiert, sogenannte OFZ. Beide Anleihearten wurden in Rubel denominiert. Die Laufzeiten waren ursprünglich auf ein Jahr bis maximal sieben Jahre angelegt (SEMENKOVA/ALEKSANYAN, 1999).

[3] Die Terms of Trade bezeichnen das reale Austauschverhältnis in den Handelsbeziehungen zweier Länder und geben an, welche Importgütermenge ein Land durch den Export einer Gütereinheit zu kaufen in der Lage ist (vgl. ROSE/SAUERNHEIMER (1995, 87)). Im vorliegenden Fall verschlechterte sich die russische Außenhandelsposition durch einen aufgrund sinkender internationaler Rohölpreise verursachten Rückgang der Ölexporterlöse sowie der Gasexporterlöse, deren Preis in der Regel an den Ölpreis gekoppelt ist. Umgekehrt hat Rußland durch den Ölpreisanstieg in den Jahren 1999 und 2000 eine Verbesserung seiner Terms of Trade erfahren.

tralbank am Dollarstandard bzw. an der festen Dollarparität eine wichtige Rolle; eine Strategie, die durch Vergabe von Krediten seitens des IWF aktiv unterstützt wurde. In- und Ausländer hatten in den Jahren 1996/97 in hohem Maße in den GKO-Markt investiert. Dies geschah angesichts der hohen Renditen dieser Papiere und eines Vertrauensvorschusses für die russische Regierung, daß diese wichtige strukturelle Reformen auf den Weg bringen würde (OECD, 2000). Die bald wachsenden Zweifel an der wirtschaftspolitischen Strategie der russischen Regierung, die wesentlich im Zuge der Emerging Markets-Krise 1997/98 und durch die starke reale Aufwertung des russischen Rubel in diesem Zeitraum entstanden, brachten letztlich diese Schuldenpyramide zum Einsturz.

Tab. 7. Zahlungsrückstände[1] und Haushaltsdefizit[2] in Rußland 1995-2001*

	1995	1996	1997	1998	1999	2000	2001[1]
Privater Sektor							
Zahlungsrückstände des Unternehmenssektors insgesamtl (A)	249,6	538,0	782,2	1309,2	1445,3	1675,2	1769,4
in % des BIP (A)/(F)	16,2	24,9	30,9	47,8	30,1	22,8	19,5
Davon gegenüber öffentlichen Haushalten und außerbudgetären Fonds (B)	75,0	203,4	316,6	474,5	572,6	668,5	677,2
(B)/(A) in %	30,0	37,8	40,5	36,2	39,6	39,9	38,3
Lohnrückstände des Unternehmenssektors (C)[3]	na	39,1	45,9	57,0	33,6	26,8	28,8
Öffentlicher Sektor							
Budgetdefizit (+) insgesamt (D)[2]	93,8	193,2	215,2	143,6	66,3	-196,4	-205,0
Lohnrückstände des Staates (E)[3]	na	16,4	7,9	20,0	10,2	4,9	4,9
[(E)+(D)]/(F) in %		9,7	8,8	6,0	1,6	-2,6	
(E)/(C) in %		41,9	17,2	35,1	30,4	18,3	17,0
[(E)+(C)]/(F) in %		2,6	2,1	2,8	0,9	0,4	
BIP zu laufenden Preisen (F)	1541	2163	2530	2741	4805	7335	9063

*Alle Angaben in Mrd. Rubel, sofern nicht anders angegeben.
[1] 1. und 2. Quartal 2001 mit Ausnahme des Bruttoinlandsprodukts (BIP) als Ganzjahreswert.
[2] Zusammengefaßtes Defizit der öffentlichen Haushalte auf föderaler, regionaler und lokaler Ebene nach der IWF-Definition für Einnahmen und Ausgaben; kumulative Monatsdaten.
[3] Angaben für große und mittlere Unternehmen ohne ausländische Beteiligung.
Quelle: RECEP (2002; 2001a), eigene Berechnung.

Die Finanzierungsprobleme der Aufgaben der russischen Regierung wurden aber nur teilweise über den privaten Kapitalmarkt gelöst. Ein nicht unwesentlicher Teil der Zahlungsverpflichtungen der russischen Regierung wurde einseitig aufgeschoben bzw. nicht eingelöst, wodurch seitens des Staates sich hohe Zahlungsrückstände (nicht fristgerecht geleistete Zahlungen) akkumulierten. Tab. 7 enthält einige Indikatoren, die einen Überblick über die Höhe der Zahlungsrückstände seitens des Staates wie auch umgekehrt seitens der Unternehmen gegenüber öffentlichen Haushalten geben. Das Problem der Zahlungsrückstände des Staates hat sich mit der sich verbessernden Finanzlage der öffentlichen Haushalte weitgehend gelöst. Die in Tab. 4 ausgewiesenen Lohnrückstände des Staates sind nach einem

Höhepunkt im Jahr 1998, als sie rund 0,8% des Bruttoinlandsprodukts betrugen (die Lohnrückstände insgesamt [(E)+(C)]/(F) beliefen sich auf 2,8%), bis 2001 stark gesunken. Jedoch liegt der Wert der Zahlungsrückstände der Unternehmen insgesamt als Anteil am Bruttoinlandsprodukt in 2001 noch bei 19,5% und damit über dem Wert von 1995 mit 16,2%. Der Anteil der Zahlungsrückstände der Unternehmen gegenüber öffentlichen Haushalten schwankt seit 1996 zwischen 37% und 40% der gesamten Zahlungsrückstände der Unternehmen, 1995 betrug der Anteil noch 30%. Dies deutet nicht auf eine besonders hohe Erfolgsquote des russischen Staates als Gläubiger von Unternehmen im Verhältnis zu privaten Gläubigern hin.

Die russische Regierung hat zur Reform des Steuersystems in den Jahren 1999 bis 2001 zwei bedeutende Maßnahmenpakete durchsetzen können, die tatsächlich eine deutliche Verbesserung im Sinne einer Vereinfachung des Steuerrechts und einer Senkung der Abgabenlast mit sich bringen. Das auffälligste Element der Steuerreformen ist die drastische Rückführung des Einkommensteuersatzes auf einen Einheitssteuersatz von 13% im Jahr 2001. Zudem wurde auch die Gewinnsteuer der Unternehmen reformiert, indem zahlreiche Ausnahmetatbestände und Sonderregeln abgeschafft und der Höchstsatz auf 24% gesenkt wurde (POGORLETSKIY/SÖLLNER, 2002; COCHRANE/GIDIRIM/CARTY/DOBRITSKAYA, 2000). Es gibt noch einige weitere Änderungen, die neben der Steuersystematik auch das System der Sozialabgaben betreffen, welche über eine alle Sozialversicherungsbeiträge zusammenfassende Abgabe erhoben wird. Diese ist durch einen degressiv ausgestalteten Satz gekennzeichnet (NIES, 2002). Auch das System der Mehrwertsteuer wurde neu geordnet und westeuropäischen Standards angenähert (VLADIMIROV/KUSKOV, 2000), wobei der Normaltarif bei 20%, der ermäßigte Steuersatz bei 10% liegt.

Der Reformfortschritt im russischen Steuerrecht ist zwar wichtig. Allerdings gilt es abzuwarten, wie die Reformen in der Praxis wirken, da sie schließlich durch ihre verhältnismäßig weitreichenden Änderungen die Unsicherheit seitens der Unternehmen über die Stabilität der steuerrechtlichen Rahmenbedingungen verstärken. Es bleiben darüber hinaus einige drängende Probleme, die sich aus dem offiziellen Steuerrecht für Unternehmen, insbesondere für die Besteuerung kleiner und mittlerer Unternehmen ergeben (OECD, 2002). Außerdem ist die Belastung der Unternehmen im Hinblick auf informelle Abgaben an öffentliche Stellen, z.B. im Rahmen von Korruptionszahlungen, von diesen Reformen nicht betroffen. Es steht vielmehr zu befürchten, daß eine Reduzierung der offiziellen Abgabenlast zu einer Erhöhung der inoffiziellen Abgabenlast führt.

2.1.3 Geldpolitik und Finanzmärkte

Der geldpolitische Ordnungsrahmen in Rußland ist geprägt durch ein zweistufiges Bankensystem mit der Russischen Zentralbank an der Spitze und einem der blossen Zahl nach großen Geschäftsbankensektor. Zu Jahresbeginn 2001 besaßen rund 1300 Institute eine Geschäftsbanklizenz. Der Bankensektor hat jedoch nur eine geringe ökonomische Bedeutung mit Blick auf die traditionellen Geschäftsfelder von

Banken, nämlich die Kreditvergabe und die Annahme von Depositen. Die Zentralbank ist der dominierende Akteur für Geldpolitik und Bankensektor, wobei ihre Unabhängigkeit formal durch die Berichtspflicht gegenüber dem russischen Parlament bzw. die Ernennung des Zentralbankpräsidenten durch den russischen Präsidenten selbst eingeschränkt ist. Sie ist nicht nur das entscheidende Organ der Geldpolitik, sondern gleichzeitig aufsichtsführendes Organ im Bankensektor und auch selbst führender Akteur im Geschäftsbankensektor, und zwar über eine Vielzahl an Beteiligungen an Geschäftsbanken (z.B. mehrheitlich an der Sberbank, welches die mit Abstand größte Bank in Rußland ist und rund 85% des privaten Depositenmarktes auf sich vereinigt).

Neben der Zentralbank existiert noch eine weitere Aufsichtsbehörde im Finanzsektor, und zwar die föderale Kommission zur Aufsicht über die Wertpapiermärkte, welche zumindest formal unabhängig ist. Die dreifache Rolle der Zentralbank als geldpolitische Instanz, als führendes Aufsichtsorgan über den russischen Finanzsektor und als Akteur im Geschäftsbankensektor führte dabei in der Vergangenheit immer wieder zu Interessenkonflikten, welche sich u.a. in der Vorgeschichte zur Finanzkrise 1998 offenbarten, bei der die Zentralbank über die eigenen Institute den Markt für staatliche Wertpapiere (GKO und OFZ) massiv stützte, ohne dabei auf bankgeschäftstechnische Mindeststandards mit Blick auf Risikovorsorge u.ä. zu achten. Die Beachtung von international üblichen Bankbilanzrichtlinien und Rechnungslegungsvorschriften ist auch im Gefolge der Finanzkrise kaum vorangetrieben worden.

Monetäre Verfassung, Geldpolitik und Finanzmärkte im Transformationsverlauf

Ein erhebliches Problem für die gesamtwirtschaftliche Stabilisierung stellte bis Mitte 1993 die unklare monetäre Verfassung der Russischen Föderation dar. Denn nach der Auflösung der Sowjetunion blieb der sowjetische Rubel im überwiegenden Teil der früheren Sowjetrepubliken offizielles Zahlungsmittel. Lediglich die drei baltischen Republiken (Estland, Lettland, Litauen) führten schon im Jahr 1992, die Ukraine und Kirgistan gegen Ende des Jahres 1992 bzw. Anfang 1993 eine eigene Währung ein. Die Währungsfrage war für die ehemaligen Sowjetrepubliken eng verknüpft mit der Frage des zukünftigen Handelssystems zwischen diesen Staaten (GRANVILLE, 1995).

Die Auflösung der Sowjetunion hatte u.a. zwei schwerwiegende Konsequenzen: Erstens endeten mit diesem Akt auch die umfangreichen Subventionszahlungen zur Aufrechterhaltung der Produktion bzw. der künstlich niedrigen Preise, insbesondere an die zentralasiatischen Republiken. Zweitens brach das sowjetische Staatshandelssystem zusammen, über das bisher sämtliche innersowjetische Transaktionen abgewickelt worden waren. Durch den starken Inflationsschub, der 1992 in Rußland am stärksten im innersowjetischen Vergleich war, verbesserten sich zudem die Terms of Trade zugunsten Rußlands. Neben dem Abbau des monetären Überhangs, der auch in anderen Ländern zu vorübergehend hohen Inflationsraten führte, hatte die anhaltend inflationäre Preisentwicklung in Rußland vor allem zwei Gründe:

• Finanzierung des Handels mit ehemaligen Unionsstaaten: Insgesamt wies Rußland im Handel mit den anderen ehemaligen Sowjetrepubliken einen hohen Leistungsbilanzüberschuß auf (ASLUND, 1995, 122). Das Leistungsbilanzdefizit auf seiten der meisten ehemaligen Sowjetrepubliken gegenüber Rußland wurde weitgehend über Kredite der Russischen Zentralbank finanziert, deren reales Zinsniveau jedoch negativ war und die damit Subventionszahlungen ähnelten. Daneben versorgte die Russische Zentralbank die übrigen ehemaligen Republiken mit umfangreichen Bargeldemissionen.

• Verbilligte Kreditvergabe mit negativen realen Zinssätzen als indirekte Subventionierung unrentabler Industriebetriebe: Zur Aufrechterhaltung des Betriebs vieler Industrieunternehmen vergab die Russische Zentralbank verbilligte Kredite, die im Prinzip einer Fortführung der Politik der weichen Budgetbeschränkungen (KORNAI, 1986) gleichkamen. Der Begriff "weiche Budgetbeschränkungen" (Soft Budget Constraints) bezieht sich auf die Tatsache, daß sozialistische Unternehmen durch eine implizite Bestandsgarantie und die Finanzierung über Staatsbanken keinen echten Finanzierungsrestriktionen unterlagen. Eine außerplanmäßige Inanspruchnahme von Ressourcen konnte durch zusätzliche Kredite der Staatsbanken finanziert werden.

Die teilweise unkontrollierte Kreditvergabe der Zentralbank führte zu einer anhaltend instabilen monetären Entwicklung. Im Juli 1993 schließlich beendete die Führung der Russischen Zentralbank diesen Zustand, indem sie den sowjetischen Rubel quasi über Nacht für nicht weiter gültig im Zahlungsverkehr erklärte und neue russische Rubel emittierte. Dies führte nicht nur zu erheblichen Problemen bei den bisher in der Rubelzone verbliebenen Republiken, sondern auch zu einer weiteren Verunsicherung innerhalb der russischen Bevölkerung.

Tab. 8. Inflationsrate in Rußland und ausgewählten Transformationsländern, 1989-2001*

	1989	1990	1991	1992	1993	1994	1995	1996	1997	1998	1999	2000	2001
Rußland	2	5,6	92,7	1526	875	311	198	47,8	14,7	27,6	86,1	20,8	21,4
Ukraine	2,2	4,2	91	1210	4743	891	377	80	15,9	10,5	22,7	28,2	12,5
Polen	251	586	70,3	43	35,3	32,2	27,8	19,9	14,9	11,8	7,3	10,1	5,6
Ungarn	17	28,9	35	23	22,5	18,8	28,2	23,6	18,3	14,3	10	9,8	9,1

* Veränderung des Verbraucherpreisindizes im jährlichen Durchschnitt, in %.
Quelle: EBRD (2000, 2001), Transition Report 2000 und Transition Report 2001, London.

Ab Ende 1994 wandte sich die russische Regierung einer stärker stabilitätsorientierten Politik zu, die von der Russischen Zentralbank mittels einer restriktiven Geldpolitik unterstützt wurde. Äußere Anlässe für diesen Kurswechsel waren die immer noch sehr hohe Inflationsrate und der weitere Verfall des Außenwertes des russischen Rubel, der im Oktober 1994 an einem Tag 20% seines Wertes gegenüber dem US-Dollar einbüßte. Die restriktive Geldpolitik der Russischen Zentralbank schlug sich bemerkenswert schnell in der Inflationsrate nieder, die bis 1997 vorübergehend auf einstellige Monatswerte auf Jahresbasis zurückgegangen war (im Jahresdurchschnitt 14,7%, siehe Tab. 8). Die veränderte geldpolitische Strategie hatte jedoch auch zur Konsequenz, daß für die Finanzierung des nach wie vor hohen Budgetdefizits der Zentralregierung andere Quellen als die Geldemission über die Zentralbank gefunden werden mußten, was letztlich zur Schaffung des GKO- bzw. OFZ-Marktes führte.

In Polen und Ungarn waren viel früher im Transformationsprozeß schon Stabilisierungserfolge zu verzeichnen. Die Inflationsrate in Polen war nach einer kurzen Phase von Hyperinflation in 1989/1990 kontinuierlich gesunken. Im Jahr 1996 lag sie unter 20% und 1999 erreichte sie einstellige Werte. In Ungarn fand ein ähnlicher Preissprung wie in Polen praktisch nicht statt. Der höchste Jahreswert der Inflationsrate liegt bei 35% im Jahr 1991. In den Jahren 1999 bis 2001 bewegte sie sich um die 10%-Marke (Tab. 8). Die relative Konstanz der Inflationsrate in Polen und Ungarn erleichterte den Unternehmen die Investitionsplanung erheblich. Dagegen stellt die russische Preisentwicklung mit einer zeitweilig außerordentlich hohen Inflationsrate und einem nochmaligen Anstieg der Preissteigerung im Jahr 1998 eine extrem schwierige Planungsgrundlage für Unternehmen und Haushalte dar.

Den Beginn der jüngsten russischen Finanzkrise markierte der 17. August 1998, an dem die russische Regierung eine einseitige Restrukturierung aller bis zum Ende 1998 fälligen GKO- und OFZ-Papiere verkündete, den Handel mit diesem Papieren unterbrach, ein 90-tägiges Zahlungsmoratorium auf alle privaten Verbindlichkeiten gegenüber dem Ausland erließ und die Russische Zentralbank die Bandbreiten des Wechselkurses des Rubel zum US-Dollar erweiterte. Bis Ende September 1998 verlor der Rubel gegenüber dem Dollar mehr als zwei Drittel seines Wertes. Bis auf einige wenige insbesondere regionale Banken, die sich mangels Zugang weder am GKO-Handel beteiligt noch Verbindlichkeiten auf Dollar-Basis eingegangen waren (NICHOLSON, 1999), sahen sich die meisten russischen Banken der Zahlungsunfähigkeit gegenüber. Die Ursachen hierfür lagen zum einen in den umfangreichen Engagements der russischen Banken im GKO-Handel, zum anderen in teilweise ungehedgten Terminverbindlichkeiten auf Dollarbasis gegenüber westlichen Partnern sowie dem aufgrund der akuten Krise einsetzenden massenhaften Andrang von Kleinanlegern, die ihre Konten auflösen wollten (ALEKSASHENKO, 1999; ASTAPOVICH/SYRMOLOTOV, 1999).

Diese einseitig verfügten Maßnahmen ruinierten das Vertrauen ausländischer Investoren in die Reformkraft der russischen Regierung. Dies gilt nicht zuletzt auch deshalb, da selbst in diesem Stadium der russischen Budgetkrise kein tragfähiges Reformkonzept der Regierung in Sicht war. Auch in den darauffolgenden Monaten beschränkte sich das wirtschaftspolitische Handeln auf ein Eingrenzen der Folgen der Finanzkrise, ohne jedoch deren wesentliche Ursachen zu bekämpfen. Selbst die meisten der weitgehend bankrotten russischen Bankinstitute konnten zunächst formell weiterarbeiten, da die Zentralbank nur einigen wenigen Instituten die Banklizenz entzog. Einzelnen ad hoc-Maßnahmen wurde seitens der Zentralbank und der russischen Regierung der Vorrang gegenüber einem umfassenden Restrukturierungskonzept eingeräumt, wenn auch seit März 1999 eine neu gegründete Restrukturierungskommission (ARKO) ihre Arbeit aufgenommen hat. Sie hat jedoch bislang wenig – abgesehen von der Gewährung von Finanzhilfen – zu einer Restrukturierung des Bankensektors beitragen können.

Tab. 9. Ausgewählte monetäre Indikatoren 1996-2001, in Mrd. Rubel

	Monetäre Basis	Nettodevisen-reserven	Inländische Vermögenswerte (netto)	Reserven der Geschäftsbanken bei der Zentralbank
1996	130,9	9,3	123,0	22,3
1997	164,5	22,2	142,1	27,5
1998	210,4	-50,4	249,3	12,5
1999 Q1	205,9	-217,6	423,9	19,4
1999 Q2	257,4	-176,5	434,8	26,9
1999 Q3	259,6	-147,5	405,9	31,6
1999 Q4	324,3	-77,4	400,7	35,6
2000 Q1	318,9	35,1	284,5	52,3
2000 Q2	397,2	202,5	194,9	56,7
2000 Q3	437,6	342,9	95,9	63,1
2000 Q4	519,6	432,0	88,6	67,2
2001 Q1	499,6	515,2	-15,2	71,8
2001 Q2	583,1	677,6	-93,1	78,9

Quelle: RECEP (2001b), 103.

Der Markt für Staatsanleihen ist zwar in 2001 wiederbelebt worden, jedoch fehlen der Russischen Zentralbank nach wie vor aufgrund der geringen Umsätze dort und auf anderen geldpolitisch relevanten Märkten – z.B. dem Interbankengeldmarkt – die wichtigsten Steuerungselemente einer rationalen Geldpolitik. Zudem sind Anlage- wie auch Kreditzinsen seit 1998 zeitweise negativ, was die Wirkung geldpolitischer Entscheidungen zusätzlich verzerrt (siehe Abb. 23 in Kap. 5). Aufgrund dessen kann sie auf die geldpolitische Entwicklung nur über administrative Maßnahmen Einfluß ausüben. So sind Unternehmen gezwungen, einen Anteil ihrer Exporterlöse bei der Zentralbank in Rubel umzutauschen, was zwar im Zuge des Rohstoffexportbooms zu schnell steigenden Devisenreserven bei der Zentralbank führte, jedoch andererseits ein erhebliches Instabilitätsrisiko für die monetäre Entwicklung darstellt. Die Nettodevisenreserven sind in den Jahren 1999-2000 in Rubel von -217,6 Mrd. Ende 1999 auf 677,6 Mrd. angewachsen (bei einem in dieser Periode relativ konstanten Wechselkurs von rund 27-29 Rubel pro Dollar); entsprechend stieg die monetäre Basis in diesem Zeitraum ebenfalls stark an (Tab. 9). Das Instrument der Mindestreserve bei der Zentralbank ist in der Vergangenheit gleichfalls weitgehend wirkungslos geblieben, da die meisten Banken in Ermangelung alternativer Anlagemöglichkeiten eine hohe Reservehaltung bei der Zentralbank vorziehen – dies wiederum dämpft das Stabilitätsrisiko einer Aufblähung der Rubelgeldmenge durch den Zwangsumtausch etwas ab, das Problem bleibt aber trotzdem virulent.

2.1.4 Soziale Entwicklung und Einkommensverteilung

Die Vorteile und Nachteile der wirtschaftlichen Entwicklung und des Reformprozesses verteilen sich sehr unterschiedlich, sowohl die Schichten innerhalb der Be-

völkerung als auch die regionale Verteilung in der Russischen Föderation betreffend. Der Gini-Koeffizient als Maß für die Ungleichheit der Einkommensverteilung innerhalb der Bevölkerung ist in Rußland von 0,238 (Wert von 1992)
auf 0,380 (Wert von 1995) um insgesamt 0,142 angestiegen. Dies ist bei den im
Rahmen der Analyse von KEANE/PRASAD (2000) betrachteten Transformationsländern mit Ausnahme der Ukraine der höchste Wert; in Ungarn und Polen
liegt die Steigerung bei 0,060 bzw. bei 0,029 (siehe Tab. 10).

Tab. 10. Gini-Koeffizient und soziale Transferleistungen in Rußland und ausgewählten
Transformationsländern

	Gini-Koeffizient			Durchschnittliche Trans-fersumme (% des BIP)
	Beginn der Referenzperiode*	Ende der Referenzperiode*	Differenz	
Polen	0,272	0,301	0,029	17,7
Ungarn	0,248	0,308	0,060	16,5
Rußland	0,238	0,380	0,142	7,5

*Zugrundeliegende Referenzperiode für Polen und Ungarn: 1990-95, für Rußland 1992-
1995.
Quelle: KEANE/PRASAD (2000), 37.

Andere Untersuchungen haben gezeigt, daß sich der Rückgang der gesamtwirtschaftlichen Produktion besonders nachteilig auf die Einkommensposition der ärmeren Bevölkerungsteile auswirkt (MILANOVIC, 1998). Konsequenterweise zeigen Studien, die für eine Messung der Gesamtwohlfahrt neben der Einkommensentwicklung zusätzlich die Einkommensverteilung als soziale Komponente mit-
einbeziehen, einen noch drastischeren Rückgang der gesamtwirtschaftlichen
Wohlfahrt der meisten Transformationsländer als die einfache Pro-Kopf-Einkom-
mensanalyse. Gravierend war die Entwicklung insbesondere im Bereich der ehemaligen Sowjetunion (GRÜN/KLASEN, 2001).
Im Vergleich zu Polen und Ungarn fällt auf, daß die Transfersumme relativ
zum Bruttoinlandsprodukt in Rußland sehr gering war. Die öffentlichen sozialen
Transfers betrugen in Rußland im Jahresdurchschnitt bis 1997 rund 7,5% des
Bruttoinlandsprodukts, in Ungarn dagegen 16,5% und in Polen 17,7% (siehe Tab.
10). Dies liegt zum Teil an den verschiedenen Konzeptionen und Finanzierungs-
strategien der Sozialsysteme, in erster Linie der Rentenversicherung und Arbeitslosenunterstützung, und verdeutlicht die verschieden ausgeprägten Bemühungen
der öffentlichen Hand zur Eingrenzung der sich verstärkenden Einkommensun-
gleichheiten (WELFENS/WIEGERT, 2002a).

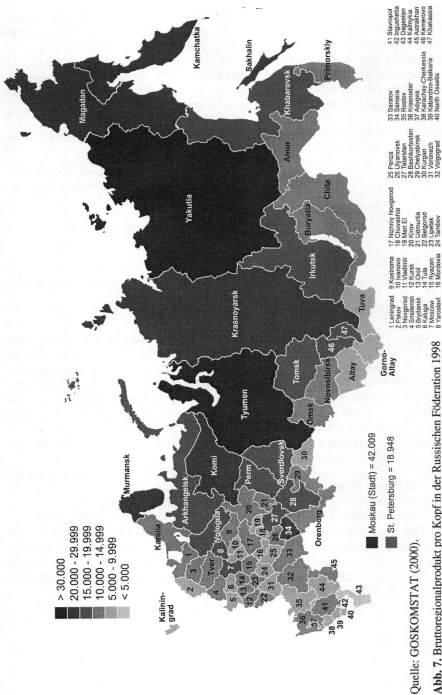

Quelle: GOSKOMSTAT (2000).

Abb. 7. Bruttoregionalprodukt pro Kopf in der Russischen Föderation 1998

Auch die regionale Einkommensverteilung zwischen den einzelnen "Subjekten" der Russischen Föderation (den Regionen) ist stark unterschiedlich, wobei hier als reichste Regionen insbesondere die urbanen Zentren von Moskau – und weniger stark St. Petersburg – sowie die rohstoffreichen Regionen wie Tjumen in Sibirien hervortreten. Die extremen Unterschiede der Lebensverhältnisse, die durch die Abb. 7 über die Pro-Kopf-Einkommen wiedergegeben werden, bieten die Grundlage einerseits für soziale und politische Auseinandersetzungen innerhalb der russischen Gesellschaft und einer oft neidgeprägten Sichtweise auf wirtschaftlich erfolgreiche Personen, andererseits für Migrationsbewegungen innerhalb der Föderation hin zu den prosperierenden wirtschaftlichen Zentren.

Ein besonderes Merkmal des Wirtschaftsraums der Russischen Föderation ist es, daß er faktisch aufgrund von stark divergierenden regionalen wirtschaftlichen Entwicklungen, aber vor allen Dingen auch aufgrund administrativer Beschränkungen in zahlreiche Teile gespalten ist, deren ökonomische wie administrative Grenzen die Mobilität und damit Handelbarkeit von Gütern sowie auch die Mobilität des Faktors Arbeit in erheblichem Maße einschränken (BERKOVITZ/DE JONG, 1999). Dies verhindert vordergründig eine Slumbildung in den urbanen Zentren Rußlands, vor allem in Moskau, jedoch setzt dies auch mit der Mobilitätsbeschränkung des Faktors Arbeit einen wichtigen Ausgleichsmechanismus für regionale Einkommensunterschiede außer Kraft. Obwohl ein erheblicher Migrationsdruck in Rußland existieren dürfte, sind Arbeitnehmer nicht ohne weiteres in der Lage, aus ärmeren Regionen in prosperierende Teile des Landes mit einem möglichen Überangebot an Arbeitsplätzen abzuwandern (KUMO, 1997; SOUTHERLAND/BRADSHAW/HANSON, 2000); potentielle Zuzugsorte verlangen den Nachweis von Wohnung und Arbeitsplatz. Oder sie können dies in der Regel nur unter Nutzung illegaler Mittel tun, was wiederum die Entwicklung von Kriminalität und Korruption in Rußland fördert.

Tab. 11. Sozialindikatoren für die Russische Föderation, Angaben in Rubel

	Pro-Kopf-Haushaltseinkommen	Reales Pro-Kopf-Haushaltseinkommen*	Offizieller Mindestlohn	Durchschnittliche monatliche Rente	Offizielles monatliches Existenzminimum	Anteil der Bevölkerung unter der Armutsgrenze in %
1995	514,9	100,0	42,6	188,1	264,1	26,2
1996	765,1	100,9	72,7	302,1	369,9	21,4
1997	931,7	107,2	83,5	328,2	411,2	21,2
1998	997,6	90,7	83,5	399,0	493,3	24,6
1999	1605,5	77,5	83,5	448,9	1044,0	39,1
2000	2145,6	85,9	107,7	694,7	1210,4	33,7

*1995 = 100
Quelle: RECEP (2001c), Russian Economic Trends – Monthly Update: September, Moskau.

Neben der gestiegenen Ungleichheit der Einkommensverteilung ist ein zweites Merkmal der russischen Entwicklung aus gesamtgesellschaftlicher wie auch aus wachstumspolitischer Sicht als ausgesprochen problematisch zu bezeichnen. Der

Kreis von Personen, die unterhalb der Armutsgrenze leben, hat sich seit Reformbeginn enorm vergrößert (KOLENIKOV/YUDAEVA, 1999; OECD, 2001b). So wuchs der Anteil der Personen, die ein Einkommen unterhalb des offiziellen (durchschnittlichen) Existenzminimums haben, 1997 bis 1999 erneut; lediglich in 2000 ist hier eine Besserung zu verzeichnen (siehe Tab. 11). Verlierer der Transformation sind dabei in erster Linie Personen, die noch nicht oder nicht mehr die Möglichkeit zur Erzielung regulärer Einkommen haben und vor allem auf öffentliche Unterstützungsmaßnahmen angewiesen sind. Dies betrifft zuvorderst die Gruppe der Rentner – eine gesellschaftliche Gruppe, die in Rußland aufgrund des frühen Renteneintrittsalters (Männer 60 Jahre, Frauen 55 Jahre) sowie wegen der demographischen Entwicklung und auch durch arbeitsentlastende Frühverrentungsregelungen vergleichsweise umfangreich ist – sowie Arbeitslose und auch Auszubildende. Die durchschnittliche monatliche Rente lag bislang stets unterhalb des offiziellen Existenzminimums (Tab. 11).

2.1.5 Integration Rußlands in die Weltwirtschaft

Die zwei wichtigsten Charakteristika der russischen Zahlungsbilanz sind die positive Leistungsbilanz, die sich wesentlich auf die Eigenschaft Rußlands als bedeutender Exporteur von Rohstoffen (Öl und Gas sowie diverse Metalle und Erze wie z.B. Nickel) gründet, auf der einen Seite und auf der anderen Seite die negative Kapitalverkehrsbilanz bzw. die hohen "Fehler" und nicht verzeichneten Transaktionen in der Zahlungsbilanz, welche auf die anhaltend hohe Kapitalflucht aus Rußland hinweisen.

Tab. 12. Zahlungsbilanz Rußlands 1996-2001

	1996	1997	1998	1999	2000	2001
Leistungsbilanz	2,80	0,48	0,25	12,66	17,76	11,01
Kapitalverkehrsbilanz	-1,64	0,64	2,97	-9,07	-14,23	-8,30
Veränderung der Devisenreserven	-0,33	-0,46	1,87	-1,02	-6,14	-2,61
Fehler und nicht verzeichnete Transaktionen	-1,16	-1,12	-3,22	-3,59	-3,53	-2,74

*Alle Angaben saldierte Werte in % des Bruttoinlandsprodukts.
Quelle: RECEP (2002), Russian Economic Trends – Monthly Update: March, Moskau; eigene Berechnungen.

Die Leistungsbilanzentwicklung Rußlands zeigt sich in erheblicher Weise abhängig von der Entwicklung der internationalen Rohstoffpreise, insbesondere des Ölpreises. War die russische Leistungsbilanz 1997 mit einem Saldo in Höhe von 0,48% des Bruttoinlandsprodukts noch fast ausgeglichen, so stieg der Saldo nahezu parallel zum Ölpreisanstieg binnen zwei Jahren auf 12,66% in 1999 und gar auf 17,76% des Bruttoinlandsprodukts in 2000 an (Tab. 12). Im Jahr 2001 sank der Leistungsbilanzüberschuß wieder auf 11,01% ab. Der Anstieg des Leistungsbilanzsaldos ist auch auf die im Zuge der plötzlichen Wechselkursabwertung des Rubel erfolgte Importsubstitution sowie des durch die Abwertung entstandenen

Wettbewerbsvorteils der russischen Industrie auf den internationalen Märkten zu erklären.

Der Saldo der russischen Kapitalverkehrsbilanz ist entsprechend des positiven Leistungsbilanzsaldos mit Ausnahme der Jahre 1997 und 1998 durchweg negativ, wobei dies lediglich den offiziellen Nettokapitalabfluß aus Rußland dokumentiert. Der Umfang der inoffiziellen Kapitalabflüsse aus Rußland kann anhand der sogenannten "Fehler und nicht verzeichneten Transaktionen" beurteilt werden: Dieser Posten der Zahlungsbilanz wies 1998-2000 einen negativen Saldo zwischen 3,2 und 3,59% des Bruttoinlandsprodukts auf und lag in 2001 mit 2,74% dem Betrage nach etwas unter den Werten der Vorjahre (Tab. 12). Dies zeigt, daß selbst angesichts des Wirtschaftsaufschwungs seit 1999 die Kapitalflucht aus Rußland anhält.

Die Integration eines Landes in die Weltwirtschaft kann hinsichtlich der Handelsbeziehungen über die Relation Handelsvolumen (Exporte plus Importe) zu Bruttoinlandsprodukt beurteilt werden. Rußland besitzt hier einen im Ländervergleich hohen Integrationsgrad in die Weltwirtschaft. Allerdings muß auch hier der große Rohstoffanteil der Exporte beachtet werden. Im Jahr 2000 lag die Quote Handelsvolumen zu Bruttoinlandsprodukt bei 61% und erreichte damit nahezu den Wert von 1993; sie liegt aber immer noch weit unter dem Wert von 1992 mit 115,0% (Tab. 13). Im Ländervergleich liegt Rußland damit vor Polen (43,9%), jedoch hinter der Ukraine (96,5%) und Ungarn (116,0%). Die besondere Rolle des Rohstoffexports verdeutlicht der Anstieg der Handelsrelation ab 1999, als weniger eine volumenmäßige als vielmehr eine wertmäßige Erhöhung der Rohstoffexporte zu einer erheblichen Steigerung des Quotienten beitrug.

Tab. 13. Relation Handelsvolumen zu Bruttoinlandsprodukt im Ländervergleich

	1992	1993	1994	1995	1996	1997	1998	1999	2000
Rußland	115,0	61,7	42,6	41,8	37,8	36,9	49,1	62,1	61,0
Ukraine	91,9	85,3	80,7	84,1	79,4	69,9	71,7	80,4	96,5
Polen	32,6	34,5	37,7	40,0	42,4	48,5	47,0	43,5	43,9
Ungarn	54,0	50,4	45,4	62,8	68,6	90,2	93,2	95,2	116,0

Quelle: EBRD (2000, 2001), Transition Report 2000 und Transition Report 2001, London.

Die einseitige Konzentration der russischen Exportstruktur auf Rohstoffe und damit verwandte Produktgruppen hat sich im Verlauf des Transformationsprozesses in den 90er Jahren weiter verstärkt. Der Anteil der Energieträger und Rohstoffe erreichte 2001 54% der Gesamtausfuhren, der entsprechende Anteil an den Ausfuhren in Nicht-GUS-Staaten lag sogar bei 86%. Durch die gestiegenen Rohölpreise erhöhten sich die Exporte wertmäßig um 40% im Jahr 2001 im Vergleich zum Vorjahr, mengenmäßig stiegen sie allerdings nur um 10% (IWH, 2001). Die verstärkte Importsubstitution nach der abrupten Rubelabwertung führte zu hohen Zuwachsraten in zahlreichen Industriebranchen. So stieg z.B. der Produktionsindex der Automobilindustrie ab Oktober 1998 binnen Jahresfrist um rund das Doppelte, die Produktion der Nahrungsmittelindustrie erhöhte sich um rund 1/3 (OECD, 2000, 51).

Der hohe Anteil an Energieträgern und Rohstoffen bei den Ausfuhren, dem eine im Hinblick auf die Güterarten anders strukturierte Importbilanz gegenübersteht, macht die außenwirtschaftliche Stabilität der russischen Wirtschaft und auch die russische Haushaltslage sehr anfällig gegenüber Schwankungen der internationalen Rohstoffpreise. Im russischen Zentralhaushalt lag der Anteil der Zölle an den Gesamteinnahmen im Jahr 2000 bei 20%. Das Verhältnis von Zolleinahmen, wozu auch Zölle auf den Rohstoffexport gehören, und Bruttoinlandsprodukt stieg von 1,3% im Jahre 1998 auf 3,2% im Jahre 2000 (OECD, 2002, 43). Diese haben damit zwar durch ihre Steigerung in 1999/2000 erheblich zur Konsolidierung der russischen Haushaltslage beigetragen, können jedoch bei einer entgegengesetzten Entwicklung die wiedergewonnene finanzpolitische Stabilität akut gefährden.

Tab. 14. Ausländische Direktinvestitionen (FDI) in Rußland und ausgewählten Transformationsländern*

	1997	1998	1999	2000 Schätzung	2001 Prognose	Kumulierte FDI Zuflüsse 1989-2000	Kumulierte FDI-Zuflüsse pro Kopf 1989-2000	FDI-Zuflüsse pro Kopf 2000	FDI-Zuflüsse in % des BIP 2000
Tschech. Republik	1275	3591	6234	4477	5000	21673	2102	434	4,3
Ungarn	1741	1555	1720	1167	1314	19725	1964	116	2,6
Polen	3041	4966	6348	9299	7000	29052	751	240	5,9
Rußland	4036	1734	746	-346	2000	9998	69	-2	-0,1
Ukraine	581	744	479	587	795	3336	68	12	1,8

*Nettozuflüsse laut Zahlungsbilanz, in Mill. US-Dollar, Pro-Kopf-Werte in US-Dollar.
Quelle: EBRD (2001), Transition Report 2001, London, 68.

Rußlands Kapitalverkehrsbilanz ist, wie oben betont wurde, gekennzeichnet von hoher Kapitalflucht. Auch wenn es in den Jahren 1996/97 zu einem vorübergehend starken Zustrom bzw. Rückfluß von Auslandskapital kam, welcher jedoch mit der Finanzkrise abrupt endete, so ist die Bilanz der ausländischen Direktinvestitionen in Rußland insgesamt relativ schwach. Dies gilt vor allem beim Vergleich der Pro-Kopf-Direktinvestitionen mit anderen Transformationsländern (Tab. 14). Die kumulierten Zuflüsse der Jahre 1989 bis 2000 an ausländischen Direktinvestitionen nach Rußland liegen bei knapp US-Dollar 10 Mrd., auf Pro-Kopf-Basis ergibt dies einen Wert von US-Dollar 69. Rußland liegt damit auf einem ähnlichen Niveau wie die Ukraine (US-Dollar 68).

Mitteleuropäische Transformationsländer wie Polen, Ungarn oder die Tschechische Republik als führendes Direktinvestitionsland (auf Pro-Kopf-Basis: US-Dollar 116, 240 sowie 434) sind hier Rußland jedoch weit voraus. Im Jahr 2000 verzeichnete Rußland sogar geringfügige Nettoabflüsse an ausländischen Direktinvestitionen. Für 2001 wird jedoch mit einer deutlichen Steigerung der Zuflüsse gerechnet. Beide Phänomene, Kapitalflucht und geringe ausländische Direktinvestitionen, haben letztlich ihre Ursache in dem schlechten Investitionsklima in Rußland, das neben den instabilen gesamtwirtschaftlichen Bedingungen des vergangenen Jahrzehnts auch durch unsichere Eigentumsrechte sowie ein leistungsfeindliches Steuer- und Abgabensystem geprägt war.

Der russische Devisenmarkt ist gekennzeichnet durch eine Reihe von Restriktionen. Zwar ist der Rubel für Leistungsbilanztransaktionen prinzipiell voll konvertibel, jedoch unterliegen Transaktionen im Rahmen der Kapitalverkehrsbilanz einer Reihe von Regulierungen, welche insbesondere die Repatriierung von Unternehmensgewinnen bzw. Erträgen von Portfoliokapital erschweren. Bankinstitute benötigen zudem eine zusätzliche Lizenz, welche von der Zentralbank als Aufsichtsbehörde vergeben wird, um Devisenmarkttransaktionen durchführen zu können (OECD, 2001a).

Rußland hat einen Antrag auf Mitgliedschaft in der WTO gestellt und verhandelte in 2001/2002 mit Nachdruck mit dem Ziel eines baldigen Beitritts. Die Mitgliedschaft in der WTO ist jedoch mit der Verabschiedung und Umsetzung einer Reihe von Reformmaßnahmen verbunden. Diese beziehen sich neben Reformen im Bereich der tarifären und nichttarifären Handelshemmnisse auch auf Maßnahmen bezüglich des Schutzes von Eigentumsrechten bzw. insbesondere geistigen Eigentums sowie der Wettbewerbspolitik und der allgemeinen handelsrechtlichen Rahmenbedingungen (MICHALOPOULOS, 1998; BROADMAN, 1999). In diesem Zusammenhang wurde beispielsweise zu Beginn des Jahres 2001 das russische Zollsystem mit den WTO-Standards in weitgehende Übereinstimmung gebracht; so hat die russische Regierung die Zollsätze vereinheitlicht und insgesamt gesenkt – der durchschnittliche Zollsatz liegt nun bei 10,7% (IWH, 2001, 28).

Die Vereinheitlichung und Senkung der russischen Zollsätze entsprechen weitgehend den Politikempfehlungen, die beispielsweise TARR (1999) ausgesprochen hatte. Jedoch sind bezüglich des russischen Handelssystems einige weitere Problembereiche, die speziell aus polit-ökonomischer Sicht besondere Widerstände von seiten einflußreicher Interessengruppen aus der russischen Industrie erwarten lassen, noch ungelöst. Dies betrifft die staatlichen oder quasi-staatlichen Handelsunternehmen, über die immer noch ein erheblicher Teil des russischen Handels (11-20%, DREBENTSOV/MICHALOPOULOS, 1999) abgewickelt wird. Vor allem in den Rohstoffbereichen (insbesondere Gas, aber auch z.B. Diamanten) existieren staatliche bzw. halbstaatliche Handelssysteme, deren wichtigste Eigenschaft ein sehr niedriger Grad an Transparenz ist. Damit werden hier nicht nur hohe Monopolgewinne für die Handelsunternehmen möglich, sondern vielfach sind sie auch Vehikel für die Durchführung illegaler Transaktionen, z.B. bei der Kapitalflucht. Eine kohärente Strategie zur Öffnung dieser Handelssysteme könnte damit einerseits die Abwicklung der Transaktionen effizienter gestalten und andererseits Schlupflöcher für den Kapitalexport schließen helfen.

2.2 Der Reformprozeß auf wirtschaftlicher und politischer Ebene – Privatisierung und Aufbau einer marktwirtschaftlichen Ordnung im föderalen Staat

2.2.1 Liberalisierung und marktwirtschaftliche Ordnung

Die Reformen im ökonomischen, rechtlichen und politischen Bereich im Kontext des Transformationsprozesses in Rußland sind ähnlich der wirtschaftlichen Entwicklung recht uneinheitlich verlaufen. Einzelne Reformbereiche, wie z.B. die Privatisierung sind sehr viel schneller und teilweise überstürzt vorangetrieben worden, während andere, hier insbesondere die institutionelle Entwicklung – also der marktwirtschaftliche Ordnungsrahmen im weitesten Sinne –, deutlich hinter dieser Entwicklung zurückblieben. Eine besondere Bedeutung für den russischen Reformprozeß erlangte die zeitlich parallel laufende politisch-gesellschaftliche Umwälzung, die speziell in Rußland tiefer ging und mit stärkeren Friktionen behaftet war als in anderen Ländern und die das Durchsetzen von Reformvorhaben in der Gesetzgebung sehr erschwerte (VON STEINSDORFF, 2002). Das sozialistische Erbe der Sowjetunion spielte hierbei eine wichtige Rolle. Zentrale Reformvorhaben wurden immer wieder im Widerstreit politischer Interessen verzögert bzw. fallengelassen, so daß letztlich eine ganze Reihe von Maßnahmen lediglich per Präsidialerlaß umgesetzt werden konnte. Dies verhinderte allerdings eine insgesamt notwendige umfassende Reformstrategie, und die einzelnen Politikmaßnahmen ließen oft jegliche Konsistenz vermissen – in rechtlicher wie in ökonomischer Hinsicht.

Die nach der Auflösung der Sowjetunion Ende 1991 unabhängige Russische Föderation begann unter der Regierung Gajdar zu Beginn des Jahres 1992 mit der Abschaffung planwirtschaftlicher Institutionen und der Einführung marktwirtschaftlicher Ordnungselemente. Dies betraf beispielsweise die Freigabe der Preise oder die Aufgabe des staatlichen Handelsmonopols (OECD, 1995). Im Zuge wirtschaftlicher Krisensituationen wie in 1998 wurden einige Liberalisierungsmaßnahmen, namentlich im Preissystem, rückgängig gemacht. Diese Rückschritte sind allerdings wieder weitgehend aufgehoben worden. Dabei darf jedoch nicht übersehen werden, daß, wenn auch auf föderaler Ebene ökonomische Aktivitäten weitgehend liberalisiert sind, diese in einzelnen Branchen und auch auf regionaler Ebene erheblichen Restriktionen unterliegen (OECD, 2001a). Insbesondere die infrastrukturellen Branchen wie Energie, Telekommunikation und Verkehr sind Gegenstand massiver staatlicher Regulierung, die eine effiziente Restrukturierung behindern. Private Investoren nehmen angesichts des hohen Regulierungsdrucks von Engagements in diesen Bereichen weitgehend Abstand. Auf regionaler Ebene existiert zudem eine Reihe von Beschränkungen, die teilweise planwirtschaftlichen Charakter annehmen. Diese wirken oft handelshemmend, so daß beträchtliche interregionale Preisunterschiede selbst bei Gütern des täglichen Bedarfs auftreten. Rußland wird damit zunehmend ökonomisch fragmentiert (BERKOVITZ/ DE JONG, 2001).

Der Übergang vom sozialistisch-planwirtschaftlichen Wirtschaftssystem zu einem marktwirtschaftlichen System kann zu Beginn des 21. Jahrhunderts als vollzogen angesehen werden, sofern man als Erfolgskriterium die Unumkehrbarkeit der Systemtransformation sowie die formale Schaffung eines marktwirtschaftlichen Regelwerks anwendet. Auch die Europäische Union und die USA haben Rußland im Jahr 2002 formal den Status einer Marktwirtschaft zuerkannt. Das marktwirtschaftliche System Rußlands ist zwar noch mit erheblichen strukturellen Verzerrungen und Problemen behaftet, jedoch sind die zentralen Ordnungsformen einer Marktwirtschaft – dezentrale Entscheidung über ökonomische Transaktionen (Faktor- und Gütermärkte als Allokationsbasis), privates Eigentum an Produktionsmitteln, Preismechanismus als Lenkungsinstrument für Angebot und Nachfrage – soweit verwirklicht, daß eine Unterscheidung des russischen Systems von dem anderer Marktwirtschaften schwerfällt, die für sich genommen in einzelnen Bereichen ebenfalls Einschränkungen der Ordnungsformen aufweisen. Allerdings kann man durchaus fragen, wie umfassend die Ressourcenallokation über nachhaltig wettbewerbsintensive Märkte erfolgt.

GROS/SUHRKE (2000) stellen die Frage nach der Unterscheidbarkeit ehemaliger planwirtschaftlicher Systeme gegenüber etablierten marktwirtschaftlichen Systemen. Sie identifizieren vier den ehemaligen Zentralverwaltungswirtschaften immer noch anhaftende Systemmerkmale:

- Die Präferenz der zentralen Planer für industrielle Produktion unter Ausnutzung statischer Skalenvorteile; dies bedeutet, daß trotz eines in Gang gekommenen strukturellen Wandels mit einem gewissen Wachstum des tertiären Sektors die planwirtschaftliche Industriestruktur bzw. Schwerpunktsetzung noch erkennbar ist.
- Hohe Investitionsquoten sowohl in physisches wie in Humankapital, was sich in einer Übergewichtung der Investitionsstruktur zugunsten der Schwerindustrie einerseits und in einem hohen Humankapitalniveau andererseits zeigt.
- Wenig entwickelte Finanzmärkte und Finanzinstitutionen wie Banken und Versicherungen.
- Unterentwickelter institutioneller Rahmen für die marktwirtschaftliche Ordnung.

Zwei weitere wichtige Wesensmerkmale der Zentralverwaltungswirtschaft wären darüber hinaus zu nennen: erstens die weichen Budgetbeschränkungen für Unternehmen (KORNAI, 1986; MASKIN, 1999; MASKIN/XU, 2001), welche in veränderter und an das marktwirtschaftliche System angepaßter Form vielfach weiterbestehen, beispielsweise in Form von zinslosen Krediten, Steuernachlässen oder verbilligten Vorleistungen (SCHWARZ, 2001). Dies hatte zu Beginn des Systemwechsels zur Konsequenz, daß die meisten staatlichen Banken in den Transformationsländern einen hohen Anteil uneinbringlicher Kredite in ihren Portefeuilles aufwiesen. Das zweite Merkmal sind die aus der verbreiteten Übernachfrage in einzelnen Branchen, insbesondere im Konsumgüterbereich, entstandenen umfangreichen schattenwirtschaftlichen Aktivitäten (KORNAI, 1980, 1992).

Die Schattenwirtschaft besteht auch im Systemwechsel modifiziert fort (WELFENS, 1992). Allerdings liegt nun deren Bedeutung vor allem in den Möglichkeiten öffentlicher Organe, umfangreiche Kontroll- und Eingriffsrechte über den neu entstehenden privaten Sektor auszuüben, beispielsweise durch die Erhebung von Steuern und Abgaben oder die Erteilung von Lizenzen (JOHNSON/ KAUFMANN/SHLEIFER, 1997; JOHNSON/KAUFMANN/ZOIDO-LOBATON, 1998; JOHNSON/KAUFMANN/MCMILLAN/WOODRUFF, 1999). Demnach wechseln Unternehmen dann in den schattenwirtschaftlichen Sektor, wenn die offizielle Regulierungs- und Steuerbelastung insgesamt ein bestimmtes Maß überschreitet und diese Belastung durch den Wechsel in den schattenwirtschaftlichen Sektor längerfristig minimiert werden kann.

Hinsichtlich einer Kategorisierung des russischen Wirtschaftssystems wird oft auf die nach wie vor existierenden strukturellen Verzerrungen in der russischen Wirtschaft verwiesen. Die russische Ökonomie kann man demnach in einem Übergangsbereich zwischen Plan- und Marktwirtschaft einordnen (WAGENER, 2001). Als wichtigstes Merkmal wird in diesem Zusammenhang der nichtmonetäre Charakter vieler Transaktionen und die künstliche Preisbildung in weiten Bereichen der russischen Wirtschaft hervorgehoben (GADDY/ICKES, 1999; COMMANDER/MUMMSEN,   1999;   PINTO/DREBENTSOV/MOROSOV, 2000).

Eine jüngere Studie der WELTBANK (2002) untermauert den Zusammenhang zwischen Reformstrategie und wirtschaftlichem Erfolg, indem sie speziell die Bedeutung von Unternehmertum und dabei die Wichtigkeit einer funktionsfähigen marktwirtschaftlichen Ordnung für die Entwicklung eines flexiblen privaten Sektors herausstellt. Dieser muß in der Lage sein, den wirtschaftlichen Aufschwung nach der Transformationsrezession zu tragen. Transformationsländer, die nur eine vergleichsweise kurze rezessive Phase nach Reformbeginn und ein bald einsetzendes positives Wirtschaftswachstum zu verzeichnen hatten, weisen einen hohen Anteil von kleinen und mittleren Unternehmen an der Bruttowertschöpfung sowie an der Beschäftigung auf. In diesen Ländern betrug der Anteil der nach Reformbeginn neu gegründeten Unternehmen an der Gesamtzahl der kleinen und mittleren Unternehmen Ende der 90er Jahre im Durchschnitt mehr als 90% (WELTBANK, 2002).

Andere, insbesondere empirisch orientierte Studien haben verdeutlicht, daß gerade die Transformationsländer aus wirtschaftlicher Sicht am erfolgreichsten waren, die zügig ein konsistentes, marktwirtschaftlich orientiertes Reformprogramm umgesetzt haben. Einige Vergleichsstudien der Transformationsländer, die sowohl die Ausgangsbedingungen, Politikentwicklungen und Liberalisierungsmaßnahmen in einen empirischen Ansatz zur Erklärung der wirtschaftlichen Entwicklung integriert haben, zeigen dies, wobei Glaubwürdigkeit und Kohärenz der Reformen eine bedeutende Rolle spielen (DE MELO/DENIZER/GELB/TENEV, 1997; EBRD, 2001; WELTBANK, 1996a).

Tab. 15. Der Anteil des privaten Sektors am Bruttoinlandsprodukt für ausgewählte Transformationsländer, in %

Land	1992	1993	1994	1995	1996	1997	1998	1999	2000	2001
Rußland	25	40	50	55	60	70	70	70	70	70
Ukraine	10	15	40	45	50	55	55	55	60	60
Polen	45	50	55	60	60	65	65	65	70	75
Ungarn	40	50	55	60	70	75	80	80	80	80

Quelle: EBRD (2000, 2001), Transition Report 2000 und Transition Report 2001, London.

Rußland erreichte im Jahr 2001 nach Schätzungen der EBRD (2001, 12) einen Anteil des privaten Sektors am Bruttoinlandsprodukt von 70% und liegt damit in der Nähe von Ländern wie Polen (75%) und Ungarn (80%; Tab. 15). Sofern die in Rußland besonders stark ausgeprägte Schattenwirtschaft, welche Schätzungen zufolge einen Umfang von 25-40% des Bruttoinlandsprodukts aufweist (ASLUND, 2001; EBRD, 2001), hier addiert wird, so läßt sich im Falle Rußlands ein mit den Reformstaaten in Mitteleuropa nahezu gleichwertiger privater Sektor konstatieren.

Einen Indikator zum Liberalisierungsfortschritt in den Transformationsländern bieten die EBRD (2001) und KUSHNIRSKY (2001), der auf Basis der Daten der EBRD institutionelle Faktoren in eine gesamtwirtschaftliche Produktionsfunktion für die Transformationsländer integriert. Die Indikatoren der EBRD geben für die wichtigsten Bereiche des marktwirtschaftlichen Systems den jeweiligen Reform- bzw. Liberalisierungsstand an. Im Jahr 2000 lag Rußland hier im Vergleich mit anderen Transformationsländern, insbesondere den Ländern Mitteleuropas sowie des Baltikums, zurück. Speziell die Felder Unternehmensrestrukturierung (2+), Handel und Wechselkurssystem (3-), Wettbewerbspolitik (2+) sowie der Bereich des Finanzsektors (2-) wiesen im Ländervergleich der Indikatorskala der EBRD, die von 1 bis 4+ reicht, geringe Werte auf, was auf nur rudimentär ausgeprägte Reformmaßnahmen bzw. nur schwach funktionsfähige Marktmechanismen in diesen Feldern hindeutet (Tab. 16). Rußland liegt bei der "großen" Privatisierung – die Privatisierung der größeren Industrie- und Infrastrukturunternehmen sowie der Banken – im Durchschnitt der Transformationsländer. Die sogenannte "kleine" Privatisierung – kleine und mittlere ehemalige Staatsbetriebe wie Restaurants oder Teile des Einzelhandels – ist in Rußland, ebenso wie in den meisten anderen Ländern, schon früh weitgehend abgeschlossen gewesen.

Tab. 16. Reformfortschritt in Mittel- und Osteuropa sowie Rußland

Land	Unternehmen			Märkte und Handel		
	Privatisierung kleiner Unternehmen	Privatisierung großer Unternehmen	Unternehmens-führung und -restrukturierung	Preisliberalisierung	Handel und Wechselkurssystem	Wettbewerbspolitik
Rußland	4	3+	2+	3	3-	2+
Ukraine	3+	3	2	3	3	2+
Polen	4+	3+	3+	3+	4+	3
Ungarn	4+	4	3+	3+	4+	3

Land	Infrastruktur					Finanzinstitutionen	
	Telekommuni-kation	Stromwirtschaft	Schienenverkehr	Straßenbau	Wasser und Abwasser	Bankenreform und Zins-liberalisierung	Wertpapiermärk-te und Finanzin-stitutionen (Nichtbanken)
Rußland	3	2	2+	2	2+	2-	2-
Ukraine	2+	3+	2	2	1	2	2
Polen	4	3	4	3+	4	3+	4-
Ungarn	4	4	3+	3+	4	4	4-

*Indikatorskala von 1 bis 4+: 1 = kein Reformfortschritt, 4+ = Standard typischer Marktwirtschaften erreicht; zur Indikatorbildung siehe EBRD (2001), 13-16.
Quelle: EBRD (2001), Transition Report 2001, London, 12-16.

Im Hinblick auf die weiteren Ausführungen muß insbesondere auf die Unterschiede bei den Reformindikatoren im Bereich des Finanzsektors hingewiesen werden, wo Rußland auf einem geringen Reformniveau (2- und 2-) deutlich hinter Polen (3+ und 4-) und Ungarn (4 und 4-) zurückliegt. Gleiches gilt für die meisten Infrastrukturbereiche. Im Bereich der Wettbewerbspolitik ist das Reformniveau Rußlands nur wenig fortgeschrittener (2+), wobei Polen und Ungarn hier im Vergleich zu einer typischen Marktwirtschaft ebenfalls noch Reformbedarf aufweisen (beide mit 3). Im Bereich von Handel und Wechselkurssystem haben Ungarn und Polen mittlerweile den Status einer typischen Marktwirtschaft erreicht und können daher von positiven Integrationseffekten in die Weltwirtschaft profitieren. Rußland ist zwar angesichts der übrigen Reformbemühungen in diesem Bereich relativ weit fortgeschritten, liegt aber dennoch gegenüber Polen und Ungarn deutlich zurück (Tab. 16).

Die Vernachlässigung der institutionellen Reformen hat in der jüngeren Vergangenheit erhebliche Kritik am Vorgehen der russischen Regierung und auch an ihren ausländischen Ratgebern, insbesondere an denen aus den Reihen des IWF, hervorgerufen (WELFENS, 1999; STIGLITZ, 1999; KOLODKO, 1998). Dieser Kritik trägt die russische Regierung seit der Amtsübergabe von Präsident El'tsin zu Präsident Putin Rechnung, indem sie eine Reihe bedeutender Reformvorhaben auf den Weg gebracht und sich in einer langfristigen Strategie zu einem dauerhaften reformorientierten wirtschaftspolitischen Kurs bekannt hat (PRAVITEL'STVO ROSSIJSKAYA FEDERATSII, 2000).

Die Reformmaßnahmen erstrecken sich dabei auf das Steuerrecht (Einkommen- und Körperschaftsteuer, Mehrwertsteuer, siehe oben), auf Justiz und Verwaltung (Verschlankung des Lizensierungswesens und Einschränkung bürokratischer Willkürakte) sowie auf die Restrukturierung der Infrastrukturbereiche, insbesondere Transport, Energie und Telekommunikation. Allerdings sind einige wichtige Problemkreise, wie beispielsweise der Banken- und Finanzsektor sowie der fiskalische Föderalismus und die Aufgabenverteilung zwischen den einzelnen Ebenen der Russischen Föderation – der Zentralregierung, den Föderationssubjekten (Regionen und autonome Gebiete) sowie den kommunalen Gebietskörperschaften –, noch nicht oder nur mit unzureichenden Maßnahmen ohne längerfristig orientierte strategische Ausrichtung angegangen worden.

2.2.2 Fiskalischer Föderalismus in der Russischen Föderation

Zu den nach wie vor ungelösten Problemen gehört die Reform des Fiskalföderalismus in der Russischen Föderation. Vielfach wird die vertikale Verteilung der Steuereinnahmen zwischen den Ebenen wie auch die horizontale Verteilung auf den Ebenen selbst auf dem Wege der Verhandlung jährlich neu entschieden. Beispielsweise bleibt bei der für die Kommunen so wichtigen Einkommensteuer stets ein erheblicher Spielraum für eine diskretionäre Verhandlungsmasse übrig. Die derartig ausgestalteten Fiskalbeziehungen zwischen den einzelnen Subjekten der Russischen Föderation führen zu einem System des "Verhandlungsföderalismus" (LEKSIN/SHVETSOV, 1998), bei dem erhebliche Ressourcen auf allen föderalen

Ebenen für die Akquisition möglichst hoher Finanzzuweisungen aufgewendet werden (POLISHCHUK, 1998).

Tab. 17. Die Zusammensetzung der Einnahmen der regionalen und kommunalen Haushalte (Angaben in %)

	1997		1998		1999		2000		2001*	
A: regional; B: kommunal	A	B	A	B	A	B	A	B	A	B
Einnahmen insgesamt	100	100	100	100	100	100	100	100	100	100
1. Steuereinnahmen, davon:	69	67	64	64	75	71	68	67	64	62
Über die Ebenen aufgeteilte Steuern, davon:	55	54	50	52	60	56	57	53	53	50
Regulierte Steuern[1]	31	40	30	38	25	42	22	39	17	40
Föderal festgelegte Steuern[2]	3	12	3	12	4	12	4	12	3	9
Föderal festgelegter Höchstsatz der Steuer[3]	21	2	17	2	31	2	31	2	33	1
Andere Steuern[4]	13	8	14	12	15	15	11	14	11	12
2. Nichtsteuerliche Einnahmen	6	2	6	4	6	4	6	3	6	4
3. Transfers von höheren Ebenen und außerbudgetären Fonds	24	31	30	32	19	25	25	30	29	35

*Januar bis Mai 2001.
[1]Die Verteilungssätze und -regeln der einzelnen Steuerarten werden jährlich von der übergeordneten föderalen Ebene festgelegt. Für regionale Haushalte betrifft dies: Mehrwertsteuer, Einkommensteuer, Verbrauchsteuern, Steuer für natürliche Rohstoffe (mit Ausnahme der Steuer auf Rohstoffvorkommen und Bodensteuer); für kommunale Haushalte betrifft dies: Mehrwertsteuer, Einkommensteuer, einzelne zugewiesene Einkommensteuern und Steuern für natürliche Rohstoffe (ausgenommen sind Zahlungen für natürliche Rohstoffvorkommen und Bodensteuer).
[2]Steuersätze werden allein von der nächsthöheren Regierungsebene festgelegt und die Aufteilung der Steuereinnahmen erfolgt über föderale Gesetze; für regionale Haushalte betrifft dies: Zahlungen für natürliche Rohstoffvorkommen; für kommunale Haushalte betrifft dies: Zahlungen für natürliche Rohstoffvorkommen, Verkaufsteuer und Vermögensteuer (bei Unternehmen).
[3]Steuersätze und -aufkommensaufteilungsregelungen werden in erster Linie von der nächsthöheren Regierungsebene festgelegt, es besteht jedoch die Möglichkeit für Veränderungen der Sätze innerhalb bestimmter Grenzen und/oder für die Einführung eigener Befreiungstatbestände von der Steuerzahlung. Für regionale Haushalte betrifft dies: Gewinnsteuer, einzelne zugewiesene Einkommensteuern (juristische Personen) und die Strassensteuer; für kommunale Haushalte betrifft dies die Bodensteuer.
[4]Steuersätze, Besteuerungsgrundlagen und Ausnahmeregelungen werden dezentral festgelegt, jedoch innerhalb föderal fixierten Rahmens. Für regionale Haushalte betrifft dies: Verkaufsteuer, Vermögensteuer (bei Unternehmen), Lizenz- und Registrierungsgebühren und einzelne zugewiesene Einkommensteuern (juristische Personen); für kommunale Haushalte betrifft dies: städtische Steuer (bis maximal 5% der Steuerbasis der Gewinnsteuer, eingeführt in 2001), Lizenz- und Registrierungsgebühren, Vermögensteuer (bei natürlichen Personen), Anzeigensteuer, Steuer für soziale Infrastruktur und andere lokale Steuern (2000-2001 weitgehend abgeschafft).
Quelle: OECD (2000; 2002).

Tab. 17 gibt Aufschluß über das Ausmaß bzw. das relative Volumen des Steueraufkommens, dessen Verteilung auf die einzelnen Gebietskörperschaftsebenen jährlich zur Verhandlung ansteht. Der Anteil der sogenannten regulierten Steuereinnahmen[4] an den Gesamteinnahmen macht für die Regionen 2001 17% aus; zählt man die Transferzahlungen von der höheren Ebene hinzu, so ergibt sich ein Gesamtanteil von 46% der Einnahmen der Regionen, die prinzipiell Gegenstand von Verhandlungen zwischen regionaler und föderaler Regierung und damit praktisch dem politischen Tagesgeschäft unterworfen sind. Für die kommunalen Budgets betrugen die entsprechenden Zahlen 40% bzw. 75%. Man kann hier auch die zunehmende Bedeutung der Transfers des Zentralhaushalts an regionale und kommunale Haushalte seit 1999 erkennen: Von 1999 bis 2001 stiegen die Transfers zu den Regionen von 19% auf 29%, zu den Kommunen von 25% auf 35% ihrer Gesamteinnahmen an.[5]

Zahlreiche Autoren haben auf die negativen Folgen des russischen Fiskalföderalismus für die regionale wirtschaftliche Entwicklung und auf dessen dringendes Reformbedürfnis hingewiesen (SUTELA, 1996; TREISMAN, 1998; FREINKMAN/YOSSIFOV, 1999). Es besteht für subnationale Regierungen praktisch kein Anlaß, die eigenen Steuereinnahmen durch die Förderung von wirtschaftlichem Wachstum und Beschäftigung zu steigern, da eine solche Erhöhung durch Veränderungen innerhalb der Einnahmenverteilungsstruktur kompensiert werden würde (ZHURAVSKAYA, 2000). Zu einem interregionalen Wettbewerb im Hinblick auf alternative Liberalisierungsstrategien besteht also kein Anreiz (BELL, 1998).

Die teilweise extremen Ungleichheiten mit Blick auf die unterschiedlichen regionalen Pro-Kopf-Einkommen wurden in den 90er Jahren zwar innerhalb der föderalen Mittelzuweisungen bzw. des interregionalen Finanzausgleichs weitgehend richtig berücksichtigt, das Mittelvolumen war aber zu gering, um eine spürbare Wirkung zu erzielen bzw. für eine stärkere Angleichung der Einkommen zu sorgen. Zudem qualifizierten sich aufgrund der wenigen relativ reichen Regionen Rußlands und der überwiegenden Mehrheit an relativ armen Regionen fast alle Regionen für irgendeine Art von föderalem Finanztransfer. Mit Blick auf das Ausbildungssystem ist es als problematisch zu betrachten, daß in vielen besonders armen Regionen aufgrund der ungenügenden Mittelzuweisungen auch praktisch keine Mittel mehr für Bildungs- und Betreuungseinrichtungen auf regionaler Ebe-

---

[4] Dies sind Steuern, deren Verteilungssätze und -regeln jährlich von der übergeordneten föderalen Ebene festgelegt werden.

[5] Jedoch entspricht der Wert von 2001 ungefähr dem Niveau von 1998 (30% bzw. 32%), was im Hinblick auf die Daten der Tab. 6 in Kap. 2.1.2 erstaunlich ist, da diese eher auf große Unterschiede bei den Transfers dieser beiden Jahre hindeuten. Das Verhältnis der Transfers zu den Regionen zum Bruttoinlandsprodukt liegt demnach bei 1,6% in 1998, jedoch bei 3,1% in 2001 (die Daten der Tab. 17 wie auch der Tab. 6 sind aus OECD, 2002) entnommen. Die Daten müßten jedoch, da sich die regionalen Einnahmen im Verhältnis zum Bruttoinlandsprodukt nicht wesentlich geändert haben (14,5% gegenüber 14,8%), auf ungefähr der gleichen Höhe liegen. Dies illustriert die Konsistenzproblematik bei der Datenerfassung in Rußland sowie die damit einhergehende mangelnde Transparenz bei finanzpolitischen Entscheidungen.

ne, z.B. Schulen und Kindergärten, bereitgestellt wurden, was die Bildungsqualität in vielen Regionen erheblich verschlechterte (STEWART, 2000).

Die unzureichende Autonomie und oftmals ungeklärte Verantwortungsbereiche subnationaler Regierungen in der Russischen Föderation führen zu einer unübersichtlichen und intransparenten Situation im Hinblick auf Investitionsbedingungen und Regulierungsentscheidungen in den einzelnen Regionen. Hieraus resultieren teilweise extrem hohe Steuersätze und zahlreiche Steuerarten, aber auch zahlreiche Steuervergünstigungen und -nachlässe als wirtschaftspolitische Instrumente der regionalen Industriepolitik (MARTINEZ-VAZQUEZ/BOEX, 2001). Darüber hinaus führte die geringe offizielle Finanz- und Aufgabenzuteilung für subnationale Regierungen zur Herausbildung inoffizieller Regeln, die die Entscheidungsgewalt von Regierungen auf regionaler und kommunaler Ebene de facto beträchtlich erweiterten. Diese Art von inoffiziellem Fiskalföderalismus ist intransparent und im Hinblick auf die Rahmenbedingungen von Unternehmen keine vernünftige Planungsgrundlage. Unternehmen ohne eine funktionierende Verbindung zur Verwaltung, welche es Ihnen ermöglicht, einzelne Bestimmungen zu umgehen, werden hier entweder automatisch in die Schattenwirtschaft oder zu erheblichem Ressourceneinsatz hinsichtlich von Verhandlungen mit der Verwaltung gezwungen, sofern sie ihre Produktion zu rentablen Bedingungen aufrechterhalten wollen.

2.2.3 Unternehmensprivatisierung in Rußland

Die Privatisierung der russischen Staatsunternehmen stellte im Verständnis der reformorientierten Kräfte in der russischen Regierung 1992/1993 das Kernelement bei der Abkehr von der sozialistischen Planwirtschaft und beim Aufbau eines – wie immer gearteten – marktwirtschaftlichen Systems dar. Aus heutiger Sicht ist es mitunter schwer verständlich, wie die Privatisierung der russischen Wirtschaft vorangetrieben werden konnte, ohne zuvor einen wenigstens rudimentären marktwirtschaftlichen Ordnungsrahmen zu installieren. Es bleibt jedoch festzuhalten, daß die Architekten des russischen Privatisierungsprozesses vor allem von der schon zu Ende der 80er Jahre begonnenen spontanen Privatisierung – in Teilen der Industrie und bei kleinen und mittleren Unternehmen auf der Basis von Kooperativen und sogenannten Leasing-Verträgen (COX, 1996) – getrieben wurden und oft nur in der Lage waren, von Betriebsmanagern geschaffene Fakten durch normative Akte anzuerkennen (HOUGH, 2001). Von seiten der Reformer wird die Eile bei der Privatisierungsmethode in der Regel mit zwei Hauptmotiven begründet (BOYCKO/SHLEIFER/VISHNY, 1995; CHUBAIS/VISHNEVSKAYA, 1994):

- Das politische Motiv: Mit der raschen Privatisierung sollte die Unumkehrbarkeit der Reformen in der Sowjetunion sichergestellt werden; jedes privatisierte Unternehmen galt als weiterer Schritt bei der Abschaffung des Sozialismus.
- Das unternehmerische Motiv: Mit der Privatisierung von Unternehmen war die Erwartung verbunden, daß die neuen privaten Eigentümer der Unternehmen sich rasch zu einer neuen Unternehmerschicht entwickeln würden, die über das

private Gewinnmaximierungsmotiv auch die Restrukturierung der russischen Industrie rasch vorantreiben könnte.

Tab. 18. Privatisierte Unternehmen und Einnahmen aus der Privatisierung in Rußland

	1993	1994	1995	1996	1997	1998	1999	2000*	Summe
	Zahl der umgewandelten und privatisierten Unternehmen								
Insgesamt	42924	21905	10152	4997	2743	2129	1536	919	134120
davon vormals im Eigentum von:									
Kommunen	26340	11108	6960	3354	1821	1544	1134	k.A.	k.A.
Föderations-subjekte	9521	5112	1317	715	548	321	298	k.A.	k.A.
Föderation	7063	5685	1875	928	374	264	104	k.A.	k.A.
	Einnahmen aus der Privatisierung, in Mrd. Rubel								
Insgesamt	0,36	0,98	3,57	2,81	24,7	17,5	12,1	6,4	68,42
in % des Brutto-inlandsprodukts	--	0,16	0,23	0,13	1,00	0,65	0,27		--
davon vormals im Eigentum von:									
Kommunen	0,13	0,40	0,96	0,91	0,7	1,0	0,9	0,5	--
Föderations-subjekte	0,10	0,18	0,52	0,42	3,3	0,9	1,9	1,2	--
Föderation	0,07	0,12	1,14	0,90	18,0	15,0	8,5	4,1	--
Sonstige	0,06	0,29	0,95	0,58	2,7	0,6	0,8	0,6	--

* Erstes Halbjahr.
Quelle: DIW/IFW/IWH (2000), Rußlands Aufschwung in Gefahr, in: DIW Wochenbericht Nr. 50/2000, 67.Jg., 860/861; RECEP (2000a), Russian Economic Trends – Quarterly Issue, Vol. 9, Nr. 3, Moskau, 82; eigene Berechnungen.

Die Privatisierungsaktivitäten des Staates haben bis zum Jahr 2000 stark nachgelassen (siehe Tab. 18), teilweise sind sogar Renationalisierungen angesichts akuter Krisensituationen erwogen worden, so beispielsweise im Bankensektor nach der Finanzkrise 1998. Auch in den Infrastruktursektoren hat sich in 1999/2000 der staatliche Einfluß wieder verstärkt. Dabei hatte das vergangene Jahrzehnt eine beispiellose Privatisierungswelle in Rußland gesehen, welche Ende der 80er Jahre schon mit der faktischen Privatisierung kleinerer Betriebe begonnen und mit der Massenprivatisierung über ein Voucher-System 1992-94 ihren Höhepunkt erreicht hatte. Dabei wurden sogenannte Vouchers, die ein Anrecht zum Erwerb von Unternehmensanteilen darstellten, welches auf speziellen Privatisierungsauktionen ausgeübt und alternativ über einen regulären Sekundärmarkt gehandelt werden konnte, an alle Bürger Rußlands verteilt (BOYCKO/SHLEIFER/VISHNY, 1995). Die Voucher-Methode hatte jedoch eine Reihe von schwerwiegenden Nachteilen (APPEL, 1997). Aus Sicht der Unternehmensrestrukturierung ist hier die aus der Voucherprivatisierung hervorgegangene Eigentümerstruktur der über Auktionen privatisierten Unternehmen zu nennen, deren zersplitterter Charakter eine wirksame Kontrolle des Unternehmensmanagements in der Regel verhinderte.

Die russische Methode der Massenprivatisierung über Vouchers folgte im wesentlichen dem Vorbild der Tschechoslowakei. In Rußland gab es jedoch einige wichtige Unterschiede zum tschechoslowakischen Modell; der vermutlich wichtigste bestand in der Rolle der Manager der zu privatisierenden Betriebe. Die russische Regierung hatte nicht den Willen oder auch nicht die politische Macht, alle Unternehmensleitungen, die sich vielfach gegen die Privatisierung und die damit verbundenen neuen Eigentumsverhältnisse zur Wehr setzten, für die Voucher-Methode zu gewinnen. Vielmehr bekamen Manager und Betriebsangehörige die Möglichkeit, im Vorgriff auf die Privatisierungsauktionen Mehrheitsanteile an ihren eigenen Betrieben zu "erwerben", was allerdings in der Regel bei der Voucher-Methode einer Schenkung gleichkam (BLACK/KRAAKMAN/TARASSOVA, 1999, 12-15).

In einer zweiten Welle von Privatisierungen, der sogenannten Kredite-gegen-Anteile-Auktionen (Loans for Shares-Auctions[6]), wurde eine Reihe wichtiger Unternehmen, u.a. aus der Ölindustrie und der Telekommunikationsbranche, zu Mitte der 90er Jahre direkt an Investoren verkauft, wobei allerdings die Verkaufsauktionen selbst unter Mißachtung elementarer Auktionsregeln durchgeführt wurden (PLEINES, 2000). In der Regel war im vorhinein innerhalb eines Kreises von sogenannten Oligarchen und Mitgliedern der russischen Regierung abgesprochen worden, wer zu welchem Preis das betreffende Unternehmen erhalten sollte. Als Folge davon wurden die wertvollsten Teile der russischen Industrie – inklusive der damit verbundenen Rohstoffvorkommen – zu ausgesprochen geringen Preisen an russische Investoren verkauft; dies gilt gemessen an dem späteren börsennotierten Wert der Unternehmen (KLEBNIKOW, 2001). Die Beteiligung ausländischer Investoren war dabei in der Regel nicht vorgesehen.

Die Vorgehensweise der russischen Regierung insbesondere bei der zweiten Privatisierungswelle, bei der erhebliche Einnahmen für den föderalen Haushalt zu erwarten gewesen waren, schlägt sich in den Privatisierungseinnahmen insgesamt nieder (Tab. 18). Die Gesamteinnahmen betragen lediglich 68,42 Mrd. Rubel, was angesichts der privatisierten Unternehmensanteile – eine Reihe großer Unternehmen aus der Ölindustrie, Teile von Gazprom sowie die Telekom-Holding Svyazinvest, um nur die größten zu nennen – eine sehr bescheidene Summe ist. Relativ zum Bruttoinlandsprodukt lagen die Privatisierungseinnahmen mit Ausnahme der Jahre 1997 und 1998 stets unter 0,3%. Lediglich in diesen beiden Jahren stieg diese Relation auf 1% bzw. 0,65% (Tab. 18). Das Unvermögen bzw. der Unwillen der russischen Regierung, insbesondere im Rahmen der großen Privatisierung höhere Einnahmen zu erzielen, kann u.a. damit erklärt werden, daß sie sich durch "Geschenke" an Unternehmensmanager deren Wohlwollen zum Reformkurs quasi erkaufen wollte. Eine solche Strategie wurde im Kontext des Wahlkampfs 1996 verfolgt, als die führenden Industriemagnaten Rußlands sich in einem Bündnis für

---

[6] Der russische Staat beglich offene Kreditforderungen von staatlichen Unternehmen gegenüber russischen Finanzinstituten mit der Abgabe von Anteilen an den betreffenden Unternehmen.

den Präsidenten El'tsin zusammenschlossen, um dann später über die Kredite gegen Anteile-Auktionen hierfür mit Unternehmensanteilen belohnt zu werden (KLEBNIKOW, 2001).

2.3 Marktwirtschaftliche Ordnung und Wettbewerb in Rußland – der russische Unternehmenssektor

Die vorangegangenen Schilderungen von makroökonomischen Entwicklungen einerseits und Reformanstrengungen andererseits haben gezeigt, daß der Übergang zu einem marktwirtschaftlichen System bislang sehr uneinheitlich verlaufen ist. Gleiches gilt für Unternehmen und Haushalte in Rußland, deren ökonomische Handlungen entscheidend von diesen Rahmenbedingungen beeinflußt wurden. Im folgenden Abschnitt werden nun die wichtigsten Reaktionsweisen und Entwicklungen im Unternehmenssektor dargestellt. Ein besonderes Augenmerk gilt dabei den Wirkungen der Einführung von Wettbewerb (oder der Vermeidung dessen) auf seiten der Unternehmen bzw. der Restrukturierung des ehemals sozialistischen Unternehmenssektors.

2.3.1 Wettbewerb und Unternehmensrestrukturierung

Mit der Privatisierung und weiteren weitreichenden Liberalisierungsmaßnahmen hat das neue Rußland zu Beginn des 21. Jahrhunderts einige wichtige ordnungspolitische Voraussetzungen für einen marktwirtschaftlichen Wettbewerb geschaffen. Jedoch ist die Wettbewerbspolitik als Politikfeld, insbesondere was die Dominanz ehemaliger sozialistischer Großbetriebe betrifft, bislang von seiten der Regierung wenig beachtet worden, so daß in der russischen Industrie immer noch ein hohes Potential zum Mißbrauch von Marktmacht besteht. Dies bezieht sich nicht nur auf die in Rußland stark diskutierten Infrastruktur- und Rohstoffsektoren (insbesondere Gas, Strom, Transport und Telekommunikation), sondern auch auf weite Teile der Verarbeitenden Industrie insgesamt.

Die strukturelle Dominanz einzelner Betriebe wird durch Analysen des gesamt-russischen Marktes in aller Regel nicht sofort deutlich. BROADMAN (2000, 2) stellt fest, daß die durchschnittliche 4-Unternehmen-Konzentrationskennziffer (der Marktanteil der vier größten Unternehmen eines Industriesektors) den Wert von 60% in der Regel nicht übersteigt; diese Kennziffer liegt in den USA auf ungefähr der gleichen Höhe. Da aber innerhalb Rußlands interregionale Handelshemmnisse existieren – dies sind beispielsweise die schlechte Transportinfrastruktur, administrative Barrieren und stark divergierende wirtschaftliche Entwicklungen in den einzelnen Regionen –, ist eine Betrachtung auf regionaler Basis sinnvoller: Auf Basis der Daten einer Weltbank/Russische Akademie der Wissenschaften-Studie gibt BROADMAN (2000, 2) den durchschnittlichen Marktanteil der befragten Firmen auf der Ebene der Regionen mit 43% an; die 4-Unternehmen-Konzentrationskennziffer liegt nach seinen Angaben dort bei 95%. Damit ist die Konzentration von Marktmacht auf der Angebotsseite in den Regionen wesentlich höher als auf nationaler Ebene. Dies hat erhebliche wettbewerbspolitische Probleme und die Möglichkeit des Mißbrauchs von Marktmacht zur Folge.

In einer empirischen Untersuchung über den Zusammenhang zwischen Marktkonzentration und Gewinnquote in verschiedenen russischen Industriesektoren ermitteln BROWN/BROWN (1998) eine eindeutig positive Beziehung für den Fall, daß der betreffende Sektor das Kennzeichen einer geographisch verteilten Produktionsstruktur aufweist, daß also zwar auf nationalem Niveau der Konzentrationsgrad eine oligopolistische Marktstruktur nahelegt, auf regionaler Ebene jedoch monopolartige Marktstrukturen vorherrschen. Des weiteren kommen sie zu dem Schluß, daß diese Marktstrukturen aufgrund hoher Markteintrittsschranken langfristig konstant sind und damit die monopolistische Marktstruktur mit geringer Wettbewerbsintensität bestehen bleibt.

Einzelne Unternehmen haben damit erhebliche Monopolmacht auf regionaler Ebene, und zwar nicht nur in den traditionell meist auf Basis eines Monopols geführten Netzindustrien bzw. den Rohstoffsektoren. Anreize zur Expansion des Marktradius und zum Angreifen benachbarter regionaler Monopole sind gering, da dem die schlechte Transportinfrastruktur, administrative Hindernisse und oft auch Regulierungsmaßnahmen (Preisbindungen, Lizensierung bestimmter Aktivitäten) im Wege stehen.

Zwei weitere Aspekte, die in den meisten Fällen ein Erbe der sozialistischen Planung darstellen, verschärfen die Wettbewerbslage in vielen Regionen zusätzlich. Viele ehemals staatliche Unternehmen sind sowohl vertikal als auch horizontal stark integriert und gleichzeitig in völlig unterschiedlichen Branchen tätig. Darüber hinaus sind viele Unternehmen – im Gegensatz zu Industrieunternehmen in westlichen Ländern – an einem einzigen Standort konzentriert, und das betreffende Unternehmen stellt an seinem Standort oft den einzigen großen Arbeitgeber dar. Dies gibt dem Unternehmen nicht nur eine hohe Marktmacht, die sich in überhöhten Preisen, geringer Produktqualität und Innovationsarmut bemerkbar macht, sondern auch ein erhebliches politisches Gewicht.

Die Einführung von Wettbewerb ist in Rußland – wie auch in anderen Staaten der ehemaligen Sowjetunion – aufgrund natürlicher Gegebenheiten, aber auch aufgrund von konzeptionellen Politikfehlern bei der Reformplanung mit erheblichen Problemen belastet. Neben der Messung der Marktkonzentration kann die Wahrnehmung des Konkurrenzdrucks durch die Unternehmen ein Maß für den Grad an Wettbewerbsintensität in einer Branche oder der gesamten Volkswirtschaft darstellen. Tab. 19 gibt Ergebnisse des von der EBRD und der Weltbank erhobenen BEEPS-Panels wieder, das auf Befragungen von Unternehmensmanagern in praktisch allen Transformationsländern Mittel- und Osteuropas beruht und daher speziell für Vergleiche der Länder untereinander eine gute Basis bietet. Die Tabelle unterscheidet zwei Ländergruppen, wobei sich die Gruppe "Zentrale GUS" auf die drei Staaten Ukraine, Rußland und Weißrußland bezieht. Konkurrenz von Firmen aus dem Inland wird in den zentralen GUS-Staaten weniger stark wahrgenommen als in den Ländern Mitteleuropas und im Baltikum, 15% der Unternehmensmanager in den zentralen GUS-Staaten empfinden die inländische Konkurrenz als sehr stark gegenüber 30% bei der Mitteleuropa/Baltikum-Gruppe.

Tab. 19. Bedeutung des Wettbewerbsdrucks von inländischen und ausländischen Konkurrenten*

	Privatisiert	Staatlich	Neugründungen	Insgesamt
Inländische Konkurrenz				
Mittel- und Osteuropa und Baltikum	29	20	32	30
Zentral-GUS	13	9	16	15
Ausländische Konkurrenz				
Mittel- und Osteuropa und Baltikum	31	24	16	22
Zentral-GUS	9	2	8	9

*Jeweiliger Anteil der Firmen eines Unternehmenstyps, die in- oder ausländische Konkurrenz als sehr stark empfinden, in %.
Quelle: EBRD (1999), Transition Report 1999, London, 136.

Ein relativ starkes Empfinden des Konkurrenzdrucks aus dem Inland gibt es bei beiden Ländergruppen bei den neu gegründeten Unternehmen, am schwächsten ausgeprägt ist dieses Empfinden bei den staatlichen Betrieben. Auf ähnliche Weise wird Konkurrenz von ausländischen Firmen in den beiden Ländergruppen wahrgenommen. Wiederum gibt ein höherer Anteil der Manager in der Mitteleuropa/Baltikum-Gruppe als in der zentralen GUS-Gruppe einen sehr spürbaren Konkurrenzdruck an (22% gegenüber 9%, Tab. 19). Letzteres wäre allerdings auch unter gleichen Wettbewerbsbedingungen in beiden Ländergruppen zu erwarten, da die Länder der Mitteleuropa/Baltikum-Gruppe erstens kleiner, zweitens mit einem höheren Offenheitsgrad ausgestattet sind und drittens geographisch näher zur Europäischen Union liegen. Dies dürfte im übrigen auch erklären, warum die ausländische Konkurrenz bei staatlichen wie privatisierten Unternehmen in der Mitteleuropa/Baltikum-Gruppe als stärker als die inländische Konkurrenz empfunden wird. Was die Landesgröße angeht, so würde man tendenziell in Rußland einen relativ starken internen Konkurrenzdruck erwarten. Es ist daher bedenklich, daß in Rußland der "synthetische subjektive Gesamtwettbewerbsdruck" im Vergleich der Transformationsländer gering ist.

Mit Blick auf die Bedeutung ausländischer Konkurrenz ist es jedoch wichtig, zwischen handelsfähigen und nichthandelsfähigen Gütern zu unterscheiden. Im Sektor der handelsfähigen Güter ist grundsätzlich eine Intensivierung des Wettbewerbs über eine weitgehende Handelsliberalisierung möglich. Dies gilt nicht für den Sektor der nichthandelsfähigen Güter, wozu in der Regel der Dienstleistungsbereich zählt (insbesondere Banken- und Finanzdienstleistungen sowie verschiedene Infrastrukturdienstleistungen – z.B. der Netzbetrieb bei Elektrizität, Gas und Wasser). Ausländische Konkurrenz im Sektor der nichthandelsfähigen Güter tritt dagegen nur in Form von ausländischen Direktinvestitionen auf, welche in Rußland bislang vergleichsweise gering ausfallen. Es ergibt sich dadurch für den Sektor der nichthandelsfähigen Güter ein verstärkter Handlungsbedarf im Hinblick auf die Einführung eines funktionierenden Wettbewerbs. Sofern Wettbewerb aufgrund der Existenz natürlicher Monopole in einzelnen Branchen nicht zu effizienten Marktergebnissen führt, muß hier ebenso die Forderung nach einer durchdachten Reform der Regulierungsstrategie gestellt werden.

Es erscheint also für die Restrukturierung der Unternehmen in Rußland als besonders problematisch, daß zwar einerseits die Privatisierung vergleichsweise weit fortgeschritten ist, daß aber andererseits ein funktionierender Wettbewerb bislang nur in Ansätzen existiert. Damit wird ein Grundproblem der russischen Transformationsvariante deutlich: Privatisierung von Staatsunternehmen allein führt nicht zwangsläufig zu einem effizienteren Ressourceneinsatz, vielmehr stellt die Einführung eines funktionierenden Wettbewerbs eine weitere notwendige Bedingung hierfür dar.

Die Komplementarität zwischen Unternehmensprivatisierung und Wettbewerb wird auch durch erste empirische Analysen auf der Basis von Paneldaten russischer Unternehmen gestützt. Allerdings betonen BROWN/EARLE (2001) in ihrer Analyse speziell die Rolle der Privatisierung als Antrieb für das Zustandekommen eines funktionierenden Wettbewerbs, der wiederum die Unternehmen anreizt, Effizienzverbesserungen in den Betrieben umzusetzen. Insofern stützen sie in gewisser Weise das rasche Vorgehen der russischen Privatisierungsstrategie.

Nachdem oben schon anhand von Daten zur Entwicklung der Arbeits- und Kapitalproduktivität einige Rückschlüsse auf den Fortschritt bei der Restrukturierung des Unternehmenssektors gezogen werden konnten, sollen an dieser Stelle nun einige Indikatoren auf der Ebene der Unternehmen weiteren Aufschluß liefern. Tab. 20 zeigt wiederum auf Basis des BEEPS-Panels einige Unternehmensentwicklungen auf, wobei die Daten anders als in Tab. 19 insgesamt nicht eindeutig ausfallen; teilweise dürften die Zahlen auch durch andere externe Faktoren, insbesondere solcher politischer Natur, beeinflußt sein. So ist der relativ hohe Anteil von Unternehmen in der Gruppe der zentralen GUS, die einen Zuliefererwechsel vollzogen, auch auf die bei dem Auseinanderbrechen der Sowjetunion oftmals gleichfalls abgebrochenen Lieferbeziehungen zwischen den ehemaligen Unionsrepubliken zurückzuführen. Bei der Entwicklung neuer bzw. der Weiterentwicklung bestehender Produkte ist sowohl hinsichtlich der Ländergruppen als auch der Unternehmenstypen kein einheitlicher Trend feststellbar. Dies gilt allerdings nicht für den Beschäftigungsaufbau, wo der hohe Anteil bei den Neugründungen bzw. der geringe Anteil bei den staatlichen und den privatisierten Betrieben die Bedeutung von neu gegründeten Unternehmen für die Entwicklung des privaten Unternehmenssektors wie für die Beschäftigungsentwicklung insgesamt unterstreicht.

Tab. 20. Unternehmensrestrukturierung nach Region und Eigentümer*

	Privatisiert	Staatlich	Neuanbieter
Beschäftigungsabbau			
Mittel- und Osteuropa und Baltikum	45	54	20
Zentral-GUS	46	45	22
Beschäftigungsaufbau			
Mittel- und Osteuropa und Baltikum	23	14	36
Zentral-GUS	21	16	41
Entwicklung neuer Produkte			
Mittel- und Osteuropa und Baltikum	36	25	28
Zentral-GUS	30	36	36
Weiterentwicklung existierender Produkte			
Mittel- und Osteuropa und Baltikum	48	42	42
Zentral-GUS	40	41	37
Zuliefererwechsel			
Mittel- und Osteuropa und Baltikum	17	12	17
Zentral-GUS	31	25	32
Umbau der Organisationsstruktur			
Mittel- und Osteuropa und Baltikum	59	55	33
Zentral-GUS	62	49	47

* Anteil an der Gesamtheit jedes Unternehmenstyps, in %.
Quelle: EBRD (1999), Transition Report 1999, London, 134.

In beiden Ländergruppen geben 41% bzw. 36% der befragten Neuanbieter an, Beschäftigungsaufbau betrieben zu haben, während dies nur für 21% bzw. 23% der privatisierten und 16% bzw. 14% der staatlichen Unternehmen gilt. Diese Größen sind allerdings nicht erstaunlich, weil Neuanbieter ohne Beschäftigungsüberhang an den Start gehen.

Insgesamt wurde jedoch ein wichtiges Ziel der Liberalisierungsmaßnahmen und der Privatisierung in Rußland noch nicht erreicht. Dies betrifft die Verbesserung der Unternehmensführung bzw. die Verbesserung der Kontrolle der Unternehmensführung ehemaliger sozialistischer Firmen. Dem Management vieler privatisierter Betriebe ist es in den vergangenen Jahren gelungen, trotz sich ändernder Eigentumsverhältnisse und der Einführung einer marktwirtschaftlichen Ordnung sich gegen Restrukturierungsmaßnahmen zur Wehr zu setzen und Möglichkeiten zur illegalen Steigerung des eigenen Einkommens zu finden, die bis hin zur Ausplünderung der Vermögenswerte des Betriebes gehen können (SPRENGER, 2000; DESAI/GOLDBERG, 1999). Die Ursachen für die schwache Ausprägung von Unternehmensführung und -kontrolle sind in erster Linie:

- Eigentümerstruktur durch Privatisierung: Vor allem als Folge der Voucher-Privatisierung 1992-94 entstand eine Eigentümerstruktur in den ehemals staatlichen Unternehmen, die sowohl gekennzeichnet war durch eine Zersplitterung in viele kleine Anteile wie auch durch eine Übernahme der Kontrolle durch Unternehmensinsider bzw. des etablierten Managements (BLACK/KRAAK-MAN/TARASSOVA, 1999). Nach einer Umfrage von 1999 waren 46% der Unternehmen direkt im Besitz von Unternehmensinsidern (KAPELYUSHNI-KOV, 2000).

- Schwache gesetzliche Rahmenbedingungen: Die russische Unternehmensgesetzgebung definiert zwar die Mechanismen der Unternehmensführung und -kontrolle in Anlehnung an Prinzipien aus OECD-Ländern, jedoch sind die gesetzlichen Möglichkeiten zur Verhinderung von Mißmanagement und Verletzung von Rechten von Minderheitseignern beschränkt. Zudem ist die persönliche Haftbarkeit von Unternehmensmanagern nur unzureichend definiert (SPRENGER, 2000). Als wichtigstes Druckmittel von Anteilseignern gegenüber dem Management gilt das Konkursrecht, das zum 01.01.1998 novelliert wurde, jedoch selbst noch zahlreiche Schwachstellen aufweist (OECD, 2001a).

- Schwache Durchsetzungsmöglichkeiten von rechtlichen Bestimmungen: Die russische Justiz und Verwaltung ist für die Erfordernisse einer funktionierenden marktwirtschaftlichen Ordnung teilweise schlecht ausgebildet und unerfahren. Zudem ist die Korruptionsneigung relativ hoch, so daß einerseits die Durchsetzung von rechtlichen Regelungen einen enormen Zeitaufwand erfordert und andererseits Justiz- und Verwaltungsentscheidungen durch Bestechung beeinflußbar sind.

Entwicklung neu gegründeter Unternehmen in Rußland

Besonders bemerkenswert ist in Rußland der Mangel an Unternehmensneugründungen, welche in Ländern wie Polen oder Ungarn neben den privatisierten Unternehmen einen bedeutenden Anteil der Wertschöpfung des privaten Sektors erbringen und wesentlich zum wirtschaftlichen Aufschwung dieser Länder beigetragen haben (EBRD, 1999; BARTLETT, 2001). Unternehmensneugründungen sind aus einer Reihe von Gründen von besonderer Bedeutung für den Erfolg des Transformationsprozesses:

- Neugründungen sind wichtig für die Forcierung des marktwirtschaftlichen Wettbewerbs und damit für die Schaffung von Anreizen zur Restrukturierung der traditionellen Unternehmen.

- Neugründungen besitzen in der Regel keinerlei Belastungen aus dem planwirtschaftlichen System, z.B. in Form von Altschulden.

- Neugründungen benötigen Arbeitskräfte und sind daher in der Lage, Personen, deren Arbeitsplätze in ehemaligen Staatsbetrieben durch Restrukturierungsmaßnahmen verlorengingen, wieder zu beschäftigen. Neugründer dürften marginal auch zur Veränderung des Verhaltens von Anbietern beitragen, etwa durch Anwendung moderner Managementmethoden, größerer Flexibilität und Orientierung am Innovationswettbewerb. Letzteres gilt vermutlich besonders dann, wenn jüngere, gut ausgebildete Unternehmensgründer aktiv werden.

Tab. 21. Kennzahlen für kleine und mittlere Unternehmen (KMU)* in ausgewählten Transformationsländern 1998, in %

Land	KMU[1]	Anteil an der Gesamtbeschäftigung	Anteil an der Wertschöpfung	Wertschöpfung (pro Beschäftigten)[2]
Rußland	56,3	18,6	23,0	123,7
Ukraine	69,2	16,9	30,0	177,5
Ungarn	96,1	54,9	63,6	115,8
Polen	92,1	45,7	54,4	118,9
Tschechische Republik	97,0	48,7	53,5	109,9

*KMU sind alle Unternehmen mit maximal 50 Beschäftigten.
[1] Anteil der KMU an der Gesamtzahl der Unternehmen.
[2] 100 = Durchschnitt der Unternehmen aller Größenkategorien der Untersuchung.
Quelle: WELTBANK (2002), Transition – the First Ten Years, Washington DC, 42.

Die Probleme Rußlands beim strukturellen Wandel von einer durch industrielle Großbetriebe dominierten Zentralverwaltungswirtschaft zu einer flexibleren Wirtschaftsstruktur wird insbesondere anhand der Entwicklung des Sektors der kleinen und mittleren Unternehmen deutlich. Diese Problematik wurde schon im Zusammenhang mit dem russischen Arbeitsmarkt angesprochen. Rußland besitzt demnach einen erheblichen Aufholbedarf sowohl im Hinblick auf den Beschäftigungs- wie auch auf den Wertschöpfungsanteil der kleinen und mittleren Unternehmen gegenüber den Transformationsländern Mitteleuropas und den meisten OECD-Länder (SHESTOPEROV, 2001). Daß die kleinen und mittleren Unternehmen in Rußland trotz ihres relativ geringen Anteils an der Wertschöpfung eine große Bedeutung für die Schaffung neuer Arbeitsplätze besitzen, wird von ACQUISTI/LEHMANN (2000) bestätigt. Zu bedenken ist hierbei allerdings auch, daß KMU in Rußland aus diversen Gründen ihre Wertschöpfung eher zu gering angeben dürften.

Tab. 21 zeigt neben dem Anteil der kleinen und mittleren Unternehmen an der Beschäftigung sowie an der Wertschöpfung die Wertschöpfung kleiner und mittlerer Unternehmen pro Beschäftigten (Relation Wertschöpfungs- zu Beschäftigungsanteil kleiner Unternehmen). Der Anteil kleiner und mittlerer Unternehmen an der Wertschöpfung ist für alle hier angeführten Länder höher als der Anteil der bei diesen Unternehmen beschäftigten Personen an der Gesamtbeschäftigung, was eine überdurchschnittliche Wertschöpfung pro Beschäftigten in kleinen und mittleren Unternehmen impliziert. Dabei ist die Wertschöpfung pro Beschäftigten in Ländern mit einem geringen Anteil der kleinen und mittleren Unternehmen besonders hoch.

Die WELTBANK (2002) weist in ihrer Studie zur Entwicklung der Transformationsländer darauf hin, daß sich angesichts der regionalen Zweiteilung der Länder bei der Entwicklung des Sektors der kleinen und mittleren Unternehmen (mitteleuropäische EU-Beitrittskandidaten versus GUS-Länder ohne Baltikum) eine Art wachstumsrelevanter Schwellenwert im Hinblick auf die Größe des Sektors der kleinen und mittleren Unternehmen ergibt. Dieser liegt bei einem Anteil von rund 40% der kleinen und mittleren Unternehmen an der Wertschöpfung. Erst ab diesem Wert läßt sich ein deutlicher Wachstumsschub als Resultat des strukturellen Wandels im Unternehmenssektor feststellen.

Die vergleichsweise schlechte Entwicklung in Rußland bei den Neugründungen und dem Sektor der kleinen und mittleren Unternehmen hat verschiedene Ursachen, wobei die empirischen Studien, die in der Regel auf Managerbefragungen basieren, unterschiedliche Faktoren als besonders schwerwiegend erachten. Nahezu allen Transformationsländern gemeinsam ist der mangelnde Zugang zu externen Finanzierungsmöglichkeiten für Neugründungen bzw. für kleinere und mittlere Unternehmen (PISSARIDES/SINGER/SVEJNAR, 2000). Dies setzt vielen Unternehmensneugründungen eine natürliche Expansionsgrenze, da Investitionen lediglich aus dem Cash Flow bzw. eigenen Kapitalreserven finanziert werden können. Andere Untersuchungen legen den Schwerpunkt auf die in Rußland zu beobachtende Korruption seitens der Behörden bzw. die damit zusammenhängende Willkür bei zahlreichen unternehmensrelevanten Entscheidungen und Genehmigungs- und Lizenzverfahren (HELLMAN/JONES/KAUFMANN/SCHANKERMAN, 2000; BARKHATOVA, 2000).

2.3.2 Anpassungsmechanismen von Unternehmen und Haushalten: Barter, virtuelle Wirtschaft und Unternehmensrestrukturierung

Die ökonomischen Reformen, insbesondere der Wegfall der staatlichen Planung und damit auch des staatlich garantierten Weiterbestehens des Betriebs ohne Rücksicht auf die finanzielle Lage, zwang die Unternehmen zu Reaktionen und Anpassungsmechanismen im Kontext der neuen wirtschaftlichen Ordnung. Wenn auch viele der Subventionen an Unternehmen, die mit Verlust arbeiteten, eine gewisse Zeit lang über die Zentralbank und ihr Bankennetz weiter gezahlt wurden, so hat doch diese direkte Form der Subventionierung unrentabler Betriebe seit 1994 nachgelassen. Man kann aufgrund des hohen Anteils an mit Verlust arbeitenden Unternehmen (1998: 56% der Unternehmen insgesamt, siehe Tab. 22) vermuten, daß ein großer Teil der Unternehmen im Gefolge des Auslaufens (oder des teilweise Weiterbestehens in anderer Form) der direkten Subventionszahlungen Anpassungsmaßnahmen ergreifen konnte, die ein Fortbestehen ermöglichten. Laut den Angaben von RECEP (2001a) betrugen die aggregierten Gewinne der russischen Unternehmen 1998 (ohne den landwirtschaftlichen Sektor) Rubel 0,4 Mrd. (in 2000 lag dieser Wert bei Rubel 1046,5 Mrd., was 14,8% des Bruttoinlandsprodukts entsprach).

Die Zahlen zur Unternehmensentwicklung – vor allem die Höhe der Gewinne der Unternehmen – können im Vergleich mit den tatsächlichen Werten mit einiger Berechtigung angezweifelt werden, da beispielsweise das russische Steuersystem Unternehmen zur Verschleierung von Gewinnen anreizt und dadurch die tatsächliche Ertragslage der Unternehmen systematisch schlechter dargestellt worden sein dürfte. Jedoch ist ein Rückstand Rußlands in der Unternehmensrestrukturierung in der Hinsicht festzustellen, daß insbesondere in der Industrie eine Vielzahl von Unternehmen weiterhin mit Verlusten arbeitet und wertmindernd produziert. Das bedeutet, daß hier der Erlös der produzierten Waren geringer ist als die Summe der Werte der Vorleistungen. Der in allen Sektoren im Zeitraum 1995 bis 1997 ansteigende Anteil der Verluste verzeichnenden Unternehmen deutet darauf hin, daß die Konstitution der russischen Wirtschaft im Vorfeld der Krise 1998 zunehmend geschwächt war.

Tab. 22. Verlust erwirtschaftende Unternehmen, in % der Gesamtzahl

	1994	1995	1996	1997	1998
Insgesamt	33	34	51	53	56
in einzelnen Sektoren:					
Industrie	23	26	44	47	49
Energieerzeugung	7	14	21	25	31
Gas	31	11	13	35	45
Kohle	49	45	54	65	64
Eisenmetallurgie	10	13	31	42	45
Nichteisenmetallurgie	23	35	65	66	57
Chemie und Petrochemie	13	16	38	44	49
Maschinenbau und Metallverarbeitung	20	24	40	43	52
Baumaterial	24	27	47	54	57
Textilien	28	36	63	63	62
Nahrungsmittel	17	18	37	42	44
Landwirtschaft	59	55	77	80	83
Transport	29	31	54	55	56
Bauwirtschaft	15	18	33	40	40

Quelle: PINTO/DREBENTSOV/MOROZOV (2000), 30.

Besonders bemerkenswert ist die teilweise Abkehr von geldbasierten Transaktionen zwischen Unternehmen untereinander, aber auch zwischen Staat und Unternehmen, letzteres beispielsweise bei der Zahlung von Steuern und Abgaben. Diese nicht-monetäre Form der Wirtschaftsbeziehungen wird allgemein unter dem Begriff "Barter-Wirtschaft" (COMMANDER/MUMMSEN, 1999) zusammengefaßt. Wirtschaftliche Wertschöpfung, die auf naturalen Tausch- bzw. Kompensationsgeschäften beruht, ist im Vergleich zu normalen marktwirtschaftlichen Tauschvorgängen durch relativ geringe Produktivität gekennzeichnet.

Auf den ersten Blick scheint die Barter-Wirtschaft in Rußland auf den Auswirkungen der Disorganisation der russischen Industrie, insbesondere dem zeitweisen Versagen des offiziellen Zahlungssystems über die Zentralbank 1992/1993 nach der Abschaffung der zentralen Planung sowie der allzu restriktiven Geldpolitik der Zentralbank zwischen 1995 und 1997 zu beruhen. Die Reaktionsmuster der Unternehmen folgten dabei den Verhaltensweisen der ehemals planwirtschaftlichen Unternehmensmanager, die angesichts der systematischen Knappheit bestimmter

Produkte und auch der Knappheit an liquiden Finanzmitteln eine Politik des Hortens solcher Produkte bzw. des Tauschs der gehorteten Produkte praktizierten (LEDENEVA, 1998). Die meisten Unternehmen, die Barter-Methoden nutzten, taten dies aus Mangel an eigenen Finanzmitteln, um die Einstellung der betrieblichen Produktion umgehen zu können (AUKUTSIONEK/BATYAEVA, 2000).

Neben dem Motiv der Weiterführung des Betriebs sind allerdings auch weitere Ursachen für das Aufkommen der Barter-Wirtschaft relevant, was durch einen Blick auf die wichtigsten Formen nicht-monetärer Transaktionen bzw. die verschiedenen Formen von Geldsurrogaten bestätigt wird. Nach COMMANDER/ MUMMSEN (1999) lassen sich diese Formen in vier Hauptgruppen einteilen:

- direkter Tauschhandel,
- Geldsurrogate, welche meist in der Form sogenannter "Veksel" (Wechsel) von Unternehmen, Banken, aber auch von Regierungsinstitutionen emittiert wurden und nach Laufzeit und Diskontrate spezifiziert waren,
- Stundung von Zahlungsverpflichtungen oder Nutzung sogenannter "Zachety"[7],
- Schulden-Swaps, -weiterverkauf und -überlassung bzw. -verlängerung.

Die Gründe für die weite Verbreitung dieser nicht-monetären Zahlungsformen lassen sich vor allem auf die Suche nach externen Finanzierungsmöglichkeiten im Kontext der Kreditknappheit bzw. der restriktiven Geldpolitik der Zentralbank 1995-1997 beziehen (LINZ/KRUEGER, 1998). Eine Reihe von Geldsurrogaten, insbesondere die Veksel bzw. bestimmte Finanzinstrumente wie Schulden-Swaps können als eine Form von Handelskrediten zur Vorfinanzierung von produktionsnotwendigen Vorleistungen betrachtet werden. Insgesamt läßt sich feststellen, daß die Ursachen für den Barter-Boom in einem Mix aus makro- und mikroökonomischen Faktoren zu suchen sind (BRANA/MAUREL, 1999):

- Steuerhinterziehung und steuersystematische Praxis: Tauschhandel läßt für Unternehmen alle Möglichkeiten zur Steuervermeidung bzw. -hinterziehung offen, da solche Transaktionen kaum nachprüfbar sind und die preisliche Bewertung der gelieferten Güter willkürlich zwischen den Tauschpartnern festgesetzt werden kann (ICKES/MURRELL/RYTERMAN, 1997). Seitens staatlicher Institutionen wurde jedoch ebenso auf die Nutzung nicht-monetärer Instrumente für die Begleichung von Steuern und Abgaben zurückgegriffen; öffentliche Stellen hatten vor allem deswegen daran Interesse, da sie selbst oftmals als Schuldner auftraten und Verbindlichkeiten gegenüber dem Unternehmenssektor – beispielsweise gegenüber Versorgungsunternehmen – akkumulierten, welche schließlich auf dem Verhandlungswege mit Forderungen gegenüber den Unternehmen verrechnet wurden.
- Mangelnder Wille und Möglichkeiten zur Unternehmensrestrukturierung: Unter den Bedingungen einer verstärkt restriktiven Geldpolitik und geringer Kreditaufnahmemöglichkeiten bei gleichzeitig unrentabel arbeitenden Betrieben be-

---

[7] Zachety sind Papiere, die die wechselseitige Begleichung von Schulden zwischen Unternehmen, Banken und dem Staat dokumentieren, wobei diese sich überwiegend auf die Begleichung der monetären Schulden über die Lieferung von Waren bezogen.

stand sowohl auf seiten der Unternehmensführung als auch auf seiten der Regierung kaum der Wille, die ehemals planwirtschaftlichen Unternehmen nach Effizienzgesichtspunkten zu behandeln und entsprechend restrukturiert weiterzuführen bzw. zu schließen (COMMANDER/MUMMSEN, 1999). Die Regierung befand sich dabei in einer Art Zwickmühle zwischen fiskalpolitischen Erwägungen und Motiven, die im politischen Sinne auf den Erhalt von Arbeitsplätzen hinausliefen, im privat-eigennützigen Sinne jedoch der persönlichen Einkommens- und Machtmaximierung im polit-ökonomischen Netzwerk aus Oligarchen und Politikern dienten, das im Gefolge der Privatisierung entstanden war.

Insbesondere ehemalige Staatsunternehmen waren in der Lage, sich an die veränderten Rahmenbedingungen in einer Weise anzupassen, die zumindest kurzfristig eine tiefgreifende Restrukturierung nicht notwendig machten. Vielmehr hatten im Falle von privatisierten Unternehmen die neuen Eigentümer die Möglichkeit, die Unternehmen systematisch auszubeuten – dies gilt im übrigen auch für eine Reihe staatlicher Unternehmen, deren Manager allerdings die alleinige Kontrolle über die Unternehmensführung gewinnen konnten, wie das Beispiel Gazprom zeigte (KLEBNIKOW, 2001). Dies geschah vor dem Hintergrund eines schwachen institutionellen Umfelds, wo beispielsweise bis gegen Ende der 90er Jahre keine wirksame Konkursgesetzgebung existierte.

Insgesamt gesehen lassen sich vier Hauptfaktoren zusammenfassen, die im Grunde die weichen Budgetbeschränkungen der planwirtschaftlichen Ära ersetzten und damit eine Restrukturierung der ehemals staatlichen Unternehmen behinderten. Positiv formuliert ergeben diese Phänomene und Maßnahmen eine Strategie, die es einerseits Politikern und andererseits Unternehmensmanagern erlaubte, ehemals sozialistische Betriebe, die unter marktwirtschaftlichen Bedingungen nicht überlebensfähig waren, weiter betreiben zu können:

- Implizite Subventionierung der Unternehmen über verbilligte Vorleistungen (EBRD, 2001): Vor allem energieintensive Industrieunternehmen profitierten von den in der Regel künstlich niedrig gehaltenen Energiepreisen bei Strom und Gas; die Preise der Versorgungsunternehmen wurden über politischen Druck oftmals unter dem Selbstkostenpreis festgesetzt, so daß diese kaum rentabel arbeiten konnten. Dies hatte u.a. zur Folge, daß Investitionen in Versorgungsnetze in solchen Regionen nahezu unterblieben.
- Nutzung von Barter-Instrumenten: Gerade große Industrieunternehmen waren in der Lage, ausreichend breitgefächerte Barter-Netzwerke aufzubauen; hierbei halfen auch die von ihnen gegründeten Banken, die letztlich nichts anderes als die ausgegliederte Finanzabteilung des Mutterbetriebs darstellten. Die ökonomische Größe (z.B. Zahl der Arbeitsplätze) spielte auch ein wichtiges Argument bei Verhandlungen mit öffentlichen Stellen.
- Akkumulierung von Zahlungsrückständen gegenüber Vorleistungslieferanten, Angestellten und dem Fiskus: Unternehmen akkumulierten bedeutende Zahlungsrückstände gegenüber Lieferanten, aber auch gegenüber ihren Angestellten und dem Fiskus, ohne daß daraus die Einleitung eines Konkursverfahrens erfolgte. Tab. 23 gibt einen Überblick über die Entwicklung der verschiedenen

Formen von Zahlungsrückständen der russischen Unternehmen. Dabei fällt auf, daß im Vorfeld der Finanzkrise 1998 die Rückstände den höchsten Stand erreichten. Sie lagen 1998 bezogen auf das Bruttoinlandsprodukt bei insgesamt 47,8%; 21,4% des Bruttoinlandsprodukts betrugen die Rückstände gegenüber Zulieferern und 17,3% bei Steuern und Abgaben. 1998 stellten zudem 46,6% der Verbindlichkeiten der Unternehmen Zahlungsrückstände dar. Dies verdeutlicht die große Bedeutung der Zahlungsrückstände für die damit erfolgende "Quasi-Finanzierung" von Unternehmen. Mittlerweile sind sie wieder rückgängig, machten aber immer noch in 2000 über ein Drittel der Gesamtverbindlichkeiten der Unternehmen aus.

Tab. 23. Zahlungsrückstände in Rußland

	Rückstände insgesamt	Rückstände gegenüber Zulieferern	Rückstände bei Steuern und Abgaben[1]
		in % des Bruttoinlandsprodukts	
1993	5,2	3,4	na
1994	11,5	6,8	na
1995	13,3	6,5	4,0
1996	23,4	10,7	8,8
1997	29,1	12,8	11,7
1998	47,8	21,4	17,3
1999	30,3	13,0	12,1
2000	23,7	10,1	9,5
		in % der Gesamtverbindlichkeiten	
1995	43,5	21,3	13,0
1996	50,5	23,1	21,1
1997	53,8	23,7	23,1
1998	46,6	20,8	16,9
1999	40,0	17,2	15,8
2000	37,4	15,9	14,9

[1]Rückstände gegenüber öffentlichen Haushalten und außerbudgetären Fonds.
Quelle: RECEP (2001a), 107.

- Nutzung politisch-ökonomischer Netzwerke: Etablierte Netzwerke zwischen Politik und Unternehmensführungen nutzten Barter-Transaktionen zum Erhalt der betreffenden Unternehmen. Die russische Regierung förderte dabei insbesondere während der zweiten Privatisierungsphase (der Kredite-gegen-Anteile-Auktionen) bis 1997/8 explizit den Aufbau von Firmennetzwerken bzw. -verbänden, die sogenannten finanz-industriellen Gruppen. Von ihrer Struktur her entstanden Mitte der 90er Jahre zwei verschiedene Typen von finanz-industriellen Gruppen (JOHNSON, 1997; POPOVA, 1998; SCHRÖDER, 1999; JASPER, 1999). Die einen, die im wesentlichen um ein industrielles Großunternehmen (z.B. Gazprom) entstanden, hatten in erster Linie den Erhalt bzw. die Restrukturierung des Kernunternehmens zum Ziel, während die anderen, die in der Regel um ein Finanzinstitut herum entstanden, ein Konglomerat aus Unternehmen oft verschiedenster Branchen aufbauten. Allen gemeinsam war die Zielsetzung seitens der Politik, daß durch die direkte Verbindung von Industrieunternehmen und Finanzinstitut eine effizientere Nutzung der Kapitalressourcen möglich und damit der Restrukturierungsprozeß forciert werden würde. Ob diese politische Ratio tatsächlich funktionierte, sei hier dahingestellt (einige vorläufige Ergebnisse bzw. Überlegungen zur Rolle der finanzindustriellen Gruppen im Restrukturierungsprozeß liefern PEROTTI/GELFER (2001); sowie BROWN/GURIEV/VOLCHKOVA (1999)). Jedoch deuten allein die niedrigen Investitionen sowie die anhaltend hohe Kapitalflucht auf eine eher negative Rolle dieser Gruppen für den Restrukturierungsprozeß bzw. ein Scheitern dieser Strategie insgesamt. Das Konzept der Förderung der Entwicklung und Modernisierung des industriellen Sektors über finanz-industrielle Gruppen wurde nach der Finanzkrise 1998 von der russischen Regierung weitgehend fallengelassen.

Rußlands "virtuelle Wirtschaft"

Ein großer Teil der ehemals sozialistischen Industrieunternehmen konnte mit den oben beschriebenen Elementen einer Anpassungsstrategie an die veränderten Rahmenbedingungen überleben. Es entstand dabei ein quasi-monetäres, hybrides Wirtschaftssystem, dessen Unternehmen sich marktmäßigen Anpassungsmechanismen mit der Folge erheblicher struktureller Verzerrungen entziehen konnten. Die Preise der produzierten Güter entsprachen vielfach nicht ihren Grenzkosten, sondern wurden z.T. beeinflußt von produktionskostenfremden Überlegungen – im Rahmen von Barter-Geschäften oder zur Steuervermeidung. Dies hatte wiederum zur Konsequenz, daß der angegebene Wert der produzierten Güter beträchtlich von dem realen Wert bzw. den realen Kosten abwich und dadurch die tatsächlichen Kostenstrukturen der Produktion verschleiert wurden. GADDY/ICKES (1998; 1999) haben aufgrund dessen diesem spezifisch russischen Wirtschaftssystem die Bezeichnung "virtuelle Wirtschaft" ("Virtual Economy") gegeben.
  Spezifisch russisch kann dies deswegen genannt werden, weil die virtuelle Wirtschaft neben einem wertvernichtenden Sektor einen wertschaffenden Sektor für ein Bestehen in der mittleren Frist benötigt. GADDY/ICKES (1998) konstruierten ein einfaches partialanalytisches Modell (eine verfeinerte Version des Modells bieten ERICSON/ICKES, 2000), das auf der Basis einer Zwei-Sektoren-Analyse die Funktionsweise der virtuellen Wirtschaft veranschaulicht. Einem aus der gesamtwirtschaftlichen Perspektive betrachtet wertschaffenden Sektor – die Rohstoffindustrie, insbesondere Gas und Öl – steht ein wertvernichtender bzw. zumindest keinen Mehrwert schaffender Sektor gegenüber – die großen Industriekombinate. Die Gewinne aus der Rohstoffindustrie werden dabei über mehrere Kanäle zur Finanzierung der unrentablen Industriebetriebe umverteilt (ERICSON/ICKES, 2000):

- künstlich niedrige Energiepreise als Vorleistungen für die Industrieproduktion,
- implizite und explizite Subventionierung durch offizielle Steuernachlässe und Steuervermeidung über verschiedene Formen von Barter-Geschäften.

Als ein weiteres Instrument zur Aufrechterhaltung der unrentablen Produktion kann die faktische Reduzierung des Nominallohns durch die Akkumulierung von Lohnrückständen bzw. die Verweigerung der Lohnzahlung überhaupt betrachtet werden. Dieses Phänomen wurde in der russischen Industrie parallel zu dem Aufkommen der Barter-Geschäfte beobachtet, wobei Arbeiter statt mit monetären Lohnzahlungen oft mit Waren verschiedenster Art abgefunden wurden. Es spielte sicherlich für den Verbleib eines Angestellten bei einem Unternehmen in einem solchen Falle eine Rolle, daß neben der eigentlichen Lohnzahlung weitere Leistungen insbesondere im sozialen Bereich wie Betriebswohnungen, Kindergartenplätze etc. an den Arbeitsplatz gebunden waren (ZINOVIEVA, 1998).

Das Modell der "virtuellen Wirtschaft" stellt einen wichtigen Ansatz dar, der es vermag, die spezifischen Phänomene der russischen Wirtschaft – Barter, Zahlungsrückstände sowie Verhaltensmuster von Unternehmensmanagern und Politikern – zu integrieren und damit auch einen Erklärungsansatz für Restrukturierungshemmnisse in der russischen Industrie zu liefern. Dennoch bestehen einige Vorbehalte gegen die Erklärungskraft bzw. Relevanz des Modells insgesamt. Die Überlegung, daß die hohen Zahlungsrückstände und die Barter-Transaktionen dazu dienen, eine zu hohe nominale Wertschöpfung vorzutäuschen, versucht GÖTZ (1999) auf Basis einer einfachen Input-Output-Analyse zu widerlegen. Er konstatiert, daß die nominale Wertschöpfung keineswegs in erheblichem Umfang von der tatsächlichen abweicht. Allerdings können hier als Gegenargumente auch die zahlreichen Publikationen zur Höhe des tatsächlichen Produktionsrückgangs in Rußland in den 90er Jahren angeführt werden (siehe oben; Kap. 2.1). Die Höhe des Rückgangs ist bis heute – auch aufgrund der Datenlage – umstritten, so daß möglicherweise doch wertschöpfungsverzerrende Motive Zahlungsrückstände und Barter-Transaktionen in erheblichem Maße beeinflußt haben können.

Es dürfte insgesamt zu weit gehen zu behaupten, daß die virtuelle Wirtschaft schon die Form eines ökonomischen Systems im Sinne einer längerfristig bestehenden gesamtwirtschaftlichen Struktur darstellt. Vielmehr handelt es sich um ein übergangsbedingtes Phänomen, das im wesentlichen auf den der russischen Weise des Systemübergangs geschuldeten Merkmalen beruht. Schließlich gibt es im Modell der virtuellen Wirtschaft nicht nur Gewinner, sondern auch Verlierer, die sich im Zeitverlauf stärker gegenüber den Interessen der Industrielobby durchsetzen dürften. Insbesondere die indirekte Subventionierung der russischen Industrie wird sich mit fortschreitender Restrukturierung des Energiesektors und eines sinkenden staatlichen Einflusses – hier ist vor allem an den Stromkonzern UES sowie Gazprom zu denken – reduzieren, da in diesen Unternehmen die Anreize für künstlich niedrige Energiepreise und Akzeptanz von hohen Zahlungsrückständen zunehmend schwinden.

3 Wachstum und Systemtransformation in Rußland: Theoretische und empirische Aspekte

Die wirtschaftliche Entwicklung Rußlands in den 90er Jahren hat gezeigt, daß der Übergang zu einem marktwirtschaftlichen System mit weitaus höheren Kosten verbunden war als zunächst angenommen. Jedoch haben sich in Rußland seit 1999 deutliche Zeichen der wirtschaftlichen Erholung ergeben, die darauf hindeuten, daß das Land die systemübergangsbedingte Rezession nun endgültig überwunden hat. Ob diese wirtschaftliche Erholungsphase der Beginn eines langfristig tragfähigen ökonomischen Aufholprozesses darstellt oder nur eine vorübergehende Erscheinung ist, die einer weiteren Stagnationsphase weichen wird, ist im Jahr 2002 offen. Es stellt sich die Frage nach den Voraussetzungen für einen wirtschaftlichen Aufholprozeß, und inwiefern diese in Rußland schon gegeben sind bzw. inwiefern Rußland wachstumhinderliche und -gefährdende Faktoren aufweist. Die Ausführungen in Kap. 2 zeigen, daß in Rußland im Hinblick auf bestimmte wachstumsrelevante Faktoren einige schwerwiegende Defizite und Fehlentwicklungen zu konstatieren sind. Diese betreffen in erster Linie die folgenden Bereiche:

- Marktwirtschaftliche Ordnung und Wettbewerb,
- Qualität der Unternehmensführung und -kontrolle,
- wenig entwickelter und relativ ineffizienter Finanz- und Bankensektor,
- die außenwirtschaftliche Öffnung und Integration Rußlands in die Weltwirtschaft,
- die Rolle des Staates und dabei insbesondere die Effizienz der öffentlichen Mittelverwendung bzw. Steuererhebung sowie die Rolle der Bürokratie im Hinblick auf die hohe Korruptionsneigung in Rußland.

Die ökonomische Wachstumsanalyse hat in den 80er und 90er Jahren des vergangenen Jahrhunderts eine Reihe wichtiger theoretischer und empirischer Erkenntnisse zu den Ursachen und Wirkungszusammenhängen wirtschaftlichen Wachstums ermitteln können. Daher liegt es nahe, auf der Suche nach Antworten für die Frage nach den Wachstumserfordernissen und den Wachstumsperspektiven Rußlands die Erkenntnisse der modernen Wachstumsanalyse zu Rate zu ziehen. Dies soll in den folgenden Abschnitten insbesondere im Hinblick auf die Rolle des Finanzsektors, des Humankapitals bzw. des Bildungssektors, der außenwirtschaftlichen Integration sowie der institutionellen Entwicklung geschehen. Am Ende dieses Kapitels wird zudem auf die Bedeutung der gewachsenen Einkommensungleichheit für die wirtschaftliche Entwicklung in Rußland eingegangen. Das folgende Unterkapitel 3.1 beschäftigt sich mit einigen Überlegungen zum Wachstumspotential der Transformationsländer und speziell Rußlands. In Kap. 3.2 werden auf Basis des neoklassischen Wachstumsmodells und seiner Erweiterungen in der Neuen Wachstumstheorie zunächst einige grundlegende Wirkungszusammenhänge im Wachstumsprozeß dargestellt, um daraufhin anhand einfacher Erweiterungen des neoklassischen Modells die Relevanz insbesondere des Finanzsektors zu verdeutlichen und Rückschlüsse auf die russische Entwicklung zu ziehen.

3.1 Das Wachstumspotential der Transformationsländer

Die wirtschaftliche Entwicklung der Länder Mittel- und Osteuropas sollte während des Transformationsprozesses nach der gängigen Idealvorstellung in der Regel einen U-förmigen Verlauf nehmen (ROLAND, 2000; GROS/STEINHERR, 1995). Nach einer anfänglichen Phase der übergangsbedingten Rezession sollte sich früher oder später ein wirtschaftlicher Aufschwung einstellen, der in einen langfristigen ökonomischen Aufholprozeß zu den Marktwirtschaften der OECD-Länder mündet. Die Erfahrung zeigt jedoch, daß zahlreiche Länder erhebliche Schwierigkeiten im Verlauf der Systemtransformation zu bewältigen haben, die einen wirtschaftlichen Konvergenzprozeß mit den OECD-Ländern in weite Ferne rücken lassen. Jedoch sind hier in Mittel- und Osteuropa sowie der ehemaligen Sowjetunion durchaus starke regionale Unterschiede festzustellen. Insbesondere sind die Länder in Mitteleuropa, die mit der EU frühzeitig Assoziierungsabkommen abschließen konnten, in der Regel dem Konvergenzziel sehr viel näher als die meisten Länder der ehemaligen Sowjetunion, mit Ausnahme der baltischen Staaten (HAVLIK, 1996).

Über das Wachstumspotential und die Quantifizierung des Wachstums bzw. die Dauer des Konvergenzprozesses der Länder und insbesondere Rußlands existieren in der Literatur unterschiedliche Auffassungen und Konzepte (ESTRIN/URGA, 1997; CAMPOS, 1999 vs. FISCHER/SAHAY/VEGH, 1996a, b und LEVINE/RENELT, 1992). Während eine Reihe von Analysen zur wirtschaftlichen Entwicklung seit dem Beginn der Transformationsprozesse und speziell zur Interaktion zwischen Reformen und wirtschaftlichen Wachstum mittlerweile vorliegt, mangelt es an Analysen bzw. fundierten Prognosen über die Wachstumsperspektiven dieser Länder. In der Literatur finden sich immerhin eine Reihe von Untersuchungen, die auf Basis von empirischen Analysen die Bedeutung einzelner Faktoren für das wirtschaftliche Wachstum der Transformationsländer abzuleiten versuchen. Diese werden im folgenden kurz skizziert und diskutiert.

In einer historisch breit angelegten Untersuchung der wirtschaftlichen Entwicklung der mittel- und osteuropäischen Länder im Vergleich zu den marktwirtschaftlich orientierten Staaten Westeuropas über die Jahre 1970-95 kommen ESTRIN/URGA (1997) zu der Erkenntnis, daß diese Ländergruppe ihren relativen Verlust bezüglich des Wohlstandsniveaus, der schon in den 70er und 80er Jahren zu verzeichnen war, bis jetzt noch nicht durch die Gesamtheit an reformpolitischen Maßnahmen im Zuge des Transformationsprozesses stoppen konnte. Einige weite-

re Beiträge beschränken sich auf die Analyse des Zeitraums der Transformationsprozesse und vergleichen die unterschiedlichen Entwicklungstendenzen der einzelnen Transformationsländer mit ihren reformpolitischen Entscheidungen
(ASLUND/BOONE/JOHNSON, 1996; SACHS/WARNER, 1995a; BRENTON/
GROS/VANDILLE, 1997; DE MELO/GELB, 1997). Die zuletzt Genannten konstruieren einen mit einzelnen Reformkomponenten gewichteten Liberalisierungs-
index und vergleichen diesen mit der wirtschaftlichen Entwicklung der Länder.
FISCHER/SAHAY/VEGH (1996a, b) entwickeln diesen Ansatz weiter und wen-
den ihn auf ein Panel von 20 bzw. 25 Transformationsländern an. Alle Autoren
kommen zu dem Schluß, daß die wirtschaftliche Entwicklung positiv mit dem
Grad der Liberalisierung und negativ mit Faktoren wie der Höhe der Inflationsrate
verbunden ist. HEYBEY/MURRELL (1997) weisen schließlich auf die Bedeutung
der Ausgangsbedingungen für den Transformationsprozeß hin, die die wirtschaftliche Entwicklung in stärkerem Maße beeinflußten als der Umfang und die Qualität reformpolitischer Entscheidungen. Mit Blick auf die Ausgangsbedingungen,
die im Zuge der Auflösung der Sowjetunion entstanden waren, dürfte diese Erkenntnis gerade für Rußland bedeutsam sein.

Eine wichtige Rolle bei der Schätzung des Wachstumspotentials der Transfor-
mationsländer spielt ein Regressionsansatz von BARRO (1991) bzw. LEVINE/
RENELT (1992). Sie ermittelten über eine Schätzgleichung, die verschiedene
wachstumsrelevante Faktoren berücksichtigt (Bevölkerungswachstum, Bildung,
Investitionsniveau), eine Funktion zur Ermittlung des potentiellen Pro-Kopf-
Wachstums (bezogen auf das Bruttoinlandsprodukt) für Entwicklungsländer. Der
BARRO-LEVINE/RENELT-Ansatz wurde zur Schätzung des zukünftigen wirt-
schaftlichen Wachstums in den Transformationsländern von DENIZER (1997)
spezifiziert. FISCHER/SAHAY/VEGH (1998) nutzen ebenfalls diesen Ansatz,
wobei sie sowohl im ursprünglichen BARRO-Ansatz wie mit den LEVINE/RE-
NELT-Spezifikationen durchschnittliche jährliche Wachstumsraten des Pro-Kopf-
Einkommens zwischen 4-5% für die osteuropäischen Transformationsländer
prognostizieren. Rußland sollte je nach Ansatz eine Wachstumsrate von 6,18%
(BARRO) bzw. 4,83% (LEVINE/RENELT) realisieren. Im ersten Ansatz besitzt
das Humankapital einen größeren Einfluß in der Schätzung; im zweiten Ansatz ist
das Investitionsniveau eine zusätzliche Einflußgröße auf die Wachstumsrate. Dabei wird Rußlands Humankapitalbestand relativ hoch bewertet, und das Land hat
gleichzeitig geringe Investitionsquoten aufzuweisen. Dies sind im wesentlichen
die Ursachen für die Differenz der beiden Ansätze, die aber sonst im Ländervergleich ähnliche Ergebnisse liefern.

Die Ergebnisse dieser Ansätze zur Ermittlung des Wachstumspotentials der
Transformationsländer sind erheblicher Kritik ausgesetzt (EBRD, 1997; CAM-
POS, 1999). Vor allen Dingen wird der offensichtliche Widerspruch zwischen Ergebnis und Realität hervorgehoben, wenn auch die jüngste Entwicklung hinsichtlich des russischen Wirtschaftswachstums Anlaß zur Hoffnung gibt. Eine
alternative Studie, die auf dem Einfluß institutioneller Faktoren für das Wirtschaftswachstum basiert, ist von der EBRD (1997) in ihrem Transition Report
vorgelegt worden. Im Vergleich zum LEVINE/RENELT-Ansatz geht der Ansatz
der EBRD davon aus, daß ohne eine weitere Verbesserung der institutionellen

Rahmenbedingungen die Wachstumsrate des realen Bruttoinlandsprodukts um 1,5% geringer ausfällt.

CAMPOS (1999) setzt sich ebenfalls kritisch mit dem BARRO-LEVINE/RENELT-Ansatz auseinander und testet die ursprünglich mittels Regressionsanalyse aus Daten von Entwicklungsländern gewonnenen Koeffizienten für die einzelnen Einflußfaktoren anhand von Daten der Transformationsländer, wobei er deutlich von den ursprünglichen Koeffizienten abweichende Resultate erhält. Im Falle des Einflusses der Staatsausgaben ändert sich das Vorzeichen und wird positiv; dies würde einen positiven Effekt steigender Staatsausgaben auf das wirtschaftliche Wachstum implizieren. Einen negativen Einfluß registriert CAMPOS (1999) jedoch für den Faktor Humankapital – auch entgegen dem entsprechenden Koeffizienten im ursprünglichen Ansatz. Die Erklärung hierfür dürfte in dem relativ hohen (formalen) Humankapitalbestand der meisten Transformationsländer liegen, der einem sehr geringen bzw. negativen wirtschaftlichen Wachstum gegenübersteht.

Insgesamt kann man den BARRO/LEVINE/RENELT-Ansatz als einen Versuch sehen, die Wachstumsdynamik der Transformationsländer in einem Vergleich mit Entwicklungsländern zu betrachten. Angesichts der unterschiedlichen Ausgangslage dieser Ländergruppen, der teils starken Unterschiede hinsichtlich der relevanten Einflußfaktoren – Humankapital, Bevölkerungswachstum und Staatsausgaben – und der Heterogenität innerhalb der Gruppe der Transformationsländer selbst ist der Nutzen der Resultate dieses Ansatzes jedoch eher fragwürdig. Die Verbindung von Transformationsforschung mit Methoden der ökonomischen Wachstumsanalyse ist dennoch sinnvoll. Hiermit lassen sich, wie im folgenden Teil dieses Kapitels zu zeigen sein wird, zentrale Faktoren identifizieren, die zu einem langfristig angelegten, nachhaltigen ökonomischen Aufholprozeß beitragen.

3.2 Systemtransformation und ökonomische Konvergenz

Die Analyse der Ursachen wirtschaftlichen Wachstums hat in den vergangenen beiden Dekaden innerhalb der wirtschaftswissenschaftlichen Disziplin einen starken Aufschwung erlebt. Eine Vielzahl von Veröffentlichungen haben wichtige neue Erkenntnisse über die Ursachen und Wirkungsmechanismen bestimmter Faktoren und ökonomischer Zusammenhänge für die langfristige wirtschaftliche Entwicklung von Ländern und Regionen geliefert. Als ebenso umfangreich kann damit auch die Menge der Ansatzpunkte für eine Wachstumsanalyse der Transformationsländer angesehen werden. Im allgemeinen jedoch reicht es zunächst aus, sich die Grundzusammenhänge wirtschaftlicher Entwicklung zu verdeutlichen, um davon ausgehend einzelne Faktoren der wirtschaftlichen Entwicklung – das Finanzsystem, den Faktor Humankapital, die weltwirtschaftliche Integration und, insbesondere vor dem Hintergrund des Transformationsprozesses, die institutionellen Rahmenbedingungen bzw. die Rolle der marktwirtschaftlichen Ordnung – genauer betrachten zu können. Im weiteren sollen das neoklassische Wachstumsmodell und die Neue Wachstumstheorie behandelt werden, um eine Grundlage für die Thematisierung der Wirtschaftsentwicklung in Rußland und der Wachstumsperspektiven im Vergleich mit anderen Transformationsländern zu legen.

3.2.1 Das neoklassische Wachstumsmodell

Einen Einstieg in den Grundzusammenhang der wirtschaftlichen Entwicklung liefert das neoklassische Wachstumsmodell, welches in seinen wesentlichen Teilen auf Überlegungen SOLOWs (1956) zurückgeht. Die Produktion der Volkswirtschaft wird hierbei auf ein Gut beschränkt, zu dessen Herstellung zwei Arten von Produktionsfaktoren, in der Regel Arbeit und Kapital, notwendig sind. Damit kann die wirtschaftliche Leistung einer Volkswirtschaft auf der Basis einer linearhomogenen Produktionsfunktion vom Cobb-Douglas-Typ mit einem produzierten Gut und zwei Produktionsfaktoren Arbeit (L)[8] und Kapital (K) dargestellt werden. Die Höhe der Produktion bzw. des Einkommens (Y) einer Volkswirtschaft hängt damit zunächst allein vom Umfang des Faktoreinsatzes an Arbeit und Kapital ab:[9]

$$Y(t) = F[K(t); L(t)] \qquad (1)$$

Wirtschaftliches Wachstum im Sinne einer Erhöhung des Produktionsvolumens Y kommt hierbei durch Erhöhung des Faktoreinsatzes zustande, also des Kapitalbestandes auf der einen und des Bestandes an verfügbarer Arbeitsleistung auf der anderen Seite. Der Kapitalbestand K wird durch den Anteil des Einkommens Y, der nicht konsumiert, sondern gespart wird, erhöht. Der entsprechende Einkommensanteil wird von der Sparquote s festgelegt, die ebenso wie die Abschreibungsrate des Kapitalbestandes δ – die Rate der Minderung des Kapitalbestandes pro Periode – im Standardmodell exogen gegeben ist. Ausgehend von einer langfristig konstanten Wachstumsrate der Bevölkerung n, kann man den Wachstumsprozeß folgendermaßen darstellen: Nach Division der Produktionsgleichung (1) durch die Bevölkerung L(t) erhält man das Produktionsvolumen bzw. die Höhe des Kapitalbestandes in pro Kopf der Bevölkerung (y bzw. k, mit Kapitalintensität k = K/L):

$$Y(t)/L(t) = y = F[K(t)/L(t); L(t)/L(t)] = F[K(t)/L(t); 1] \qquad (1a)$$

Es gilt für die Veränderung des Kapitalbestandes im Zeitverlauf, also für die Kapitalakkumulation, daß diese den Bruttoinvestitionen I abzüglich der gesamtwirtschaftlichen Abschreibungen δK entspricht:

$$dK/dt = I - \delta K \qquad (2)$$

In Pro-Kopf-Formulierung und nach den Investitionen aufgelöst lautet (2):

$$I/L = (dK/dt)/L + \delta k \qquad (2a)$$

---

[8] Vereinfachend wird im folgenden die Bevölkerung mit den Beschäftigten gleichgesetzt.
[9] Die folgende Darstellung des Solow-Modells basiert im wesentlichen auf den Ausführungen MANKIWs (1995; vgl. BARRO/SALA-I-MARTIN (1995)).

Die gesamtwirtschaftliche Ersparnis S ist eine Funktion aus dem Einkommen Y und der gesamtwirtschaftlichen Sparquote s:

$$S = sY \tag{3}$$

Da in einer geschlossenen Wirtschaft ohne Staat bzw. in einer Wirtschaft mit ausgeglichenem Staatshaushalt und ausgeglichener Leistungsbilanz die Bruttoinvestitionen I der Ersparnis S im Gleichgewicht entsprechen müssen, gilt dies ebenso für die Pro-Kopf-Ersparnis S/L bzw. die Pro-Kopf-Investitionen I/L:

$$I/L = S/L \tag{4}$$

Setzt man (2a) in (4) ein, so resultiert daraus folgende Beziehung zwischen Pro-Kopf-Ersparnis und der Veränderung des Kapitalbestands pro Kopf bzw. den Abschreibungen pro Kopf der Bevölkerung L:

$$(dK/dt)/L + \delta k = sy \text{ bzw. } (dK/dt)/L = sy - \delta k \tag{4a}$$

Die Wachstumsrate der Kapitalintensität k muß der Veränderung des Kapitalbestands pro Kopf (dK/dt)/L abzüglich der mit der Wachstumsrate der Bevölkerung n multiplizierten Kapitalintensität k entsprechen:

$$d(K/L)/dt := dk/dt = [(dK/dt)/L] - nk \tag{4b}$$

Die Wachstumsrate der Kapitalintensität k folgt dem Zusammenhang, der sich aus dem Einsetzen der Gleichung (4a) in (4b) ergibt, wobei die Produktionsgleichung y = f(k) zu beachten ist:

$$dk/dt = sf(k) - [(n + \delta)k] \tag{5}$$

Die Wachstumsrate der Kapitalintensität (dk/dt) entspricht also aus dem "Brutto"-Wachstum des Pro-Kopf-Kapitalbestands sf(k) abzüglich des durch das Bevölkerungswachstum und der Abschreibungsrate entstehenden Rückgangs der Relation Kapital pro Kopf der Bevölkerung $(n + \delta)k$; g_k als Wachstumsrate des Pro-Kopf-Kapitalbestands bestimmt gemäß dem Produktionszusammenhang die Wachstumsrate des Pro-Kopf-Einkommens g_y.

Die Wachstumsrate von k hängt nun bei gegebener Wachstumsrate der Bevölkerung n und einem gegebenen Abschreibungssatz δ von der Höhe der Bruttoinvestitionen bzw. der Höhe der Ersparnis ab. Letztere ist gebunden an die Höhe des gesamtwirtschaftlichen Zinsniveaus bzw. des Kapitalgrenzproduktes. Unter der Bedingung eines mit steigender Kapitalintensität abnehmenden Kapitalgrenzproduktes bei einer linear-homogenen Cobb-Douglas-Produktionsfunktion liegt also das Kapitalgrenzprodukt bzw. das Zinsniveau und damit der Sparanreiz bei geringer Kapitalintensität relativ hoch, während das Zinsniveau bei hoher Kapitalintensität relativ niedrig ist. Ist die Kapitalintensität relativ gering, so kommt es also zu einer hohen Investitionsaktivität, und die Kapitalintensität nimmt zu (und auch das Pro-Kopf-Einkommen y), sofern folgende Ungleichung erfüllt ist:

$$sf(k_1) > (n + \delta)k_1 \tag{6}$$

Umgekehrt ist bei hoher Kapitalintensität die Investitionstätigkeit relativ gering. Die Kapitalintensität k sinkt (und auch das Pro-Kopf-Einkommen y), wenn die Ungleichung folgendermaßen lautet:

$$sf(k_2) < (n + \delta)k_2 \qquad (6a)$$

Eine gleichgewichtige Kapitalintensität k* (mit dk/dt = 0) ergibt sich dann, wenn die Bruttoinvestitionen bzw. die Ersparnis sk dem Bevölkerungswachstum und der Kapitalabschreibung $(n + \delta)$ k entsprechen:

$$sk = (n + \delta)k \qquad (7)$$

k* läßt sich also als Quotient aus Sparquote s sowie Bevölkerungswachstum n und Abschreibungssatz δ ausdrücken:

$$k^* = s/(n + \delta) \qquad (7a)$$

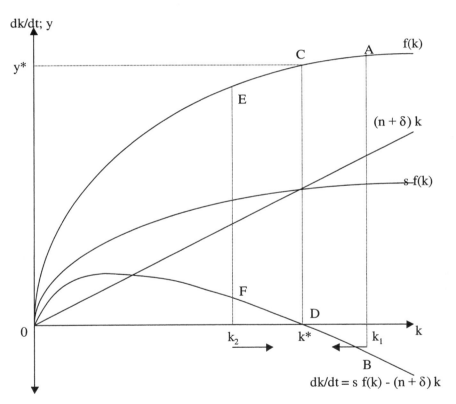

Abb. 8. Anpassungspfad der Kapitalintensität an den Steady State im neoklassischen Wachstumsmodell

Sofern also die Kapitalintensität k eines Landes nicht der gleichgewichtigen Kapitalintensität k* entspricht, kommt es zu einem Anpassungs- bzw. Konvergenzprozeß, der abgeschlossen ist, sobald das Land die gleichgewichtige Kapitalintensität k* erreicht. Im Verlauf des Konvergenzprozesses kommt es im Fall einer zu geringen Kapitalintensität im Ausgangszeitpunkt zu überdurchschnittlich hohen Investitionsquoten I/Y und einem ansteigenden Pro-Kopf-Einkommen y, im Falle von zu hoher Kapitalintensität zu unterdurchschnittlichen Investitionsquoten und einem sinkenden Pro-Kopf-Einkommen. Ist der Gleichgewichtswert von k* erreicht, so wächst die Volkswirtschaft mit der Rate des Bevölkerungswachstums n. Das Pro-Kopf-Einkommen bleibt konstant, das Land befindet sich im Zustand des "Steady State".

Abb. 8 veranschaulicht diesen Zusammenhang in einer graphischen Darstellung. Die gesamtwirtschaftliche Produktionsfunktion ist gegeben durch f(k), die daraus resultierende Sparfunktion durch sf(k). Der Rückgang des Pro-Kopf-Kapitalbestandes wird bestimmt durch $(n + \delta)k$. Der Anpassungspfad der Kapitalintensität $dk/dt = sf(k) - [(n + \delta)k]$ an das Gleichgewichtsniveau k* ergibt sich aus der Subtrahierung von $(n + \delta)k$ von der Sparfunktion sf(k). Liegt k nun höher als k* (z.B. bei k_1), so kommt es zu einem Konvergenzprozeß mit sinkender Kapitalintensität (von Punkt B nach D) und – entsprechend der Produktionsfunktion f(k) – zu einem sinkenden Pro-Kopf-Einkommen (von Punkt A nach C). Liegt k niedriger als k* (z.B. bei k_2), dann ergibt sich ein Konvergenzprozeß in umgekehrter Richtung: die Kapitalintensität (F nach D) und auch das Pro-Kopf-Einkommen (E nach C) steigen.

Unter der Bedingung, daß die Produktionstechnologie in allen Ländern verfügbar und damit identisch ist, gilt dies auch für die Produktionsfunktion. In diesem Fall existiert eine bestimmte gleichgewichtige Kapitalintensität k*, zu dem jedes Land konvergiert – unter der Voraussetzung, daß Sparquote, Abschreibungsrate sowie Bevölkerungswachstum ebenfalls konstant und identisch sind.

Ist der Faktor Kapital international mobil, so verstärkt dies zusätzlich die Konvergenztendenz. Denn wenn sich international die Kapitalintensitäten unterscheiden, wird für den Fall von zwei Ländern das Land mit der geringeren Kapitalintensität einen Nettokapitalzufluß, das Land mit der höheren Kapitalintensität entsprechend einen Nettokapitalabfluß registrieren. Dies gilt solange, bis sich die Kapitalintensität und damit auch die Kapitalrendite in den Ländern einander angeglichen haben.

Die Konstanz des Pro-Kopf-Einkommens y gilt allerdings nur solange, wie die Einsatzeffizienz der beiden Produktionsfaktoren nicht verändert werden kann. Bei Umsetzung von technischem Fortschritt in den Produktionsprozeß, welcher zu einer Verbesserung der Einsatzeffizienz der Produktionsfaktoren führt, steigt das Pro-Kopf-Einkommen. Je nach der Wirkungsweise des technischen Fortschritts verändert sich dabei das Steady State-Niveau der Kapitalintensität k*, wodurch entsprechende Anpassungen bei der Kapitalintensität notwendig werden.

In der neoklassischen Wachstumstheorie werden drei Arten von technologischem Fortschritt unterschieden:

1. Erhöhung der totalen Faktorproduktivität durch technischen Fortschritt (Hicks-neutral):

$$Y(t) = F \, A(t) \, [(K(t); \, L(t)]$$

Hierbei existiert ein von der Zeit abhängiger Niveaufaktor A(t) der Technologie eines Landes, der die Einsatzeffizienz beider Produktionsfaktoren (totale Faktorproduktivität) im Zeitablauf verändern kann. Durch Einführung von technischem Fortschritt wird zur Herstellung derselben Produktionsmenge Y von beiden Produktionsfaktoren gemäß ihrer Produktionselastizitäten eine geringere Einsatzmenge benötigt.

2. Arbeitssparender technischer Fortschritt (Harrod-neutral):

$$Y(t) = F \, [(K(t); \, A(t) \, L(t)]$$

Hierbei dient der technische Fortschritt allein der Erhöhung der Einsatzeffizienz des Faktors Arbeit (Arbeitsproduktivität). Es wird weniger Arbeit zur Herstellung derselben Produktionsmenge Y benötigt. Entsprechend erhöht der

3. kapitalsparende technische Fortschritt (Solow-neutral):

$$Y(t) = F \, [A(t) \, K(t); \, L(t)]$$

allein die Einsatzeffizienz des Faktors Kapital (Kapitalproduktivität).

Mit der Einbeziehung eines exogenen Faktors für das technische Niveau bzw. die Rate des technischen Fortschritts eines Landes können dauerhaft positive Wachstumsraten des Pro-Kopf-Einkommens mit dem neoklassischen Modell erklärt werden. Beispielgebend sei dies hier anhand des Harrod-neutralen technischen Fortschritts erläutert. Unter Einbeziehung des zeitabhängigen Niveaufaktors A(t) gilt nunmehr für die Veränderung der Kapitalintensität k = K/(AL). Gleichung (4a) wird modifiziert zu:

$$(dK/dt)/(AL) + \delta K/(AL) = sY/(AL) \tag{4c}$$

Entsprechend muß die Gleichung (4b) angepaßt werden zu:

$$d[K/(AL)]/dt := dk/dt = [(dK/dt)/(AL)] - (a \, n \, k), \text{ mit } dA(t)/dt = a \tag{4d}$$

Gleichung (5) muß ebenfalls um den Fortschrittsfaktor des Arbeitseinsatzes a ergänzt werden. Für die Veränderung der Kapitalintensität gilt nunmehr:

$$dk/dt = sf(k) - [(a + n + \delta)k] \tag{5a}$$

Das Gleichgewicht der Kapitalintensität k* bei dk/dt = 0 ergibt sich, wenn folgende Gleichung gilt:

$$sk = (a + n + \delta)k \tag{7b}$$

Der Gleichgewichtswert der Kapitalintensität lautet wie folgt:

$$k^* = s/(\, a + n + \delta) \tag{7c}$$

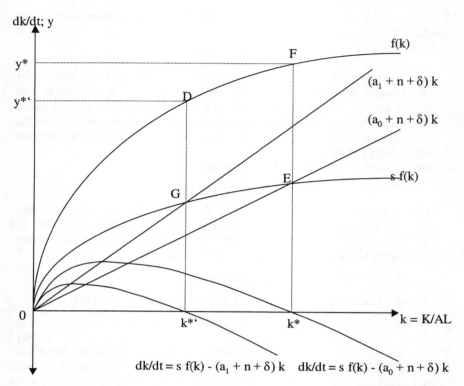

Abb. 9. Anpassungspfad der Kapitalintensität bei Harrod-neutralem technischem Fortschritt

In Abb. 9 wird das technische Niveau $A(t)$ bzw. der Fortschrittsfaktor a in den graphischen Zusammenhang von Kapitalintensität und Produktion integriert. Man beachte, daß beide Größen jeweils in Effizienzeinheiten des Faktors Arbeit $(A(t)L(t))$ abgebildet werden. Es gilt also: $k = K/(AL)$ bzw. $y = Y/(AL) = f(k)$. Somit verändert sich der Gleichgewichtswert von k^* und auch für y^* im Zeitverlauf bei konstantem technischen Fortschritt (also a > 0) nicht (Punkt E). C.p. ergibt sich nur dann eine Veränderung der Steady State-Werte für k^* und y^*, wenn sich die Fortschrittsrate a verändert. Bei einer Erhöhung von a_0 nach a_1 – im Zuge einer dauerhaften Erhöhung der Wachstumsrate des technischen Fortschritts – verschiebt sich die Gerade $(a_0 + n + \delta)k$ nach links zu $(a_1 + n + \delta)k$, so daß ein Anpassungsprozeß in Gang kommt, der zu einem neuen Gleichgewicht im Punkt G mit $k^{*'}$ und $y^{*'}$ führt, wobei die Kapitalintensität und das Einkommen in Effizienzeinheiten des Faktors Arbeit analog zum Verlauf der Sparfunktion $s\,f(k)$ bzw. zur Produktionsfunktion $f(k)$ gesunken sind (E nach G und F nach D).

Das Pro-Kopf-Einkommens Y/L steigt demgegenüber im Zeitverlauf bei konstanter Fortschrittsrate a auch im Steady State. Dies läßt sich für den Fall einer konstanten Bevölkerungszahl (n = 0) anhand von Gleichung (7c) veranschaulichen: Bei konstanter Kapitalintensität k* = K/(AL) wächst die Gesamtproduktion Y mit der Rate des technischen Fortschritts a. Bei n = 0 und y = Y/L folgt hieraus ein positives Wachstum des Pro-Kopf-Einkommens y ebenfalls in Höhe der Rate des technischen Fortschritts a.

Abb. 10 zeigt diesen Zusammenhang zwischen dem Wachstum des Pro-Kopf-Einkommens und der Wachstumsrate des exogenen technischen Fortschritts. Für den Zeitraum zwischen t_0 und t_1 ergibt sich ein stetig, mit konstanter Rate ansteigendes Pro-Kopf-Einkommen. Die Wachstumsrate des Pro-Kopf-Einkommens y entspricht $\tan\alpha$ = dlny/dt. Die Volkswirtschaft befindet sich hier im Steady State. Im Zeitpunkt t_1 kommt es zu einer dauerhaften Erhöhung der Rate des technischen Fortschritts a, was dazu führt, daß die gleichgewichtige Kapitalintensität wie in Abb. 9 sinkt und es zu einem Anpassungsprozeß kommt, der vorübergehend die Wachstumsrate des Pro-Kopf-Einkommens entsprechend des gekrümmten Verlaufs der lny-Kurve zwischen den Punkten A und B stark ansteigen läßt, bis in Punkt B der neue gleichgewichtige Wachstumspfad erreicht ist. Es gilt allerdings, daß die Volkswirtschaft nunmehr mit einer höheren Wachstumsrate als vor t_1 wächst ($\tan\alpha < \tan\beta$).

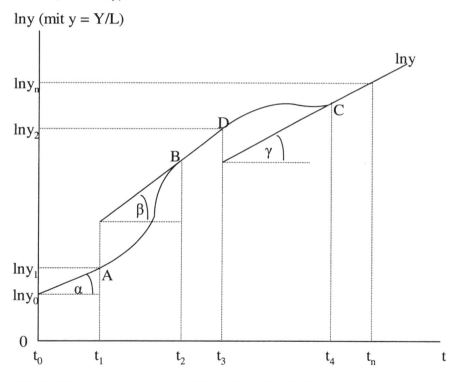

Abb. 10. Wachstumsrate, technischer Fortschritt und Steady State

Für eine dauerhafte Verringerung von a gilt umgekehrt (bei Punkt D bzw. t_3), daß ein Anpassungsprozeß zu einer höheren gleichgewichtigen Kapitalintensität in Gang kommt. Die Wachstumsrate des Pro-Kopf-Einkommens geht im Anpassungszeitraum stark zurück, um dann im Steady State (ab Punkt C) auf einem geringeren Niveau als in der Periode t_2-t_3 zu liegen: Es gilt $\tan\beta > \tan\gamma$. Sofern ein Land eine dauerhafte Erhöhung der Rate des technischen Fortschritts umsetzen kann, so ergeben sich zwei wachstumsrelevante Effekte im Hinblick auf das Pro-Kopf-Einkommen:

- Zum einen steigt zu Beginn des Anpassungsprozesses die Wachstumsrate des Pro-Kopf-Einkommens vorübergehend an. Dies geht auf die Verschiebung des Niveaus des Wachstumspfades nach oben zurück. Sie geht allerdings wieder zurück, je näher die Volkswirtschaft dem neuen Steady State kommt.
- Zum anderen wird die Wachstumsrate des Pro-Kopf-Einkommens im neuen Steady State höher liegen als vor der Erhöhung der Fortschrittsrate. Dies kommt in einem steileren gleichgewichtigen Wachstumspfad zum Ausdruck.

Kritik des neoklassischen Modells

Das neoklassische Wachstumsmodell ist einerseits recht einfach in seinem Aufbau, andererseits besitzt es eine gewisse grundlegende Aussagekraft, die sich vor allem auf die folgenden Punkte bezieht:

- Langfristig sollte eine Volkswirtschaft unter den gegebenen neoklassischen Annahmen einen wirtschaftlichen Entwicklungsstand (Steady State) erreichen, der sich durch eine c.p. konstante Kapitalintensität der Produktion sowie durch im Zeitablauf konstante Pro-Kopf-Einkommen auszeichnet und dessen Erreichen letztlich unabhängig von dem Anfangswert der Kapitalintensität k ist. Exogene Faktoren wie Sparquote, Abschreibungssatz und Bevölkerungsentwicklung beeinflussen die Dauer des Anpassungsprozesses bzw. das Niveau der Kapitalintensität und des Pro-Kopf-Einkommens im Steady State. Eine höhere Sparquote bewirkt eine höhere Kapitalintensität und ein höheres Pro-Kopf-Einkommen im Gleichgewicht; eine höhere Abschreibungsrate und eine größere Wachstumsrate der Bevölkerung wirken sich in umgekehrter Weise auf die Steady State-Variablen aus.
- Bei unterschiedlichen internationalen Kapitalintensitäten im Ausgangszustand sollte sich nach Maßgabe des neoklassischen Modells ein Konvergenzprozeß dergestalt einstellen, daß die Pro-Kopf-Einkommen der Länder mit einer geringeren Kapitalintensität k schneller wachsen als die Pro-Kopf-Einkommen der Länder mit anfänglich höheren Werten für k, während k sich in beiden Ländergruppen dem Gleichgewichtsniveau annähert. Eine absolute Konvergenz der Pro-Kopf-Einkommen kann aber nur bei Identität der zugrundeliegenden exogenen Variablen (n, δ und s) vorausgesetzt werden (absolute Konvergenzhypothese). Absolute Konvergenz kann daher empirisch in der Regel nur für Länder mit relativ homogenen Wirtschaftsstrukturen näherungsweise nachgewiesen werden, wie z.B. für die Länder der Europäischen Union (ROMER, 1994). Unterscheiden sich diese Variablen, so existieren auch verschieden hohe Gleich-

gewichtswerte für die Kapitalintensität k und damit auch für das Pro-Kopf-Einkommen. Je nach Größe der Unterschiede kann dabei das Wachstum des Pro-Kopf-Einkommens y von Ländern mit höherem y im Anpassungsprozeß vorübergehend auch über dem von Ländern mit geringerem y im Ausgangszeitpunkt liegen. Gemeinsam haben die beiden Ländergruppen nur, daß beide zu ihren jeweiligen gleichgewichtigen Steady State-Konstanten hin konvergieren (bedingte Konvergenzhypothese).

- Die Wachstumsrate des Pro-Kopf-Einkommens ist im Gleichgewicht konstant und gleich Null; darüber hinaus gehende Veränderungen dieser Wachstumsrate können nur über exogene Faktoren wie den technischen Fortschrittsfaktor a erklärt werden.

- Unterschiedliche Kapitalintensitäten bedingen unterschiedliche Kapitalgrenzprodukte (unter der Annahme gleicher Produktionstechnologien): Je höher die Kapitalintensität, desto geringer das Grenzprodukt des Kapitals. Aufgrund der internationalen Renditedifferenzen kommt es bei freiem internationalem Kapitalverkehr über Kapitalexporte aus Ländern mit geringerer Rendite in Länder mit höherer Kapitalrendite (und der daraus erfolgenden Erhöhung der dortigen Kapitalintensität) zu einer Angleichung der Renditen. Internationaler Kapitalverkehr kann damit den Konvergenzprozeß bzw. die Erhöhung der Kapitalintensität eines Landes über die Ausnutzung internationaler Differenzen des Kapitalgrenzprodukts beschleunigen.

Empirische Relevanz des neoklassischen Modells

Einer empirischen Überprüfung der theoretischen Ergebnisse hält das Modell unter bestimmten Einschränkungen stand (MANKIW/ROMER/WEIL, 1992). Es gibt jedoch insbesondere folgende wesentliche Kritikpunkte an den Aussagen bzw. dem Aufbau des neoklassischen Modells aus empirischer Sicht:

- In der Realität ist eine Konvergenzhypothese aus einer globalen Perspektive heraus kaum zu halten. Konvergenzprozesse lassen sich allenfalls auf regionaler Ebene feststellen, beispielsweise unter den Ländern der Europäischen Union. Die Höhe der tatsächlich existierenden Differenzen der internationalen Pro-Kopf-Einkommen sind wesentlich größer als die theoretischen Modellergebnisse vermuten lassen. Ebenso sind nicht nur hohe, sondern auch dauerhafte bzw. sich vergrößernde Pro-Kopf-Einkommensunterschiede zu beobachten. Das neoklassische Modell in seiner einfachen Form vermag für solche Entwicklungen bei Zugrundelegung exogener Sparquoten, Abschreibungsraten sowie Wachstumsraten der Bevölkerung der jeweiligen Länder keine zufriedenstellende modellendogene Erklärung zu liefern. Allerdings können einfache Modifikationen der Modellparameter, insbesondere der Sparquote und der Abschreibungsrate sowie der Ausweitung des Kapitalbegriffs, wichtige Erklärungsbeiträge für die hohen und dauerhaften Unterschiede im Pro-Kopf-Einkommen leisten (MANKIW, 1995).

- Das im Zeitablauf stetig gewachsene Pro-Kopf-Einkommen in vielen Ländern mit stationärer Bevölkerungsentwicklung kann durch das neoklassische Wachstumsmodell nicht modellendogen erklärt werden. Für die stetige Zunahme des Pro-Kopf-Einkommens muß daher ein exogener technologischer Niveaufaktor (A(t)) in Anspruch genommen werden, der jedoch die Determinanten und Wirkungsweisen des technischen Fortschritts und der daraus folgenden Produktivitätssteigerungen und damit wichtige Ursachen für den Wachstumsprozeß außer acht läßt.

- Hohe Renditedivergenzen gemessen an der internationalen Differenz der Realzinsen, die sich aus der geringeren Kapitalausstattung (und des demzufolge höheren Grenzprodukts des Kapitals) von ärmeren gegenüber reicheren Ländern ergeben und aufgrund derer sich hohe Nettokapitalzuflüsse in ärmere Länder ergeben müßten, sind in der Realität nur in beschränktem Ausmaß beobachtbar. Hier sind weitere länderspezifische Einflußfaktoren, die die Investitionsentscheidungen internationaler Investoren beeinflussen – z.B. politische oder wirtschaftliche Instabilitäten –, von Bedeutung (ROBERTSON, 1999).

- Der Aufbau des Modells und vor allen Dingen seine grundlegenden Annahmen – z.B. identische Produktionstechnologie, kein internationaler Austausch von Arbeitskräften bzw. von Realkapital, Beschränkung des Kapitalbegriffs auf Produktivkapital – waren Gegenstand kritischer Anmerkungen, da diese Annahmen nicht nur realitätsfern sind, sondern auch die Ursache für einen großen Teil der oben genannten Modelldefekte im Realitätsvergleich darstellen. Die Erklärung der Differenz zwischen den Modellprognosen hinsichtlich des Konvergenzverhaltens der Pro-Kopf-Einkommen und den realen Entwicklungen in verschiedenen Ländern ist Gegenstand kontroverser Diskussion (JONES, 1997; BARRO/SALA-I-MARTIN, 1997), wobei auch versucht wird, diese Diskrepanzen über Variationen der Modellparameter zu überbrücken.

MANKIW (1995, 289ff.) gibt zu bedenken, daß eine simple Erhöhung der Produktionselastizität des Kapitals bzw. eine Erhöhung des Anteils des Kapitals am Gesamteinkommen mit erheblichen Konsequenzen für die Modellprognosen verbunden ist. Der Einfluß der Kapitalakkumulation und damit der Sparquote auf das Wirtschaftswachstum wäre größer und die Renditedifferenz zwischen Ländern mit unterschiedlichen Kapitalintensitäten wäre geringer. Das bedeutet, daß Länder mit geringeren Sparquoten langsamer konvergieren und außerdem der Anreiz für Kapitalexporte aus relativ kapitalintensiven Ländern geringer ist. MANKIW (1995) sieht für einen solchen Schritt gute Gründe: Er dehnt den Kapitalbegriff über rein physisch vorhandene Maschinen und Anlagen auf technisches Wissen aus. Dieses Humankapital wird über Ausbildungsmaßnahmen, denen die Wirtschaftssubjekte einen Teil ihrer ihnen zur Verfügung stehenden Zeit widmen, akkumuliert. Darüber hinaus besitzt technisches Wissen zum Teil die Eigenschaften eines öffentlichen Gutes, insbesondere die Eigenschaft der Nicht-Rivalität im Faktoreinsatz. Ein durch Forschung und Entwicklung generiertes technisches Wissen kann, sobald es frei verfügbar wird, beliebig oft von anderen Personen akquiriert und angewandt werden, was positive Spill over-Effekte des technischen Wissens impliziert (ROMER, 1986; 1987). Diese Überlegungen stellen den Übergang zur Neuen Wachstumstheorie dar.

3.2.2 Die Neue Wachstumstheorie

Die oft bemängelten Konflikte mit empirischen Befunden und das modelltheoretische Ignorieren offensichtlich wichtiger Zusammenhänge der Wachstumsökonomik führten zu Weiterentwicklungen des neoklassischen Modells, die im vorangegangenen Absatz schon angedeutet wurden. Die zahlreichen Varianten und Erweiterungen bemühen sich dabei in erster Linie folgende zwei Aspekte in ihrer Betrachtung zu berücksichtigen:

• die Erklärung von langfristig positiven Wachstumsraten des Pro-Kopf-Einkommens bzw. von konstant hohen und auch sich vergrößernden Divergenzen bezüglich des Pro-Kopf-Einkommens in verschiedenen Ländern und Regionen,
• die Untersuchung der Beziehung zwischen technischem Fortschritt und wirtschaftlicher Entwicklung, insbesondere die modellendogene Erklärung des technischen Fortschritts als zentrale Quelle wirtschaftlichen Wachstums.

Nach JONES (1995) bzw. VAN MARREWIJK (1999) lassen sich die verschiedenen Modellvarianten in zwei Klassen einteilen: Die eine Klasse der sogenannten AK-Modelle erklärt wirtschaftliches Wachstum ebenfalls über den schon bekannten Kapitalakkumulationsmechanismus. Sie erreicht aber durch Variationen der Produktionsfaktoren – eine differenziertere Betrachtungsweise des Faktors Kapital über z.B. die Ausdehnung des Kapitalbegriffs auf Humankapital wie bei MANKIW (1995) – sowie über die Betrachtung mehrerer Sektoren und Produkte innerhalb eines Modells, daß damit konstante oder sogar ansteigende Kapitalgrenzerträge bei steigendem Kapitaleinsatz und höherem Produktionsvolumen erklärt werden können. Damit sind die Modelle auch in der Lage, langfristig konstante Wachstumsraten des Pro-Kopf-Einkommens abzubilden. Zu dieser Kategorie zählen die Arbeiten von ROMER (1986), LUCAS (1988), ferner hierzu auch als modelltheoretischer Vorläufer UZAWA (1965) und REBELO (1991), wobei ROMER (1986) technologisches Wissen als Produktionsfaktor mit konstanten Grenzerträgen herausstellt. Konstante Grenzerträge von technologischem Wissen basieren dabei auf der Annahme positiver Spill over-Effekte von technologischem Wissen. Technologisches Wissen kann von einem Produzenten auf den anderen übertragen werden und ermöglicht damit ein überproportionales Ansteigen des Outputs im Verhältnis zum gesamten Faktoreinsatz.

ROMER (1990) betont in einem weiterführenden Modell, das auf endogenem Wachstum aufgrund von Spill over-Effekten im Bereich Forschung und Entwicklung (F&E) basiert, daß die Wachstumsrate des Pro-Kopf-Einkommens von der Wachstumsrate des Humankapitals vorgegeben wird. Er weist darauf hin, daß Faktoren, die das Humankapital bzw. die verfügbare Technologie eines Landes beeinflussen, wie der Austausch handelbarer Güter und das Engagement ausländischer Unternehmen über Direktinvestitionen, in dieser Weise auch die Wachstumsrate des Pro-Kopf-Einkommens bestimmen. In der unterschiedlichen Ausstattung im Bereich des Humankapitals sieht er einen wesentlichen Erklärungsansatz für den anhaltend großen Einkommensunterschied zwischen den westlichen Marktwirtschaften und Entwicklungsländern der Dritten Welt.

In einer weiteren Klasse von Modellen entwickeln GROSSMAN/HELPMAN (1991) und AGHION/HOWITT (1992) theoretische Modellvarianten, in denen endogenes Wachstum durch stetiges Umsetzen von technologischen Fortschritten, Austausch technisch veralteter gegen neue Produkte und durch geeignete Anreizmechanismen zur Schaffung von technischem Fortschritt, zur Forschung und Innovation also, erklärt wird. AGHION/HOWITT (1992) sehen den Wettbewerb zwischen verschiedenen Forschungseinrichtungen als Quelle des technischen Fortschritts, wobei eine zeitlich befristete Monopolrente aus der Einführung einer technischen Innovation den Anreiz für deren Umsetzung bzw. für Forschung darstellt. Dies erkannte schon SCHUMPETER (1942) als wesentlichen Anreiz der technologischen Entwicklung und des daraus resultierenden wirtschaftlichen Wachstums.

Die bisher erwähnten Ansätze haben den Nachteil, daß sie das modellendogene wirtschaftliche Wachstum nur entweder durch Real- und Humankapitalakkumulation oder durch Forschungs- und Innovationstätigkeit zu erklären versuchen. Beide Prozesse sind jedoch in der Realität nicht unabhängig voneinander; vielmehr dürfte der eine ohne den anderen nicht möglich sein oder zumindest stark von dem anderen beeinflußt werden (AGHION/HOWITT, 1998). VAN MARREWIJK (1999) integriert beide Gruppen von Ansätzen in einem Modell, das sowohl akkumulierbare Produktionsfaktoren als auch die Umsetzung technischer Innovationen durch neue Produkte beinhaltet. Er kommt zu dem Schluß, daß Kapitalakkumulation und Innovation zwei interaktive Prozesse sind, die für sich genommen hinsichtlich ihrer Wachstumseffekte nicht zum Tragen kämen. Technologischer Fortschritt verbessert einerseits die Produktivität des existierenden Kapitals, das andererseits wiederum zur Verfügung steht, um neue Fortschrittsmöglichkeiten zu entdecken.

Die Fixierung der neoklassischen Wachstumstheorie auf die Rolle der Kapitalakkumulationsrate für das wirtschaftliche Wachstum ist ebenfalls Gegenstand kontroverser Diskussionen innerhalb der empirischen Forschung. Während einerseits einige Autoren hierbei einen positiven Zusammenhang diagnostizieren und der Rate der Kapitalakkumulation und damit der Investitionsquote als Indikator für den Anstieg des Produktionspotentials eine große Bedeutung für die Wachstumsperspektiven geben (DE LONG/SUMMERS, 1991, 1992), sehen andere Autoren den Kausalzusammenhang eher umgekehrt, daß nämlich ein hohes Wirtschaftswachstum hohe Investitionsquoten erst ermöglicht (LIPSEY/KRAVIS, 1987; BLOMSTROM/LIPSEY/ZEJAN, 1996). Andere Faktoren wie institutionelle Aspekte, das politische und wirtschaftliche Investitionsklima, die Qualität des Humankapitals sowie die effiziente Nutzung des vorhandenen Kapitals sind ihrer Meinung nach von wesentlich größerer Bedeutung für die wirtschaftliche Entwicklung.

Die Bewertung des Erkenntnisgewinns durch die neue Wachstumstheorie im Verhältnis zu ihren neoklassischen Grundlagen fällt z.T. kritisch aus. Zwar ermöglichen die Modelle der neuen Wachstumstheorie eine Überwindung einiger der zuvor dargestellten Unzulänglichkeiten des neoklassischen Basismodells. Zudem beziehen sie eine Reihe weiterer wichtiger Aspekte der wirtschaftlichen Entwicklung in die theoretische Analyse mit ein. Jedoch sind sie in der Regel – sofern es sich um Totalmodelle handelt – auf das ursprüngliche neoklassische Modell als

Arbeitsgrundlage angewiesen (FINE, 2000). Zudem kann das neoklassische Wachstumsmodell bei Veränderung bestimmter Modellparameter sich verstärkende internationale Unterschiede im Hinblick auf die Pro-Kopf-Einkommen erklären. GALOR (1996) zeigt unter der Annahme, daß Ersparnisse allein aus dem Lohnanteil des gesamtwirtschaftlichen Einkommens finanziert werden sowie unter der Annahme hinreichend großer Unterschiede der jeweiligen landesspezifischen Ausgangsbedingungen, daß verschiedene Länder bzw. Ländergruppen unterschiedliche gleichgewichtige Wachstumspfade (Steady States) selbst unter der Bedingung identischer Technologie- und Verhaltensparameter realisieren können. DEARDORFF (2001) erweitert das Galor-Modell zu einem Zwei-Sektoren-Modell mit internationalen Handelsbeziehungen, wobei die Resultate des Galor-Modells im wesentlichen erhalten bleiben.

Allerdings kann den Arbeiten zur neuen Wachstumstheorie auch eine Reihe neuer Erkenntnisse über die Ursachen und Wirkungszusammenhänge wirtschaftlichen Wachstums zugeschrieben werden. Dies gilt insbesondere dann, wenn man das Gebäude der neuen wachstumsökonomischen Erkenntnisse um die zahlreichen empirischen Forschungsergebnisse erweitert und sich zudem vergegenwärtigt, daß die neue Wachstumstheorie in starkem Maße frühere, auf Einzelaspekte beschränkte Erkenntnisse zu integrieren vermochte (KLUMP, 1996). Es ist dabei anzumerken, daß erst mit den Fortschritten der jüngeren Zeit eine entwicklungstheoretische Perspektive, beispielsweise bezogen auf den Zusammenhang zwischen technischem Fortschritt, seiner Generierung und wirtschaftlichem Wachstum aufgezeigt werden konnte. Diese Perspektive steht in einem Kontrast zu dem eher mechanistisch angelegten Erklärungsmuster wirtschaftlichen Wachstums, die die neoklassische Wachstumstheorie liefert.

Eine interessante Eigenschaft des neoklassischen Modells, aber auch der überwiegenden Mehrzahl seiner zahlreichen Weiterentwicklungen und Ergänzungen ist im übrigen, daß es im Grunde ein hinsichtlich des zugrundeliegenden Wirtschaftssystems neutrales Modell ist. Das Modell trifft keine Aussage darüber, auf welche Weise die Allokation der Produktionsfaktoren stattfindet – ob über eine zentrale Planbehörde oder dezentral über Arbeits- und Kapitalmärkte. Gleichfalls wird, sofern ein marktwirtschaftliches System zugrunde gelegt wird, von einer funktionsfähigen institutionellen Ordnung ausgegangen. Strukturelle Probleme, deren Ursache wesentlich in ordnungspolitischen Aspekten fußen, können im neoklassischen Modell nicht oder nur höchst unzulänglich – z.B. über den Einfluß auf die Spar- und Investitionsquote – abgebildet werden. Einerseits liegt hierin der Vorteil der universellen Anwendbarkeit des Modells, andererseits wird damit auch deutlich, daß gerade mit Blick auf die Rolle von Ordnungselementen bzw. institutionellen Rahmenbedingungen über das Modell hinausgehende Betrachtungen notwendig sind, um eine weitergehende Analyse der wirtschaftlichen Entwicklung der Transformationsländer mit Bezug auf ihr Wachstumspotential durchführen zu können.

3.2.3 Langfristige Wachstumsperspektiven Rußlands

Das neoklassische Wachstumsmodell bietet trotz seines vergleichsweise einfachen Aufbaus eine Reihe von Ansatzpunkten für Überlegungen zu den langfristigen wirtschaftlichen Wachstumsperspektiven eines Landes. Mittels geringfügiger Modifikationen des Modells lassen sich, insbesondere mit Blick auf die Einsatzeffizienz des Faktors Kapital und damit auf die Funktion der Finanzmärkte, einige grundlegende Schlußfolgerungen in dieser Hinsicht ziehen. Bevor in den folgenden Abschnitten ausführlicher auf die Relevanz einzelner Faktoren für die wirtschaftliche Entwicklung eingegangen wird, sollen daher die obigen Darstellungen zum neoklassischen Modell und seinen Erweiterungen benutzt werden, um einige vorläufige Überlegungen zu den langfristigen Wachstumsperspektiven Rußlands anzustellen.

Die Finanzmärkte beeinflussen die wirtschaftliche Entwicklung grundsätzlich auf zweierlei Weise: Zum einen sorgen die Finanzmärkte im Idealfall für eine effiziente Allokation des vorhandenen Kapitals eines Landes – sie fungieren quasi als ein Filter, der entsprechend der jeweiligen Rendite Investitionsprojekte selektiert und letztlich diejenigen finanziert, die eine angemessene Rendite erwarten lassen. Diese Erkenntnis geht in ihren wesentlichen Teilen schon auf SCHUMPETER (1911) zurück, der dem Finanzsektor im Wachstumsprozeß durch dessen Auswahlfunktion für Investitionsprojekte – und damit für die Allokation des Faktors Kapital – große Bedeutung für die wirtschaftliche Entwicklung eines Landes beimaß.

Ein effizienter Finanzsektor reduziert Informations- und Transaktionskosten bei der Unternehmensfinanzierung und senkt dadurch die Finanzierungskosten der Unternehmen. Wettbewerb im Finanzsektor spielt dabei insofern eine große Rolle, als daß nur unter Konkurrenzbedingungen die Zinssätze der Unternehmensfinanzierung den tatsächlichen Grenzkosten des Kapitals entsprechen. Zum anderen sind Finanzmärkte bei der Akkumulation von Kapital von Bedeutung, weil sie die volkswirtschaftliche Sparquote erheblich beeinflussen können bzw. dafür verantwortlich sind, daß erspartes Vermögen – also nicht zum Konsum verwandtes Einkommen – dem Produktionsprozeß als Investitionskapital zur Verfügung steht. Banken übernehmen die Rolle von Finanzintermediären, die als Kapitalsammelstellen die Finanzierungsmöglichkeiten von Unternehmen über die Transformation von Fristen und Losgrößen von Kapitalanlagen verbessern.[10]

Die realen Pro-Kopf-Einkommen in Rußland sind seit Beginn der Transformationsperiode als Folge des fortgesetzten Produktionsrückgangs stark gesunken. Allerdings wirkte hierbei die ebenfalls sinkende Bevölkerungszahl auf den Rückgang insgesamt abschwächend. Geht man nun davon aus, daß sich die Transformationsländer durch den Schock des Systemwechsels von ihrem alten Wachstumsgleichgewicht bzw. dem Gleichgewichtswert der Kapitalintensität k im neoklassischen Modell entfernt haben (d.h. daß der aktuelle Wert für k weitaus geringer ist als k*), dann müßten die betreffenden Länder mittlerweile einen Aufholprozeß in Gang gesetzt haben, bei dem zum einen die Kapitalintensität k und

---

[10] Die Rolle von Banken als Finanzintermediäre wird in Kap. 5.2 ausführlicher thematisiert.

zum anderen das Pro-Kopf-Einkommen y wieder ansteigt, und zwar schneller als in den entwickelten marktwirtschaftlichen Ländern. Für einige Transformationsländer Mitteleuropas (Polen, Slowenien, Ungarn) ist ein derartiger Konvergenzprozeß tatsächlich zu beobachten, das Gegenteil jedoch ist für die meisten Länder der ehemaligen Sowjetunion bislang der Fall.

Daß es insbesondere Rußland nicht gelingt, einen ökonomischen Konvergenzprozeß, der durch steigende Pro-Kopf-Einkommen geprägt ist, einzuleiten, kann auf der Basis des neoklassischen Modells damit erklärt werden, daß die Parameter, die im Modell die Dauer des Konvergenzprozesses sowie das Niveau des Wachstumspfades im Gleichgewicht bestimmen, für Rußland deutlich schlechter ausgeprägt sind als in anderen Ländern. Zu diesen Parametern, die das Wachstum des Kapitalstocks innerhalb des neoklassischen Modells beeinflussen, zählen die Sparquote bzw. die Investitionsquote sowie die Abschreibungsrate. Eine dauerhaft verminderte Sparquote bedingt im neoklassischen Modell einen niedrigen Wert für die gleichgewichtige Kapitalintensität $k*$ und damit für das Pro-Kopf-Einkommen $y*$. Die gleiche Wirkung besitzt eine dauerhaft erhöhte Abschreibungsrate δ. Eine solche dauerhafte Erhöhung von δ ergibt sich bei einer anhaltend hohen Fehlinvestitionsquote, welche z.B. auf strukturelle Verzerrungen im Finanzsektor eines Landes zurückzuführen ist. Temporär kann sich ein erhöhtes δ durch eine Entwertung bestimmter Teile des Kapitalstocks ergeben, die ihre Ursache in externen Einflüssen haben kann. Ein Beispiel hierfür ist die Entwertung großer Teile der Anlagen des militärisch-industriellen Komplexes der Sowjetunion im Zuge der Systemtransformation bzw. des Endes des Kalten Krieges.

Die Sparquote determiniert im neoklassischen Modell die Höhe der Bruttoinvestitionen und damit die Investitionsquote pro Periode (PAGANO, 1993): Im Falle einer offenen Volkswirtschaft gibt es jedoch mindestens zwei Faktoren, die diesen direkten Zusammenhang abschwächen:

1. Internationaler Kapitalverkehr: Nettokapitalabflüsse können die Investitionsquote eines Landes unter die Sparquote absenken, wobei dies in Rußland in den vergangenen Jahren in der extremen Form massiver Kapitalflucht zu beobachten war. Unter günstigen Bedingungen kann allerdings über Nettokapitalzuflüsse die Investitionsquote auch über die inländische Sparquote ansteigen.
2. Ineffiziente Finanzintermediation: Unterentwickelte Finanzmärkte und -institutionen können dazu führen, daß ein Teil der Ersparnisse der Haushalte für Investitionen in Produktivkapital nicht zur Verfügung steht. Unattraktive Finanzanlagen bzw. hohe Inflationsratenerwartungen lassen Haushalte die heimische Währung gegen ausländische Hartwährungen substituieren und als sogenanntes Matratzengeld in Bargeldform horten (ROSENZWEIG, 2001) oder aber auf Fremdwährungskonten parken.

Über die Entwicklung der Sparquote im Transformationsprozeß, der drastische Änderungen der Rahmenbedingungen (Gefahr von Arbeitslosigkeit, stärkere Einkommensungleichheit etc.) für das Entscheidungsverhalten der privaten Haushalte hinsichtlich von Konsum und Ersparnis mit sich bringt, gibt es kontroverse Ansichten, deren Argumente hier an dieser Stelle nicht diskutiert werden sollen (siehe DENIZER/WOLF/YING, 2000; und speziell für Rußland GREGORY/MOKH-

TARI/SCHRETTL, 1999). Weil aber die Sparquote zumindest keine drastische Erhöhung während des Transformationsprozesses erfahren hat, müssen im Hinblick auf die Kapitalakkumulation in Rußland die Bedeutung des internationalen Kapitalverkehrs und die Effizienz des Finanzsektors analysiert werden.

Die gesamte Differenz zwischen der tatsächlichen Investitionsquote und der quasi fiktiven Investitions- bzw. Sparquote, welche sich unter der Bedingung eines effizienten Finanzsektors einstellen würde, sei im folgenden als Intermediations-verlust des Finanzsektors bezeichnet. Es läßt sich zeigen, daß die gleichgewichtige Kapitalintensität im neoklassischen Modell bei einem steigenden Intermediations-verlust sinkt. Sofern es der Wirtschaftspolitik jedoch gelingt, eine Verminderung der Nettokapitalexporte und zugleich eine Verbesserung der Allokationseffizienz der Kapitalmärkte zu erreichen, wird sich die gleichgewichtige Kapitalintensität wieder erhöhen.

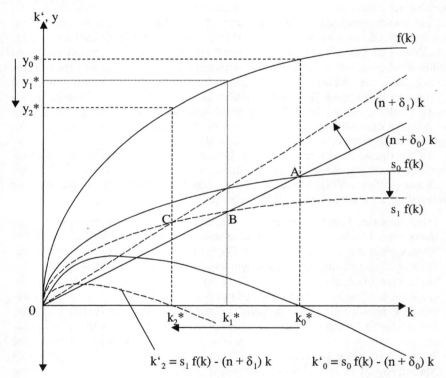

Abb. 11. Kapitalintensität und Pro-Kopf-Einkommen im Steady State bei Variation von Sparquote und Abschreibungsrate

Abb. 11 veranschaulicht den Zusammenhang zwischen Finanzintermediation und Kapitalintensität: Um die Differenz zwischen Spar- und Investitionsquote, den "Intermediationsverlust" eines ineffizienten Finanzsektors, zu zeigen, ist in der Abbildung eine zweite Kurve $s_1 f(k)$ eingezeichnet, die ähnlich der Kurve $s_0 f(k)$

verläuft, wobei jedoch der Abstand zwischen den beiden Kurven den Anteil der Ersparnisse wiedergibt, der aufgrund des Intermediationsverlustes nicht für Investitionen im Inland verwendet wird. Der Intermediationsverlust kann mittels eines Effizienzfaktors x (mit $0 < x < 1$) dargestellt werden, indem x mit der tatsächlichen Sparquote s_0 multipliziert wird, um die für die Investitionsquote relevante effektive Sparquote s_1 bzw. die Höhe der Bruttoinvestitionen pro Kopf zu erhalten (VOLLMER, 1999):

$$I/L = s_1 f(k) = x s_0 f(k) \qquad (8)$$

Der Schnittpunkt der Investitionsfunktion $s_1 f(k)$ mit der Gerade $(n + \delta_0)k$ liegt nunmehr statt in A im Punkt B. Der Steady State-Wert der Kapitalintensität sinkt also durch die Verschiebung der sf(k)-Kurve nach unten von k_0^* nach k_1^* und mit ihm – entsprechend dem Verlauf der Kurve f(k) = y – auch das Pro-Kopf-Einkommen von y_0^* nach y_1^*.

In einer offenen Volkswirtschaft mit liberalisiertem Kapitalverkehr könnte eine zu geringe effektive Sparquote s_1 durch entsprechend hohe ausländische Direktinvestitionen kompensiert werden, um ein bestimmtes Niveau der Kapitalintensität k halten bzw. steigern zu können. Dies geschieht dann, wenn bei unterschiedlichen Kapitalintensitäten im In- und Ausland die Differenz der Kapitalgrenzprodukte und mithin die Kapitalrendite hinreichend groß ist, um Kapitalzuflüsse vom Ausland ins Inland zu stimulieren. Sofern allerdings für das potentielle Zuflußland ein durch externe Einflüsse bedingter Risikoabschlag auf die Kapitalrendite existiert – z.B. aufgrund institutioneller Mängel oder politischer Instabilitäten im Empfängerland –, so fallen die Kapitalzuflüsse entsprechend geringer aus. Darüber hinaus erhöht ein mit einem niedrigen Effizienzfaktor x einhergehendes unterentwickeltes Finanzsystem diesen Risikozuschlag weiter, was die Chancen der Schließung der Kapitallücke durch ausländische Direktinvestitionen zusätzlich vermindert.

In Transformationsländern und speziell in Rußland erscheint es plausibel, daß der Risikozuschlag auf die Kapitalrendite relativ hoch ist. Dies zeigen die entsprechend geringen – auch im Vergleich zu anderen osteuropäischen Ländern – ausländischen Direktinvestitionen in Rußland. Zusammen mit der niedrigen Effizienz des Finanzsektors in Rußland, die sich in der immer noch hohen Kapitalflucht, der partiellen Währungssubstitution und dem allgemeinen Vertrauensverlust in den Bankensektor widerspiegelt, ergibt sich angesichts der effektiven Sparquote s_1 eine Minderung der Wachstumschancen Rußlands.

Ineffizienzen des Finanzsektors können sich jedoch nicht nur auf die tatsächliche Investitionsquote auswirken, sondern auch auf die Fähigkeit der Finanzinstitutionen, Kapital optimal zu alloziieren. Verzerrte Zins- und Renditestrukturen führen zu Fehlallokationen in Form von Über- bzw. Unterinvestitionen in einzelnen Bereichen. Eine dadurch induzierte suboptimale Nutzung der Kapitalressourcen wirkt sich auf die Höhe der gesamtwirtschaftlichen Abschreibungsrate δ aus: Fehlallokationen werden die Abschreibungsrate δ ansteigen lassen. Grundsätzlich gilt dieser Zusammenhang für alle Faktoren, die eine optimale Nutzung des vorhandenen Kapitalbestands verhindern. Angesichts überregulierter bzw. ineffizienter Arbeitsmärkte kann ebenso auf eine Unterauslastung bzw. eine suboptimale Nutzung des Kapitalbestands geschlossen werden.

Effizienzprobleme bei der Kapitalallokation wirken sich also im hier dargestellten Modell (Abb. 11) erhöhend auf die Abschreibungsrate δ aus (von δ_0 nach δ_1). Dies führt zu einer Verschiebung der Kurve $(n + \delta_0)k$ nach oben zu $(n + \delta_1)k$. Den Gleichgewichtspunkt bildet nunmehr C, was eine gesunkene gleichgewichtige Kapitalintensität k^*_2 und auch ein nochmals gesunkenes Pro-Kopf-Einkommen y^*_2 impliziert.

Auf Basis dieser Überlegungen lassen sich einige grundsätzliche Schlußfolgerungen für die Wachstumsaussichten einer Volkswirtschaft im Transformationsprozeß ziehen. Die Kapitalintensität k^* im Wachstumsgleichgewicht, zu dem die Volkswirtschaft im Zeitablauf konvergiert, sowie daraus folgend das Pro-Kopf-Einkommen y^* sinken dauerhaft, wenn es nicht gelingt,

- die Investitionsanreize im Inland sowie die Intermediationsfunktion des Finanzsektors so zu verbessern, daß sich Spar- und Investitionsquote auf erhöhtem Niveau einander angleichen,
- die Filterfunktion der Kapitalmärkte für die Kapitalallokation sowie die Effizienz der Arbeitsmärkte so zu verbessern, daß die Abschreibungsrate, die zu Beginn des Transformationsprozesses zwangsläufig ansteigt, wieder nachhaltig sinkt.

Tab. 24. Investitionsquote in ausgewählten Transformationsländern*

	1990	1995	1997	1998	1999	2000
Tschech. Republik	32,08	33,41	38,03	32,45	32,41	27,69
Ungarn	23,54	17,87	20,02	21,19	21,30	21,98
Polen	30,13	15,30	19,15	20,38	20,48	19,92
Rußland	22,36	17,33	16,49	14,85	14,09	14,34
Ukraine	18,61	17,20	13,32	13,61	13,46	13,66

*Bruttoanlageinvestitionen in % des Bruttoinlandsprodukts.
Quelle: EBRD (2000), Transition Report 2000, London; EBRD (2001), Transition Report 2001, London.

In Rußland ist bislang ein Aufholprozeß im Hinblick auf das Pro-Kopf-Einkommen allenfalls in den Jahren 1999-2001 festzustellen. Für einen langfristig tragfähigen wirtschaftlichen Aufholprozeß ist eine anhaltend hohe Investitionsquote wichtig (DE LONG/SUMMERS, 1991; 1992). Tab. 24 zeigt hier die Entwicklung in Rußland im Vergleich mit anderen Transformationsländern. Sie verdeutlicht, daß die Investitionsquote in Rußland seit 1990 zurückging, und zwar ist sie von 22,36% in 1990 auf 14,09% in 1999 drastisch gefallen. Im Jahr 2000 ist sie geringfügig angestiegen (auf 14,34%), sie hat aber noch nicht einmal das Niveau von 1995 mit 17,20% erreicht. Polen konnte, ähnlich wie Ungarn, nach einem starken Rückgang der Investitionsquote von 1990 bis 1995 einen Wiederanstieg verzeichnen, wobei die Werte seither bei rund 20% verharren. Nimmt man eine Investitionsquote von 20% als untere Grenze eines wachstumsnotwendigen Referenzbereichs, so weist Rußland auf Basis der Daten des Jahres 2000 eine Investitionslücke von rund Rubel 400 Mrd. auf (entspricht rund US-Dollar 13,5 Mrd.). Die tatsächliche jährliche Investitionslücke dürfte aber angesichts des veralteten russischen Kapitalstocks wesentlich höher liegen.

Es ist mit Blick auf die Wachstumsperspektiven Rußlands besonders bemerkenswert, daß der Wachstumsschub der Jahre 1999 und 2000 bislang noch keinen oder keinen spürbaren Effekt auf die Investitionsquote hatte. Es liegt damit die Vermutung nahe, daß sich der russische Aufschwung primär auf die Auslastung bisher freier Kapazitäten stützt. Die geringe Bereitschaft zur Erhöhung des Kapitalbestandes und damit zum Ausbau der Produktionskapazitäten setzt dem wirtschaftlichen Aufschwung Rußlands prinzipiell an dem Punkt der Aufwärtsentwicklung eine natürliche Grenze, wo die vorhandenen Kapazitäten voll ausgelastet sind. Als Orientierungsmarken der Investitionsquote im Hinblick auf einen langfristigen Wachstumsprozeß lassen sich daher eher die Werte von Polen oder Ungarn, also rund 20% des Bruttoinlandsprodukts, heranziehen.

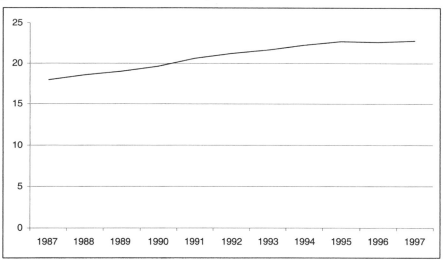

Quelle: Eigene Berechnungen auf Basis von Daten der EBRD.

Abb. 12. Kapitalintensität in Rußland 1987-1997

Die Kapitalintensität in Rußland ist dennoch, trotz sinkender Investitionsquote, bis 1997 weiter angestiegen (siehe Abb. 12). Dies ist vor dem Hintergrund der gesunkenen Investitionsquote vor allen Dingen deswegen bemerkenswert, weil sich hier ein Strukturwandel hin zu kapitalintensiven Sektoren andeutet, bei denen Rußland kaum komparative Vorteile aufweisen dürfte. Im Laufe des Transformationsprozesses wäre zu erwarten, daß angesichts der sehr kapitalintensiven zentralwirtschaftlichen Produktionsweise in der Sowjetunion die Kapitalintensität langfristig rückläufig sein sollte. Dies gilt deswegen, weil im Laufe der Restrukturierung des Unternehmenssektors bzw. des strukturellen Wandels innerhalb der einzelnen Sektoren der Anteil der kapitalintensiven Industrieproduktion zugunsten

des weniger kapitalintensiven bzw. eher arbeitsintensiven Handels- und Dienstleistungssektors zurückgehen sollte (GROS/STEINHERR, 1995). Daß dieser
Strukturwandel zu einer arbeitsintensiveren Produktionsweise mindestens bis
1997 nicht stattgefunden hat, kann als ein Hinweis auf einen insgesamt mangelnden strukturellen Wandel in Rußland interpretiert werden.

Mittels der Daten der Kapitalintensität können darüber hinaus weitere Überlegungen zur Relevanz der obigen Ausführungen im Hinblick auf die Effizienz des
Finanzsektors (bezüglich Sparquote und Abschreibungsrate) angestellt werden.
Für eine entsprechende Analyse im Rahmen des neoklassischen Wachstumsmodells ist es sinnvoll, neben den Werten für die Kapitalintensität k die Entwicklung
der Arbeitsproduktivität Y/L als Maßstab für die Entwicklung des Pro-Kopf-Einkommens y zu benutzen. Angesichts dessen, daß die Arbeitsproduktivität ab 1990
bis 1995 stark zurückging und danach bis 1997 konstant blieb (vgl. Abb. 2), kann
eine gleichzeitig ansteigende Kapitalintensität k (=K/L) auf folgende Weise ge-
deutet werden. Unter der Annahme, daß das Grenzprodukt von k nicht negativ
sein kann, die Produktionsfunktion y(k) also stetig ansteigt:

$$dy(k)/dk > 0 \; ; \; \text{für } k > 0 \tag{9}$$

wird ein Rückgang von y bei einem Anstieg von k nur dann erreicht, wenn entweder die Sparfunktion sf(k) oder die Funktion (n + δ)k bzw. beide gleichzeitig sich
nach unten verschieben (wie die Darstellung in Abb. 11 zeigt). Die langfristige
Produktionsentwicklung in Rußland läßt sich also im neoklassischen Modell über
eine Veränderung der Sparquote bzw. Effizienz der Kapitalallokation erklären.

Auch wenn diese Überlegungen weitgehend plausibel erscheinen und insbesondere die Effizienz des Finanzsektors in Rußland vergleichsweise gering ist, so
sollten die Produktivitätsdaten im Rahmen des neoklassischen Wachstumsmodells
jedoch nur mit einiger Vorsicht interpretiert werden. Denn zum einen ist der Be-
trachtungszeitraum der Transformationsperiode für eine langfristige Analyse, wie
sie für das neoklassische Modell notwendig wäre, zu kurz, und zum anderen sind
sicherlich noch verzerrende Einflußfaktoren aus der planwirtschaftlichen Periode
relevant. Dies gilt beispielsweise für den Effekt des kurzfristigen Anstiegs der Abschreibungsrate im Hinblick auf Teile des sozialistischen Kapitalstocks (z.B.
Problem der überdimensionierten Schwerindustrie). Außerdem wäre es wichtig,
den Aufschwung der russischen Wirtschaft zu Beginn des 21. Jahrhunderts in die
Betrachtung einbeziehen zu können.

3.3 Zur Rolle einzelner Faktoren für Wachstum und Konvergenz

Im vorangegangenen Abschnitt wurden unter Heranziehung des neoklassischen
Wachstumsmodells einige Aspekte und Schlußfolgerungen der langfristigen
Wachstumsperspektiven der russischen Transformationswirtschaft abgeleitet und
diskutiert. Trotz der einfachen Struktur des hier angewandten neoklassischen Modells konnten einige Erkenntnisse in dieser Hinsicht gewonnen werden; die Rolle

des Finanzsektors wurde dabei besonders betont. Innerhalb des Kapitels 3.3 soll nun eine differenziertere Analyse einzelner Wachstumsfaktoren folgen. Dies gilt insbesondere für den Finanzsektor, der bislang ja nur als eine Art "Black Box", in der das Kapital alloziiert wird, innerhalb des Wachstumsmodells behandelt wurde.

Bevor das Verhältnis des Finanzsektors zum wirtschaftlichen Wachstum eingehender gewürdigt wird, geht dieser Abschnitt auf die Rolle von Humankapital bzw. des Qualifikationsniveaus und der Ausbildung für die wirtschaftliche Entwicklung ein. Nach dem Finanzsektor werden zudem noch die Bedeutung von außenwirtschaftlichen Einflüssen, insbesondere von Handel und Direktinvestitionen, und zuletzt die Rolle des ordnungspolitischen Rahmens bzw. der marktwirtschaftlichen Institutionen für die wirtschaftliche Entwicklung betrachtet. Diese insgesamt vier Einzelaspekte wirtschaftlichen Wachstums werden vor dem Hintergrund der russischen Entwicklung analysiert.

3.3.1 Humankapital und Ausbildung

Unter dem Begriff Humankapital versteht MOHR (1997, 13) "das in ausgebildeten und qualifizierten Individuen repräsentierte Leistungspotential einer Bevölkerung". Humankapital ist grundsätzlich an bestimmte Personen gebunden, die sich dies auf verschiedene Weise angeeignet haben können: Schulische Erziehung und Ausbildung sowie Studium an Universitäten, Forschung, Übung bzw. Training, Learning by Doing und Aufbau bestimmter Fähigkeiten (LOPEZ/THOMAS/WANG, 1998). Aus dieser Personengebundenheit von Humankapital folgt, daß es in seiner Eigenschaft als Produktionsfaktor Rivalitätscharakter besitzt, d.h. ein Mensch, der sich bestimmte Qualifikationen angeeignet hat, kann, ähnlich wie physische Anlagen, nicht gleichzeitig in verschiedenen Produktionsprozessen eingesetzt werden.

Grundsätzlich anders verhält es sich mit dem der Qualifikation zugrunde liegenden technischen Wissen, das durchaus in verschiedenen Produktionsprozessen eingesetzt werden kann, sofern es entsprechend zugänglich ist und keinen Nutzungs- oder Zugangsbeschränkungen unterliegt (wie beispielsweise im Falle von Patenten). Dies verleiht dem technischen Wissen zu einem gewissen Grade den Charakter eines öffentlichen Gutes, d.h. es unterliegt sowohl dem Kriterium der Nicht-Rivalität bei seiner Nutzung als auch – dies allerdings, wie betont wurde, nur mit Einschränkung – dem Kriterium der Nicht-Ausschließbarkeit anderer Nutzer (positive Spill over-Effekte). Technisches Wissen wird bei seiner Nutzung in vielen Fällen öffentlich und kann von anderen Personen adaptiert werden. Hierauf bezieht sich auch der oben schon erläuterte Grundgedanke des Modells von ROMER (1990; oder in einer anderen Form bei LUCAS, 1988), bei dem dieser Effekt schließlich zu einem – mindestens – konstanten Grenzprodukt des erweiterten Faktors Kapital und damit zu langfristig positiven Wachstumsraten des Pro-Kopf-Einkommens führt.

Die Bedeutung des Humankapitals – oder genauer formuliert: die Bedeutung der Akkumulation von Humankapital über die Aneignung von technischem Wissen durch Ausbildungsmaßnahmen – kann theoretisch anhand einer Erweiterung des neoklassischen Modells, das bezüglich des Effizienzfaktors der eingesetzten Arbeit hierfür modifiziert wird, erläutert werden.[11] Die Produktionsfunktion wird danach folgendermaßen geschrieben:

$$Y(t) = F\,[K(t);\,(1 - u)H(t)L(t)],\text{ mit } 0 < u < 1 \tag{10}$$

Statt A(t), das die Höhe des technologischen Fortschritts und zugleich einen Niveaufaktor für die Arbeitseffizienz darstellt, der mit der Rate a im Zeitablauf konstant wächst, wird nun der Faktor Humankapital H(t) als Maß für die Effizienz der eingesetzten Arbeit (1 - u)L benutzt. Personen innerhalb der erwerbstätigen Bevölkerung können in diesem Modell wählen, ob sie ihre Zeit entweder zur Berufsausübung oder für die Akquisition von Humankapital nutzen möchten, dementsprechend stellt die Konstante u den Anteil der Zeit dar, der für die Humankapitalakkumulation aufgewendet wird, während der Rest der Zeit (1 - u) zum Einkommenserwerb genutzt wird. Das Produkt (1 - u)H(t)L(t) kann wiederum als im Produktionsprozeß eingesetzte Effizienzeinheiten des Faktors Arbeit interpretiert werden.

Im Unterschied zum oben erläuterten Modell wird die Veränderung von H(t) modellendogen hergeleitet, und zwar folgt die Änderung von H nach der Zeit t folgender Beziehung (h ist die vom Zeiteinsatz u abhängige Akkumulationsrate des Humankapitals H):

$$dH/dt = h(u)H(t);\text{ mit } h(0) = 0 \tag{11}$$

Der Ausdruck h(u)H(t) wird hier als Produktionsfunktion für Humankapital mit dem Arbeitseinsatz u und unter Vernachlässigung des Einsatzes physischen Kapitals interpretiert; ist h konstant, so wächst H(t) beständig mit der Rate h(u) (wegen dH/dt/H(t) = h(u)), und der Ausdruck für den Einsatz des Faktors Arbeit entspricht im wesentlichen dem oben erläuterten Basismodell. Für die Ableitung des langfristigen Gleichgewichts gilt folgende Gleichung, wobei die Größe der Erwerbsbevölkerung sich nicht verändere, also n = 0 sei:

$$sf(k^*) = (h(u) + \delta)k^* \tag{12}$$

Dieser Zusammenhang ist nun insofern bemerkenswert, als daß hier durch eine positive Akkumulationsrate des Humankapitals dH/dt die gleichgewichtige Kapitalintensität mit derselben Rate steigt und damit entsprechend des Produktionszusammenhangs y* = f(k*) ein langfristig anhaltendes Wachstum des Pro-Kopf-Einkommens modelliert wird.

Es gilt jedoch zu beachten, daß dieser Wachstumszusammenhang nicht nur vom Verlauf von h, sondern auch vom Zeitaufwand u, den erwerbstätige Personen für die Bildung von Humankapital aufwenden, abhängig ist. Für u = 0 bleibt der Bestand an Humankapital konstant, und damit ebenfalls das Niveau des Pro-Kopf-Einkommens, sobald die Wirtschaft das Steady State-Gleichgewicht erreicht hat.

---

[11] Die Erläuterung beruht wiederum auf einer ähnlichen Erweiterung von MANKIW (1995), der allerdings auf eine Pro-Kopf-Fassung der Produktionsfunktion, wie sie hier durchgeführt wird, verzichtet; für eine weitergehende Diskussion dieses Modells siehe BARRO/SALA-I-MARTIN (1995, Kap. 5).

Die Verteilung der der erwerbstätigen Bevölkerung zur Verfügung stehenden Zeit kann aus rein (mikro-)ökonomischer Sicht als rationale Nutzenabwägung von Personen angesehen werden, die darüber entscheiden, ob sie die ihr zur Verfügung stehenden Ressourcen entweder zum Konsum, zum Sparen oder in die Bildung von Humankapital investieren. Unter der vereinfachenden Annahme, daß die zur Ausbildung notwendigen Sachmittel kostenlos zur Verfügung gestellt werden und damit lediglich die zur Verfügung stehende Zeit des Individuums zur Disposition steht, fällt zunächst die alternative Verwendungsmöglichkeit "Sparen der Ressource" weg, da Zeit an sich nicht gespart werden kann. Für eine im ökonomischen Sinne rationale Entscheidung bezüglich der Allokation der Zeit muß die Person den Nutzen, den sie aus ihren Aktivitäten innerhalb einer bestimmten Zeitperiode ziehen kann (z.B. Einkommen durch Erwerbsarbeit oder der Nutzen aus einer bestimmten Zeiteinheit Erholung), dem Nutzen entgegenstellen, der aus der Investition einer Zeiteinheit dieser Periode in eine bestimmte Art von Ausbildung resultiert (Humankapitalbildung). Dieser Nutzen kann beispielsweise anhand von zukünftigen Einkommenssteigerungen, die auf der Verbesserung der Qualifikationen der Person beruhen, gemessen werden. Der Nutzen muß mit einem bestimmten Zeitfaktor r abdiskontiert werden, um einen Vergleich mit dem sich in der Regel augenblicklich einstellenden Nutzen aus der Gegenwartsverwendung der Zeit für Arbeit bzw. Erholung zu ermöglichen. Liegt nun der abdiskontierte Nutzen der Investition in Humankapital über dem Nutzen der Verwendung der Zeit für Arbeit oder Erholung, so ist es für die Person rational, die in Frage kommende Zeitperiode mit der Inanspruchnahme von Bildungsleistungen zu verbringen.

Aufgrund dieser grundsätzlichen Überlegungen zur Allokation der verfügbaren Zeit und angesichts der Bedeutung des Faktors Humankapital für die wirtschaftliche Entwicklung ist es sinnvoll, hier einige Anmerkungen bezüglich der spezifischen Einflußfaktoren auf die Nutzenüberlegungen der Personen anzustellen. Von zentraler Bedeutung für die Allokationsentscheidung ist aus ökonomischer Sicht (BECKER, 1983) die Höhe der Rendite der Investition in Humankapital bzw. in eine bestimmte zusätzliche Qualifikation, wobei hier dem (vermutlich hohen) Diskontfaktor r in einer wirtschaftlich instabilen Lage eine besondere Bedeutung zukommt, da hier die zeitliche Präferenz stärker als normal zugunsten des gegenwärtigen Nutzens verschoben wird. D.h. daß die Person den Gegenwartsnutzen höher als den Nutzen einer zukünftigen Einkommenssteigerung aufgrund der Qualifikationsverbesserung gewichtet und daher weniger geneigt sein wird, Gegenwartsnutzen im Austausch für ein höheres Qualifikationsniveau aufzugeben. Andere Einflußfaktoren auf die Zeitdispositionen der Person sind beispielsweise langfristige Überlegungen hinsichtlich des Risikos bezüglich der zukünftigen Rendite aus der Qualifikationsverbesserung, die aufgrund von vielen möglichen externen Einflüssen sich stark von der ursprünglich antizipierten und dem Nutzenkalkül der Person zugrundeliegenden Rendite unterscheiden kann, sowie individuelle Faktoren (wie Freizeitpräferenzen oder spezielle persönliche Fähigkeiten, PFEIFFER, 1999).

Gerade das Ereignis der wirtschaftlichen Systemtransformation bietet ein gutes Beispiel für die Änderung der externen Rahmenbedingungen, die sich auf die persönlichen Zeitdispositionen von Menschen zwischen Arbeit, Freizeit und Bildung auswirken können. Ein großer Teil des noch während des Bestehens der Sowjetunion – unter den Vorgaben der zentralen Planung – akkumulierten Humankapitals wird durch den wirtschaftlichen Systemwechsel entwertet. Insofern entsteht eine erhebliche Unsicherheit über die zukünftige Bedeutung und Renditeaussichten bestimmter Formen von Humankapital. Der Diskontfaktor steigt damit an, und der Zeiteinsatz u, der zur Akkumulation von Humankapital aufgewendet wird, sinkt. Dadurch erhöht sich die Präferenz zur Nutzung der Zeit für die Steigerung des Gegenwartseinkommens bzw. für vermehrten Freizeitausgleich. Möglicherweise steigt die Präferenz zur Erzielung von Gegenwartseinkommen auch wegen sinkender Reallöhne, die im Zuge der Sicherung des Lebensstandards zu einem verstärkten Zeitaufwand für Arbeit in der Gegenwart führen.

Aus ökonomischer Sicht spielt also die erwartete zukünftige Rendite einer zusätzlich erworbenen Qualifikation für den Antritt zur dazu notwendigen Ausbildung eine entscheidende Rolle. Die Nachfrage nach bestimmten Ausbildungsleistungen wird demnach aufgrund der jeweiligen zukünftigen Renditen erfolgen. Im planwirtschaftlichen System der Sowjetunion waren diese Renditen aufgrund der unflexiblen Lohnregelungen und einer extrem geringen Lohndifferenzierung – beispielsweise zwischen geringqualifizierten Industriearbeitern und akademisch ausgebildeten Wissenschaftlern – verzerrt und führten damit zu künstlich niedrigen Ausbildungsrenditen für Hochqualifizierte. Darüber hinaus spielte die politische Orientierung von Wissenschaftlern in diesem Zusammenhang eine wichtige Rolle (GREGORY/KOHLHAASE, 1988).

NESTEROVA/SABIRIANOVA (1999) weisen anhand von Daten des Russian Longitudinal Monitoring Survey, eines Projekts zur Erfassung verschiedener mikroökonomischer Datensätze auf der Ebene von privaten Haushalten in Rußland, und mittels einer auf MINCER (1974) zurückgehenden Renditenfunktion für Humankapital bzw. Ausbildung nach, daß sich im Zeitraum von 1992 bis 1996 die Humankapitalrenditen für Höherqualifizierte in Rußland verbessert haben. Die Ergebnisse der beiden Autorinnen sollten allerdings nicht überbewertet werden, da die Verbesserung von einer stark verzerrten bzw. nivellierten Einkommensstruktur aus erfolgte. Zwecks einer besseren Beurteilung der Humankapitalrendite in Rußland wäre ein internationaler Vergleich mit Ländern der OECD einerseits und fortgeschrittenen Transformationsländern andererseits hilfreich. Eine Analyse der Humankapitalrenditen auf Basis von Kaufkraftparitäten beispielsweise könnte dabei das Problem der unterschiedlichen nationalen Realeinkommensniveaus lösen.

Der Zusammenhang zwischen Ausbildung und technischem Fortschritt, bei dem die Leistungsfähigkeit des Bildungssektors eines Landes die tragende Rolle spielt, wird durch das neoklassische Basismodell ebenfalls nicht erfaßt. SORENSEN (1999) integriert diese beiden Wachstumsfaktoren in komplementärer Weise in ein Wachstumsmodell, das dem von ROMER (1990) entspricht, wobei SORENSEN das Modell um einen Ausbildungssektor erweitert. Er kommt dabei zu dem Schluß, daß zwei Phasen wirtschaftlicher Entwicklung unterschieden werden können: zum einen eine Phase mit geringem Humankapitalniveau (und niedrigem Pro-Kopf-Einkommen), zum anderen eine Phase mit einem Humankapitalniveau über einem bestimmten kritischen Schwellenwert. In der ersten Phase kommt es zu keiner Forschungsaktivität in dem betrachteten Land, da aufgrund des geringen

Humankapitalniveaus das Grenzprodukt der Forschungsaktivität (zu) gering ist. In dieser Phase ist dauerhaftes wirtschaftliches Wachstum allein vom Lernumfang des Humankapitals abhängig. In der zweiten Phase, sobald ein bestimmter Schwellenwert für das Humankapitalniveau durch Lerneffekte überschritten ist, kommt es zu Aktivitäten im Forschungssektor, da sich nun das Grenzprodukt der Forschungstätigkeit aufgrund der verbesserten Umsetzungsmöglichkeiten des technischen Fortschritts erhöht. In dieser Phase wird das wirtschaftliche Wachstum von beiden komplementären Faktoren Ausbildung und technischem Fortschritt getrieben. Ähnliche modelltheoretische Überlegungen formulieren EICHER/GARCIA-PENALOSA (2001), die ebenfalls über die Ableitung eines kritischen Schwellenwerts für den Humankapitalbestand zu multiplen Wachstumsgleichgewichten gelangen.

Der Zusammenhang zwischen Humankapital und Wachstum – empirische Evidenz

Die empirische Evidenz bezüglich des Zusammenhangs zwischen dem Bestand an Humankapital und der wirtschaftlichen Entwicklung eines Landes erscheint relativ unsicher. Es sollte allerdings angemerkt werden, daß bei der empirischen Bewertung des Humankapitals eines Landes erhebliche Indikator- bzw. Datenkonsistenzprobleme, insbesondere im Falle von Ländervergleichen auftreten (BARRO/ LEE, 1996). Es ist beispielsweise aus praktischer Sicht ausgesprochen schwierig, den Zuwachs an Humankapital bzw. die Höhe der Investition in Humankapital während eines Hochschulstudiums zu bestimmen. Eine mögliche Lösung besteht hier in Form eines Opportunitätskostenansatzes, der die Höhe des während des Studiums entgangenen Einkommens durch eine alternative Berufstätigkeit bestimmt und aus diesem Wert die Quasi-Investition in Humankapital bildet (KENDRICK, 1976). Diese Vorgehensweise entspricht auch dem oben dargelegten Nutzenkalkül, dürfte allerdings angesichts der großen internationalen Einkommensunterschiede bei internationalen Querschnittsuntersuchungen eher ungeeignet sein, sofern kein geeigneter Maßstab zum Vergleich der jeweiligen nationalen Einkommen als Opportunitätskosten der Ausbildung gefunden werden kann.

Es existiert eine Reihe von empirischen Untersuchungen, deren Ergebnisse den positiven Zusammenhang zwischen der Bildung von Humankapital oder von Teilen des Humankapitals und der wirtschaftlichen Entwicklung anzweifeln. So erhielt beispielsweise PRITCHETT (1996) anhand eines Vergleichs von 91 Ländern eine deutlich negative Auswirkung von Humankapitalakkumulation auf das Produktivitätswachstum. Er gab hierfür drei mögliche Erklärungsansätze: Zum einen schafft Schulbildung kein Humankapital in einem direkt produktivitätsbezogenen Sinne. Zum anderen fallen die Grenzerträge von Ausbildungsleistungen rapide bei stagnierender Nachfrage nach qualifizierten Arbeitskräften, und darüber hinaus können verzerrte institutionelle Rahmenbedingungen dazu führen, daß qualifizierte Arbeitskräfte fehlalloziiert werden, so daß ihr Humankapital keine produktivitätssteigernde Wirkung entfalten kann. Eine weitere Untersuchung, die insbesondere die Auswirkungen von schulischer Ausbildung untersuchen, stammt von

BENHABIB/SPIEGEL (1994). Auch KALAITZIDAKIS et al. (2001) können keinen eindeutigen Zusammenhang zwischen der Höhe des Humankapitals – in diesem Fall gemessen an der durchschnittlichen Schul- bzw. Ausbildungsdauer – und wirtschaftlichem Wachstum feststellen.

Dagegen existieren zahlreiche empirische Analysen, die die positive Rolle des Faktors Humankapital für die wirtschaftliche Entwicklung eines Landes bekräftigen. In einer Länderstudie für Spanien, die die Periode 1978-97 und damit insbesondere den wirtschaftlichen Aufholprozeß Spaniens bezüglich der fortgeschritteneren Länder der Europäischen Union betrachtet, konstatieren FERNANDEZ/ MAURO (2000) einen signifikanten Beitrag des Faktors Humankapital zur wirtschaftlichen Entwicklung des Landes. Diesen Beitrag des Humankapitals der erwerbstätigen Bevölkerung in Spanien messen die Autoren dabei über einen Index, der sowohl schulische Ausbildungsleistungen als auch – hinsichtlich der empirischen Ermittlung – kompliziertere Akkumulationsformen von Humankapital wie berufliche Erfahrungen durch z.B. "Learning by Doing" (ARROW, 1962) berücksichtigt.

MANKIW/ROMER/WEIL (1992) führen eine Reihe von Regressionsanalysen für Querschnitte verschiedener Ländergruppen durch, um den Einfluß des Humankapitals auf das Wachstum des Pro-Kopf-Einkommens abzuschätzen, wobei ihnen einerseits ein erweitertes Solow-Modell als wachstumstheoretische Basis und andererseits der Anteil der Bevölkerung, der weiterführende Schulen besucht hat, als Indikator für das Humankapital des jeweiligen Landes dient. Sie stellen dabei nicht nur einen positiven Zusammenhang zwischen Humankapital und wirtschaftlichem Wachstum fest, sondern auch die Tatsache, daß die Humankapitalunterschiede einen Teil der Varianz der Residuen des Solowschen Basismodells erklären können. Weitere Untersuchungen, die den positiven Zusammenhang zwischen der Akkumulation von Humankapital und wirtschaftlichem Wachstum stützen, stammen von BARRO (1992) bzw. BARRO/LEE (1993).

Die uneindeutige empirische Evidenz bezüglich der Rolle des Humankapitals für die wirtschaftliche Entwicklung bedarf einer Erklärung. Ein Teil der Lösung dieses Problems kann sicherlich der erschwerten Meßbarkeit des Umfangs und der Qualität des Humankapitals zugeschrieben werden. LOPEZ/THOMAS/WANG (1998) gehen auf diesen scheinbaren Widerspruch ein und liefern neben der Indikatorproblematik zwei weitere Erklärungsansätze zu dessen Lösung:

• Die Verteilung des Humankapitals spielt für dessen effizienten Einsatz eine bedeutende Rolle; es ist einerseits wichtig, daß alle Bevölkerungsgruppen Zugang zu den spezifischen Bildungseinrichtungen haben, andererseits kommt es aber auch darauf an, wer sich welche Art von Humankapital aneignet. Darüber hinaus spielt möglicherweise auch die Allokation der Ressourcen für die Akkumulation von Humankapital an sich eine Rolle. JUDSON (1998) zeigt auf Basis einer empirischen Analyse, daß Länder mit einer effizienten Ressourcenallokation im Bildungsbereich auch einen signifikant positiven Zusammenhang zwischen Humankapital und Wachstum aufweisen, während dies für Länder mit geringer Allokationseffizienz nicht gilt.

- Die gesamtwirtschaftlichen Rahmenbedingungen und damit auch die Wirtschaftspolitik generell sind wichtig für die Anwendbarkeit des erworbenen technologischen Wissens in der Form von Humankapital und damit für dessen Wirkung auf die wirtschaftliche Entwicklung. Zur Erläuterung kann hier die oben schon angeführte spezielle Situation des Transformationsprozesses, der gravierende Veränderungen dieser Rahmenbedingungen mit sich bringt, herangezogen werden. Die Liberalisierung des wirtschaftlichen Lebens bringt einerseits neue, bislang aufgrund staatlich gesetzter Restriktionen nicht ausübbare Betätigungsfelder mit sich; andererseits wird aber auch Humankapital, das unter den Bedingungen der staatlichen Planung erworben wurde, zumindest teilweise wertlos, sofern es mit der Existenz von speziellen planwirtschaftlichen Institutionen verknüpft war.

Von erheblicher Bedeutung für die wirtschaftliche Entwicklung ist die Komplementarität von technologischem Niveau und der Qualität des Humankapitals im Produktionsprozeß. Technischer Fortschritt als Erhöhung des technologischen Niveaus kann nur unter der Bedingung wachstumserhöhend wirken, daß gleichzeitig das Humankapital durch Erlernen der Bedienung und Nutzung der innovativen technischen Möglichkeiten verbessert wird, damit ausreichend qualifizierte Arbeitskräfte für die Umsetzung des technischen Fortschritts vorhanden sind (BLECHINGER/PFEIFFER, 1999).

Das russische Bildungssystem im Transformationsprozeß

Die Reform des Ausbildungssystems ist ein zentraler, wenn auch vernachlässigter Bestandteil des Transformationsprozesses (SABIRIANOVA, 2000). Dies gilt vor allem aus zwei Gründen:

- Eine funktionsfähige Marktwirtschaft benötigt eine andere Ausbildungsstruktur mit Blick auf die Fähigkeiten und das Ausbildungsniveau von Fachkräften als eine Zentralverwaltungswirtschaft sowjetischen Typs. Dies wird besonders deutlich in Sektoren wie dem Bankenbereich, wo sich die Aufgaben der Banken völlig verändert haben: Es werden verstärkt Fachkräfte nachgefragt, die in der Lage sind, z.B. Kreditrisiken einzuschätzen und effiziente Anlageentscheidungen zu treffen.
- Das Ausbildungssystem muß in einer Weise mit der Struktur der Arbeitsnachfrage verknüpft werden, die es in die Lage versetzt, Nachfrageüberhänge durch verstärkte Ausbildungsanstrengungen möglichst rasch abzubauen. Dies ist eine wichtige Voraussetzung für den Abbau der transformationsbedingten Arbeitslosigkeit, die zu einem gewissen Teil auf der Entwertung von für "planwirtschaftliche Zwecke" erworbenem Humankapital beruhen dürfte. Ein weiterer wichtiger Aspekt ist dabei die Vermittlung unternehmerisch relevanter Fähigkeiten, die beispielsweise für die Führung privater Unternehmen von Belang sind.

Aus dieser Sicht wäre zu erwarten, daß bei einer nach dem Ausbildungsniveau differenzierten Betrachtung die Arbeitslosigkeit bei allen Ausbildungsgruppen zu Transformationsbeginn in ähnlicher Weise ansteigen dürfte, möglicherweise bei der Gruppe mit einem hohen Ausbildungsniveau bzw. mit einer spezifischen beruflichen Ausbildung relativ stark, da hier die Entwertung der akkumulierten beruflichen Fähigkeiten am größten ausfällt. Dagegen spricht allerdings, daß ein höheres Ausbildungsniveau mit einer größeren Flexibilität und Einsetzbarkeit einhergeht, was den strukturellen Wandel bei hohen Qualifkationen erleichtert und damit deren Arbeitslosigkeit senken sollte.

Tab. 25. Arbeitslosigkeit nach Bildungsniveau in ausgewählten Transformationsländern*

Land	Bildungsniveau	1992	1993	1994	1995	1996	1997
Russische Föderation	Insgesamt	4.9	5.6	7.9	9.2	9.5	-
	Grundschule	5.8	6.7	9.8	11.6	13.0	-
	Weiterführende Schule	5.8	6.6	9.8	11.5	11.6	-
	Berufsausbildung	4.3	5.1	6.8	8.1	8.5	-
	Hochschule	3.2	3.4	4.7	4.8	4.4	-
Ungarn	Insgesamt	9.7	12.0	10.8	10.2	10.5	9.3
	Grundschule	14.3	17.4	16.0	16.0	16.3	16.0
	Weiterführende Schule	6.7	8.6	7.8	6.8	7.2	6.1
	Berufsausbildung	11.3	14.5	12.8	12.2	12.7	10.6
	Hochschule	2.3	2.9	2.9	2.7	3.1	1.9
Polen	Insgesamt	12.9	13.8	14.0	12.6	12.4	11.3
	Grundschule	12.0	14.0	15.0	13.8	13.7	14.3
	Weiterführende Schule	13.8	13.0	13.1	12.0	11.8	10.4
	Berufsausbildung	15.5	17.4	17.4	15.7	15.4	13.5
	Hochschule	6.6	6.0	5.2	4.1	3.6	3.7
Tschechische Republik	Insgesamt**	-	3.9	3.7	3.6	3.7	4.3
	Grundschule	-	8.8	8.1	10.3	11.2	13.4
	Weiterführende Schule	-	2.7	2.6	2.0	2.1	2.8
	Berufsausbildung	-	3.6	3.7	3.4	3.5	3.9
	Hochschule	-	1.9	1.4	1.1	0.6	1.2

Daten beziehen sich auf Erwerbstätigenstatistiken für das zweite Quartal.
* In % der Erwerbstätigen der jeweiligen Bildungsgruppe.
** Daten für 1992-1995 beziehen sich auf das 4. Quartal, für 1996 auf das 1. Quartal.
Quelle: BERRYMAN, S.E. (2000), Hidden Challenges to Education Systems in Transition Economies, Weltbank, Washington D.C., 121.

Tab. 25 zeigt, daß in Polen und Ungarn insbesondere in der Gruppe der Personen mit einer qualifizierten Berufsausbildung die Arbeitslosigkeit im Vergleich zu anderen Ausbildungsgruppen zur Mitte der 90er Jahre hoch war, während die Arbeitslosigkeit bei Personen mit Hochschulabschluß (tertiärer Bildungsgrad) verhältnismäßig niedrig lag. In der Tschechischen Republik ist die Arbeitslosigkeit im Bereich der Geringqualifizierten besonders hoch. Für Rußland gilt ein ähnlicher Befund, wobei hier besonders bemerkenswert ist, daß die Arbeitslosigkeit unter den Personen mit einer Berufsausbildung im Transformationsverlauf von 1992 bis 1996 in ungefähr gleicher Weise anstieg wie die der beiden weniger qualifizierten Gruppen.

Im Falle einer erfolgreichen Reform des Ausbildungssektors sollte im Zeitverlauf die Arbeitslosigkeit bei den Personen mit beruflicher Ausbildung bzw. denen mit Hochschulabschluß deutlich zurückgehen, da gerade bei qualifizierten Personen ein Nachfrageüberhang zu erwarten ist. Dies ist zwar in Ländern wie Polen und Ungarn der Fall (die Tschechische Republik hat hier eine eher gemischte Bilanz aufzuweisen), in Rußland allerdings stieg speziell in diesen Qualifikationsgruppen die Arbeitslosigkeit bis 1995 weiter an (1997 sank sie bei den Hochschulabsolventen wieder). Hierbei dürfte eine verzögerte Reform des Ausbildungssystems eine wichtige Rolle spielen.

Das Bildungssystem galt in der Sowjetunion als ein wichtiges Instrument für den Zugang breiter Bevölkerungsschichten zu höherer Bildung. Das hohe Bildungsniveau der Sowjetunion in allgemeiner Hinsicht wie auch im Hinblick auf das Niveau von Spezialisten in technischen Berufen und in Wissenschaft und Forschung war allgemein anerkannt (WELTBANK, 1995; BALZER, 1993). Dennoch ist es gerade auch die hochzentralisierte und weitgehend auf die Bedürfnisse der Sowjetwirtschaft mit einem übergewichteten militärisch-industriellen Komplex abgestellte Struktur des sowjetischen Bildungssystems, die dessen Reform und Ausrichtung auf marktwirtschaftliche Bedürfnisse sehr erschwert (HARE/LUGACHYOV, 1997).

In Rußland selbst findet seit einigen Jahren eine rege öffentliche Diskussion zur Entwicklung des Bildungssystems, insbesondere des Hochschulsystems, statt (LUGACHYOV et al., 1997; DOBRYNIN/DYATLOV/TSYRENOVA, 1999). Zahlreiche Vorschläge sind in der Diskussion und auch von seiten der föderalen Regierung schon in Konzeptform gebracht worden. Jedoch blieben tiefgreifende Reformen bisher aus, vielmehr bekam das Bildungswesen die immer angespanntere Situation der föderalen Haushaltslage zu spüren, indem Ausgaben für den Bildungssektor gekürzt wurden. Die Bildungsausgaben insgesamt als Anteil am Bruttoinlandsprodukt liegen in Rußland niedriger als in den meisten anderen Transformationsländern, insbesondere der Länder Mitteleuropas (Tab. 26). So bleiben viele Institutionen und Einrichtungen im Bildungsbereich weitgehend sich selbst überlassen. Hierzu trug auch eine zu rasche Dezentralisierungswelle in den 90er Jahren im Bildungssektor bei, die zwar einerseits zu einer Erosion der zentralen Planung im Bildungsbereich führte, andererseits jedoch vielfach Kompetenzen und insbesondere die Finanzierung der Bildungseinrichtungen im Unklaren ließ. Bildungseinrichtungen und insbesondere Universitäten sind verstärkt auf die Akquisition von Drittmitteln angewiesen, was sich jedoch angesichts des Zustandes des russischen Unternehmenssektors als sehr schwierig erwiesen hat. Dennoch gibt es auf regionaler Ebene einige Beispiele für Reformen in Bildungseinrichtungen, so beispielsweise im Schulwesen (CANNING/MOOCK/HELENIAK, 1999).

Tab. 26. Öffentliche Bildungsausgaben in ausgewählten Transformationsländern*

Land	1989	1990	1991	1992	1993	1994	1995	1996	1997
Tschechische Republik	4.0	4.1	4.1	4.5	5.2	5.4	5.3	5.3	4.7
Ungarn	5.7	5.8	6.3	6.6	6.5	6.4	5.5	4.9	4.3
Polen	na	4.8	5.1	5.4	5.4	5.3	5.2	5.4	5.5
Russische Föderation	na	3.7	3.6	3.6	4.0	4.5	3.6	3.8	4.2

*in % des Bruttoinlandsprodukts.
Quelle: BERRYMAN, S.E. (2000), Hidden Challenges to Education Systems in Transition Economies, Weltbank, Washington D.C., 123.

Tab. 27. Ausgewählte Daten zur Lage der Hochschulen in Rußland, 1989-1996*

	1989	1993	1994	1995	1996
Zahl der höheren Bildungsinstitutionen (Higher Educational Institutions, HEI)	512	548	553	569	573
Studenten an HEI, insgesamt	2861	2543	2543	2655	2801
Getrennt nach Studienrichtung:					
Geisteswissenschaften		242	231	265	284
Sozial- und Verhaltenswissenschaften		270	248	321	373
Naturwissenschaften		152	140	138	140
Medizin		180	167	163	157
Ingenieurstudiengänge		830	787	781	799
andere		869	960	1122	1212
Zahl der Universitäten	40	57	72	75	81
Studenten an Universitäten	309	393	508	522	590
Graduierte von HEI	433	444	407	396	415
Nach Fachrichtung:					
Industrie und Bau	162	164	145	133	137
Landwirtschaft	38	41	31	31	34
Transport und Kommunikation	22	22	19	17	18
Wirtschaft und Recht	38	30	33	36	39
Gesundheitsfürsorge, Physiokultur und Sport	32	33	34	31	33
Erziehung und Ausbildung	138	149	142	143	150
Kunst und Film	4	4	3	5	5
Anzahl privater HEI			157	193	244
Studenten an privaten HEI			111	136	163
Als Anteil aller Studenten an HEI, in %			4,2	4,9	5,5

*Alle Angaben in Tausend, sofern nicht anders angegeben.
Quelle: CANNING, M., MOOCK, P., HELENIAK, T. (1999), Reforming Education in the Regions of Russia, World Bank Technical Paper Nr. 457, Washington D.C., 53.

Das russische Bildungssystem hat ohne wesentliches staatliches Zutun allerdings schon auf die marktwirtschaftlichen Anforderungen reagiert. So entstand in den 90er Jahren eine große Anzahl privater Schulen und auch Hochschulen; bestehende (staatliche) Universitäten begannen damit, bestimmte Fachbereiche auf privater Finanzierungsbasis zu erweitern und teilweise aus der Universität auszugliedern. Die Gründungs- und Erweiterungsaktivitäten konzentrieren sich dabei wesentlich auf Studiengänge im Bereich der Wirtschafts- und Sozialwissenschaften (vor allem der Betriebswirtschaftslehre). Der Anteil der Studenten in diesem Bereich ist deutlich angestiegen. Absolut gesehen hat sich die Zahl in den Jahren 1989-97 fast verdoppelt, während nahezu alle anderen Fachbereiche einen absoluten Rückgang der Studentenzahlen zu verzeichnen hatten (Tab. 27). Dies ist zwar einerseits ein Zeichen für ein verbessertes Reagieren des Bildungssystems auf die Qualifikationsanforderungen des Arbeitsmarktes, wirft jedoch andererseits Probleme auf, die sich aus dem beschränkten Zugang zu den neu geschaffenen Bildungseinrichtungen über die Erhebung teils hoher Studiengebühren ergeben. Hier besteht – analog zu der stärkeren Ungleichverteilung der Einkommen – die Gefahr einer Art gesellschaftlichen Bildungsschieflage, bei der akademische Abschlüsse nur noch einer elitären Minderheit zugänglich sind, während das staatlich finanzierte Bildungssystem zunehmend an Qualität verliert. In der Folge dürfte das Bildungsniveau insgesamt sinken. Die Situation wird dadurch verschärft, daß eine Art Stipendienkultur in Rußland von privater Seite kaum existent ist und staatliche Unterstützungszahlungen für Schüler und Studenten gering ausfallen.

In Rußland sind die im planwirtschaftlichen System etablierten Verbindungen zwischen Forschungs- und Entwicklungszentren und praktischer Anwendung weitgehend zerstört worden (RADOSEVIC, 1999). Teilweise ereilte Forschungseinrichtungen dasselbe Schicksal wie öffentlich finanzierte Bildungseinrichtungen, die unter den zunehmenden Mittelkürzungen zu leiden hatten. Dies stellt den russischen Forschungssektor vor ein Problem, das dem des Bildungssektors verwandt ist: auf der einen Seite das Finanzierungsproblem vor allem bei der Grundlagenforschung und anderen, nicht direkt anwendungsbezogenen Bereichen der wissenschaftlichen Forschung; auf der anderen Seite die Notwendigkeit der Anpassung des Forschungssektors an marktwirtschaftliche Erfordernisse. Schließlich war auch der sowjetische Forschungssektor vergleichsweise stark auf die Bedürfnisse der zentralen Planung und vor allen Dingen auf den militärisch-industriellen Komplex ausgerichtet; zudem gab es eine deutliche sektorale Ausrichtung im Bereich von Forschung und Entwicklung (SCHNEIDER, 1994).

3.3.2 Finanzmärkte und Bankensektor

Mit der Betrachtung der Finanzmärkte eines Landes wird im folgenden nochmals die Entwicklung und Allokation des Faktors Kapital, und zwar des physischen Kapitals, in den Vordergrund gestellt. Die Erläuterungen bzw. Analysen schließen an die schon in Kap. 3.2.3 ausgeführten Überlegungen zur Rolle des Finanzsektors für das wirtschaftliche Wachstum an. Dabei sollen speziell Beiträge zu theoretischen und empirischen Analysen, die die Rolle des Finanzsektors für die wirtschaftliche Entwicklung untersuchen, in die Betrachtung mit einbezogen werden. Ein besonderes Augenmerk gilt der Funktion von Geschäftsbanken.

Aus der wissenschaftshistorischen Perspektive betrachtet blieb der Zusammenhang zwischen dem Finanzsektor eines Landes und seiner wirtschaftlichen Entwicklung lange Zeit wenig beachtet. ROBINSON (1952) drückte die Geringschätzung der Rolle dieses Sektors für das wirtschaftliche Wachstum folgendermaßen aus: "Where enterprise leads, finance follows". Wirtschaftliche Expansion sollte demnach die Entfaltung eines funktionsfähigen Finanzsektors erst ermöglichen, wohingegen der gegenläufigen Verbindung, daß nämlich ein funktionsfähiger und effizienter Finanzsektor die wirtschaftliche Entwicklung beschleunigen bzw. ein dauerhaft hohes wirtschaftliches Wachstum erst ermöglichen sollte, kaum Beachtung geschenkt wurde. Selbst LUCAS (1988) merkte an, daß dem Finanzsektor in seiner Rolle für die wirtschaftliche Entwicklung eines Landes oft eine zu große Bedeutung beigemessen werde. GERSCHENKRON (1962) dagegen betont in einer wirtschaftshistorischen Analyse die Bedeutung gerade von Geschäftsbanken für die Industrialisierung und die Aufbauprozesse in einer Reihe kontinentaleuropäischer Länder (z.B. Deutschland und Frankreich).

In jüngerer Zeit findet die Rolle des Finanzsektors zunehmend Beachtung. Sie ist vor allem in partialanalytischen Modellen, die jeweils spezielle Aspekte der Aktivität von Institutionen des Finanzsektors betrachten, theoretisch gewürdigt worden. So betrachtet BOSSONE (1999) die Rolle des Finanzsektors und seiner Akteure unter dem Blickwinkel der Minimierung von Informationsdefiziten bzw. -asymmetrien. Beispielsweise durch die Überbrückung von Informationslücken zwischen privater Kapitalanlage und unternehmerischem Finanzierungsbedarf – hinsichtlich der Bonität und Erfolgsaussichten des Unternehmens – fördert der Finanzsektor als Intermediär zwischen den beiden Parteien die Investitionstätigkeit und damit letztlich die wirtschaftliche Entwicklung.

BOSSONE (1999) zeigt anhand eines theoretischen Modells die Vorteile eines effizienten Finanzsektors auf. Ein spezifischer Vorteil eines hochentwickelten Finanzsektors ist nach BOSSONE in der dadurch verbesserten Fähigkeit des Landes zur Absorption externer Schocks zu sehen. Er folgert darüber hinaus, daß die Finanzmarktstruktur eines Landes von dem Entwicklungsstand des Finanzsektors abhängt und betrachtet dabei vor allem die Rolle von Banken während der Entwicklung des Finanzsektors. So sind beispielsweise Banken in einem frühen Stadium der Finanzmarktliberalisierung unverzichtbar, weil diese einerseits wichtige Basisdienstleistungen im Finanzbereich anbieten und andererseits die Kreditnehmer-Gläubiger-Beziehungen stärken. Aufgrund der zunehmenden Liberalisierung der Finanzmärkte geraten Geschäftsbanken jedoch immer stärker unter Druck, da sich eine Verschiebung hinsichtlich der Befriedigung des unternehmerischen Finanzbedarfs weg von den ursprünglichen Bankleistungen – z.B. Bereitstellung von Krediten – und hin zu stärker marktorientierten Finanzierungsformen ergibt – z.B. Finanzierung über Aktien- und Anleihemärkte. Durch diesen strukturellen Wandel im Laufe der wirtschaftlichen Entwicklung konstatiert BOSSONE (1999) allerdings einen gewissen Handlungsbedarf bezüglich der Regulierung des Finanzsektors, um mögliche Bankenkrisen im Zuge der fortschreitenden Finanzmarktliberalisierung zu vermeiden.

GREENWOOD/JOVANOVIC (1990) gehen im Rahmen eines Modells auf den Zusammenhang zwischen spezialisierten Finanzinstitutionen und der wirtschaftlichen Entwicklung ein. Sie nehmen dabei die Begründung für die Existenz von Finanzintermediären auf Finanzmärkten auf. Demnach sind spezialisierte Finanzinstitute wie Banken in der Lage, Kostensenkungen und Effizienzgewinne aus Informations- sowie Größenvorteilen zu ziehen, welche kleine private Anleger nicht realisieren können. Die aus den Informationsvorteilen resultierenden besseren Identifikationschancen der Finanzintermediäre für produktivitätssteigernde Investitionsmöglichkeiten fördert mithin das wirtschaftliche Wachstum. Aufgrund ihrer theoretischen Analyse schließen sie auf einen wechselseitigen Zusammenhang zwischen finanzwirtschaftlicher und allgemeinwirtschaftlicher Entwicklung: Ein Land mit einem hochentwickelten Finanzsektor alloziiert sein verfügbares Kapital besser als ein Land mit unterentwickeltem Finanzsektor und hat demzufolge auch höhere wirtschaftliche Wachstumsraten. Umgekehrt gilt, daß nur ein Land mit relativ hohem Pro-Kopf-Einkommen in der Lage ist, einen hochentwickelten Finanzsektor aufzubauen, der mit einem großen volkswirtschaftlichen Ressourcenaufwand verbunden ist. Der Aufstieg eines wirtschaftlich unterentwickelten Landes hin zu einer hochentwickelten Ökonomie findet dabei analog zur KUZNETS-Hypothese (1955) während einer Übergangsphase statt, in der die Sparquote und die wirtschaftliche Wachstumsrate relativ hoch liegen – auch im Vergleich zu fortgeschritteneren Ländern.

Eine vergleichbare theoretische Analyse führt SAINT-PAUL (1992) durch, allerdings unter direkter Bezugnahme auf die Finanzmärkte an sich und ohne die Annahme der Existenz von Finanzintermediären. Er betont einen weiteren Aspekt der Einflußnahme des Finanzsektors auf die wirtschaftliche Entwicklung – neben der Beeinflussung der Sparquote und der Kapitalallokation bzw. Finanzintermediation –, nämlich die Wirkung von Finanzmärkten auf die technologische Entwicklung. Nach SAINT-PAUL (1992) bedingen sich technologische und finanzwirtschaftliche Entwicklung gegenseitig: Die Einführung technologischer Innovationen birgt bestimmte Risiken in sich, die nur durch eine Weiterentwicklung bzw. ein bestimmtes Niveau der Finanzmärkte von den Innovatoren abgesichert werden können. Angesichts von unterentwickelten Finanzsystemen ist also eine technologische Entwicklung auf hohem Niveau nicht möglich.

In den Modellen von SAINT-PAUL (1992) und GREENWOOD/JOVANOVIC (1990) ist aufgrund der wechselseitigen Beziehung zwischen finanz- und realwirtschaftlicher Entwicklung endogenes Wirtschaftswachstum möglich, wobei bei ersterem die Möglichkeit besteht, daß schwach entwickelte Länder langfristig in ihrem Zustand verharren können, ohne jemals in einen Aufholprozeß einzusteigen. Dies geschieht, weil in solchen Ländern wegen der kaum vorhandenen Möglichkeiten zur Absicherung technologischer Risiken die Unternehmen technologisch minderwertige Investitionen tätigen, die zu entsprechend geringen Produktivitätsverbesserungen führen.

Die empirische Forschung bezüglich des Zusammenhangs zwischen Finanzsektor und wirtschaftlicher Entwicklung eines Landes hat in den vergangenen Jahren ebenfalls ein stark gewachsenes Interesse erfahren. Es existieren mittlerweile zahlreiche Untersuchungen auf Basis von Ländervergleichen, von Fallstudien der Finanzsysteme einzelner Länder, auf der Ebene von verschiedenen Wirtschaftssektoren und von Unternehmen. TSURU (2000) liefert ebenso wie LEVINE (1997) für die dabei entstandene breite Palette an Untersuchungen und die damit aufgeworfenen Fragestellungen einen Überblick. LEVINE (1997) gibt dabei insbesondere zu bedenken, daß ex post ein insgesamt effizienter Finanzsektor in der Regel ein guter Indikator für ein wirtschaftlich prosperierendes Land sei. Hier werden einige wichtige Analysen und Leitlinien der empirischen Forschung kurz vorgestellt.

Das Hauptproblem der empirischen Studien zum Finanzsektor-Wachstum-Zusammenhang besteht in der Feststellung der Kausalität: Zwar kann ein zeitlicher Zusammenhang zwischen bestimmten Indikatoren bezüglich der Entwicklung des Finanz- sowie des realen Sektors festgestellt werden (siehe dazu beispielsweise GOLDSMITH, 1969; JUNG, 1986). Aber die Frage, ob nun der Finanzsektor das wirtschaftliche Wachstum beeinflußt oder ob die Wirkungsrichtung umgekehrt verläuft, kann damit nicht eindeutig geklärt werden.

Dieses Problem wird auch von KING/LEVINE (1993) nicht zufriedenstellend gelöst. Sie entwickeln allerdings auf der Basis einer umfangreichen Studie, in der Daten von 80 Ländern für den Zeitraum von 1960 bis 1989 verarbeitet werden, ein Set von Indikatoren, das den Entwicklungsstand des Finanzsektors im Ländervergleich darzustellen vermag. Gleichwohl stellen auch sie einen positiven Zusammenhang zwischen der finanzwirtschaftlichen Entwicklung eines Landes und dem wirtschaftlichen Wachstum bezüglich des realen Pro-Kopf-Bruttoinlandsprodukts fest. Darüber hinaus weisen ihre Ergebnisse auf eine starke Verbindung zwischen der Akkumulationsrate physischen Kapitals und der Einsatzeffizienz desselben hin. Diese Resultate lassen die Bedeutung des Finanzsektors für die Allokation des Faktors Kapital im Produktionsprozeß erkennen.

KING/LEVINE (1993) entwickeln folgende Indikatoren für die Erfassung des Entwicklungsstandes des Bankensektors eines Landes (einige weitere Indikatoren finden sich beispielsweise bei BECK/DEMIRGÜC-KUNT/LEVINE, 1999):

- liquide Verbindlichkeiten des Finanzsystems (Geldbasis plus Sichteinlagen sowie verzinste Verbindlichkeiten von Banken und Nichtbanken) im Verhältnis zum Bruttoinlandsprodukt,
- die Bedeutung von Banken (Bankkredite) im Verhältnis zur Zentralbank (Bankkredite plus heimische Aktiva der Zentralbank) für die Kreditallokation,
- das Verhältnis der Kreditvergabe an private Unternehmen im Verhältnis zur Gesamtkreditmenge (Interbankenkredite ausgeschlossen),
- das Verhältnis der Kreditvergabe an private Unternehmen im Verhältnis zum Bruttoinlandsprodukt.

Der erste Indikator gibt über die Bedeutung des Finanzsystems und insbesondere der Geschäftsbanken als Kapitalsammelstellen Auskunft. Die anderen Indikatoren veranschaulichen dagegen die Bedeutung des Bankensektors für die Unternehmensfinanzierung, insbesondere über die Vergabe von Krediten. Es können sich allerdings angesichts unterschiedlicher Finanzsysteme auch sehr unterschiedliche Werte der einzelnen Indikatoren ergeben. Entsprechend wird in einem Finanzsystem mit vergleichsweise starken Wertpapiermärkten und einem demzufolge kleineren Geschäftsbankensektor der vierte Indikator verhältnismäßig gering ausfallen, da die Unternehmensfinanzierung über Aktienmärkte gegenüber der Kreditfinanzierung relativ zu einem eher bankbasierenden System dominiert. Einen wichtigen Fortschritt zur Lösung des Kausalitätsproblems machen RAJAN/ZINGALES (1998; für eine umfangreiche Kausalitätsanalyse siehe auch LEVINE/LOAYZA/BECK, 1999), die den positiven Einfluß des Finanzsektors auf die wirtschaftliche Entwicklung bestätigen. Dabei gehen sie folgendermaßen vor: Sie identifizieren zunächst einzelne Wirtschaftssektoren eines Landes, die relativ stark von externer Finanzierung abhängen und vergleichen die Entwicklung dieser Sektoren zwischen Ländern mit unterschiedlich hoch entwickelten Finanzmärkten. Der Grundgedanke ist dabei, daß der Entwicklungsgrad des Finanzsektors negativ mit den Kosten externer Unternehmensfinanzierung korreliert ist, d.h. je effizienter der Finanzmarkt ist, desto niedriger liegen die Kosten externer Finanzierung. Sie zeigen, daß die Entwicklung relativ stark extern finanzierter Sektoren positiv abhängt von der Effizienz des Finanzsystems. RAJAN/ZINGALES (1998) beziehen in ihre Untersuchung die Existenz von Finanzintermediären mit ein. Eine vergleichsweise schwache Bestätigung für den positiven Zusammenhang zwischen finanzwirtschaftlicher und gesamtwirtschaftlicher Entwicklung finden SHAN/MORRIS/SUN (2001) bei ihrer Diskussion verschiedener empirischer Analysemethoden, die sie auf Daten aus neun OECD-Ländern sowie China anwenden.

Einen ähnlichen Gedankengang bezüglich der Abhängigkeit von Unternehmen von externen Finanzierungsquellen, allerdings auf der Grundlage einer mikroökonomischen Analyse, stellen DEMIRGÜC-KUNT/MAKSIMOVIC (1998) vor, wobei sie jedoch die fremdfinanzierte Unternehmensexpansion mit einem funktionierenden gesetzlichen Rahmen verknüpfen. D.h. daß sich externe Finanzierungsquellen für Unternehmen prinzipiell nur dort erschließen, wo solch ein gesetzlicher Rahmen vorhanden ist. Eine ganze Reihe anderer Publikationen hat in jüngster Zeit den gesetzlichen Rahmen als wichtige Determinante der finanzwirtschaftlichen Entwicklung untersucht und diesen als eine exogene Komponente des Entwicklungsgrades von Finanzmärkten identifizieren können, die unabhängig von anderen Variablen die wirtschaftliche Entwicklung eines Landes beeinflußt (LEVINE, 1998, 1999; BECK/LEVINE/LOAYZA, 1999; LAPORTA et al., 1998). Der Schutz der Eigentumsrechte von Investoren spielt hierbei eine zentrale Rolle. Eine schwache Ausgestaltung dieses Schutzes – einerseits von der gesetzlichen Seite und andererseits von der Durchsetzung her gesehen – mindert in erheblichem Maße die Entwicklung der Finanzmärkte und damit auch ihr Potential zur Förderung der wirtschaftlichen Entwicklung.

Insgesamt lassen die hier vorgestellten Resultate den Schluß zu, daß der Finanzsektor eines Landes einen wichtigen Beitrag zu dessen wirtschaftlicher Entwicklung leisten und damit das Wachstumspotential steigern kann. Eine Reihe von Indikatoren existiert mittlerweile, die in der Lage sind, den Entwicklungsstand bzw. die Effizienz des Finanzsektors abzubilden und dadurch auch Erkenntnisse über dessen Wirkungsgrad auf den realen Sektor zu erlangen.

Angesichts dieser Erkenntnisse steht Rußland unter dem Blickwinkel der Finanzkrise 1998 und der damit bis heute fortwirkenden Probleme vor enormen Herausforderungen. Die Intermediationsfunktion des Finanzsektors ist gravierend gestört: Zum einen existiert wenig Vertrauen in die Solidität russischer Banken auf seiten der privaten Haushalte. Dies läßt die effektive Sparquote in Rußland stark sinken. Zum anderen gibt es aufgrund des nach der Krise 1998 relativ instabilen Bankensektors, aber auch aufgrund der schwachen Ausgestaltung und Durchsetzung der gesetzlichen Bestimmungen kaum Möglichkeiten für Unternehmen zur externen Finanzierung. Dies gilt vor allen Dingen für kleine und mittlere Unternehmen. Damit ist die Kapitalallokationsfunktion des Finanzsektors stark beeinträchtigt.

Tab. 28. Ausgewählte Indikatoren für die Entwicklung von Banken als Finanzintermediäre in Rußland

	1995	1996*	1997	1998	1999	2000
M2 (breites Geldmengenaggregat) (A)	220,8	288,3	374,1	448,3	704,7	1144,3
Bruttoinlandsprodukt (in Mrd. Rb) (B)	1540,5	2145,7	2478,6	2741,1	4757,2	7063,4
Verhältnis M2 zum BIP (A)/(B)	0,14	0,13	0,15	0,16	0,15	0,16
Aktiva des Bankensektors insgesamt (C)	342,3	497,7	622,7	933,1	1549,7	2259,4
Forderungen gegenüber dem privaten Sektor (D)	133,8	157,3	225,9	346	521,6	867,1
(D)/(C)	0,39	0,32	0,36	0,37	0,34	0,38
(D)/(B)	0,09	0,07	0,09	0,12	0,11	0,12

* Ab Dezember 1996 sind nur noch Guthaben bei Banken mit aktiven Geschäftslizenzen erfaßt.
Quelle: RECEP (2000b), Russian Economic Trends, Monthly Update: March, Moskau; RECEP (2001c), Russian Economic Trends, Monthly Update: September, Moskau; eigene Berechnungen.

Tab. 28 gibt einen Überblick zu verschiedenen Indikatoren, die einen Maßstab für die Finanzintermediationsfunktion von Geschäftsbanken in Rußland darstellen. Das Verhältnis der breiten Geldmengendefinition M2, welche die Guthaben bei Geschäftsbanken einschließt, zum Bruttoinlandsprodukt ist ein Maßstab dafür, inwieweit die Geschäftsbanken ihre Funktion als Kapitalsammelstellen erfüllen (ROTHER, 1999; BUCH, 1996, 81ff.). Dieser Wert sollte im Transformationsverlauf mit sich verbessernder Effizienz des Bankensektors stetig ansteigen; in Rußland jedoch blieb dieser Wert zwischen 0,14 und 0,16 und damit auf einem ausgesprochen geringen Niveau. Polen hatte demgegenüber 1998 schon einen Wert von 0,4 und Ungarn von 0,42 erreicht (EBRD, 1998). Ähnlich sieht die Entwicklung bei der Kreditvergabe aus. Das Verhältnis der Forderungen an den privaten Sektor zu den aggregierten Aktiva der Geschäftsbanken ist von 1995 bis 2000 sogar leicht gefallen (0,39 auf 0,38), im Hinblick auf das Verhältnis Forderungen an den privaten Sektor zu Bruttoinlandsprodukt sind die russischen Werte ebenfalls sehr gering (zum Vergleich: 0,09 für Rußland in 1997 im Vergleich zu 0,18 bzw. 0,24 in Polen bzw. Ungarn; WIEGERT, 2000).

Polen und Ungarn konnten dagegen bedeutende Fortschritte bei der Schaffung eines funktionierenden Bankensektors machen (BERGLÖF/BOLTON, 2002). Der hohe Anteil an ausländischen Banken bzw. an Banken mit ausländischer Beteiligung dürfte hier einen wesentlichen Beitrag geleistet haben. Dabei spielt nicht nur die Erhöhung der Wettbewerbsintensität durch das Engagement ausländischer Banken eine Rolle. Wie AMABLE/CHATELAIN (2001) anhand eines theoretischen Modells zeigen, kann die Verbesserung der Finanzinfrastruktur eines Schwellenlandes Effizienzgewinne für den Finanzsektor und damit auch positive Wachstumseffekte mit sich bringen. Über international erfahrene Finanzinstitute kann finanztechnisches Wissen, technische Ausstattungen sowie die Kenntnis neuartiger Produkte und Dienstleistungen relativ einfach importiert werden.

Die Ineffizienzen des russischen Finanzsektors sowie das wenig investorenfreundliche gesamtwirtschaftliche wie institutionelle Umfeld haben an der oben beschriebenen Entwicklung wesentlichen Anteil. So haben die russischen Geschäftsbanken bislang ihre Funktion als Finanzintermediäre kaum erfüllt. Sie waren weder in der Lage, langfristig Guthaben privater Haushalte auf Rubelbasis anzuziehen und damit die Sparneigung der private Haushalte zu erhöhen, noch waren sie in der Lage, den privaten Unternehmenssektor ausreichend mit Krediten zu versorgen. Man kann in Zweifel ziehen, daß sich in Rußland ohne einen funktionierenden Finanzsektor ein langfristig tragbares wirtschaftliches Wachstum im Sinne eines Aufholprozesses gegenüber fortgeschritteneren Transformationsländern bzw. westlichen Marktwirtschaften herstellen läßt.

3.3.3 Handel und Direktinvestitionen

Handel in Form des Austauschs von Gütern und Dienstleistungen und Direktinvestitionen in Form von internationalen Kapitalbewegungen sind als grundsätzlich wachstumsfördernd bzw. wohlfahrtssteigernd anerkannt. Nach der traditionellen Theorie steigt die Wohlfahrt zweier Länder, die miteinander Handelsbeziehungen aufnehmen, dadurch, daß es jedem Land ermöglicht wird, sich auf die Produktion derjenigen Güter zu spezialisieren, bei denen es komparative Kostenvorteile besitzt, und diese Güter im Austausch gegen andere Güter, bei denen das Ausland komparative Kostenvorteile aufweist, zu exportieren. Die klassische Außenhandelstheorie mit Ricardo weist dabei auf Kostenvorteile hin, die mit technologischen Bedingungen verbunden sind, und Heckscher/Ohlin verbinden Kostenvorteile mit einer unterschiedlichen Ausstattung von Produktionsfaktoren in den handelnden Ländern (Überblick: ROSE/SAUERNHEIMER, 1995, 383-390). Die Produktion von Gütern, bei denen Land A komparative Kostenvorteile aufweist, wird in Land A bei Aufnahme von Handelsbeziehungen mit dem Ausland expandieren; entsprechend werden Ressourcen aus der Produktion von Gütern abgezogen, bei denen das Land B, mit dem A Handelsbeziehungen aufgenommen hat, komparative Kostenvorteile besitzt. Aus der Spezialisierung der Länder A und B läßt sich eine Wohlfahrtssteigerung für beide Länder theoretisch nachweisen (eine Übersicht zur empirischen Relevanz der klassischen Handelstheorie geben LEAMER/LEVINSOHN, 1995).

Im Zuge der wirtschaftlichen Entwicklung und insbesondere im Zuge der internationalen Konvergenz großer Wirtschaftsräume wie der Europäischen Union verlor die Erklärung von Handelsbeziehungen mittels nationaler komparativer Kostenvorteile ihre zentrale Bedeutung. Denn der Warenaustausch zwischen den

Ländern der Europäischen Union ging zunehmend von einem inter- zu einem intraindustriellen Handel[12] über, wobei sich die Produktionsstrukturen der Länder einander anglichen (KOZUL-WRIGHT/ROWTHORN, 1998). Eine solche Entwicklung ist auch bei den mitteleuropäischen Transformationsländern zu erwarten, z.B. in Polen, Ungarn oder der Tschechischen Republik (VON WESTERNHAGEN, 2002). Es ist allerdings im Handel mit der Europäischen Union zunächst tendenziell eine Reorientierung mit Blick auf Branchen mit komparativen Kostenvorteilen festzustellen (LOWINGER/NZIRAMASANGA/LAL, 2000).

Ein zunehmender intraindustrieller Handel impliziert einen steigenden Diversifikationsgrad der Produktionsstruktur eines Landes und damit auch eine bessere Absorptionsfähigkeit gegenüber externen Schocks, die nur einzelne Branchen betreffen. Da dies für Rußland bislang nicht gilt, ist einerseits von einer noch unzureichenden Integration des Landes in die Weltwirtschaft und andererseits von einer mangelnden Wettbewerbsfähigkeit der russischen Industrie auf dem Weltmarkt auszugehen.

In der Folge des Bedeutungsverlusts der traditionellen Wachstumstheorie entstanden eine Reihe alternativer Erklärungsansätze für den Außenhandel, die sich im wesentlichen auf drei Kernaspekte bzw. Arten der theoretischen Betrachtung reduzieren lassen:

- Modelle internationaler monopolistischer Konkurrenz (DIXIT/STIGLITZ, 1977),
- verstärkte Produktdifferenzierung (KRUGMAN, 1979),
- Ausnutzung von steigenden Skalenerträgen.

Während die traditionelle Handelstheorie die Angebotsseite in den Mittelpunkt des Erklärungsansatzes rückt, beziehen die neueren Ansätze auch die Nachfrageseite mit ein, so beispielsweise der Ansatz von KRUGMAN (1979), der Außenhandel mit einem höheren Grad an Produktdifferenzierung und damit größerer Auswahl seitens der Nachfrager erklärt. Bemerkenswert ist dabei, daß das Auftreten von verstärktem intraindustriellen Handel mit einem höheren Pro-Kopf-Einkommen zu korrespondieren scheint (LINDER, 1961). Dies kann beispielsweise mit den bei gleichen Pro-Kopf-Einkommen sich annähernden Präferenzstrukturen der Nachfrager erklärt werden.

Im Zuge der außenwirtschaftlichen Öffnung eines Landes muß eine Reihe wichtiger Entscheidungen getroffen werden, um eine stabile gesamtwirtschaftliche Entwicklung sicherzustellen. Die außenwirtschaftlich relevanten Entscheidungsbereiche betreffen in erster Linie die Frage nach einer sinnvollen Liberalisierungsstrategie des Handels mit Gütern und Dienstleistungen; als weiterer wichtiger Bereich ist hier die Liberalisierung des Kapitalverkehrs mit dem Ausland zu nennen. Hierbei sind im Vorfeld der Finanzkrise von 1998 in Rußland eine Reihe problematischer Weichenstellungen getroffen worden, die für den Zusammenbruch der

---

[12] Interindustrieller Handel: Tausch von Produkten aus Branche X (Autos) des Landes A gegen Produkte aus Branche Y (Computer) des Landes B. Intraindustrieller Handel: Tausch von Produkten aus Branche X des Landes A gegen Produkte aus Branche X des Landes B (Autos gegen Autos).

russischen Finanzmärkte 1998 mitverantwortlich waren. Als dritter Problembereich ist die Frage der Konvertibilität der Währung bzw. die Wahl des Wechselkursregimes anzuführen (WELFENS, 1992).

Eine weitreichende außenwirtschaftliche Liberalisierung bringt erhebliche stabilitätspolitische Risiken mit sich, wie die Erfahrungen z.B. der südostasiatischen Schwellenländer 1997, Mexikos in der Tequila-Krise Anfang der 90er Jahre und auch Rußlands 1998 gezeigt haben (LANE/LIPSCHITZ/MOURMOURAS, 2002). Dies ist besonders problematisch im Falle von Transformationsländern wie Rußland, die in relativer kurzer Zeit über die Liberalisierung ihrer Handels- und Kapitalverkehrsbeziehungen eine Integration in die Weltwirtschaft erreichen wollen.

GREENAWAY (1998) gibt zu bedenken, daß Handelsliberalisierung kurzfristig negative Begleiterscheinungen wie z.B. einen Anstieg der Arbeitslosenquote mit sich bringen kann. Im Kontext des aus der Handelsliberalisierung resultierenden strukturellen Wandels von Importsubstitutionsindustrien zu exportorientierten Sektoren können auch negative Nettoproduktionseffekte (Produktionsrückgang in Importsubstitutionsindustrien plus Produktionssteigerung in exportorientierten Sektoren) auftreten; GREENAWAY/MORGAN/WRIGHT (1998) sprechen in diesem Sinne von einem J-Kurven-Effekt der Handelsliberalisierung auf das Wirtschaftswachstum.

Laut GREENAWAY (1998) gibt es genügend Beispiele für Reformen im Bereich von Leistungsbilanztransaktionen, die gegenteilige Effekte, auch in der langen Frist, nach sich zogen. Aus seiner Sicht spielen für den Erfolg von Handelsreformen vor allem die Glaubwürdigkeit der Reformen – dabei insbesondere die Umsetzbarkeit –, die Ausgangsbedingungen sowie das richtige Sequencing und Timing der Reformmaßnahmen eine Rolle. Der Schlüssel für eine erfolgreiche Umsetzung von Handelsliberalisierung liegt demnach darin, diese im Kontext mit Reformmaßnahmen im binnenwirtschaftlichen Bereich zu sehen bzw. zu verbinden. Ohne die Schaffung der notwendigen binnenwirtschaftlichen Voraussetzungen – Flexibilisierung von Güter- und Arbeitsmärkten, Verbesserung der infrastrukturellen Voraussetzungen sowie Verdeutlichung des ökonomischen Nutzens bzw. der Gewinner der Reformmaßnahmen – wird der Erfolg des Abbaus von Handelshemmnissen gefährdet.

Zahlreiche Gründe sprechen in Anbetracht der Risiken und von (kurzfristigen) Wachstumseinbußen dennoch für eine möglichst weitgehende außenwirtschaftliche Liberalisierung. Eine zügige Liberalisierung des Handels führt im Sektor der handelsfähigen Güter in der Regel zu einem Anstieg des Wettbewerbsdrucks und damit zu Effizienzverbesserungen (CADOT/GRETHER/DE MELO, 2000). Verschiedene Studien zeigen, daß Länder mit hohen Protektionsraten und einer langfristigen Importsubstitutionstrategie erhebliche Kosten zu tragen haben (BHAGWATI, 1981; BALASSA et al., 1982). Diese Kosten treten vor allem in der Form von Wohlfahrtsverlusten der Nachfrager auf den Importgütermärkten, einem relativ hohen Aufwand für die Nutzung importsubstituierender inländischer Ressourcen, einem weitverbreiteten Rent Seeking-Verhalten sowie einem stagnierenden Wachstum auf (GREENAWAY, 1998, 495). In der Regel waren die Protektionsregime von verhältnismäßig komplexen Verwaltungsstrukturen gekennzeichnet, die insbesondere Rent Seeking-Verhalten unterstützten. Aus ökonomischer Sicht, aber auch mit Blick auf die Bekämpfung von Korruption bzw. von Rent Seeking-Verhalten liegt daher grundsätzlich eine Vereinfachung des Handelsregimes bzw. ein Abbau von Handelshemmnissen nahe.

Handel und wirtschaftliches Wachstum

Die klassische Handelstheorie verbindet mit der aus der Aufnahme von Handelsbeziehungen resultierenden Spezialisierung eine Erhöhung der gesamtwirtschaftlichen Wohlfahrt in allen am internationalen Handel beteiligten Ländern. Neuere Erkenntnisse haben gezeigt, daß Handelsbeziehungen unter bestimmten Bedingungen in der Lage sind, darüber hinaus eine dauerhafte Erhöhung des wirtschaftlichen Wachstumspfades zu bewirken (SAGGI, 2000). FEENSTRA (1996; ferner BEN-DAVID/LOEWE, 1998 und TAYLOR, 1993) geht davon aus, daß der Wissenstransfer über internationale Handelsbeziehungen eine entscheidende Rolle bei der Erklärung internationaler Konvergenzprozesse spielt. In der Literatur der Neuen Wachstumstheorie kommt dem internationalen Wissenstransfer für den Aufholprozeß von weniger entwickelten gegenüber fortgeschritteneren Ländern eine große Bedeutung zu (RIVERA-BATIZ/ROMER, 1991; GROSSMAN/HELPMAN, 1991, 1994; KIM, 1999).

Eine Steigerung des Wachstumspotentials eines Landes findet beispielsweise dann statt, wenn über die ausgetauschten Güter auch technologisches Wissen – z.B. in Form von technologisch hochwertigen Investitionsgütern – in ein Land importiert wird, in dem dieses Wissen vorher nicht vorhanden war. Dies führt zu einem Anstieg des insgesamt verfügbaren technologischen Wissensbestandes der Volkswirtschaft. Entsprechend den Ausführungen zur Rolle des technologischen Wissens – im Hinblick auf mögliche Spill over-Effekte – für den Wachstumsprozeß sollte in der Folge eine langfristige Erhöhung des Wachstums des Pro-Kopf-Einkommens unter bestimmten Voraussetzungen möglich sein. Zu diesen Voraussetzungen gehört in jedem Fall ein ausreichend großer Pool an inländischen Fachkräften, die in der Lage sind, das zusätzlich gewonnene Wissen im Produktionsprozeß einzusetzen. Der Import von Wissen kann darüber hinausgehende Effekte im Bereich des Forschungssektors hervorrufen, was wiederum eine dauerhafte Steigerung der Wachstumsrate ermöglicht (analog zum schon diskutierten Wachstumsmodell von SORENSEN, 1999).

Ein wichtiger Wirkungszusammenhang zwischen Handel und wirtschaftlichem Wachstum liegt also in der Übertragung von technologischem Wissen, das im gehandelten Gut enthalten ist. Dieses Wissen ist aber nur dann von Nutzen im Empfängerland, wenn dort die Möglichkeiten zur Aufnahme und Umsetzung der technologischen Erkenntnisse gegeben sind. Beschränkungen können dabei in vielerlei Hinsicht auftreten, so z.B. aus politischen, sozialen, institutionellen oder rechtlichen Gründen. Die unterschiedliche Aufnahmefähigkeit für technologisches Wissen kann eine der wichtigsten Ursachen für Unterschiede im Pro-Kopf-Einkommensniveau verschiedener Länder sein (PARENTE/PRESCOTT, 1994).

Die aus der traditionellen Handelstheorie abgeleiteten Politikempfehlungen bezüglich der Förderung derjenigen Sektoren, in denen ein Land komparative Kostenvorteile besitzt, ist ebenfalls in die Kritik geraten (REDDING, 1999). Gerade für den Handel zwischen Entwicklungs- und Industrieländern wurde insbesondere die statische Betrachtungsweise der komparativen Kostenvorteile bemängelt und darauf hingewiesen, daß eine dementsprechende Politik sogar mit Nachteilen für das Entwicklungsland verbunden sein könnte. REDDING (1999) gibt zu bedenken, daß die komparativen Kostenvorteile eines Landes sich im Zeitablauf verändern können. Der Wandel werde dabei von technologischen Entwicklungen im Inland endogen beeinflußt. Auch die Wirtschaftspolitik kann durch selektive Förderung bestimmter Bereiche eine handelspolitische Umorientierung des Landes bewirken. Zum Beleg führt er den staatlich geförderten Aufbau der südkoreanischen Stahlindustrie an, die sich in den 70er Jahren rasch zu einem auf dem Weltmarkt konkurrenzfähigen Sektor entwickelte.

Die Frage nach dem Zusammenhang zwischen Handel bzw. dem Offenheitsgrad eines Landes und seinem langfristigen wirtschaftlichen Wachstum ist noch nicht eindeutig geklärt. Grundsätzlich gilt zwar, daß Länder mit einem höheren Offenheitsgrad auch ein höheres Wachstum verzeichnen – dies zeigen die empirischen Studien von DOLLAR (1992), SACHS/WARNER (1995a) und HARRISON (1996) sowie eine Übersicht hierzu von RODRIGUEZ/RODRIK (1999). Es sind jedoch einerseits die Wirkungsmechanismen aus theoretischer wie empirischer Sicht bisher nicht eindeutig geklärt. Andererseits existiert eine Reihe von Einflußfaktoren – wie z.B. der Humankapitalbestand eines Landes, rechtliche sowie auch kulturelle Aspekte –, die potentielle Wachstumseffekte aus verstärkter außenwirtschaftlicher Integration sowohl behindern als auch verstärken können und deren Bedeutung mit erheblichen Bewertungsproblemen verbunden ist. Eine neuere Untersuchung von DOLLAR/COLLIER (2001) geht auf die im Zusammenhang mit der Globalisierungsdiskussion stehende Frage nach den Folgen einer außenwirtschaftlichen Öffnung für die wirtschaftliche Entwicklung im Falle ärmerer Länder ein und zeigt, daß Globalisierung bzw. eine zunehmende außenwirtschaftliche Öffnung auch dort das wirtschaftliche Wachstum positiv beeinflußt. Allerdings geben die Autoren auch zu bedenken, daß sich angesichts von falschen strategischen Weichenstellungen im Öffnungsprozeß erhebliche wirtschaftliche Risiken ergeben können.

Direktinvestitionen und wirtschaftliches Wachstum

Aus produktionstechnischer Sicht stellen ausländische Direktinvestitionen im Falle sogenannter "Greenfield Investments" eine Erhöhung des inländischen Produktionspotentials dar. Internationale Direktinvestionen spielen in den Modellen der neoklassischen und Neuen Wachstumstheorie für den Ausgleich der Kapitalgrenzprodukte, die sich im neoklassischen Wachstumsmodell als Folge unterschiedlicher Kapitalintensitäten einzelner Länder ergeben, eine wichtige Rolle. Im neoklassischen Modell wie in der Neuen Wachstumstheorie kann das Zustandekommen internationaler Direktinvestitionen auf der Basis von Differenzen der nationalen Kapitalrenditen bzw. der Kapitalgrenzprodukte erklärt werden. Unter neoklassischen Bedingungen fließt Kapital stets in das Land mit dem höheren Kapitalgrenzprodukt, was dazu führt, daß sich die Kapitalrenditen der beiden Länder über den Ausgleich der Kapitalintensitäten annähern. Dies kann man anhand des

MacDougall-Modells veranschaulichen, das Kriterien für internationale Standort-entscheidungen des Faktors Kapital untersucht (MACDOUGALL, 1960; siehe Abb. 13, die nachfolgende Darstellung ist angelehnt an die Ausführungen in WELFENS, 1995, 498-501).

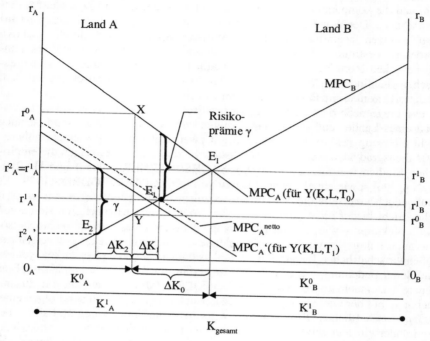

Abb. 13. Internationale Direktinvestitionen und Kapitalgrenzprodukte nach Öffnung des Kapitalverkehrs

In einem Zwei-Länder-Modell mit einem Weltkapitalbestand von K_{gesamt} und einer Verteilung dieses Gesamtbestandes auf das Land A in Höhe von K^0_A und auf das Land B in Höhe von K^0_B ergeben sich unter der Bedingung völliger Kapital-immobilität sowie der Verläufe der jeweiligen Grenzproduktkurven des Kapitals MPC_A und MPC_B ein Kapitalgrenzprodukt bzw. ein Kapitalzins in Höhe von r^0_A bzw. r^0_B. Es gelten folgende Annahmen: identische Produktionstechnologien und damit auch Produktionsfunktionen $f(Y) = f(K,L,T)$ in beiden Ländern, zudem sin-kende Kapitalgrenzprodukte und Immobilität des Faktors Arbeit.

Die Kapitalrendite liegt in Land A aufgrund der niedrigeren Kapitalintensität höher als in Land B. Bei Öffnung der nationalen Kapitalmärkte für den internatio-nalen Kapitalverkehr kommt es, ausgehend von den Punkten X bzw. Y, im Zuge eines Anpassungsprozesses der unterschiedlich hohen Kapitalrenditen solange zu einem Kapitalexport von Land B nach Land A, bis sich aufgrund der veränderten Kapitalintensitäten die Kapitalrenditen beider Länder angeglichen haben. Die neue Verteilung des Kapitalstocks entspricht K^1_A für Land A bzw. K^1_B für Land B nach einem Nettokapitalimport nach Land A in Höhe von ΔK_0; der Weltzinssatz in Punkt E_1 berägt $r^1{}_A = r^1{}_B$.

Dieser Anpassungsprozeß ist mit der Entwicklung in ehemals sozialistischen Ländern vergleichbar, die zwar eine relativ kapitalintensive Produktionsstruktur besaßen, deren tatsächliche Kapitalintensität nach dem begonnenen Systemübergang dennoch gegenüber westlichen Marktwirtschaften durch die Restrukturierung im Unternehmenssektor rasch gesunken sein dürfte. Daß die Kapitalintensität in Rußland dennoch von 1987 bis 1997 kontinuierlich angestiegen ist, kann zumindest teilweise mit dem Restrukturierungsrückstand Rußlands erklärt werden. Möglicherweise wird die Höhe des russischen Kapitalstocks einfach zu hoch ausgewiesen bzw. sie würde erheblich geringer ausfallen, wenn ähnliche Abschreibungsbedingungen wie in OECD-Ländern zum Einsatz kämen. Die Altersstruktur des russischen Kapitalstocks zeigt, daß Maschinen und Anlagen zunehmend veralten bzw. einen hohen Modernisierungsbedarf aufweisen (vgl. Tab. 4). Aufgrund einer geringeren tatsächlichen Kapitalintensität läßt es sich daher rechtfertigen, von höheren Kapitalgrenzprodukten bzw. Zinssätzen zum Öffnungszeitpunkt des Landes und daraus folgenden Nettokapitalimporten auszugehen.

Bezieht man in die Betrachtung zusätzliche Kosten sowie länderspezifische Risiken mit ein, denen sich ausländische Direktinvestoren im Vergleich zu einer Investition im Inland gegenübersehen und die somit die Produktionsbedingungen verändern, so ergibt sich eine andere Gleichgewichtssituation. Diese Kosten lassen sich in Form einer Risikoprämie γ darstellen, welche die Kapitalrendite für Investoren reduziert. Zusätzliche Kosten können z.B. durch Markteintrittsschranken, administrative Hürden oder auch eine politisch wie ökonomisch instabile Lage entstehen (LUCAS, 1990). Vom Kapitalgrenzprodukt MPC_A muß in diesem Fall die Risikoprämie γ subtrahiert werden, wodurch sich eine neue Netto-Kapitalgrenzproduktkurve $MPC_A{}^{netto}$ ergibt. Die Risikoprämie γ führt zu einem geringeren Nettokapitalimport in Land A, der nunmehr ΔK_1 beträgt; das entsprechende Gleichgewicht liegt im Punkt $E_1{}'$. Eine höhere Risikoprämie verringert den Kapitalimport weiter, bis er im Extremfall negativ wird bzw. es zu einem Nettokapitalexport von Land A nach Land B kommt.

Ähnliche Schlußfolgerungen ziehen RIVERA-BATIZ (2001) und WEI (2000), die die Auswirkungen von Korruption auf den internationalen Kapitalverkehr betrachten. WEI (2000) merkt an, daß, sofern die Korruption ein bestimmtes kritisches Niveau überschreitet, es zu Nettokapitalabflüssen aus dem betroffenen Land kommen kann. Dies gilt auch dann, wenn das Grenzprodukt des Kapitals in diesem Land wesentlich höher liegt als im Ausland.

Angesichts der Erfahrungen des bisherigen Transformationsverlaufs in Rußland kann man argumentieren, daß sich zu Beginn des Reformprozesses zunächst eine Verschlechterung der Produktionsbedingungen in Land A, dem Transformationsland, ergibt (Probleme bei der unternehmensnotwendigen Infrastruktur, bei der Suche nach Zulieferern und Absatzwegen, etc.). Diese lassen sich durch eine Modifikation des Technologieparameters T in der Produktionsfunktion darstellen; für $T_1 < T_0$ in Land A gilt, daß sich die Grenzproduktkurve MPC_a nach unten zu $MPC_a{}'$ verschiebt, was wiederum zu einer Veränderung des Anpassungsprozesses des internationalen Kapitalverkehrsgleichgewichts führt. Zusammen mit der Risikoprämie γ kommt es c.p. zu einem Nettokapitalexport von Land A nach Land B; als Gleichgewicht ergibt sich der Punkt E_2. Dem Transformationsland, das eigentlich Kapitalressourcen zur Modernisierung seines Unternehmenssektors benötigt, wird hier Kapital entzogen. Nur eine Verbesserung der Produktionsbedingungen, beispielsweise durch Reformen im Infrastrukturbereich, die zu einer effizienteren und qualitativ besseren Bereitstellung infrastruktureller Dienstleistungen führen (MPC_A verschiebt sich wieder nach oben), kehrt die Richtung des Kapitalstroms um. Eine Reduktion der landesspezifischen Risikoprämie durch eine stabile und glaubwürdige Wirtschafts- und Finanzpolitik würde ebenfalls zu einem Rückgang der Kapitalexporte bzw. zu steigenden Kapitalimporten führen.

Neben der Erhöhung des inländischen Produktionspotentials gibt es weitere potentiell wachstumsfördernde Effekte ausländischer Direktinvestitionen. Durch Interaktion des ausländischen Direktinvestors mit inländischen Arbeitnehmern und Unternehmen können sich Wissenstransfers ergeben. Das gilt im Prinzip analog zu den Überlegungen für vergleichbare Wirkungen des Außenhandels, wobei jedoch bei Direktinvestitionen der Wissensimport in der Regel über das investierende Unternehmen erfolgt, das beispielsweise inländische Mitarbeiter vor Ort ausbilden läßt. Die Transfers technologischen Wissens treten also in Form einer Erhöhung des Humankapitalbestandes durch Weiterbildung von Arbeitskräften und bei der Übernahme effizienterer Organisations- und Managementpraktiken auf. Jedoch ist eine empirische Evidenz für die Existenz dieser Effekte bisher nicht gesichert, es gibt allerdings eine Reihe von Indikatoren, die auf eine bedeutende Rolle von ausländischen Direktinvestitionen im internationalen Technologietransfer hindeuten (SAGGI, 2000).

Der Technologietransfer ist in mehrerlei Hinsicht Restriktionen unterworfen. Zum einen zeigen Untersuchungen, daß der Wissensübertrag – z.B. durch Ausbildung inländischer Arbeitskräfte – sehr kostenintensiv sein kann (MANSFIELD/ ROMEO, 1980; RAMACHANDRAN, 1993), und ein Unternehmen, das eine relativ humankapitalintensive Produktionstechnik hat, wird daher aus Kostenüberlegungen die Produktion im Stammland und den Export in das Gastland der Produktion vor Ort vorziehen. Dies bedeutet, daß damit eher Unternehmen mit weniger humankapitalintensiven Gütern, aber auch weniger Potential für Wissensdiffusion, ausländische Direktinvestitionen tätigen. Je besser allerdings die Voraussetzungen seitens des Gastlandes bezüglich seines Humankapitals bzw. des Ausbildungsstandes seiner arbeitenden Bevölkerung sind, desto geringer dürften die Kosten des internationalen Wissenstransfers liegen und desto höher dürfte die Bereitschaft internationaler Unternehmen zu Direktinvestitionen sein.

Integration in die Weltwirtschaft und Wachstum in Rußland

Eine fortschreitende Handelsliberalisierung sowie die Schaffung geeigneter Rahmenbedingungen und die Verbesserung der Standortfaktoren für ausländische Direktinvestitionen könnten Unternehmen in Rußland wichtige Restrukturierungs- und Wachstumsimpulse geben. Allerdings sind parallele Reformen im Bereich der Rohstoffindustrie, der Infrastruktur, der Arbeitsmärkte und nicht zuletzt auch im Finanzsektor von großer Bedeutung. Reformmaßnahmen im Bereich der Handelsliberalisierung führen – dies hat GREENAWAY (1998) betont und gilt grundsätzlich für jede Art von Reform – in der Regel nur dann zu dem gewünschten Resultat, wenn sie einerseits praktisch umsetzbar und andererseits glaubwürdig sind; beide Eigenschaften bedingen sich gegenseitig. Die Verhandlungen zum Beitritt Rußlands zur WTO und eine nahe Beitrittsperspektive spielen für die Lösung des Glaubwürdigkeitsproblems eine wichtige Rolle. Durch einen WTO-Beitritt wird Rußland einerseits gegenüber ausländischen Akteuren seinen Reformwillen verdeutlichen und andererseits den Reformdruck im Innern erhöhen.

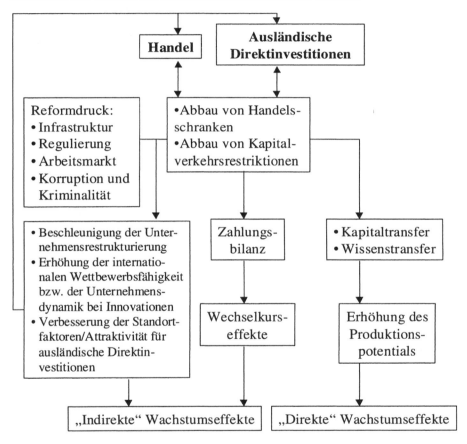

Abb. 14. Integration in die Weltwirtschaft und Wachstumseffekte

Der Zusammenhang von außenwirtschaftlicher Öffnung und binnenwirtschaftlichem Reformzwang veranschaulicht Abb. 14 im oberen Teil. Die Liberalisierung von Handel und Kapitalverkehr führt zu einem steigenden Handelsvolumen und Direktinvestitionszuflüssen, sofern die binnenwirtschaftlichen Rahmenbedingungen stimmen: eine effiziente Infrastrukturbereitstellung, eine angemessene Regulierungsintensität in den wichtigsten Zielmärkten von Handel und Direktinvestitionen, flexible arbeitsrechtliche Regeln als Standortfaktor sowie ein möglichst niedriges Korruptions- und Kriminalitätsniveau.

Geht man von einem positiven Zusammenhang von externer Liberalisierung und Wachstum aus, so sollte Rußland in der Lage sein, durch eine sinnvolle aussenwirtschaftliche Liberalisierungsstrategie erhebliche Wachstumseffekte zu realisieren. Diese können – wie in Abb. 14 – in direkte und indirekte Wachstumseffekte eingeteilt werden. Direkte Wachstumseffekte resultieren dabei aus Erhöhungen des Produktionspotentials bzw. Steigerungen der Faktoreinsatzeffizienz im Unternehmenssektor, die sich aus dem Kapitaltransfer über ausländische Direktinvestitionen einerseits und über Transfers von technologischem Wissen durch Handel und Direktinvestitionen andererseits ergeben. Indirekte Wachstumseffekte resultieren aus der wechselseitigen Beziehung zwischen außenwirtschaftlichen Reformen, insbesondere dem Abbau von Handelsschranken, und der Notwendigkeit binnenwirtschaftlicher Reformen zur langfristigen Sicherung der Wettbewerbsfähigkeit des Landes im Bereich der handelsfähigen Güter.

Es gilt allerdings zu beachten, daß sich aus der Öffnung eines Landes neben den genannten positiven Wachstumseffekten auch negative Effekte bzw. Risiken für die wirtschaftliche Entwicklung ergeben. Bei Zahlungsbilanzungleichgewichten, die aus strukturellen Verzerrungen resultieren, besteht die Gefahr abrupter Wechselkursanpassungen, die die Stabilität der wirtschaftlichen Entwicklung des Landes erheblich beeinträchtigen können.

Rußland hat insbesondere im Bereich der Infrastruktur, speziell des Energiesektors, sowie im Hinblick auf die Flexibilität des Arbeitsmarktes – was die Förderung der Mobilität des Arbeitsangebots wie auch die Förderung von Umschulungs- und Weiterbildungsmaßnahmen angeht – noch erheblichen Reformbedarf. Die Umsetzung von Reformen in diesen Bereichen ist einerseits eine Notwendigkeit für die internationale Wettbewerbsfähigkeit, andererseits verbessern solche Reformen Rußlands Attraktivität in der internationalen Standortkonkurrenz, womit zusätzlich Direktinvestitionen angezogen werden können. Rußland hat, sofern man einen Vergleich der Pro-Kopf-Zuflüsse an ausländischen Direktinvestitionen mit anderen Transformationsländern heranzieht, noch einen erheblichen Nachholbedarf. Bis zum Jahr 2000 wurde in Rußland lediglich ein knappes Siebtel der Direktinvestitionszuflüsse von Polen registriert (siehe Kap. 2, Tab. 11). Hohe Zuflüsse könnten allerdings auch zu einer starken Rubelaufwertung führen, welche die Exportkonjunktur beeinträchtigen würde.

a) Exporte 1992

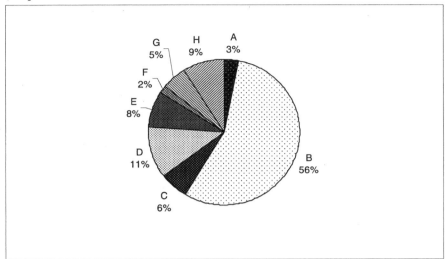

b) Exporte 1998

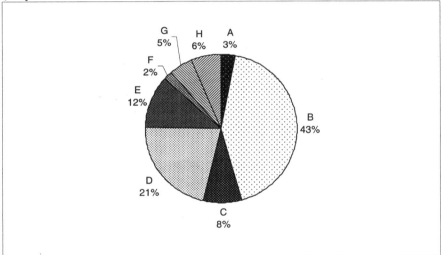

A: Tiere und vegetabile Produkte, Nahrungsmittel, Alkohol- und Tabakprodukte; B: Mineralien und Treibstoffe; C: Chemische Produkte, Plastik und Gummi; D: Rohmetalle und Metallprodukte; E: Maschinen und Anlagen, Transportmittel, etc.; F: Textilien, Lederwaren, Kleidung, Möbel und andere industriell gefertigte Verbrauchsgüter; G: Holz, Papier und Glasprodukte; H: Andere Gruppen.
Quelle: WIIW (2000).

Abb. 15. Rußland: Außenhandel nach Produktgruppen, 1992 und 1998 (in % des Gesamtvolumens)

c) Importe 1992

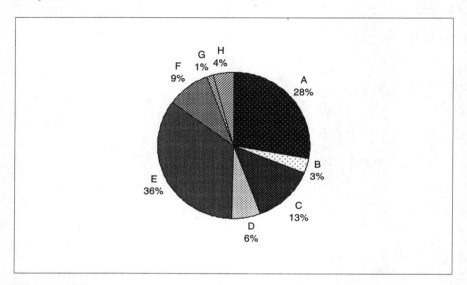

d) Importe 1998

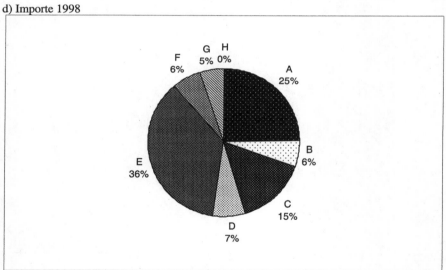

Abb. 14: Fortsetzung

Die Handelsstruktur Rußlands ist mit spezifischen Problemen belastet, insbesondere mit einem außergewöhnlich hohen Anteil an Rohstoffexporten. Abb. 15 zeigt die relativen Anteile der einzelnen Produktgruppen an den Gesamtexporten bzw. den Gesamtimporten Rußlands und veranschaulicht, daß im Transformationsverlauf der Anteil an Mineralien und Treibstoffen zwar zurückgegangen ist, demgegenüber hat sich jedoch der Exportanteil der Rohmetalle und Metallprodukte deutlich erhöht. Der Anteil von Produkten der Verarbeitenden Industrie (Gruppen C, E, F und G) ist im betrachteten Zeitraum insgesamt um rund ein Drittel gestiegen. Die Daten beziehen sich allerdings auf das Jahr 1998 und können damit die Strukturverschiebungen insbesondere bei den Exporten im Zuge des Rohstoffexportbooms 1999/2000 nicht erfassen.

Grundsätzlich besteht für Rußland die Gefahr, daß es bei einem Boom in einem internationalen Rohstoffmarkt, wie dies über die Preissteigerung in den Jahren 1999/2000 beim Rohöl der Fall war, zu einem verstärkten Ressourcentransfer in den boomenden Sektor kommt, was eine zusätzliche Schwächung der internationalen Wettbewerbsfähigkeit der anderen Sektoren, z.B. der Verarbeitenden Industrie, mit sich brächte. Die Konzentration der russischen Exportstruktur läßt insgesamt Befürchtungen aufkommen, daß Rußland aus struktureller Sicht einer Problematik ähnlich der des Phänomens der "Dutch Disease" gegenüberstehen könnte. Im engeren Sinne beschreibt dieser Begriff das Phänomen, daß sich rohstoffreiche Länder langfristig mit geringeren Wachstumsraten des Pro-Kopf-Einkommens als rohstoffarme Länder konfrontiert sehen. SACHS/WARNER (1995, 1999, 2001) erklären dieses Phänomen damit, daß die Verarbeitende Industrie in Ländern mit bedeutenden Rohstoffvorkommen anders als in Ländern ohne Rohstoffvorkommen nicht in der Lage ist, eine exportorientierte Wachstumsstrategie zu verfolgen. Dieses Unvermögen gründet sich auf einer mangelnden internationalen Wettbewerbsfähigkeit der Verarbeitenden Industrie von ressourcenreichen Ländern, da das Preisniveau im Bereich der nichthandelsfähigen Güter (z.B. Dienstleistungen und Infrastruktur), welche als Vorleistungen für die Industrie kostenrelevant sind, aufgrund des Rohstoffbooms höher liegt als in vergleichbaren ressourcenarmen Ländern.

Im weiteren Sinne kann der Begriff auf die grundsätzliche Problematik ausgedehnt werden, welche sich für die internationale Wettbewerbsfähigkeit des industriellen Sektors eines Landes ergibt, wenn sich die Exportstruktur eines Landes sehr stark auf die Ausfuhr von primären Gütern und insbesondere Rohstoffen konzentriert. Mittel- bis langfristig kommt es dabei zu einer Anpassung des realen Wechselkurses, die sich in einer Verschlechterung der internationalen Wettbewerbsposition des Industriesektors niederschlägt. Dies kann aufgrund der dann rückläufigen Industrieproduktion zu einem Sinken der Pro-Kopf-Einkommen des betreffenden Landes führen (RODRIGUEZ/SACHS, 1999). Im Falle einer Transformationswirtschaft können hohe Exporteinnahmen aus dem Rohstoffbereich zudem dazu führen, daß hiermit unrentable Altindustrien kurzfristig weiterbetrieben werden können und dadurch der in anderen Ländern vorhandene Druck zur Unternehmensrestrukturierung aufgrund steigender Wettbewerbsintensität bedeutend geringer ausfällt.

3.3.4 Aufbau marktwirtschaftlicher Institutionen

Zur Bedeutung marktwirtschaftlicher Institutionen

Eine funktionierende institutionelle Ordnung ist eine grundlegende Voraussetzung für wirtschaftliche Entwicklung. Das System der institutionellen Rahmenbedingungen eines Landes legt die Regeln fest, innerhalb derer die Wirtschaftssubjekte ihre ökonomischen Entscheidungen treffen. Dieses System ist daher von entscheidender Bedeutung für die Investitions- bzw. Konsumentscheidungen von Unternehmen und Haushalten, aber auch für die Entwicklung neuer Produkte und technologischer Innovationen (LOASBY, 2000). Die Bedeutung einer funktionierenden institutionellen Ordnung für die wirtschaftliche Entwicklung der westlichen Welt wurde vielfach betont, der ökonomische Aufschwung im Zuge der Industrialisierung im 18. und 19. Jahrhundert wird von einigen Autoren gerade auch auf die Verbesserung der institutionellen Ordnung durch z.B. die verstärkte Kodifizierung von Verhaltensregeln und die rechtliche Bindung von Transaktionspartnern an diese Regeln zurückgeführt (z.B. NORTH/THOMAS, 1973; ROSENBERG/ BIRDZELL, 1986). Marktwirtschaftlicher Wettbewerb, der aus wohlfahrtstheoretischer Sicht unabdingbar für eine effiziente Faktorallokation und Güterverteilung ist, benötigt einen ordnungspolitischen Rahmen aus marktwirtschaftlichen Institutionen, die durch die Regelung der Transaktionsbedingungen zwischen den Tauschpartnern einerseits und durch die Einführung von Regeln zur Beschränkung der Macht einzelner Marktakteure andererseits die Funktionen des Wettbewerbs sicherstellen. Insbesondere EUCKEN (1952/1990) hat auf die Bedeutung der Wettbewerbsordnung für die wirtschaftliche Entwicklung hingewiesen.

Nach der Klärung einzelner Definitionsfragen sollen nachfolgend anhand der Darstellung einiger ausgesuchter Beiträge zum Zusammenhang von marktwirtschaftlichen Institutionen und wirtschaftlicher Entwicklung einzelne, zentrale Aspekte in dieser Hinsicht betrachtet werden. Es wird also die Wachstumswirkung eines funktionsfähigen marktwirtschaftlichen Ordnungsrahmens untersucht. Am Ende des Kapitels soll zudem auf einige transformationsrelevante Probleme der institutionellen Ordnung eingegangen werden.

Zunächst ist der Begriff der marktwirtschaftlichen Institutionen zu klären, der mit einem erheblichen Abgrenzungsproblem verbunden ist. Unter dem Begriff Institutionen in einer breiten Definition können verschiedene formelle und informelle Regeln, Organisationen sowie Wertvorstellungen, Sitten und Gebräuche verstanden werden – eine Diskussion der breiten Angebotspalette für eine Definition des Begriffs der Institutionen bietet BROCKMEIER (1998a). WILLIAMSON (1985) setzt den Begriff Institution mit einer Art Übereinkunft bzw. Mechanismus im weitesten Sinne gleich, der die Verhaltensweisen der Wirtschaftssubjekte und ihre Transaktionsentscheidungen bzw. Erwartungen beeinflußt.

Marktwirtschaftliche Institutionen sind neben Trägern der Wirtschaftspolitik – beispielsweise Zentralbank, Aufsichtsbehörden und Jurisdiktion – auch Regeln, die in Gesetzestexten kodifiziert werden. Schließlich läßt sich auch die Einstellung der Bevölkerung gegenüber dem marktwirtschaftlichen System in Form von Sitten und Wertvorstellungen als Institution charakterisieren. Zu diesem Thema existiert eine Analyse von SHILLER/BOYCKO/KOROBOV (1991), die die Grundeinstellungen mit Bezug auf das marktwirtschaftliche System bzw. die damit verbundenen Wertvorstellungen (z.B. Leistungsprinzip) von US-amerikanischen und russischen Bürgern miteinander vergleicht und dabei bemerkenswerte Ähnlichkeiten feststellt.

Eine deutlichere Abgrenzung des Institutionenbegriffs bieten HAVRYLY-SHYN/VAN ROODEN (2000), die Institutionen, die für die Entwicklung einer marktwirtschaftlichen Ordnung förderlich sind, in folgende zwei Kategorien einteilen:

- Gesetzlicher Rahmen der wirtschaftlichen Aktivität ("rule of law" und Sicherung der Eigentumsrechte der Wirtschaftssubjekte): einerseits die Schaffung eines gesetzlichen Rahmens für die Möglichkeit zur freien wirtschaftlichen Aktivität, für die Regelung von Konkursen, für Verträge und deren Abwicklung, und andererseits die Durchsetzung von Ansprüchen in Übereinstimmung mit der Rechtslage bei ausreichender Transparenz der Entscheidung von Behörden und Justiz in Streitfällen.
- Institutionen zur Herstellung und Sicherung von politischer und bürgerlicher Freiheit (demokratischer Prozeß, Gewaltenteilung, Meinungsfreiheit).

Eine auf die Bedingungen der Transformationsländer Osteuropas abgestimmte Abgrenzung des Begriffs der marktwirtschaftlichen Institutionen gibt die EBRD (1999), indem sie den Fortschritt auf dem Gebiet des institutionellen Wandels in Osteuropa anhand folgender Aspekte und Politikfelder untersucht: Wettbewerbspolitik, Unternehmensreform und -kontrolle, Reform des Bankensektors und der Finanzmärkte insgesamt, die Geltung von Recht und Gesetz sowie dessen Effektivität und die Infrastruktur (Telekommunikation, Eisenbahn und Stromversorgung).

Möglicherweise greift die Abgrenzung der EBRD (1999) im Falle der Transformationsländer und insbesondere Rußlands einerseits zu kurz, andererseits geht sie mit der Einbeziehung der Infrastruktur über den eigentlichen Institutionenbegriff hinaus. Ersteres gilt auch angesichts der erweiterten Begriffsfassung von HAVRYLYSHYN/VAN ROODEN (2000), die die Demokratisierung der Gesellschaft in den Begriff miteinschließen. Insbesondere das System der informellen Regeln und sozialen Normen, die wesentlich die Beziehungen zwischen Geschäftspartnern prägen, wird nicht erfaßt. Man kann diese Gruppe von Institutionen unter dem Begriff der weichen Institutionen zusammenfassen, im Gegensatz zu den harten Institutionen, die beispielsweise in Form von Gesetzestexten kodifiziert oder in Form von organisatorischen Einheiten Gestalt annehmen. Gerade diese weichen Institutionen sind zu Beginn des 21. Jahrhunderts in Rußland von grosser Bedeutung. RADAEV (1999) stellte anhand von Umfragen unter russischen Unternehmen bzw. deren Managern fest, daß in ihren Geschäftsbeziehungen der persönliche Kontakt und die Einbindung in netzwerkartige Geschäftsstrukturen gegenüber der Anwendung von kodifizierten Regelungen eine bedeutende Rolle bei der Beilegung geschäftlicher Streitfälle spielen.

Innerhalb der ökonomischen Analyse der Rolle von Institutionen spielt die Theorie der Property Rights eine zentrale Rolle. Eine Definition des Begriffs

Property Rights liefern ALCHIAN/DEMSETZ (1973, 17): "(Property Rights) ... are rights to use resources, ... and these rights are always circumscribed, often by the prohibition of certain actions (...) It is not the resource itself which is owned; it is a bundle, or a portion, of rights to use a resource that is owned." FURUBOTN/ PEJOVICH (1972, 1139) definieren das existierende System von Property Rights "(as) the set of economic and social relations defining the position of each individual with respect to the utilization of scarce resources". Property Rights werden also grundsätzlich als – in der Regel handelbare – Rechte an Produktionsmitteln und Gütern definiert, die es dem Inhaber dieser Rechte erlauben, die betreffenden Mittel in seinem Sinne zu nutzen bzw. zu verändern oder zu veräußern. Letztere Begriffsfassung nimmt direkten Bezug auf die Nutzung der Ressourcen bzw. auf ihre Allokation im Produktionsprozeß der Volkswirtschaft und zeigt damit die Bedeutung des Systems der Property Rights für die wirtschaftliche Entwicklung auf. Das System der Property Rights einer Volkswirtschaft ist also von zentraler Bedeutung für die Allokation der Ressourcen und damit auch für deren möglichst effiziente Nutzung.

Das System der Property Rights eines Landes wird in der Hauptsache von den institutionellen Rahmenbedingungen bestimmt, die die Regeln des Eigentums, der Nutzung und der Übertragung von Rechten an Ressourcen festlegen. Dabei können – ähnlich wie bei der obigen Unterscheidung zwischen weichen und harten Institutionen – traditionelle Formen von Property Rights und sogenannte informelle Property Rights unterschieden werden (BROCKMEIER, 1998b; unter Bezugnahme auf JAGANNATHAN, 1986). Informelle Property Rights weisen nach JAGANNATHAN (1986) im Vergleich zu formellen Property Rights wichtige Unterschiede auf: Sie werden über das offizielle Regelsystem nicht erfaßt, sind kaum übertragbar und daher ökonomisch nicht bewertbar. Informelle Property Rights können beispielsweise durch informelle Absprachen zwischen Geschäftspartnern, die nicht durch das formelle, staatlich gesetzte Regelsystem gedeckt sind, zustande kommen.

Daß Wirtschaftssubjekte sich informeller Property Rights in der Form der von RADAEV (1999) im Falle Rußlands geschilderten Geschäftsgewohnheiten bedienen, kann einerseits in der Tradition des Landes, andererseits aber auch in einem Mißtrauen gegenüber dem Gebrauch des Systems der offiziellen Property Rights begründet liegen. Letzteres gilt vor allen Dingen dann, wenn die informellen Property Rights gegenüber den formellen Property Rights besser geschützt werden können. Dies ist in aller Regel deshalb der Fall, weil informelle Property Rights nicht übertragbar sind. Sie können höchstens von Dritten verletzt werden, die daraufhin allerdings Sanktionen der übrigen Gruppenmitglieder befürchten müssen.

Informelle Property Rights müssen nicht notwendigerweise im Sinne einer wohlfahrtssenkenden Wirkung geringer als formelle eingestuft werden. Im Gegenteil, informelle Property Rights können insbesondere bei weitgehender Abwesenheit eines konsistenten formellen Regelsystems – z.B. zu Beginn des Transformationsprozesses – im wohlfahrtsökonomischen Sinne effizienzsteigernd wirken (BARDHAN, 1997, 1322ff.). Dies zeigen BECK/MAHER (1986) bzw. LIEN (1986) am Beispiel von Bestechungszahlungen von Unternehmen an staatliche Verwaltungen, wobei sie jeweils in ihren Partialmodellen eine Wettbewerbseffizienz in dem Sinne unterstellen, daß stets das kostenminimierende Unternehmen den "Bestechungswettbewerb" gewinnt, d.h. die höchsten Bestechungsgelder zu zahlen in der Lage ist. Ein anderes Argument in diesem Zusammenhang – als eine Art second-best-Lösung – ist die Schaffung von informellen Regelungen zur Überwindung von bürokratischen Hindernissen, die aufgrund der formellen Regelsetzung entstanden sind. Bestechungszahlungen an Verwaltungsangestellte können in diesem Sinne unter Opportunitätskostenaspekten als eine Beschleunigung behördlicher Verfahren gesehen werden (LUI, 1985).

Das auf LEFF (1964) zurückgehende Argument, daß durch Korruption Kosten, die im Zuge falscher Regulierungen entstehen, vermieden werden können, wird von SHLEIFER/VISHNY (1994, 1012ff.) für das Beispiel Rußlands diskutiert. Sie vertreten die Auffassung, daß Korruption in Rußland teilweise ökonomisch effizient sei, und zwar über eine Beschleunigung von Verwaltungsakten und eine Vermeidung und Umgehung von Regulierungsentscheidungen. Damit werden im Prinzip die beiden im ersten Kapitel diskutierten Korruptionsfunktionen von ROSE-ACKERMANN (1999, 9-10) reflektiert, die sich auf eine verbesserte Markträumung von öffentlich bereitgestellten Gütern und auf eine Kostensenkung für Unternehmen beziehen.

Diese positiven Effizienzeffekte der Korruption stehen allerdings im Gegensatz zu den empirischen Befunden MAUROs (1995), der mittels einer internationalen Länderstudie einen negativen Zusammenhang zwischen Korruptionsniveau und Wirtschaftswachstum feststellte. Der Widerspruch ist für SHLEIFER/VISHNY (1994) allerdings nur ein scheinbarer, denn für sie existiert in Rußland eine Art von ökonomisch "guter" Korruption, die es Unternehmen erlaubt, Widerstände seitens der Politik und Bürokratie, die sich Einfluß auf beispielsweise betriebsnotwendige Infrastrukturdienstleistungen verschafft haben, zu überwinden.

Gegen eine informelle Regelsetzung bzw. die Umgehung offizieller Regeln über Bestechung und Korruption spricht allerdings, daß zum einen bei an der informellen Regelsetzung beteiligten Parteien ein Interesse an der Ausdehnung der informellen Regelsetzung auf andere von ihr beeinflußbare Bereiche besteht, die u.U. durch formelle Regelungen effizient, also ohne unnötige bürokratische Hindernisse, reguliert sind. Dies bietet sich insbesondere für Empfänger von Bestechungszahlungen an. Zum anderen können sich Nachahmungseffekte bei anderen Stellen ergeben, die sich in einer ähnlichen Position befinden (MYRDAL, 1968).

Es bestehen damit Zweifel an der Effizienz des oben erwähnten Bestechungswettbewerbs, da mitunter in der Realität Informationsasymmetrien zwischen den Wettbewerbern sowie unterschiedliche Ausgangsbedingungen den Bestechungswettbewerb in einer ineffizienten Art und Weise verzerren können. Dies gilt besonders für den Fall eines Transformationslandes und speziell für Rußland, da hierbei von oft extrem ungleichen Bedingungen angesichts von verbreitet monopolartigen Strukturen auf einzelnen Märkten ausgegangen werden muß. Zudem besitzen ehemalige sozialistische Großbetriebe im Sinne von planwirtschaftlichen Netzwerken in der Regel gute Verbindungen zu Verwaltungsorganen, die ihnen einen entscheidenden Vorteil im Bestechungswettbewerb gegenüber Newcomern auf dem betreffenden Markt verschaffen können. Somit kann man aus Effizienzgesichtspunkten eine superiore Stellung von informellen Regeln gegenüber for-

mellen Regeln bezweifeln, wenn auch unter bestimmten Bedingungen kurzfristig
eine Anwendung informeller Regelsysteme effizienzsteigernd sein kann. Mittel-
bis langfristig jedoch ist gerade im Falle Rußlands eine konsistente formelle Regelsetzung und auch -durchsetzung von besonderer Bedeutung, da letztlich – gerade angesichts des sich im Aufbau befindenden Demokratie- und Rechtsstaats –
(noch) kaum glaubwürdige Kontrollinstanzen existieren, die eine Ausbreitung der
informellen Regelsetzung dauerhaft unterbinden können.

Empirische Erkenntnisse über den Zusammenhang zwischen Institutionen und wirtschaftlichem Wachstum

In der neoklassischen Wachstumstheorie, deren Ansatz zu Beginn dieses Kapitels
dargestellt wurde, findet die Rolle von marktwirtschaftlichen Institutionen kaum
Eingang in die theoretische Analyse. BARRO (1997) merkt allerdings an, daß für
die Erklärung von Residuen bei der empirischen Überprüfung des neoklassischen
Wachstumsmodells ökonomische und politische Institutionen eine sehr große Bedeutung haben. Ein Grund für die Vernachlässigung der marktwirtschaftlichen Institutionen in der Wachstumsanalyse liegt in der mit erheblichen Meßproblemen
verbundenen, schwierigen Erfaßbarkeit der institutionellen Rahmenbedingungen
eines Landes. Eine Ausnahme in diesem Zusammenhang stellt der Beitrag von
OLSON/SARNA/SWAMY (1997) dar, die die Entwicklung des wirtschaftlichen
Wachstums eines Panels von 68 Ländern über die Periode 1960 bis 1987 zunächst
anhand von Variablen der neoklassischen bzw. Neuen Wachstumstheorie analysieren und die daraus resultierenden Residualgrößen bezüglich der Wachstumsraten über die Analyse institutioneller Variablen wie das Risiko von Enteignungen
oder die Qualität der Bürokratie der Länder zu erklären versuchen. Die Ergebnisse
sind insgesamt signifikant hinsichtlich der positiven Wirkung funktionsfähiger institutioneller Rahmenbedingungen.

Die erschwerte Meßbarkeit der institutionellen Entwicklung stellt Wachstums-
analysten vor das Problem, aussagekräftige Indikatoren für den Stand der institutionellen Entwicklung zu finden. Es existiert eine ganze Reihe von Versuchen, die
institutionelle Entwicklung bzw. bestimmte Teilaspekte davon zu erfassen. Neben
dem oben erwähnten Index der EBRD sei hier das Set von institutionellen Indikatoren erwähnt, das BRUNETTI/KISUNKO/WEDER (1997) für den World Development Report desselben Jahres zusammenstellten. ZINNES/EILAT/SACHS
(2001) konstruieren einen Indikator zur Messung der Wettbewerbsfähigkeit der
Transformationsländer im internationalen Standortwettbewerb. LA PORTA et al.
(1998) erstellen einen Index zur Messung der Qualität der gesetzlichen Rahmenbedingungen für die Kapitalmärkte eines Landes bzw. für den Schutz der Property
Rights beim Produktionsfaktor Kapital. PISTOR/RAISER/GELFER (2000) untersuchen auf der Grundlage dieses Indizes die Lage der Kapitalmärkte in den osteuropäischen Transformationsländern. Eine Übersicht zu weiteren Methoden der In-
dikatorkonstruktion liefern HAVRYLYSHYN/VAN ROODEN (2000) bzw. für
ältere Beiträge BRUNETTI (1997).

CHONG/CALDERON (2000) analysieren den Zusammenhang zwischen institutioneller Entwicklung und Armutsentwicklung für den Zeitraum 1960 bis 1990

auf Basis eines breit angelegten Länderpanels. Sie konstruieren dabei sowohl einen Index zur Bewertung der Qualität der öffentlichen Verwaltung wie auch zur Messung des Enteignungsrisikos (als Indikator für die Sicherheit der Property Rights). Die auf Basis des Zusammenhangs dieser Indizes und der Höhe sowie des Risikos von Armut geschätzten Ergebnisse liefern ein signifikant positives Resultat. Das bedeutet, daß je höher die Qualität der Verwaltung und je geringer das Risiko von Enteignungen liegt, desto geringer ist der Umfang von Armut in den einzelnen Ländern.

Empirische Untersuchungen zur Sicherheit von Property Rights und wirtschaftlicher Entwicklung konstatieren in der Regel eine positive Korrelation (GOLDSMITH, 1995; KEEFER/KNACK, 1995, 1997; TORSTENSSON, 1994). Die empirischen Analysen sind jedoch in zweierlei Hinsicht nicht zufriedenstellend: Zum einen bleibt das Problem des kausalen Zusammenhangs zwischen wirtschaftlichem Wachstum und der Sicherheit der Property Rights ungelöst – ähnlich der Kausalitätsproblematik beim Finanzsektor –, und zum anderen können die Analysen keine Angaben über den tatsächlichen Beitrag der institutionellen Rahmenbedingungen zur Sicherung der Property Rights und damit zum wirtschaftlichen Wachstum geben. Hier sind von seiten der Datenverfügbarkeit bzw. der Meßbarkeit und Vergleichbarkeit institutioneller Bedingungen Grenzen gesetzt.

Die besondere Bedeutung von funktionsfähigen und effizienten Kapitalmärkten für die wirtschaftliche Entwicklung wurde früher in diesem Kapitel schon betont. An dieser Stelle sei nun kurz auf die Beziehung von institutioneller Entwicklung und Kapitalmärkten hingewiesen. Hierbei gilt insbesondere der Schutz von externen Investoren – Eigenkapitalgebern, Minderheitsaktionären, Kreditgebern – vor Betrug bzw. Vorenthaltung ihres anteilsmäßig zustehenden Gewinns durch Unternehmensinsider als entscheidender Faktor bei der Entwicklung von transparenten und effizienten Kapitalmärkten. LA PORTA/LOPEZ-DE-SILANES/SHLEIFER/ VISHNY (1997, 1998, 1999) haben unter diesem Aspekt die Rechtssysteme und Rechtstraditionen verschiedener Länder untersucht. Die dabei ermittelten Unterschiede führen laut LA PORTA/LOPEZ-DE-SILANES/SHLEIFER/VISHNY (1999) zu verschieden starken rechtlichen Stellungen von externen Kapitalgebern gegenüber Unternehmensinsidern und damit auch zu Unterschieden bei den Möglichkeiten der Überwachung der Unternehmensführung.

Sie klassifizieren die verschiedenen Rechtssysteme nach ihren historischen Traditionen und geben insgesamt vier verschiedene Klassen von Rechtssystemen an – angelsächsische, französische, deutsche und skandinavische. Während angelsächsische Systeme ein ausgeprägtes Kontrollsystem des Unternehmensmanagements über externe Kapitalgeber auf dem Eigenkapitalmarkt verwirklichen, besitzt das deutsche und französische System die Eigenschaft, daß hier eine Form der Insiderkontrolle dominiert. D.h. daß die größten Anteilseigner oder Kapitalgeber generell gleichzeitig eng mit der Unternehmensführung über Stimmrechte im Aufsichtsrat verbunden sind. Dabei verwirklichen nach LA PORTA/LOPEZ-DE-SILANES/SHLEIFER/VISHNY (1999) angelsächsische Rechtssysteme den Schutz von externen Kapitalgebern am besten, während Rechtssysteme in französischer Tradition hier den geringsten Schutz bieten. Dementsprechend besitzen angelsächsische Länder in der Regel höher entwickelte Kapitalmärkte und eine bessere Überwachung der Unternehmensführung zusammen mit einer effizienteren Leitung des Unternehmens sowie einem besseren Schutz der Property Rights externer Kapitalgeber als französische oder auch Länder mit deutscher Rechtstradition; hierauf weisen auch MUELLER/YURTOGLU (2000) hin.

Schwache institutionelle Rahmenbedingungen können jedoch auch in anderer Form die wirtschaftliche Entwicklung bzw. den Erfolg von Unternehmen beeinflussen. Damit sind Schwächen des institutionellen Systems sowie seiner Durchsetzungskraft gemeint, die Wirtschaftssubjekten Spielraum für Rent Seeking-Aktivitäten geben. Die Ursachen für Korruption und Rent Seeking generell sind dabei vielfältiger Natur und oft auch mit länderspezifischen Charakteristika verknüpft. BROADMAN/RECANATINI (2000) haben die institutionelle Entwicklung in den Transformationsländern Osteuropas und deren Zusammenhang mit den dort auftretenden Rent Seeking-Aktivitäten untersucht. Sie stellen fest, daß solche Aktivitäten neben anderen Ursachen besonders von folgenden drei Faktoren abhängen:

- die Höhe der Markteintrittsschranken für neue Unternehmen,
- die Durchsetzungskraft der gesetzlichen Regeln
- sowie die Qualität der Dienstleistungen bei Monopolen im Bereich der Infrastruktur.

Rent Seeking wirkt sich dadurch negativ auf die wirtschaftliche Entwicklung und hierbei insbesondere auf das Wachstum aus, daß es die Innovationsaktivität innerhalb des betroffenen Landes hemmt. MURPHY/SHLEIFER/VISHNY (1993) führen diesen Zusammenhang auf mehrere Gründe zurück, z.B.: Innovatoren können in der Regel auf keine etablierte Lobby zurückgreifen. Darüber hinaus sind innovative Projekte üblicherweise risikoreich und langfristiger Natur. Damit wirken sich Geschäftsrisiken, die aus institutionellen Unsicherheiten entstehen, in besonderer Weise negativ auf die Entscheidung über die Durchführung innovativer Projekte aus. Da zudem innovative im Vergleich zu etablierten Unternehmen in Transformationsländern aufgrund fehlender Risikokapitalmärkte meist geringere Kapitalbeschaffungsmöglichkeiten besitzen, sind letztere im Wettbewerb um die Gunst der korrupten Bürokratie unterlegen, was dazu führt, daß in einem stark von Korruption bzw. Rent Seeking geprägten Umfeld die Innovationsrenditen sinken und daher produktivitätssteigernde Innovationen unterbleiben.

Institutioneller Wandel im Transformationsprozeß

Die Bedeutung des institutionellen Wandels ist schon frühzeitig als einer der wesentlichen Erfolgsfaktoren für das Gelingen der Systemtransformation herausgestellt worden (WELFENS, 1992; MURRELL, 1992), wobei grundsätzlich das Problem der Glaubwürdigkeit der Reformen einerseits und die Reduzierung der Unsicherheit über den zukünftigen Reformverlauf andererseits eine zentrale Rolle spielen (BRUNETTI/KISUNKO/WEDER, 1998; AIZENMAN/MARION, 1993). Im Zuge der Krise des Transformationsprozesses vor allem in den Ländern der ehemaligen Sowjetunion, allen voran Rußland, ist die Bedeutung der Schaffung und Durchsetzung marktwirtschaftlicher Institutionen verstärkt betont worden

(EBRD, 1999; IWF, 2000; OECD, 2000; KNAACK, 1996; HAVRYLYSHYN/ VAN ROODEN, 2000; DEWATRIPONT/ROLAND, 1996). Von besonderer Bedeutung für die wirtschaftliche Entwicklung ist die Dauer bzw. die Reichweite des "institutionellen Interregnums" im Transformationsprozeß, der Periode ohne etablierte ökonomische Ordnung (BROCKMEIER, 1998a).

Ohne allgemein akzeptierte institutionelle Rahmenbedingungen steigen die Kosten von marktmäßigen Transaktionen an, da die hierfür notwendigen Richtlinien – die marktwirtschaftlichen Spielregeln – nun von den jeweiligen Transaktionspartnern von Fall zu Fall selbst festgelegt werden müssen. Darüber hinaus wird die Durchsetzung der Regeln nicht von einer dritten Partei, in der Regel staatlichen Stellen, übernommen. Folglich ergeben sich für Regelverletzer keine Sanktionen, solange der Geschädigte nicht selbst entsprechende Maßnahmen ergreift.

Der Aufbau einer funktionsfähigen institutionellen Ordnung ist sehr zeitintensiv. Zudem stellt sich ein Interdependenzproblem zwischen der institutionellen Ordnung und dem Aufbau der Märkte zur Güter- und Ressourcenallokation. Die institutionelle Ordnung ist von der Schaffung von Märkten nicht zu trennen (BROCKMEIER, 1998a). Das Problem des Wandels der wirtschaftlichen Ordnung stellt die wirtschaftspolitischen Entscheidungsträger vor die Aufgabe der Umsetzung verschiedenster Reformmaßnahmen, die in der Regel zueinander komplementär sind. Das heißt, daß weitreichende Reformmaßnahmen in einem einzelnen Politikbereich ohne die gleichzeitige oder zumindest teilweise und zeitnahe Implementierung komplementärer Reformmaßnahmen in anderen Bereichen nicht zum gewünschten Erfolg der Reformstrategie insgesamt führen werden.

Die Komplementarität der einzelnen Reformmaßnahmen als Bestandteil einer zusammenhängenden marktwirtschaftlichen Ordnung führt zu der Frage nach der optimalen Reformstrategie und dabei zu der Problematik einerseits der Sequenz der Reformschritte und andererseits der Geschwindigkeit ihrer Umsetzung. Dies ist insbesondere zu Beginn der 90er Jahre intensiv diskutiert worden (LIPTON/SACHS, 1990; FISCHER/GELB, 1991; FUNKE, 1993; WELFENS, 1992; AHRENS, 1994; AUKUTSIONEK, 1995). Es bietet sich im Interesse der möglichst raschen Umsetzung einer konsistenten marktwirtschaftlichen Ordnung eine Art Big Bang-Ansatz an, der im Hinblick auf das Timing der Reformen eine schnelle und möglichst vollständige Umsetzung der einzelnen Ordnungselemente vorsieht (GROS/STEINHERR, 1995; BALCEROWICZ, 1997). Dem gegenüber steht ein gradualistischer Reformansatz, der vor allem im Hinblick auf mögliche Reformwiderstände und soziale Probleme im Rahmen hoher Arbeitslosenquoten eine eher langsame Liberalisierung der wirtschaftlichen Aktivitäten und eine vorsichtige außenwirtschaftliche Öffnung vorschlägt (AGHION/BLANCHARD, 1994; MCKINNON, 1993). Die Implementierung der Reformen erfolgt dabei in mehreren kleineren Schritten, die im Idealfall aufeinander abgestimmt und im Hinblick auf eine längerfristige Strategie seitens der wirtschaftspolitischen Entscheidungsträger angekündigt werden (Abb. 16).

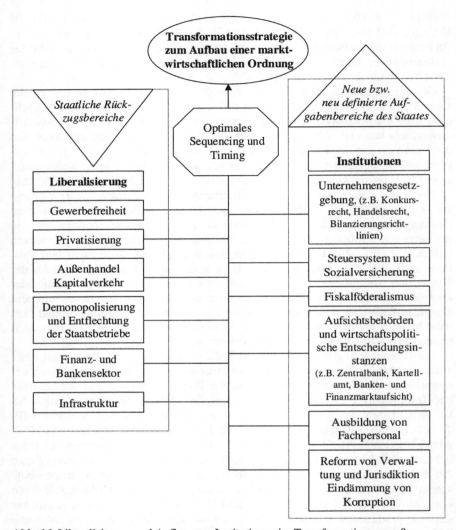

Abb. 16. Liberalisierung und Aufbau von Institutionen im Transformationsprozeß

Für beide Ansätze lassen sich angesichts der Wechselwirkung der Reformprozesse auf politischer und ökonomischer Ebene unterstützende Argumente finden. So wird in der Regel als Argument für die rasche Umsetzung der Reformen insbesondere die daraus folgende Unumkehrbarkeit der Reformmaßnahmen angeführt (BOYCKO/SHLEIFER/VISHNY, 1995). Es sind jedoch auch national unterschiedlich starke Reformwiderstände zu überwinden bzw. Anpassungsprozesse zu vollziehen, die eine abgestufte und gradualistische Reformstrategie notwendig erscheinen lassen (ROLAND, 1994). Auch aus ökonomischer Sicht bieten sich für bestimmte Reformbereiche gradualistische Strategien an, so beispielsweise für die außenwirtschaftliche Liberalisierung (insbesondere Kapitalverkehr und Wechsel-kurssystem) sowie für die Liberalisierung des Banken- und Finanzsektors (MCKINNON, 1993).

Man kann im Rahmen einer Übersicht der einzelnen Elemente einer marktwirt-schaftlichen Transformationsstrategie eine Einteilung in einerseits Elemente der Liberalisierung wirtschaftlicher Aktivitäten vornehmen (Abb. 16). Dies betrifft im wesentlichen die Abschaffung der staatlichen Kontrolle im Bereich der Preisset-zung, der Außenwirtschaft, aber auch bezüglich des Eigentums an Produktions-mitteln, also die Privatisierung der staatseigenen Betriebe sowie die Schaffung ei-nes effizienten privaten Banken- und Finanzsektors. Andererseits sind Reformbe-reiche zu nennen, die aus positiver Sicht eine neue oder neu definierte Rolle des Staates erfordern. Dies betrifft die Anpassung des rechtlichen Rahmens, der Un-ternehmens-, Steuer- und Sozialgesetzgebung, zudem die Reform von Verwaltung und Jurisdiktion. Nicht zuletzt sei hierbei auf die sich wandelnde Funktion wirt-schaftspolitischer Entscheidungsträger (z.B. Branchenministerien und Zentral-bank) verwiesen. Für ein großes Land wie Rußland nimmt die Reform des Fiskal-föderalismus einen besonderen Stellenwert ein. Mit der Einteilung in Liberalisie-rungselemente einerseits und institutionelle Elemente andererseits lassen sich ent-sprechend Abb. 16 Bereiche definieren, die zum einen einen zurückgehenden staatlichen Einfluß bei einem spürbaren Reformfortschritt registrieren (Bereich der Liberalisierung), und die zum anderen einen neuen oder neu definierten Einfluß des Staates aufweisen sollten (Bereich der marktwirtschaftlichen Institutionen).

Für Rußland stellt sich zu Beginn des 21. Jahrhunderts das Problem, daß das Land in der zurückliegenden Transformationsdekade zwar in einzelnen Bereichen der Liberalisierung, namentlich bei der Privatisierung, große Fortschritte erzielt hat. Dem stehen jedoch zahlreiche Bereiche auf beiden Seiten der Übersicht ge-genüber, die einen deutlichen Rückstand Rußlands gegenüber anderen Transfor-mationsländern offenbaren. Von besonderer Relevanz sind dabei die Defizite im institutionellen Bereich, die die Fortschritte bei anderen Ordnungselementen ent-werten. Ohne ein funktionsfähiges und durchsetzbares Regelwerk, das die unter-nehmerischen Property Rights sichert, ist ein Ausbau privatwirtschaftlicher Akti-vitäten – zumindest im Bereich der offiziellen Wirtschaft – nur begrenzt möglich. Daher laufen liberalisierende Ordnungselemente, die den Ausbau des privaten Sektors ermöglichen sollen, quasi ins Leere.

Bei einer Gesamtbetrachtung der Erfahrungen der Transformationsländer Mit-tel- und Osteuropas sowie der Staaten der ehemaligen Sowjetunion im Re-formprozeß lassen sich weitere Schlußfolgerungen für die Wahl der richtigen Re-formstrategie und für die Bedeutung der institutionellen Entwicklung ziehen. Es liegt eine Reihe von Untersuchungen vor, die das wirtschaftliche Wachstum und den ökonomischen Aufholprozeß der Transformationsländer eng mit dem Reform-fortschritt verbinden. DE MELO/DENIZER/GELB (1996), FISCHER/SAHAY/ VEGH (1996b), BERG/BORENZSTEIN/SAHAY/ZETTELMEYER (1999) und HAVRYLYSHYN/VAN ROODEN (2000) sind hier zu nennen. Insgesamt be-trachten die einzelnen Analysen – mit verschiedenen Schwerpunkten – vier ver-schiedene Gruppen von transformationsbedingten Einflußfaktoren auf die wirt-schaftliche Entwicklung:

- Rolle der Ausgangsbedingungen (z.B. Regierungswechsel zu Beginn, Unabhängigkeit des Landes),
- Liberalisierungsfortschritt,
- Aufbau marktwirtschaftlicher Institutionen,
- Rolle makroökonomischer Politik.

Während die ersten Analysen (DE MELO/DENIZER/GELB, 1996; FISCHER/ SAHAY/VEGH, 1996b) vor allem auf die Bedeutung des Liberalisierungsfortschritts und der Stabilität der makroökonomischen Entwicklung hinweisen – Länder mit verzögerter Liberalisierung weisen einen länger anhaltenden Abschwung auf – gehen HAVRYLYSHYN/VAN ROODEN (2000) speziell auf die Bedeutung des Aufbaus marktwirtschaftlicher Institutionen ein. Auf Basis verschiedener Indizes zur Bewertung der institutionellen Entwicklung der Transformationsländer (Daten der EBRD, Weltbank, Freedom House, Euromoney, Heritage Foundation) schätzen sie den Einfluß der Qualität marktwirtschaftlicher Institutionen auf die wirtschaftliche Entwicklung. Im Rahmen verschiedener linearer Regressionsanalysen stellen sie zwar einen signifikant positiven Zusammenhang fest, jedoch ist der Einfluß der institutionellen Entwicklung zumindest auf Basis dieser Untersuchung als geringer einzustufen als beispielsweise der Einfluß der makroökonomischen Politik (gemessen an der Höhe der Inflationsrate). HAVRYLYSHYN/VAN ROODEN (2000) geben allerdings zu bedenken, daß die institutionelle Entwicklung selbst mittels der von ihnen benutzten Daten nur unzureichend erfaßt werden kann, da diese überwiegend auf Expertenbefragungen beruhen, welche stets subjektiven Einschätzungen unterliegen und damit die Gefahr von Autokorrelationen in sich bergen (gute wirtschaftliche Entwicklung wird mit qualitativ hochwertigen marktwirtschaftlichen Institutionen assoziiert).

Staat und institutionelle Entwicklung – zum Konflikt zwischen gewachsener und gesetzter Ordnung

Bezüglich der Frage nach der Art und Weise des Aufbaus des Systems marktwirtschaftlicher Institutionen – und insbesondere der Rolle des Staates hierbei – weist HENDLEY (1997) auf einen Konflikt zweier Denkrichtungen hin. Damit ist der Konflikt zwischen der Forderung nach einer gewachsenen bzw. spontanen Ordnung (VON HAYEK) und der nach einer gesetzten Ordnung (EUCKEN) gemeint. VON HAYEK (1980) lehnt insbesondere unter dem Hinweis auf die Komplexität und Vielfalt der einzelnen konkreten Tatsachen eine a priori staatlicherseits festgelegte Ordnung prinzipiell ab. Dies geschieht vor dem Hintergrund der Erkenntnis, "daß die grundlegende Ordnung der Großen Gesellschaft nicht vollständig auf einem Entwurf beruhen und daher auch nicht auf bestimmte vorhersehbare Ereignisse abzielen kann" (VON HAYEK, 1980, 18-19). Ein den Erfordernissen der komplexen Beziehungen der einzelnen Wirtschaftssubjekte Rechnung tragendes institutionelles System kann also nicht mittels staatlich festgelegten Anordnungen oktroyiert werden, sondern muß – unter Beibehaltung möglichst umfangreicher regelgestalterischer Freiheitsgrade der Individuen – sich aus den vorhandenen institutionellen Traditionen entwickeln, muß aus ihnen heraus "wachsen". Nur so

kann die Komplexität der ökonomischen Vorgänge ein passendes Abbild im institutionellen System eines Landes finden. VON HAYEK gibt damit dem Individuum ein Maximum an Einfluß auf die Gestaltung des Systems der marktwirtschaftlichen Institutionen, wobei das Individuum lediglich durch die vorhandenen
Traditionen und – wichtiger noch – durch den marktwirtschaftlichen Wettbewerb
der Individuen untereinander beschränkt ist.

EUCKEN begegnet dieser Sichtweise mit einer skeptischen Haltung hinsicht-
lich der evolutorischen Ordnungstheorie sowie der allgemeinen Wirksamkeit des
Wettbewerbsprozesses bzw. seiner Wirkung als Disziplinierungsinstanz der politi-
schen und ökonomischen Freiheiten, die VON HAYEK den Individuen zugesteht.
Er sieht den Freiheitsbegriff aufgrund historischer Erfahrungen in ambivalenter
Weise und gibt zu bedenken, daß ökonomische wie politische Freiheiten angesichts von zu weitreichender Macht zu Mißbrauch und zu Einschränkungen der
Freiheiten von anderen Individuen führen können: "Der Geist der Freiheit hat die
Industrialisierung schaffen helfen – und diese Industrialisierung ist zu einer
schweren Bedrohung der Freiheit geworden." Weiter unten heißt es: "Die Freiheit
des Menschen wird neuerdings noch von einer anderen Seite bedroht, nämlich
dann, wenn sich die wirtschaftliche Konzentration mit der Umbildung des Staates
vereinigt. (...) Wirtschaftliche Macht verbindet sich heute in vielen Ländern mit
öffentlicher Gewalt" (EUCKEN, 1952/1990, 175 u. 177).

EUCKEN konstatiert folgendes Problem mit Blick auf die wirtschaftliche und
politische Freiheit von Individuen: Zwar sind einerseits solche Freiheiten für eine
optimale Entfaltung der Entwicklungspotentiale der Individuen unabdingbar, andererseits führen zu weitgehende Freiheiten zum Aufbau wirtschaftlicher und politischer Machtzentren, die wiederum die Freiheiten anderer Individuen in teilweise
drastischer Weise einschränken. Um dies zu verhindern, schlägt EUCKEN die
Schaffung eines institutionellen Rahmens für den Wettbewerbsprozeß vor, der
wirtschaftliche und politische Macht begrenzen und ihre mißbräuchliche Nutzung
verhindern soll. Diese Aufgabe kommt bei EUCKEN den staatlichen Instanzen zu,
die eine Wettbewerbsordnung in diesem Sinne in Kraft setzen und schützen sollen.

Die Frage nach der Art und Weise des Aufbaus des institutionellen Systems ist,
wie schon betont wurde, gerade im Transformationsprozeß eng mit der wirtschaftlichen Entwicklung verbunden; und die Antwort auf die Frage nach der Lösung
des Konfliktes zwischen VON HAYEK und EUCKEN stellt sich hierbei mit besonderer Dringlichkeit. Als Beispiel ist hier der Verlauf der Privatisierung der
Staatsunternehmen in Rußland zu sehen, die zu großen Teilen vorangetrieben
wurde, obwohl den politischen Entscheidungsträgern zu diesem Zeitpunkt klar
war, daß ein funktionsfähiges institutionelles Umfeld für private Unternehmen allenfalls rudimentär existierte. Die Eile bei der Privatisierung, so das Standardar-
gument, war einerseits aufgrund politischer Erwägungen geboten (BOYCKO/
SHLEIFER, 1995), andererseits konnten die politischen Entscheider oft nur Regelungen schaffen, die die im Zuge der ersten Reformen unter Präsident Gorbachev
entstandenen Fakten in den Betrieben anerkannten, nämlich die informelle Übertragung großer Teile von Unternehmensbestandteilen an Unternehmensinsider.
Die institutionelle Ordnung würde dabei gemäß der Interpretation der VON HA-
YEKschen Entwicklungstheorie aufgrund der Nachfrage nach institutionellen Re-

gelungen der neuen privatisierten Unternehmen entstehen. Der Gesetzgeber müßte diese lediglich in Gesetzesform bringen, so eine vereinfachte Version des sogenannten "Development"-Arguments, das insbesondere auf seiten der westlichen Ratgeber eine Rolle spielte (WELTBANK, 1996b; BOYCKO/SHLEIFER/VISHNY, 1995). Die derzeitige Situation in Rußland, in der starke wirtschaftliche und ökonomische Machtkonzentrationen in einer Form entstanden sind, die massiv die Freiheiten anderer Individuen einschränken, läßt allerdings darauf schließen, daß der Versuch, eine institutionelle Ordnung innerhalb weniger Jahre quasi "von unten" – ausgehend von privaten Unternehmen – zu schaffen, weitgehend gescheitert ist.

Rußland hat unter dem Gesichtspunkt der institutionellen Entwicklung gegenüber den mittel- und osteuropäischen Staaten, die schon frühzeitig eine Perspektive für einen Beitritt zur Europäischen Union bekamen, einen bedeutenden Nachteil. Denn dem Land fehlt eine ähnliche Zielsetzung hinsichtlich des institutionellen Reformprozesses, wie sie die Beitrittskandidaten in Form des Acquis Communautaire besitzen (SUTELA, 2001). Eine solche institutionelle Zielnorm, die mit einem in der Bevölkerung weitgehend anerkannten politischen Ziel verbunden ist, ist für Reformbemühungen insgesamt von großer Bedeutung. Dadurch entsteht ein hinreichend großer Druck gegen Reformwiderstände z.B. in den Bereichen der Verwaltung oder gegenüber Widerständen seitens ehemals sozialistischer Großbetriebe. Zudem beschränken externe Regeln die möglichen Aktionsbereiche von politischen Entscheidungsträgern und verringern damit auch deren Möglichkeiten für Rent Seeking; sie senken also die Quasi-Renten der Politiker und binden diese an die Einhaltung demokratisch-marktwirtschaftlicher Regeln.

Die sich hinziehenden Verhandlungen für Rußlands Beitritt zur WTO, welcher ebenfalls an die Umsetzung einer Reihe von Reformmaßnahmen in vielen für Rußland speziell sensiblen Bereichen gebunden ist, zeigt allerdings beispielhaft, wie schwer in Rußland die Umsetzung "externer" Normen fallen. Lange Übergangsfristen für einzelne Regelungen sind dabei eher unwahrscheinlich, da Rußland für eine Mitgliedschaft in der WTO die Zustimmung aller aktuellen Mitgliedsländer benötigt. Insofern relativiert sich zwar einerseits das Argument des externen institutionellen Drucks, andererseits gibt es in den Beitrittsländern ebenfalls enorme Widerstände gegen Reformen im Vorfeld der Osterweiterung der Europäischen Union.

3.4 Wachstumsanalyse und Systemtransformation: Strategische Aspekte

Rußland benötigt einen langfristigen und nachhaltigen wirtschaftlichen Aufholprozeß, um sich im Hinblick auf das Pro-Kopf-Einkommen Westeuropa deutlich annähern zu können. Einflußfaktoren, die aus ökonomischer Sicht eine solche Entwicklung befördern, aber auch behindern können, sind daher für die Rolle Rußlands als Wirtschaftsmacht von grundlegender Bedeutung. Wichtige ökonomische Wachstumsaspekte wurden in den vergangenen Abschnitten dieses Kapitels dargestellt und im Hinblick auf die russische Lage im allgemeinen und auf die Lage als Land im Übergangsprozeß zur Marktwirtschaft im besonderen analysiert. Dabei haben die Ausführungen gezeigt, daß es einige positive Entwicklungstendenzen gibt, die dafür sprechen, daß marktwirtschaftliche Anpassungsmechanismen zu wirken beginnen – etwa im Bereich der Ausbildung bzw. der Investition in Humankapital mit sich verstärkenden Einkommensdifferenzen zwischen Hoch- und Geringqualifizierten.

Der wirtschaftliche Aufschwung der Jahre 1999 bis 2002 gibt Anlaß zur Hoffnung, daß der wirtschaftliche Niedergang nach dem Ende der Sowjetunion endgültig vorüber sei. Dies ist wohl kaum von der Hand zu weisen, jedoch ergeben sich für die Wachstumsperspektiven Rußlands einige bedeutende Restriktionen. Der Aufschwung zeigt sich auf der Angebotsseite vor allem durch eine gestiegene Kapazitätsauslastung. Ein Ausbau und eine Modernisierung der vorhandenen Produktionskapazitäten, die für einen langfristigen Wachstumsprozeß notwendig sind, sind nur bedingt und nur in bestimmten Sektoren der Industrie, vor allem der Rohstoffindustrie, zu beobachten. Eine Restrukturierung, die sich beispielsweise an einer deutlich und dauerhaft erhöhten Investitionsquote oder an einer erkennbar steigenden Bedeutung kleiner und mittlerer Unternehmen in Rußland festmachen ließe, kann bislang nicht oder nur in Ansätzen festgestellt werden. Zwar sind die Investitionen im Zuge des Aufschwungs prozentual stark gewachsen, sie konzentrieren sich jedoch wesentlich im Bereich der Rohstoffindustrien, vor allem in der Öl- und Gasförderung sowie im Transport dieser Rohstoffe (OECD, 2002).

In diesem Kapitel sind neben grundsätzlichen theoretischen Erörterungen im Rahmen des neoklassischen Wachstumsmodells für insgesamt vier einzelne Bereiche Betrachtungen im Hinblick auf ihre theoretische und empirische Relevanz für die wirtschaftliche Entwicklung – unter Bezugnahme auf die Lage Rußlands – angestellt worden. Dies sind der Finanzsektor (1), das Humankapital und die Bildung von Humankapital (2), Handel und Direktinvestitionen – die Eingliederung in die Weltwirtschaft und die Öffnung eines Landes – (3) sowie die marktwirtschaftliche Ordnung bzw. die institutionelle Entwicklung im Verlauf der ökonomischen Systemtransformation (4). Diese Faktoren beeinflussen direkt oder indirekt die Höhe der Investitionen und dadurch die Modernisierung des Kapitalstocks, den Fortschritt bei der Restrukturierung der Unternehmen, die Attraktivität Rußlands als Unternehmensstandort und damit insgesamt das zukünftige Produktions- und Wachstumspotential des Landes.

Können aus den Betrachtungen der einzelnen Wachstumsfaktoren Prioritäten für eine wachstumspolitische Reformstrategie abgeleitet werden? Sicherlich haben die einzelnen Abschnitte gezeigt, daß Rußland beispielsweise im Bereich des Finanzsektors einen großen Reformbedarf aufweist und schon zu Beginn des 21. Jahrhunderts durch den rückständigen Finanzsektor Wachstumschancen vergibt. Gleiches gilt prinzipiell auch für den Bildungsbereich, die weltwirtschaftliche Integration des Landes sowie den Aufbau marktwirtschaftlicher Institutionen. Ebenso wurde aber auch deutlich, daß Verbindungslinien zwischen den einzelnen Bereichen beachtet werden müssen. Für eine wachstumsorientierte Reformstrategie ist es wichtig, solche Verbindungslinien und zueinander komplementäre Reformziele zu identifizieren.

Besonders deutlich wurden die komplementären Beziehungen zwischen einzelnen Bereichen am Beispiel der außenwirtschaftlichen Öffnung Rußlands und der Integration des Landes in die Weltwirtschaft. Hier ergeben sich Wechselwirkungen zwischen der außenwirtschaftlichen Integration und binnenwirtschaftlichen Reformen bzw. Anforderungen an die Standortfaktoren Rußlands. Ein Land kann von einer zunehmenden außenwirtschaftlichen Öffnung durch steigende Handelsvolumina und Direktinvestitionszuflüsse profitieren, sofern es allerdings die binnenwirtschaftlichen Voraussetzungen für einen integrierten Gesamtmarkt, für günstige Standortbedingungen von Unternehmen und für einen international wettbewerbsfähigen Unternehmenssektor schafft. Umgekehrt wird es zu einer umfassenden Integration nur dann kommen, wenn diese binnenwirtschaftlichen Voraussetzungen verwirklicht sind. Zu diesen Standortfaktoren, die einerseits zur Anziehung von Direktinvestitionen insbesondere im Technologiebereich beitragen und andererseits Aufnahme- und Weiterentwicklungsfähigkeiten von technischem Wissen in einem Land verbessern, gehört ein leistungsfähiger und den marktwirtschaftlichen Erfordernissen angepaßter Bildungssektor. Darüber hinaus zählt der Finanzsektor ebenso zu diesen Standortfaktoren wie die Entwicklung marktwirtschaftlicher Institutionen in Rußland.

Hohe Einkommensungleichheit und wirtschaftliche Entwicklung

Für Rußland stellt sich angesichts der sehr stark angestiegenen Ungleichheit bei der Einkommensverteilung die Frage nach ihren ökonomischen Implikationen. Die Einkommensverteilung ist zwar kein "Wachstumsfaktor" an sich, jedoch muß unter dem Gesichtspunkt einer rasch angestiegenen ungleichen Einkommensverteilung und Verarmung breiter Bevölkerungsschichten bei geringer öffentlicher Unterstützung diese Frage aufgeworfen werden. Im zweiten Kapitel wurde die gestiegene Ungleichheit anhand ausgewählter Sozialindikatoren verdeutlicht (Tab. 10 und Tab. 11). Im Hinblick auf den Zusammenhang zwischen Einkommensverteilung und Wachstum stellen sich genau genommen zwei Fragen aus Sicht eines Transformationslandes wie Rußland: erstens, ob eine steigende Ungleichverteilung der Einkommen eine vorübergehende Erscheinung während des wirtschaftlichen Aufholprozesses darstellt und zweitens, ob das Ausmaß der Ungleichverteilung der Einkommen das Wirtschaftswachstum beeinflußt.

Die erste Frage kann nicht eindeutig beantwortet werden. KUZNETS (1955) hat anhand einer theoretischen Analyse gezeigt, daß im Verlauf der wirtschaftlichen Entwicklung eines Landes die Einkommensverteilung einen U-förmigen Verlauf nimmt, d.h. daß zu Beginn die Ungleichverteilung ansteigt, um in späteren Perioden der Entwicklung wieder zurückzugehen. DEININGER/SQUIRE (1996, 1997) finden jedoch mittels neuerer empirischen Daten keinen Beleg für diese These. Hohes wirtschaftliches Wachstum muß demzufolge nicht notwendigerweise zu einer verschärften Ungleichverteilung der Einkommen führen. Es ist auch Aufgabe der Politik, für eine angemessene Verteilung der Einkommen zu sorgen, allerdings ohne dabei Leistungsanreize zu sehr zu beschneiden. Der Verteilung der Einkommen ist speziell in einem Land wie Rußland mit großen natürlichen Rohstoffvorkommen und einer starken regionalen Ungleichverteilung dieser Vorkommen von großer Bedeutung. Dies stellt besondere Anforderungen an das System des fiskalischen Föderalismus.

Die Antwort auf die zweite Frage nach den Folgen einer verschärften Ungleichverteilung der Einkommen auf das Wachstum ist ebenfalls nicht eindeutig. KALDOR (1957) hat schon darauf hingewiesen, daß eine steigende Ungleichverteilung der Einkommen, die insbesondere Kapitaleinkommen begünstigt und damit zu einem Anstieg der Spar- bzw. Investitionsquote führt, aus theoretischer Sicht zu einem höheren Wachstum beiträgt. Dies kann jedoch, zumal angesichts der Lage im russischen Finanzsektor und der anhaltend hohen Kapitalflucht, als eher irrelevant für die aktuelle russische Situation betrachtet werden.

DEININGER/SQUIRE (1997) geben zu bedenken, daß eine ungleiche Vermögensverteilung sich wesentlich stärker wachstumshemmend auswirken kann als eine ungleiche Einkommensverteilung. Sie begründen dies mit dem Argument, daß Vermögenswerte für die zukünftige Einkommenserzielung wichtig sind: Vorhandene Vermögenswerte können als Sicherheiten für Investitionen – sowohl in Sach- wie auch in Humankapital – verwendet werden. Personen ohne Vermögenswerte haben es entsprechend schwieriger, Investitionen zu finanzieren, die zu einer Steigerung des Einkommens in der Zukunft und damit auch zu einer Nivellierung von anfänglichen Einkommensdivergenzen beitragen.

Angesichts des Verlaufs der Privatisierung in Rußland, die zwar einerseits einen Teil der Industrie über die Voucher-Methode an die Bevölkerung verschenkte, andererseits aber durch den tatsächlichen Verlauf eine relativ ungleiche Vermögensverteilung geschaffen hat, ist damit auf eine Eintrübung der Wachstumsaussichten Rußlands zu schließen. Allerdings sollte nicht daraus der Schluß gezogen werden, die vorhandene Vermögensverteilung quasi per Dekret oder über eine erneute Verstaatlichung von Unternehmen wieder zu verändern. Vielmehr liegt es an der Wirtschaftspolitik, die ungleiche Chancenverteilung durch angemessene Maßnahmen zur Unterstützung von Bildungs- und Sachkapitalinvestitionen in ärmeren Schichten der Bevölkerung zu beeinflussen. Hier kommt der Bodenreform, mit der Vermögenswerte insbesondere in ländlichen Gebieten Rußlands geschaffen werden könnten, eine besondere Bedeutung zu.

Weitere Aspekte, die mit Blick auf die Einkommensverteilung die negativen Folgen für das Wirtschaftswachstum unterstützen, sind folgende:

• Die steigende Ungleichverteilung führt möglicherweise dazu, daß – bei gleichzeitig nachlassender Qualität der öffentlichen Bildungseinrichtungen und einer steigenden Bedeutung privat finanzierter Bildungseinrichtungen – die Verteilung des Humankapitals in der Gesellschaft nicht nur ungleicher wird, sondern auch das Humankapitalniveau insgesamt sinkt. Für Rußland könnte dies eine dünne, gut ausgebildete Oberschicht bedeuten, die einer wenig bzw. schlecht ausgebildeten breiten Bevölkerungsmehrheit gegenübersteht. Aus einer theoretischen Betrachtung heraus, die eine solche Differenzierung des Humankapitals berücksichtigt, ergibt sich unter bestimmten Annahmen ein negativer Einfluß auf das Wachstum insgesamt (FAN/OVERLAND/SPAGAT, 1999; WELFENS/WIEGERT, 2002a).

- Politische Instabilitäten, die aus Unzufriedenheit über die ungleiche Einkommensentwicklung entstehen, führen in der Regel zu sinkenden Investitionen bzw. einer geringeren Wirtschaftsleistung insgesamt (AGHION/CAROLI/ GARCIA-PENALOSA, 1999).
- Insbesondere in ehemals sozialistischen Ländern kann der Druck auf die Regierung wachsen, die ungleiche Einkommensverteilung durch verstärkte Umverteilungsmaßnahmen auszugleichen. Zwar haben MO (2000) und PERSSON/TABELLINI (1994) in einer empirischen bzw. theoretischen Analyse darauf hingewiesen, daß verstärkte Umverteilungsmaßnahmen durch eine Reduzierung der Investitions- und Leistungsanreize das Wachstum schwächen, jedoch ist eine moderate Umverteilungspolitik gerade im Falle Rußlands zu befürworten, da sonst ein Ausgleich der sehr ungleichen Einkommens- und Vermögensverteilung schwer möglich erscheint. DEININGER/SQUIRE (1997) lehnen Umverteilungspolitiken ebenfalls nicht grundsätzlich ab, sind aber der Meinung, daß Investitions- und Leistungsanreize so weit wie möglich davon unberührt bleiben sollten. Würde es gelingen, die Rahmenbedingungen für Investitionen in Rußland insgesamt zu verbessern, wäre sicherlich eine moderate Umverteilungspolitik über beispielsweise die Anhebung des ohnehin geringen Einkommensteuersatzes von 13% bedenkenswert. Auch die Einführung differenzierter Steuersätze ist längerfristig erwägenswert.

Es gilt zu beachten, daß der Verteilungskampf insgesamt umso schärfer ausgetragen wird, je schlechter sich die ökonomische Lage eines Landes darstellt. Es ist daher kaum zu erwarten, daß in Rußland kurzfristig über eine stärkere Umverteilungspolitik der Einkommen Erfolge erzielt werden können, ohne dabei das wirtschaftliche Wachstum zu gefährden. Allerdings bleibt der russischen Politik damit die Aufgabe, mittel- bis langfristig dadurch für eine stärkere Gleichverteilung der Einkommen zu sorgen, indem sie kurzfristig die Chancen zur Einkommenserzielung der ärmeren Teile der Bevölkerung verbessert. Dies führt zurück zur Reform des Bildungssektors, die dafür sorgen muß, daß sich die ungleiche Einkommensverteilung nicht langfristig in einem extremen Bildungs- und Qualifikationsgefälle widerspiegelt.

Die Forderung nach einer verbesserten Chancenverteilung führt aber auch zurück zum Finanzsektor. Ein instabiler und ineffizienter Finanzsektor erschwert den Aufbau von Vermögenswerten gerade im Bereich der unteren und mittleren Einkommensschichten der Gesellschaft, denn sie haben in der Regel nicht – wie relativ reiche Haushalte bzw. Individuen – Zugang zu ausländischen Banken und Finanzzentren. Eine weitreichende Reform des Finanzsektors, die einerseits zu einer stabilen Entwicklung und andererseits zu verbesserten Finanzanlagemöglichkeiten führen würde, könnte also indirekt zu einer besseren Vermögens- und damit Chancenverteilung beitragen.

Offene Fragen zum Zusammenhang von Transformationskrise und Wachstum

Die ökonomische Wachstumsanalyse hat ökonomische Defizite und Problembereiche Rußlands aufgezeigt. Dennoch bleiben einige zentrale Fragen, die in der Einleitung aufgeworfen wurden, ungeklärt: Worin genau liegen die Gründe für die Investitionszurückhaltung in Rußland, für den ineffizienten Finanzsektor und für das Nebeneinander eines hohen Investitionsbedarfs auf der einen Seite und hoher Kapitalflucht bzw. geringen Direktinvestitionen auf der anderen Seite? Einige Vermutungen wurden in den vorangegangenen Abschnitten zwar angestellt und Hypothesen vorgetragen – mit Blick auf die Bedeutung von Institutionen oder auf die theoretische Ableitung von internationalen Kapitalströmen. Jedoch greifen diese bisher verwendeten Analysemethoden zu kurz, um damit die Gründe für die anhaltende Investitionszurückhaltung und auch für die mangelnde Restrukturierung des Unternehmenssektors in Rußland erklären zu können. Immerhin wurde im zweiten Kapitel auf die Bedeutung der sogenannten "virtuellen Wirtschaft" für den russischen Unternehmenssektor und dem damit einhergehenden mangelnden Strukturwandel hingewiesen.

Es ist zu vermuten, daß in Rußland bislang die Anreize für einen Strukturwandel und für eine Investitions- und Modernisierungsbereitschaft zu schwach ausgeprägt sind oder unterdrückt werden. Bei einer marktwirtschaftlichen Ordnung mit funktionierendem Wettbewerb sollte sich ein Modernisierungsschub auch im Falle Rußlands einstellen. Möglicherweise ist der Wettbewerb in Rußland teilweise nachhaltig blockiert, oder die marktwirtschaftliche Ordnung weist elementare Systemdefizite auf. Die Frage nach den Gründen einer solchen Wettbewerbsblockade kann vermutlich zur Lösung des Problems des Modernisierungs- und Wachstumsrückstands der russischen Wirtschaft beitragen.

4 Wachstum, Wettbewerb und Wettbewerbsblockade: Analyse aus Sicht der Neuen Politischen Ökonomie

Die russische Wirtschaft besitzt nach einem Jahrzehnt des Übergangs eine wirtschaftliche Ordnung, die wesentliche Systemelemente einer Marktwirtschaft im Prinzip verwirklicht hat. Einige Beobachter haben aus diesen Gründen den Prozeß der Systemtransformation in Rußland für weitgehend beendet erklärt (NESTE-RENKO, 2000). Allerdings weist die marktwirtschaftliche Ordnung Rußlands insoweit noch erhebliche Mängel auf, als daß insbesondere ein funktionierender Wettbewerb auf den Märkten noch nicht verwirklicht bzw. oft noch nicht einmal in Ansätzen erkennbar ist. Vielerorts haben sich sogar in dieser Hinsicht gerade in den vergangenen Jahren erneut Rückschritte ergeben. Ein funktionierender Wettbewerb ist jedoch gerade im Falle Rußlands als Transformationswirtschaft unabdingbar für die Restrukturierung des Unternehmenssektors und damit letztlich für den wirtschaftlichen Aufholprozeß.

In Kapitel 2.3.1 wurde schon auf den geringen Wettbewerbsdruck einerseits sowie die hohe Unternehmenskonzentrationsziffer auf regionaler Ebene hingewiesen (BROADMAN, 2000). Es stellt sich damit die Frage nach den Gründen für die geringe Wettbewerbsintensität auf den russischen Märkten bzw. nach den Ursachen für die Dauerhaftigkeit von Monopolen und die marktbeherrschenden Stellungen einzelner Unternehmen und Unternehmensgruppen. Das folgende Kapitel soll diese Frage aus einer polit-ökonomischen Sichtweise heraus, speziell auf Basis der Beziehungen zwischen Unternehmen und politischen Entscheidungsträgern bzw. der öffentlichen Verwaltung analysieren.

Zunächst geht der folgende Abschnitt auf die grundsätzliche Bedeutung von Wettbewerb innerhalb einer marktwirtschaftlichen Ordnung für die Faktor- und Güterallokation und die wirtschaftliche Entwicklung insgesamt ein. Danach werden anhand der normativen und positiven Theorie der Regulierung die wichtigsten Rechtfertigungsmöglichkeiten bzw. Gründe für ein Eingreifen seitens der Wirtschaftspolitik bzw. öffentlicher Stellen in die ökonomischen Anpassungsprozesse dargestellt. Damit gibt dieses Kapitel einerseits einen theoretischen Handlungsrahmen für staatliches, regulatives Handeln vor – im Hinblick auf die Notwendigkeit des Wandels der Rolle des Staates im Transformationsprozeß – und andererseits zeigt es Gründe auf, die das Handeln von Bürokratie und Politik aus subjektiv-rationaler Sicht zu erklären versuchen.

Die grundsätzlichen Erläuterungen zur positiven Regulierungstheorie werden durch drei spezifische Theorieansätze erweitert. Hierbei handelt es sich zum einen

um das Modell von SHLEIFER/VISHNY (1994), das die wechselseitige Beeinflussung von Politikern und Unternehmen sowie deren Managern zum Gegenstand
hat. Zum anderen wird bei der Betrachtung einzelner Hindernisse für einen funktionierenden Wettbewerb in Kapitel 4.4 sowohl mittels der Sichtweise auf öffentliche Entscheidungsträger als "rentensuchende" bzw. "rentenerpressende" Akteure
gegenüber Unternehmen (Staat als "Grabbing Hand", SHLEIFER/VISHNY,
1999), aber auch mittels des sogenannten State Capture-Ansatzes ein direkter Bezug zu dem Fall der russischen Transformationswirtschaft hergestellt. Das Phänomen des State Capture-Verhaltens bezieht sich auf das Verhalten von Unternehmen, die in der Lage sind, ihr regulatorisches Umfeld weitgehend selbst zu
bestimmen bzw. Teile des Regelwerks der wirtschaftlichen Ordnung über die
Bestechung von politischen Entscheidungsträgern quasi zu kaufen (HELLMAN/
JONES/KAUFMANN, 2000).

Die Bedeutung der Wettbewerbshindernisse im einzelnen wird anhand von
Umfrageergebnissen betrachtet, bevor im Anschluß daran die Konsequenzen aus
den Wettbewerbshindernissen für die Funktionen des Wettbewerbs insgesamt und
auch für die Aktivitäten von Unternehmen erörtert werden. Wie im folgenden zu
zeigen sein wird, läßt sich nicht nur die geringe Wettbewerbsintensität, sondern
auch die Investitionszurückhaltung in Rußland – Kapitalflucht und geringe ausländische Direktinvestitionen – mittels des aus der polit-ökonomischen Sichtweise
heraus gewonnenen Ansatzes erklären. Abschließend werden in Kapitel 4.6 einige
zentrale Ansatzpunkte für die Schaffung eines funktionierenden Wettbewerbs und
für die Verbesserung der Investitionsbedingungen in Rußland aufgezeigt.

4.1 Marktwirtschaftliche Ordnung und Wettbewerb

Im Grundsatz geht es bei der ökonomischen Systemtransformation um den Übergang von einem zentralisierten planwirtschaftlichen zu einem dezentral organisierten marktwirtschaftlichen System. In einer marktwirtschaftlichen Ordnung werden
die Entscheidungen über die Allokation der Ressourcen und die Verteilung der
produzierten Güter nicht von einer staatlichen Behörde gefällt, sondern von einzelnen Haushalten und Unternehmen, die ihre Transaktions- und Produktionsent-
scheidungen an den auf den Einzelmärkten sich bildenden Preisen ausrichten. Relative Preise signalisieren die Knappheitsverhältnisse zwischen Gütern und
spiegeln dabei im Idealfall alle transaktionsrelevanten Informationen eines Gutes
wider. VON HAYEK (1944) hat darauf hingewiesen, daß aufgrund der kognitiven
Beschränkung des Menschen eine zentrale Behörde unmöglich alle für Allokation
und Verteilung der Güter einer Volkswirtschaft relevanten Informationen verar-
beiten und entsprechende Dispositionen erstellen kann. Dazu ist allein ein dezentral organisiertes, preisbasiertes Allokations- und Distributionssystem in der Lage.

Die Produktionsstruktur, die Rußland aus der sozialistischen Periode übernommen hatte, ist im wesentlichen auf Entscheidungen der zentralen Planungsbe-
hörde zurückzuführen. Dabei waren die Beweggründe der zentralen Planer bei der
Konzeption der Produktionsstruktur mehr im Bereich der Kosten für die Len-

kungs-, Überwachungs- und Kontrollmöglichkeiten des Wirtschaftsablaufs zu suchen als im Bereich der ökonomischen Effizienz. Preise und Löhne wurden zentral festgelegt, der Verkauf der produzierten Waren war infolge der geringen Auswahlmöglichkeiten bzw. der faktischen Monopolstellung vieler Unternehmen gesichert, und die Finanzierung der Unternehmen war in der Regel über die Existenz der sogenannten weichen Budgetbeschränkungen ebenfalls garantiert. Insbesondere in der ehemaligen Sowjetunion lag die Präferenz der Planer auf der Schaffung möglichst großer Unternehmenskomplexe, die einerseits statische Effizienzvorteile bei der Produktion ausnützen sollten und andererseits niedrige Planungs- und Kontrollkosten versprachen. Die Rate der Marktein- und Marktaustritte von Unternehmen im Vergleich zu Marktwirtschaften war sehr gering (KORNAI, 1980, 1992; ELLMAN, 1989).

Im Zuge des Transformationsprozesses gilt es nun, diese planwirtschaftliche Produktionsstruktur (mit dominanten Großunternehmen) aufzubrechen und die Einsatzeffizienz der Ressourcen und Produktionsfaktoren zu verbessern. Eine herausragende Bedeutung besitzt hierbei die Einführung von Wettbewerb zum Erreichen einer effizienten Faktorallokation sowie einer solchen Güterverteilung. Wettbewerb ist ein notwendiger Bestandteil des marktwirtschaftlichen Anreiz- und Kontrollsystems (HOPPMANN, 1977; VON HAYEK, 1968). Aus einer breit gefaßten, sozio-ökonomischen Perspektive lassen sich folgende zwei allgemeine Wirkungen von funktionierendem Wettbewerb feststellen: Zum einen schafft Wettbewerb den auf den Märkten präsenten Wirtschaftssubjekten Freiheitsspielräume, zum anderen gewährleistet er eine gute Marktversorgung. Freiheitsspielräume in Form von Handlungs- und Wahlfreiheiten schafft Wettbewerb dadurch, daß er (vgl. BERG, 1995)

- den einzelnen Unternehmen die Möglichkeit zur freien und eigenverantwortlichen Entscheidung über den Einsatz der ihnen zur Verfügung stehenden Produktionsmittel und den Vertrieb ihrer Produkte gibt und
- den Nachfragern eine Auswahl zwischen verschiedenen Angeboten gewährt, und sie gemäß ihrer individuellen Präferenzen entscheiden können.

Eine gute Marktversorgung im Sinne einer quantitativ ausreichenden und qualitativ den Präferenzen der Nachfrager entsprechenden Produktmenge gewährleistet der Wettbewerb über den Konkurrenzdruck, dem der einzelne Anbieter ausgesetzt wird. Dadurch werden bei funktionierendem Wettbewerb die Unternehmen gezwungen (vgl. BERG, 1995),

- ein Angebot gemäß den Nachfragerpräferenzen bereitzustellen,
- die Produktionsfaktoren effizient zu allozieren,
- technische Fortschritte umzusetzen, um eine möglichst rationelle Produktionsweise gewährleisten zu können,
- auf strukturelle Änderungen – z.B. bei der Kostenstruktur oder bei der Nachfrage – flexibel und zeitnah zu reagieren,
- die Produktionsfaktoren leistungsgerecht zu entlohnen (sofern auch auf den Faktormärkten ein funktionierender Wettbewerb herrscht).

Darüber hinaus besitzt ein funktionierender Wettbewerb die gesamtgesellschaftlich wichtige Eigenschaft, wirtschaftliche Macht zu begrenzen bzw. zu kontrollieren. Ein solcher Wettbewerb wird eine zu große Marktmacht einzelner Individuen oder Unternehmen über tatsächliche oder potentielle Konkurrenz im Zeitverlauf erodieren lassen.

Damit stellt sich ein funktionierender Wettbewerb als integraler Bestandteil eines marktwirtschaftlichen Systems dar. Ohne ihn bestehen wenige Anreize, auf Nachfrageänderungen zu reagieren oder die Produktionsfaktoren möglichst rationell einzusetzen. Ohne ihn werden sich mittel- bis langfristig wirtschaftliche Machtkonzentrationen ergeben, die ihrerseits die Tendenz zu einer Vernachlässigung der Marktversorgung und einem ineffizienten Faktoreinsatz verstärken.

Marktwirtschaftlicher Wettbewerb per se führt jedoch nicht zwangsläufig zu aus Effizienzgesichtspunkten optimalen Allokations- und Distributionsergebnissen, sondern stellt nur eine von mehreren notwendigen Bedingungen zu diesem Zweck dar. Entscheidend ist vielmehr, inwieweit das marktwirtschaftliche System mit Hilfe des Preismechanismus in der Lage ist, die Güter- und Faktorströme zu lenken. EUCKEN (1952/1990, 254) betont hier die Herstellung eines "funktionsfähigen Preissystems vollständiger Konkurrenz" als wirtschaftsverfassungsrechtliches Grundprinzip. Das prioritäre ordnungspolitische Ziel der Wirtschaftspolitik sollte demzufolge darin bestehen, für ein funktionsfähiges Preissystem Sorge zu tragen und staatliche Eingriffe, die zu einer unnötigen Verzerrung des Wettbewerbs und damit des Preissystems führen, zu vermeiden. Die marktwirtschaftliche Preisbildung benötigt einige grundlegende ordnungspolitische Rahmenbedingungen, ein Set aus marktwirtschaftlichen Institutionen – EUCKEN (1952/1990) nennt dies die marktwirtschaftliche Wettbewerbsordnung. Gerade angesichts der Diskussion um die Optimierung der Reformstrategie und um Reformprioritäten im Transformationsprozeß erscheint es lohnenswert, sich die EUCKENschen Rahmenbedingungen zu vergegenwärtigen. Er führt neben dem oben erwähnten Grundprinzip folgende konstituierende Prinzipien an:

- Währungspolitik im Sinne einer Bewahrung der Stabilität des Geldwertes,
- offene Märkte im Sinne einer Vermeidung von Marktzutritts- und Marktaustrittsschranken auf Angebots- wie Nachfrageseite,
- Privateigentum und Schutz von Eigentumsrechten,
- Vertragsfreiheit,
- Haftung im Sinne einer Zuweisung von Verantwortlichkeiten bei Produktion und Verkauf von Gütern und den daraus resultierenden Konsequenzen,
- Konstanz der Wirtschaftspolitik im Sinne einer hinreichend langfristigen Planungsvorgabe seitens der Wirtschaftspolitik für die Planungen der Wirtschaftssubjekte.

Als ein weiteres Prinzip der Ordnungspolitik ließe sich – insbesondere mit Blick auf Rußland – die Forderung nach möglichst weitreichender Transparenz und Rechnungslegung im Geschäftsbetrieb von privaten Unternehmen, aber auch und gerade bei Unternehmen in öffentlichen Händen und bei der Entscheidung und Umsetzung von institutionellen, vor allem rechtlichen Regelungen bei den politischen Entscheidungsträgern sowie der Verwaltung anführen. Dies gilt nicht zuletzt deswegen, weil ein hoher Transparenzgrad insbesondere im öffentlichen Sektor die Korruptionsneigung erheblich dämpfen dürfte.

Diesen Prinzipien entsprechend lassen sich grundlegende Reformen, quasi Bausteine einer marktwirtschaftlichen Ordnung formulieren, deren Umsetzung für den erfolgreichen Übergang von der Plan- zur Marktwirtschaft notwendig ist (WELFENS, 1992; 1995; vgl. auch Abb. 16). Werden diese Prinzipien in der einen oder anderen Weise verletzt, so ist die Lenkungsfunktion des Preismechanismus direkt gefährdet. Anhaltend hohe Inflationsraten als Konsequenz instabiler Geldpolitik beeinträchtigen beispielsweise diese Lenkungsfunktion, da aufgrund der andauernden Preisänderungen die Vergleichbarkeit von Preisen untereinander verlorengeht.

Ausgehend von diesen grundsätzlichen Überlegungen ist es darüber hinaus Aufgabe der Wirtschaftspolitik, Wettbewerb an sich zu schützen bzw. im Falle der Systemtransformation zu schaffen, um Unternehmen und Haushalten ausreichende Handlungs- und Wahlfreiheiten zu ermöglichen. Die konkrete Ausgestaltung dieses Zieles der Wettbewerbspolitik ist jedoch in der wettbewerbsökonomischen Forschung lange Zeit umstritten gewesen. Der Streit entzündete sich dabei u.a. an der für optimale Ergebnisse des Wettbewerbsprozesses erforderlichen Marktform sowie an der Frage, ob und in welchem Umfang staatliche Eingriffe zur Regulierung von Wettbewerbsprozessen und insbesondere zur Verhinderung von Wettbewerbsbeschränkungen (Kartelle, Monopole) notwendig seien. Hierzu wurden verschiedene Leitbilder der Wettbewerbspolitik entworfen (BERG, 1995; KNIEPS, 1996, 42-50; ABERLE, 1992, 26-43).

Während von seiten der ordoliberalen Freiburger Schule noch die Marktform der vollständigen Konkurrenz bei möglichst freiem Marktzutritt als wettbewerbspolitisches Ideal angesehen wurde (EUCKEN, 1952/1990), wurde andernorts nach praktikableren Ansätzen für die Ausgestaltung der Wettbewerbspolitik gesucht. Als eine Second Best-Lösung zur eigentlich präferierten Marktform der vollständigen Konkurrenz entstand das Konzept des funktionsfähigen Wettbewerbs (auch: Workability-Konzept; u.a. Clark, Bain und darauf aufbauend Kantzenbach; ABERLE, 1992, 29-34), das eine kausale Beziehung zwischen der Struktur des Marktes, dem Verhalten der Marktteilnehmer und dem Marktergebnis unterstellte. Vertreter des Workability-Konzeptes haben dabei versucht, hinsichtlich der Funktionserfüllung des Wettbewerbs Aussagen über die optimale Wettbewerbsintensität auf Märkten zu formulieren. Die Wettbewerbsintensität wird dabei definiert als "das Zeitmaß der Geschwindigkeit, mit der die Vorsprungsgewinne auf einem Markt durch imitatorischen Wettbewerb eliminiert werden" (ABERLE, 1992, 34).

Dem Workability-Konzept, das eine relativ restriktive Wettbewerbspolitik gegenüber stark konzentrierten Marktstrukturen vorsieht und dabei Gefahr läuft, die Bedeutung dynamischer Wettbewerbsprozesse hinsichtlich von Innovationen oder verschiedenen Marktphasen zu vernachlässigen, hat HOPPMANN (1972) ein sogenanntes neuklassisches wettbewerbspolitisches Leitbild gegenübergestellt. Dabei stellt er die Wettbewerbsfreiheit als Gut an sich heraus; insbesondere verneint er die These eines Zielkonfliktes zwischen möglichst weitgehender Wettbewerbsfreiheit einerseits und guten ökonomischen Ergebnissen andererseits, welche sich u.a. auf die Konzentrationsneigung von Märkten im Laufe ihrer Entwicklung bezieht. Allerdings fordert auch HOPPMANN (1972) zur Abwehr von Wettbewerbsbeschränkungen seitens übermächtiger Marktteilnehmer einen Wettbewerbsfreiheits- oder Marktmachttest, der gegebenenfalls wettbewerbspolitische Eingriffe nach sich ziehen sollte.

Im wettbewerbspolitischen Konzept der sogenannten "Chicago School", als deren wichtigste Vertreter Posner, Stigler und Demsetz zu nennen sind, werden staatliche Eingriffe in Markt- bzw. Wettbewerbsprozesse weitgehend abgelehnt. Konzentrationsprozesse und Unternehmenszusammenschlüsse werden im Sinne der Chicago School als Ausdruck wettbewerblicher Effizienz angesehen und sollten daher nicht von staatlichen Kartellbehörden verhindert werden (ABERLE, 1992, 40-43). Von zentraler Bedeutung für dieses Konzept ist jedoch die Offenheit von Märkten – je geringer Markteintritts-, aber auch Marktaustrittsschranken ausfallen (Chance für eine Strategie des "Hit and Run"), desto besser erfüllt der Wettbewerb seine effizienzsichernde Funktion. Denn sofern auf einem Markt eine überdurchschnittliche Rendite erzielt wird, werden sich im Falle nicht vorhandener Markteintrittsschranken zusätzliche Konkurrenten einstellen, die das Angebot vergrößern und die überdurchschnittliche Rendite somit "abschmelzen".

Im Rahmen der Wachstumsanalyse wird Wettbewerb ebenfalls grundsätzlich als integrativer Bestandteil des marktwirtschaftlichen Systems angesehen, jedoch hinsichtlich seiner Rolle für die wirtschaftliche Entwicklung differenzierter betrachtet. Einerseits unterstützt beispielsweise PORTER (1990) die Sichtweise des Wettbewerbs als Auslesemechanismus zwischen unterschiedlich effizienten Unternehmen und betont, daß allein der Konkurrenzdruck Unternehmen zur Umsetzung von Innovationen und also dem möglichst effizienten Ressourceneinsatz zwingt. Diese Sicht wird auch durch empirische Analysen weitgehend bestätigt (DUTZ/HAYRI, 2000).

Schon SCHUMPETER (1911) hat allerdings andererseits darauf hingewiesen, daß für die Einführung innovativer Produkte und Produktionsmethoden eine zeitweilige Monopolrente als eine Art Kompensation für den Aufwand für Forschung und Entwicklung bzw. die erstmalige Umsetzung von Innovationen für den Innovator von erheblicher Bedeutung ist. Eine zu starke Konkurrenz im Sinne von zu schnell einsetzenden Imitationseffekten kann in diesem Sinne innovationshemmend und damit wachstumsschädlich wirken. Beiträge innerhalb der Neuen Wachstumstheorie haben diesen Zusammenhang aufgegriffen und in theoretischen Modellen weiterentwickelt (GROSSMANN/HELPMAN, 1991; AGHION/HOWITT, 1992).

Für den Übergang von einem planwirtschaftlichen, extrem wettbewerbsarmen System zu einem marktwirtschaftlichen ist die Frage nach der Innovationswirkung von Wettbewerb jedoch zumindest kurzfristig sekundär. Es stellt sich vielmehr die Frage danach, inwieweit die Einführung von Wettbewerb die Effizienz des Ressourceneinsatzes in den vormals sozialistischen Planwirtschaften steigern kann und wie sich die Einführung von Wettbewerb und des Marktzutritts von konkurrierenden Unternehmen und insbesondere die Drohung eines erzwungenen Marktaustritts bei unprofitabler Unternehmensführung auf ehemals sozialistische Betriebe auswirkt. AGHION/DEWATRIPONT/REY (1999) versuchen, die beiden dargestellten Sichtweisen des Wettbewerbs (Schumpeter vs. Porter) zu integrieren und stellen fest, daß die Existenz finanzieller Restriktionen – harter Budgetbeschränkungen – bei strukturkonservativen Unternehmen in einem Umfeld mit innovativen Konkurrenten Restrukturierungen und die Einführung von Innovationen im Sinne einer Erhöhung der Einsatzeffizienz der Ressourcen bewirkt. Implizit betonen AGHION/DEWATRIPONT/REY (1999) damit im übrigen auch die Wichtigkeit eines effizienten Finanzsektors, der Unternehmen einen strikten externen Finanzierungsrahmen vorgibt.

4.2 Bedeutung der Einführung von Wettbewerb für den Transformationsprozeß

Die Einführung von Wettbewerb hat im Rahmen des Transformationsprozesses eine entscheidende Bedeutung für dessen Erfolg (BROCKMEIER, 1998a). Die Einführung von Wettbewerb meint dabei in erster Linie die Öffnung der Märkte für neue Unternehmen, also neben der prinzipiellen Einführung von Gewerbefreiheit die Schaffung eines möglichst freien Zugangs bei geringen Markteintrittsschranken für konkurrierende Firmen zu den bisher meist monopolistisch agierenden Staatsbetrieben.

Ein funktionierender Wettbewerb stellt in Verbindung mit den marktwirtschaftlichen Prinzipien eine effiziente Produktion und eine Befriedigung der Nachfrager entsprechend ihrer Präferenzenordnung sicher. Dies gilt in statischer wie auch in dynamischer Hinsicht, also sowohl für die effiziente Güterverteilung und Faktorallokation bei gegebenen Rahmenbedingungen (Nachfragerpräferenzen, Technologien, verfügbare Menge an Produktionsfaktoren) wie auch bei sich im Zeitverlauf verändernden Rahmenbedingungen und daraus folgenden Anpassungsprozessen auf den einzelnen Güter- und Faktormärkten. Eine dynamisch – also im Zeitablauf unter sich verändernden Rahmenbedingungen – effiziente Güterverteilung und Faktorallokation schafft die Voraussetzung für einen ausreichend hohen Grad an Flexibilität und Reaktionsvermögen der Güter- und Faktormärkte auf exogene Schocks, welcher für die Bewältigung von Schwerpunktverlagerungen im Hinblick auf die Wirtschaftsstruktur unabdingbar ist. Die Schaffung und Erhaltung der Reaktionsfähigkeit auf sich verändernde Rahmenbedingungen und damit die Fähigkeit zu strukturellem Wandel ist wiederum wichtig für den Erhalt der Wettbewerbsfähigkeit der Unternehmen eines Landes und damit letztlich für das wirtschaftliche Wachstum. Die ökonomische Systemtransformation stellt die Wirtschaftspolitik des betroffenen Landes grundsätzlich vor das Problem, die Voraussetzungen für eine statisch und dynamisch effiziente Güterverteilung und Faktorallokation zu schaffen.

Die Schaffung einer funktionierenden Wettbewerbsordnung kann man unter verschiedenen Aspekten betrachten (Abb. 17). Ein funktionierender Wettbewerb braucht in erster Linie miteinander konkurrierende Marktteilnehmer auf Anbieter- wie Nachfragerseite. Im Hinblick auf die Angebotsseite der Wirtschaft, also die produzierenden Unternehmen, ist dafür die Zahl der vorhandenen Anbieter in einem abzugrenzenden Markt von Bedeutung. Aus einer hochkonzentrierten – im Extremfall monopolisierten – Marktstruktur kann prinzipiell auf zweierlei Weise eine wettbewerbsorientierte, durch Auswahlmöglichkeiten zwischen mehreren Anbietern geprägte Marktstruktur geschaffen werden: zum einen durch Neugründungen (in der Regel privater Art), zum anderen durch Entflechtung bzw. Ausgliederung von Teilen marktbeherrschender Unternehmen.

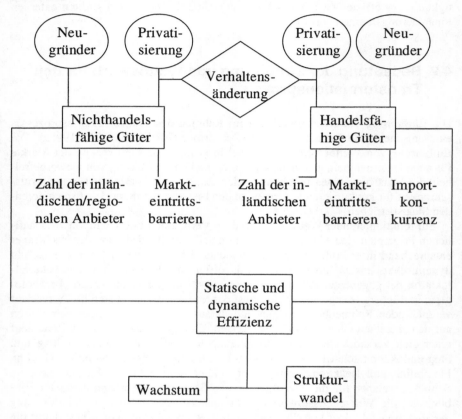

Abb. 17. Wettbewerbsaspekte im Transformationsprozeß

Die Frage der anzustrebenden Marktstruktur ist innerhalb der Wettbewerbsökonomik und insbesondere für das Leitbild eines funktionsfähigen Wettbewerbs von erheblicher Bedeutung, wobei in dessen Rahmen die Marktstruktur eines weiten Oligopols präferiert wird (KANTZENBACH, 1966; KANTZENBACH/ KALLFASS, 1981). Die genaue Bestimmung der anzustrebenden Marktstruktur ist im Rahmen dieser Arbeit jedoch von sekundärer Bedeutung, zumal die Definition eines weiten Oligopols sich in der Praxis als schwierig erwiesen hat, und das Marktstruktur-Marktverhalten-Marktergebnis-Konzept innerhalb des Leitbilds des funktionsfähigen Wettbewerbs erheblicher Kritik ausgesetzt war (BERG, 1995).

Von primärer Bedeutung ist dagegen die Frage, wie wettbewerbliches Verhalten auf seiten der Marktteilnehmer geschaffen werden kann bzw. welche Hindernisse dem entgegenstehen. Ausgehend von der Überlegung, daß ehemals sozialistische, zentral verwaltete Betriebe erhebliche Effizienzdefizite aufweisen und sie angesichts weitgehender betrieblicher Autonomie nach Abschaffung der zentralen Planung aufgrund ihrer in der Regel marktbeherrschenden Stellung zu einem monopolistischen Marktverhalten übergehen werden, ist ein erheblicher Spielraum zur Gründung neuer Unternehmen bzw. zu Markteintritten zu erwarten. Diese werden im Idealfall durch ein verbessertes Angebot und geringere Preise den Altunternehmen Marktanteile streitig machen, was letztlich zu einem Abschmelzen ihrer Monopolrente führt.

Die bislang staatlichen Unternehmen müssen angesichts steigender Konkurrenz zu einer Änderung ihres Geschäftsverhaltens bewegt werden. Dies betrifft in der Regel den Einstellungswandel des Managements hin auf eine gewinnorientierte Geschäftspolitik. Hierbei ist die Frage der effizienten Unternehmensführung und -kontrolle von spezieller Bedeutung. Aus reformstrategischer Sicht wird in der Regel davon ausgegangen, daß die Privatisierung staatlicher Unternehmen dafür eine Katalysatorfunktion übernehmen kann (ESTRIN, 2002; GROS/STEINHERR, 1995), jedoch führten konzeptionelle Fehler bei der Privatisierungsstrategie nicht nur in Rußland dazu, daß eine solche Wirkung auf die Unternehmensführung und -kontrolle ausblieb bzw. sich sogar ins Gegenteil verkehrte (BORNSTEIN, 2000; FRYDMAN/GRAY/HESSEL/RAPACZYNSKI, 1999; PEREVALOV/GIMADI/ DOBRODEY, 2000).

Im Hinblick auf eine Dynamisierung und Flexibilisierung der Wirtschaftsstruktur und für das Wirtschaftswachstum in den Transformationsländern Mitteleuropas spielen private Neugründungen eine herausragende Rolle (WELTBANK, 2002; EBRD, 1999). Hohe Markteintrittsbarrieren sind allerdings für die Entfaltung ihrer Geschäftsaktivität abträglich. Darunter fallen nicht nur Barrieren administrativer Art, sondern auch das Fortbestehen ineffizienter Altunternehmen, welche mittels expliziter oder impliziter Beihilfen weiterbetrieben werden. Die Regelung des Marktaustritts und die Schaffung gleicher Wettbewerbsbedingungen für neue und alte Unternehmen ist daher ein wichtiger Schritt zur Förderung von Unternehmensneugründungen.

Private Neugründungen sind dabei in besonderem Maße abhängig vom Umfang des Outsourcing und der Entflechtung der ehemaligen planwirtschaftlichen Unternehmen und großen Industriekombinate. Outsourcing in Form einer Auslagerung von nicht zum Kerngeschäft des Unternehmens gehörenden Aktivitäten bietet Einstiegsmöglichkeiten für kleine und mittlere Unternehmen sowie gerade auch für Neugründungen und stellt damit einen wichtigen Bestandteil für die Entwicklung eines tragfähigen unternehmerischen Mittelstandes dar. Das Entstehen einer flexiblen Zulieferindustrie im Zuge der Schaffung räumlicher Cluster von kleinen und mittleren Unternehmen ist im übrigen auch ein wichtiger positiver Standortfaktor für die Anziehung ausländischer Direktinvestitionen.

Eine Differenzierung der Güterarten in handels- und nichthandelsfähige Güter ist für den Wettbewerb insofern von Bedeutung, als im Sektor der handelsfähigen Güter durch die Liberalisierung der Leistungsbilanztransaktionen eines Landes –

unter der Voraussetzung eines ausreichend hohen binnenwirtschaftlichen Er-schließungsgrades im Hinblick auf dort bestehende Handelsbarrieren – Wettbe-werb über Importkonkurrenz eingeführt werden kann (Abb. 17). Jedoch ist ggf. eine graduelle Handelsliberalisierungsstrategie sinnvoll, da die inländischen Un-ternehmen möglicherweise zu Reformbeginn einen zu großen Produktivitätsrück-stand gegenüber der Importkonkurrenz aufweisen. Für den Sektor der nichthan-delsfähigen Güter, der vor allem den Bereich der Dienstleistungen umfaßt, darunter wichtige Vorleistungen für Unternehmen wie z.B. Telekommunikations-dienstleistungen, ergibt sich daraus die Forderung nach einer speziell wettbe-werbsorientierten Reformstrategie, da hier der Aufbau eines funktionierenden Wettbewerbs entsprechend mehr Zeit in Anspruch nimmt. Bei handelsfähigen Vorleistungen wäre demnach eine rasche Importliberalisierung zu befürworten. Ineffizienzen im Sektor der nichthandelsfähigen Güter, die als Vorleistungen in die Kostenstruktur von Unternehmen eingehen, die handelsfähige Güter produzie-ren, schwächen dabei deren Wettbewerbsposition im internationalen Vergleich.

Der Weg zu einem funktionierenden Wettbewerb ist ein ausgesprochen lang-wieriger Prozeß, bei dem einerseits anfangs die Prinzipien einer funktionierenden Wettbewerbsordnung fehlen und bei dem andererseits eine Fülle von Widerstän-den, zuallererst die Widerstände in den bisher konkurrenzlos agierenden Staatsbe-trieben, zu überwinden ist. Die Einführung von Wettbewerb ist aus folgenden Gründen für einen erfolgreichen Transformationsprozeß unverzichtbar:

- Restrukturierung der Staatsbetriebe: Wettbewerb bzw. die Existenz von Kon-kurrenz ist eine notwendige Bedingung, um ausreichend Anreize zur Restruktu-rierung im Sinne einer effizienteren Nutzung der Ressourcen und Produktions-faktoren für das Management von Staatsbetrieben zu schaffen. Die Abschaf-fung weicher Budgetbeschränkungen und damit einhergehend der Aufbau marktwirtschaftlicher Finanzierungsmuster für die Staatsbetriebe ist damit un-trennbar verbunden. Die Erfahrungen aus dem ersten Transformationsjahrzehnt haben gezeigt, daß in der Regel ehemalige Staatsunternehmen nur unter den Bedingungen harter Finanzrestriktionen und wirksamer binnen- oder außen-wirtschaftlicher Konkurrenz zu wirklichen Restrukturierungsbemühungen in der Lage sind (AGHION/BLANCHARD/BURGESS, 1994; CARLIN/FRIES/ SCHAFFER/SEABRIGHT, 2001). Damit sind nicht nur passive Kostenredu-zierungsprogramme gemeint, sondern dies bezieht auch die aktive Suche nach neuen Produkten, Produktionsmethoden und Absatzwegen mit ein.
- Reduzierung von Monopolrenten: Ein Anbieter mit einem Monopol oder einer monopolähnlichen Marktposition ist in der Lage, eine monopolbedingte Über-höhung seiner Produzentenrente zu erzielen, was für die Nachfrager einen Ver-lust an Konsumentenrente und gesamtwirtschaftlich gesehen einen Wohlfahrts-verlust darstellt. Durch den Zutritt von Konkurrenten auf den betreffenden Markt wird diese Monopolrente abgeschmolzen. Im Falle Rußlands gilt es zu beachten, daß Märkte für handelbare Güter in aller Regel auch eine räumliche Dimension aufweisen; d.h. daß mit steigendem Marktradius die Transportko-sten ebenfalls ansteigen und dies zu einer räumlichen Segmentierung des Ge-samtmarktes – mit in der Folge einzelner monopolisierter Marktsegmente –

führen kann. Ohne eine effiziente Verkehrs- und Kommunikationsinfrastruktur wird sich eine deutlichere Segmentierung ergeben. Insofern sind die starken regionalen Preisunterschiede in Rußland, die sich neben administrativen Regulierungseinflüssen aus einer Marktsegmentierung ergeben, unter anderem mit den hohen Transportkosten zwischen einzelnen regionalen Zentren erklärbar (ELISSEEVA, 1999, 425f.; BERKOVITZ/DE JONG, 1999, 2001).

- Funktionsfähigkeit der Finanzmärkte: Die Einführung von Wettbewerb in den Finanzmärkten und der Aufbau eines funktionsfähigen zweistufigen Bankensystems, das seine Funktion als Finanzintermediär zu erfüllen in der Lage ist, sollte zu einer Verbesserung der Allokation des Faktors Kapital bzw. zu einer höheren Spareigung in der Bevölkerung beitragen. Dabei ist auf der einen Seite die Rückführung der dominanten Stellung der öffentlichen Banken und der Aufbau eines konkurrenzfähigen privaten Bankensektors wichtig, auf der anderen Seite muß darauf geachtet werden – mit Blick auf die russischen Erfahrungen der 90er Jahre –, daß dies unter Wahrung der Standards hinsichtlich von Bankenbilanzrichtlinien und einschlägigen Regulierungen geschieht.

- Funktionsfähigkeit des Arbeitsmarkts und Aufnahmefähigkeit des freiwerdenden Arbeitsangebots im neu entstehenden privaten Unternehmenssektor: Die Einführung von Wettbewerb sowie die damit verbundenen Restrukturierungsbemühungen der ehemals sozialistischen Staatsbetriebe führen einerseits zunächst zu steigender Arbeitslosigkeit, da der neu entstehende private Sektor mit einem entsprechend großen Arbeitskräftebedarf erst im Aufbau begriffen ist. Andererseits sollten die Öffnung der Märkte und der folgende Markteintritt von privaten Unternehmen mit entsprechender Arbeitskräftenachfrage diese transformationsbedingte Arbeitslosigkeit im Zeitverlauf wieder abbauen. In den hinsichtlich der Reformen am weitesten fortgeschrittenen Ländern in Mitteleuropa sind solche Entwicklungen zu konstatieren (EBRD, 2000). Darüber hinaus sollten der Marktzutritt von privaten Unternehmen und Deregulierungsmaßnahmen auf dem Arbeitsmarkt eine Differenzierung des im Zuge der Planwirtschaft künstlich nivellierten Lohnniveaus hinsichtlich verschiedener Qualifikationsstufen von Arbeitnehmern herbeiführen. Dadurch steigt die Signalwirkung des Lohnsatzes und mithin der Anreiz zu Investitionen in Humankapital bei besonders knapp vorhandenen Qualifikationen.

Wettbewerb kann jedoch nur dann seine effizienzsteigernde Wirkung entfalten, wenn die notwendigen Rahmenbedingungen in hinreichendem Maße gegeben sind. Dies betrifft im wesentlichen die konstituierenden Prinzipien der Wettbewerbsordnung. Für eine Transformationswirtschaft wie in Rußland bedeutet das, daß vor allem drei Voraussetzungen geschaffen werden müssen:

- Einführung harter Budgetrestriktionen für sozialistische Altbetriebe; mit weichen Budgetbeschränkungen für sozialistische Altbetriebe, die in der Regel eine Wettbewerbsverzerrung zu deren Gunsten darstellt, gibt es kaum Anreize für eine effizienzorientierte Unternehmensführung;
- Regelung des Marktaustritts und Abbau von Marktaustrittsschranken;

- Öffnung von Märkten und Abbau von Markteintrittsschranken gerade gegenüber privaten Unternehmensneugründungen, wobei dies insbesondere eine Umkehr im Denken der Verwaltungen erfordert.

Für den Erfolg des Transformationsprozesses ist es daher wichtig, daß eine marktwirtschaftliche Ordnung entsteht, die einen funktionierenden Wettbewerb in dem Sinne ermöglicht, daß Marktein- wie auch Marktaustritte relativ einfach möglich sind. Eine Wettbewerbsordnung, die zwar eine strikte Konkursgesetzgebung und zumindest partiell harte Budgetbeschränkungen verwirklicht hat, Unternehmensneugründungen jedoch hohe Markteintrittsschranken in den Weg stellt, kann nicht funktionieren, da den zwangsläufig erfolgenden Marktaustritten keine entsprechenden Markteintritte gegenüberstehen, die die freiwerdenden Ressourcen nutzen könnten. Marktaustritte sind insbesondere in Rezessionen zu erwarten, die Element des normalen Konjunkturzyklusses in Marktwirtschaften sind.

Empirische Bestätigungen des positiven Zusammenhangs von Wettbewerb und Unternehmensrestrukturierung im Transformationsprozeß sind aufgrund der Datenlage verhältnismäßig schwierig. Daher gibt es bislang kaum Analysen zu dieser Frage. Eine Ausnahme bilden hier BROWNE/EARLE (2000), die anhand eines Panels von rund 15 000 Unternehmen von 1992 bis 1998 die Auswirkungen der Liberalisierungsmaßnahmen und der Einführung von Wettbewerb auf die totale Faktorproduktivität untersuchen. Sie kommen insgesamt zu dem Schluß, daß das verstärkte Auftreten von

- heimischer Konkurrenz,
- Importkonkurrenz und
- Wettbewerb auf dem Arbeitsmarkt (mit der Wirkung einer Reduktion der unternehmerischen Monopsonmacht)

eindeutig positive Effekte auf die totale Faktorproduktivität besitzt. Zudem ist die Eigentümerstruktur eine wichtige Determinante für die Unternehmensentwicklung, denn laut BROWNE/EARLE (2000) nehmen Unternehmen in privaten Händen eine bessere Entwicklung als Unternehmen in staatlichem Besitz. Ähnliche Effekte und Resultate für den Zusammenhang zwischen Wettbewerb und Restrukturierung erhielten EARLE/ESTRIN (1998) in einer früheren Untersuchung anhand einer Unternehmensbefragung in Rußland 1994. Sie stellen fest, daß:

- Privatisierung positive Effekte auf die Arbeitsproduktivität besitzt,
- Produktmarktkonkurrenz demgegenüber sich weniger stark auswirkt,
- Privatisierung und Einführung von Wettbewerb unter Einschränkungen komplementär im Sinne einer Disziplinierung der Unternehmenspolitik wirken,
- Importkonkurrenz – im Unterschied zu BROWNE/EARLE (2000) – keine erkennbaren disziplinierenden Effekte auf die Unternehmenspolitik hat; dies ist möglicherweise auf die unterschiedlichen Zeitpunkte bzw. Untersuchungszeiträume zurückzuführen; der Effekt der Handelsliberalisierung auf die Wettbewerbssituation wäre demnach erst in den jüngeren Erhebungen spürbar.

Die bislang vorliegenden empirischen Ergebnisse zum Zusammenhang zwischen Wettbewerb und Unternehmensrestrukturierung zeigen vor allem, daß die

Einführung von Wettbewerb im Zuge des ökonomischen Transformationsprozesses ein sehr komplexer Prozeß ist. Denn zur Analyse dieses Zusammenhangs ist zunächst die Klärung der Auswirkungen einzelner Reformschritte bzw. Elemente einer marktwirtschaftlichen Ordnung auf die Funktionen des Wettbewerbs empirisch zu ermitteln.

Es stellt sich grundsätzlich die Frage nach einzelnen Faktoren und länderspezifischen Aspekten, die die Einführung von Wettbewerb im Transformationsprozeß fördern oder behindern können. Es wäre naheliegend, die bislang entstandene marktwirtschaftliche Ordnung in den Transformationsländern und insbesondere in Rußland unter Berücksichtigung der EUCKENschen Ordnungsprinzipien zu untersuchen. Wie im weiteren Gang der Analyse zu zeigen sein wird, sind diese vor allem mit Blick auf die Regelung des Marktzutritts, die Vertragsfreiheit und den Schutz von Property Rights in schwerwiegender Weise verletzt. Die Regulierung des Wettbewerbs durch öffentliche Institutionen – politische Entscheidungsträger und Bürokratie – sowie das Bemühen ehemaliger Staatsunternehmen zum Machterhalt spielen hier eine wichtige Rolle.

4.3 Zur Theorie der Regulierung des marktwirtschaftlichen Wettbewerbs

In der Realität ist der Wettbewerb auf Märkten in den meisten entwickelten Marktwirtschaften in der Regel keineswegs frei in dem Sinne, daß die einzelnen Konkurrenten völlig ungebunden in ihren Entscheidungen agieren können. Wettbewerbsbeschränkungen existieren daher in vielfältiger Form und können praktisch in jedem wettbewerbsorientierten marktwirtschaftlichen System festgestellt werden. Es ist ja schließlich subjektiv-rational, daß beispielsweise Unternehmen, die einem hohen Konkurrenzdruck ausgesetzt sind, versuchen, diesen durch wettbewerbsbeschränkende Maßnahmen zu reduzieren.

Wettbewerbsbeschränkungen im allgemeinen können privaten oder staatlichen Ursprungs sein: Private Wettbewerbsbeschränkungen entstehen einerseits durch kollusives Verhalten von zwei oder mehreren Unternehmen in einem Markt (z.B. abgestimmte Verhaltensweisen bis hin zu Kartellverträgen) bzw. auch durch Unternehmenszusammenschlüsse; darüber hinaus kann Wettbewerb über die Ausübung marktmachtbedingter Verhaltensweisen beschränkt werden (z.B. Ausbeutungsstrategien im Falle einer Monopolstellung). Staatliche Wettbewerbsbeschränkungen existieren in Form von regulierenden Eingriffen in Wettbewerbsprozesse (z.B. Preis- oder Qualitätsvorgaben, Lizensierung des Marktzutritts). Im Extremfall ist der Marktzugang versperrt und die Nachfrage wird komplett durch einen damit staatlich geschützten Monopolisten bedient (ABERLE, 1992, 52-72; BERG, 1995, 261-270). Die Regulierung eines Monopolisten kann zudem damit gerechtfertigt werden, daß dieser die Zusatzrente aus dem Monopolmarkt X zur Quersubventionierung von Aktivitäten auf anderen Märkten nutzen und sich dadurch einen Wettbewerbsvorteil gegenüber dortigen Konkurrenten verschaffen kann (WELFENS, 1995). Um dies zu verhindern, wäre hier eine strikte Trennung und

Kontrolle der Rechnungslegung von Unternehmensbereich X und anderen Bereichen zu erwägen.

Wettbewerbsbeschränkungen aufgrund zu hoher Marktmachtkonzentration sind jedoch in der Wettbewerbsökonomik umstritten. Insbesondere Vertreter der Chicago School verweisen darauf, daß ökonomisch effiziente Unternehmen bei einem funktionierenden wettbewerblichen Ausleseprozeß notwendigerweise sich durchsetzen und sich damit eine wettbewerbsendogene Konzentrationsneigung ergibt. Dem Argument möglicher Effizienzverluste aufgrund von marktmachtbedingten Verhaltensweisen begegnen sie mit dem Argument der Existenz einer potentiellen Konkurrenz, welche bei übernormalen Marktrenditen zu einer tatsächlichen Konkurrenz wird und dadurch das Marktverhalten des dominanten Unternehmens diszipliniert. Allerdings ist hierfür der weitgehend freie Marktzutritt und -austritt – also möglichst geringe Markteintritts- und Marktaustrittsschranken – von zentraler Bedeutung (POSNER, 1979; DEMSETZ, 1982). Der Umkehrschluß legt allerdings nahe, daß im Falle hoher Markteintrittsschranken mit hohen Effizienzverlusten durch marktmachtbedingtes Verhalten zu rechnen ist. Für die relativ hoch konzentrierte Produktionsstruktur von Transformationswirtschaften ist im Falle andauernd hoher Markteintrittsschranken mit entsprechenden Effizienz- bzw. Wohlfahrtsverlusten zu rechnen, was eine relativ starke wettbewerbspolitische Kontrolle von dominanten Unternehmen bzw. Überwachung wettbewerbswidriger Absprachen nach sich ziehen sollte.

Das Konzept der Chicago School ist hinsichtlich der Betonung der Offenheit von Märkten eng verwandt mit der Theorie bestreitbarer Märkte. ABERLE (1992, 46) bezeichnet diese Theorie sogar als die implizite theoretische Basis des Chicago-Ansatzes. Die Theorie bestreitbarer Märkte stellt im Grunde einen alternativen wettbewerbspolitischen Ansatz zur Regulierung von Monopolen dar (BAUMOL/PANZAR/WILLIG, 1982), wobei geringe bzw. nicht vorhandene Markteintrittsschranken zu einer starken potentiellen Konkurrenz für aktuelle Anbieter führen, was diese in ihrem Marktverhalten diszipliniert, selbst wenn sie zum betrachteten Zeitpunkt eine Monopolposition innehaben. Mit Blick auf die Schaffung eines funktionierenden Wettbewerbs in einer Transformationswirtschaft besitzt die Theorie bestreitbarer Märkte möglicherweise insofern eine besondere Bedeutung, als diese die Wirkung bestimmter Markteintritts- und Marktaustrittsschranken betrachtet. Diese sind gerade für eine Transformationswirtschaft wichtig, in der sehr viele Markteintritte erfolgen müssen (über die Neugründung von Unternehmen oder über Outsourcing aus bestehenden Unternehmen), um eine funktionierende Wettbewerbsordnung zu schaffen.

Wettbewerbsbeschränkungen besonderer Art können durch Korruption bzw. Rent Seeking-Aktivitäten entstehen. Dies ist, wie unten gezeigt wird, auf die besondere Kostenbelastung von Unternehmen durch Rent Seeking-Aktivitäten von Politikern und Bürokraten, aber auch von konkurrierenden Unternehmen zurückzuführen. Diese zusätzliche Kostenbelastung kann demnach prinzipiell eine zusätzliche Markteintrittsschranke bzw. ein Expansionshemmnis für Unternehmen darstellen.

Von Wettbewerbsbeschränkungen sind Wettbewerbsverzerrungen zu unterscheiden. Angesichts von Wettbewerbsverzerrungen ist zwar ein weitgehend freier

Wettbewerb zwischen Unternehmen möglich, jedoch ist das Marktverhalten bzw. die Produktionsweise einzelner Unternehmen mit Umständen verbunden, die diesen Unternehmen einen Wettbewerbsvorteil verschaffen und dadurch die Ergebnisse des Wettbewerbsprozesses verzerrt. So stellt beispielsweise eine Beihilfevergabe bzw. Subventionierung von Unternehmen oder auch die implizite Subventionierung über Steuervergünstigungen oder über künstlich niedrige Vorleistungspreise (z.B. für Energie) für einzelne Unternehmen eine Wettbewerbsverzerrung dar. Wettbewerbsbeschränkungen und -verzerrungen werden im Rahmen dieser Arbeit zusammenfassend als Wettbewerbshindernisse bezeichnet.

Im folgenden wird eine sogenannte Wettbewerbsblockade aus der Existenz von Wettbewerbsbeschränkungen und -verzerrungen abgeleitet. Dabei suggeriert der Begriff der Wettbewerbsblockade in diesem Zusammenhang eigentlich die Unmöglichkeit von marktwirtschaftlichen Wettbewerbsprozessen überhaupt. Dies ist sicherlich in Rußland nicht der Fall, jedoch existieren gerade hier zahlreiche, auch transformations- bzw. landesspezifische Wettbewerbsbeschränkungen und -verzerrungen, deren aggregierte Wirkung auf marktwirtschaftliche Wettbewerbsprozesse in Rußland – auch im Hinblick auf ihr simultanes Auftreten – in den Augen des Autors einer besonderen Kennzeichnung bedarf. Der Begriff der Wettbewerbsblockade kennzeichnet daher die Blockade der elementaren Wettbewerbsfunktionen durch im wesentlichen transformationsbedingte und auch landesspezifische Wettbewerbsbeschränkungen und -verzerrungen.

Bestimmte Wettbewerbsbeschränkungen und -verzerrungen über staatliche Regulierungen sind aus wohlfahrtsökonomischer Sicht im Falle von Markt- oder Wettbewerbsversagen durchaus zu rechtfertigen. Die normative Theorie der Regulierung hat hier einige Tatbestände in diesem Zusammenhang identifiziert, welche im folgenden Unterkapitel näher erläutert werden.

Unter dem Begriff der staatlichen Regulierung der Marktabläufe und Marktergebnisse versteht EICKHOF (1985, 64) "die direkte Kontrolle (d.h. unmittelbare Festlegung und nachträgliche Überprüfung) der ökonomischen Aktivitäten erwerbswirtschaftlich tätiger Unternehmen in einzelnen Wirtschaftsbereichen durch staatliche Institutionen oder deren Beauftragte". Im Hinblick auf die sich wandelnde Rolle staatlicher Institutionen im Transformationsprozeß, die in erster Linie ein Nachlassen der direkten Kontrolle über die Güterallokation und die – soweit notwendig – verstärkte Steuerung der Märkte über indirekte Regulierungen beinhaltet, muß mit NAGY (2000) die Frage nach der ökonomischen Berechtigung von staatlichen Regulierungen bzw. nach der Rolle des Staates überhaupt gestellt werden. Adäquate Regulierungen im Sinne sektorspezifischer Wettbewerbsregeln sind für Transformationsländer allerdings nach wie vor generell von Bedeutung. Für Rußland haben Regulierungen insofern eine große Bedeutung, weil gerade regulierungsrelevante Sektoren – wie Energie, Telekommunikation, Transport und Finanzsektor – für ein nachhaltiges Wachstum und die Integration Rußlands in die Weltwirtschaft besonders wichtig sind.

4.3.1 Zur normativen Theorie der Regulierung

Die normative Theorie der Regulierung benennt eine Reihe von Tatbeständen, die unter bestimmten Bedingungen zu einer Einschränkung bis hin zu einem völligen Versagen des marktmäßigen Koordinationsmechanismus und damit zu wohlfahrtsökonomisch betrachtet suboptimalen Allokations- und Distributionsergebnissen führen. Diese Tatbestände des Markt- bzw. Wettbewerbsversagens betreffen im einzelnen (vgl. FRITSCH/WEIN/EWERS, 1999):

- Vorliegen externer Effekte: Externe Effekte entstehen definitionsgemäß dann, wenn Konsum- oder Produktionsakte von Individuum oder Unternehmen i direkt in die Nutzen- oder Produktionsfunktion des Individuums oder Unternehmens j eingehen. Negative externe Effekte führen zu Schädigungen Dritter, die diese nicht beeinflussen können, positive externe Effekte führen zu einem Zusatznutzen für Dritte, für die der Produzent des Zusatznutzens keine Kompensation erhält.
- Vorliegen eines öffentlichen Gutes: Dabei muß ein Gut zwei Eigenschaften aufweisen. Einerseits kann niemand vom Konsum des Gutes ausgeschlossen werden (Nichtausschließbarkeitsprinzip). Dies führt dazu, daß es für potentielle Nutzer des Gutes rational ist, eine Finanzierung des Gutes über die Zahlung eines Preises zu unterlassen. Obwohl grundsätzlich Nachfrage nach dem Gut besteht, wird über den Markt keine Nachfrage geäußert, mangels effektiver Marktnachfrage wird das Gut also nicht bereitgestellt. Andererseits weist ein öffentliches Gut als zweite Eigenschaft das Kriterium der Nichttrivialität im Konsum auf. D.h. daß ein Nutzer des Gutes durch Hinzutreten eines weiteren Nutzers keine Nutzeneinbußen erfährt, der Grenznutzen bleibt also für jeden weiteren Nutzer gleich.
- Vorliegen eines natürlichen Monopols: Ein natürliches Monopol existiert dann, wenn bei steigender Angebotsmenge die Durchschnittskosten stetig sinken; es gilt das Kriterium der Subadditivität der Kostenfunktion. Wettbewerb zwischen mindestens zwei Anbietern, die jeweils einen Anteil einer bestimmten nachgefragten Menge X produzieren, wäre in diesem Fall ineffizient, weil ein Unternehmen, das die gesamte Menge X allein produziert und absetzt, bei geringeren Durchschnittskosten anbieten könnte. Es ist daher sinnvoll, im Falle des natürlichen Monopols eher von einem Wettbewerbs- denn von einem Marktversagen im eigentlichen Sinne zu sprechen. Bei Wettbewerb kann es zudem zu einem sogenannten ruinösen Wettbewerb kommen, wobei die einzelnen Produzenten gezwungen sind, auf Basis ihrer Grenzkosten und damit unterhalb der Durchschnittskosten anzubieten, was längerfristig zum Überleben des kapitalstärksten Unternehmens als Monopolisten führt. Ruinöser Wettbewerb ist vor allem dann wahrscheinlich, wenn die Produktion und der Absatz eines Gutes von hohen, bei Marktaustritt nicht wiederbringlichen Kosten (Sunk Costs) geprägt sind. Solche Kosten können Aufwendungen für Werbemaßnahmen, aber auch für die Bestechung öffentlicher Stellen – beispielsweise im Rahmen der Beschleunigung von Lizensierungsverfahren – darstellen.

- Vorliegen von Informationsmängeln oder -asymmetrien über transaktionsrelevante Fakten zu Lasten einer der beiden Marktseiten. Dies kann es der besser informierten Seite gestatten, nach Vertrags- bzw. Transaktionsabschluß durch opportunistisches Verhalten ihre Position im nachhinein zu verbessern. Informationsmängel können aber auch dazu führen, daß Nachfrager über den tatsächlichen Nutzen eines Gutes falsch informiert sind und daher die Präferenzenbildung verzerrt wird.
- Vorliegen von Unvollständigkeit von und grundsätzliche Anpassungsmängel auf Märkten. Dies beinhaltet beispielsweise ein temporäres Überschießen von Preisen oder prohibitiv hohe Transaktionskosten, die ein Zustandekommen von Transaktionen verhindern. Transaktionskosten im Bezug auf marktwirtschaftliche Systeme können auch als Kosten der Nutzung von Märkten als Koordinierungsinstrument zwischen Angebot und Nachfrage verstanden werden. Insbesondere WILLIAMSON (1985) und COASE (1988) haben die Bedeutung von Transaktionskosten für den Anpassungsprozeß und das Gleichgewicht auf Märkten hervorgehoben.
- Als ein weiterer Grund für staatliche Regulierung kann nicht-rationales Verhalten von Wirtschaftssubjekten angeführt werden, dies gilt beispielsweise für den Fall meritorischer bzw. demeritorischer Güter.

Neben der Problematik der Wettbewerbsaufsicht und der Fusionskontrolle ist damit den Trägern der Wirtschaftspolitik eine Reihe von Rechtfertigungen für staatliche Regulierungen an die Hand gegeben. Es ist jedoch nicht unbedingt davon auszugehen, daß selbst bei Vorliegen einer der oben angeführten Tatbestände staatliches Handeln eine Effizienzverbesserung herbeiführt. Vielmehr gilt es, Kosten und Nutzen des staatlichen Handelns sowie das Risiko von Politikversagen abzuwägen und entsprechend die Entscheidung über ein Eingreifen staatlicherseits zu treffen.

Staatliche Eingriffe in den Wettbewerbsprozeß müssen nicht unbedingt mit Wettbewerbsbeschränkungen in Form eines regulierten Marktzutritts verbunden sein, wie es das Vorhandensein eines natürlichen Monopols unter Umständen erfordert, oder mit Verzerrungen des Wettbewerbs, welche durch eine Subventionsvergabe oder Steuererhebung im Falle von negativen oder positiven externen Effekten entstehen können. Insbesondere im Bereich der Informationsmängel bzw. der Informationsasymmetrien sind staatliche Regulierungen unter Umständen dazu geeignet, den Wettbewerb über die Schließung von Informationslücken (Zwang zur Information durch die besser informierte Seite) oder die Überbrückung von Informationsasymmetrien durch geeignete Sicherungsmaßnahmen der schlechter informierten Marktseite zu stärken. Letzteres ist beispielsweise im Finanzbereich und insbesondere bei Versicherungen und Banken von Bedeutung, wo viele uninformierte Kleinanleger besser informierten und spezialisierten Finanzinstituten gegenüber stehen. Um Anlegern eine Einschätzung des Anlagerisikos zu ermöglichen, ist eine Informationspflicht sinnvoll; gegebenenfalls wäre auch eine (teilweise) Sicherung ihrer Anlagen empfehlenswert.

Spezialfall natürliches Monopol

Ein wettbewerbstheoretischer Spezialfall stellt das natürliche Monopol dar. Hierbei wird in der Regel eine monopolisierte Marktform mit Regulierungen in Form von Preis- und Mengenvorgaben seitens der Wirtschaftspolitik angestrebt, um ein Wettbewerbsversagen durch ruinöse Konkurrenz quasi im vorhinein zu verhindern, allerdings um den Preis einer sehr weitgehenden Wettbewerbsbeschränkung, wenn nicht gar eines Ausschlusses von Wettbewerb. Die Existenz solcher wettbewerblichen Ausnahmebereiche und ihre regulatorische Behandlung sind in der Wettbewerbsökonomik selbst umstritten. Beispielsweise hat HOPPMANN (1967) spezielle Regelungen für diese Bereiche gerechtfertigt, die Ausgestaltung der Regulierung aber als ein sehr schwieriges Problem bezeichnet, was auf die grundsätzlichen Probleme der Wettbewerbsökonomik bei der Behandlung natürlicher Monopole hindeutet. Andere Vertreter des neoklassischen wettbewerbspolitischen Leitbildes haben aber später diese Rechtfertigung relativiert (KNIEPS, 1997, 46-48). Vertreter der Chicago School lehnen Sonderregelungen für solche Bereiche fast ausnahmslos ab.

In ehemals sozialistischen Ländern und insbesondere in Rußland bildet das natürliche Monopol – sicherlich in der Tradition der Ausnutzung statischer Skaleneffekte durch die sozialistischen Planer (GROS/STEINHERR, 1995) – einen zentralen Rechtfertigungsaspekt regulativer Eingriffe. Die Regulierung und die Bereiche natürlicher Monopole sind in Rußland ausdrücklich gesetzlich geregelt; die Bereiche umfassen im einzelnen (OECD, 2001a, 48-50):

- Durchleitung und Transport von Öl, Ölprodukten und Gas durch Pipelinesysteme,
- Bereitstellung von Elektrizität und Wärme,
- Personen- und Gütertransport auf der Schiene,
- Betrieb von Transportterminals, Häfen und Flughäfen.

Die genannten Bereiche befinden sich weitgehend unter staatlicher Kontrolle, wobei verschiedene Regulierungsinstitutionen und Ministerien für die einzelnen Bereiche zuständig sind. Sowohl Preise wie auch der Umfang der bereitgestellten Menge und der Vertrieb bzw. die Verteilung sind Gegenstand der Regulierung. Aus ordnungspolitischer Sicht besteht jedoch grundsätzlich keine Notwendigkeit für eine derart weitreichende Regulierung dieser Bereiche. Gerade die Deregulierungsmaßnahmen der 80er und 90er Jahre in zahlreichen OECD-Ländern in den Bereichen der Telekommunikation, der Energie und anderen netzbasierenden Sektoren hat gezeigt, daß unter bestimmten Bedingungen, beispielsweise durch technischen Fortschritt wie in der Telekommunikation, Wettbewerb auch in Bereichen sogenannter natürlicher Monopole sinnvoll ist, wobei in der Regel erhebliche Effizienzverbesserungen in Form von Preissenkungen und Qualitätsverbesserungen mit der Deregulierung der Märkte einhergingen (WELFENS/YARROW, 1997). Im Zuge der Deregulierung der oben genannten Bereiche erscheint es angebracht, eine unternehmerischeTrennung der unterschiedlichen sektoralen Produktionsstufen zu erwägen. Es ist schließlich davon auszugehen, daß das Problem des natürlichen Monopols sich unterschiedlich stark auf den einzelnen Produktionsstufen

stellt – mag zwar für die Bereitstellung des Schienennetzes der Bahn der wettbe-
werbliche Ausnahmetatbestand des natürlichen Monopols gelten, so muß dies
nicht notwendigerweise auch auf den Güter- und Personentransport auf der Schiene zutreffen. Wettbewerb im Transportbereich ist demnach durchaus möglich. Eine Deregulierung der natürlichen Monopole oder zumindest eine Überprüfung des
regulatorischen Status solcher Bereiche in Transformationsländern und die mögliche Einführung von Wettbewerb wären daher aus regulierungstheoretischer Sicht
konsequent (ORDOVER/PITTMAN/CLYDE, 1994; CARBAJO/FRIES, 1999).

4.3.2 Zur positiven Theorie der Regulierung

Die normative Theorie der Regulierung liefert eine Reihe von Rechtfertigungsmöglichkeiten für regulatorische Eingriffe in den über Märkte wettbewerblich organisierten Allokations- und Verteilungsprozeß. Jedoch ist in der Realität eine
Fülle weiterer Regulierungen zu beobachten, die nicht mit den Argumenten der
normativen Regulierungstheorie gerechtfertigt werden können. Deren Einführung
und dauerhafte Existenz versucht die positive Theorie der Regulierung zu erklären.
Man könnte argumentieren, daß für eine transformationsbezogene Analyse die
positive Theorie der Regulierung einen nur sehr beschränkten Erkenntniszugewinn
besitzt, da während des Übergangs von der Plan- zur Marktwirtschaft eher die de-
regulierungsrelevanten Faktoren im Vordergrund stehen sollten – Faktoren also,
die die Deregulierung der Wirtschaftsabläufe hemmen oder fördern. Dies sollte also zu einer Theorie der Deregulierung führen. Tatsächlich hat es sich aber bisher
als schwierig erwiesen, mit den Standardinstrumenten der politischen Ökonomie
Deregulierungsprozesse zu erklären (PELTZMAN, 1989; NORTH, 1990; SO-
BANIA, 2000), dies geschah jedoch vor allem im Kontext der Deregulierungsmaßnahmen in den meisten OECD-Ländern in den 80er und 90er Jahren des vergangenen Jahrhunderts und bezog in der Regel systemtransformatorische
Elemente nicht mit ein. In Anlehnung an Ansätze aus der positiven Regulierungstheorie sind allerdings in jüngerer Zeit Erklärungsmuster für fortdauernde bzw.
neu geschaffene Regulierungsmaßnahmen in den Transformationsländern entstanden, die jene mit transformationsspezifischen Faktoren, insbesondere der Korruption, verbinden (HELLMAN/JONES/KAUFMANN (2000). Darüber hinaus lassen
sich mit diesen synthetisierten Ansätzen auch Hemmnisse für den Abbau von Regulierungen bzw. Deregulierungsprozesse und die Einführung marktwirtschaftlicher Reformen erklären, wie im folgenden zu zeigen sein wird.
Die positive Theorie der Regulierung unterteilt drei Gruppen von Akteuren mit
Blick auf das Zustandekommen von Regulierungsmaßnahmen:

- politische Entscheidungsträger,
- Bürokratie,
- Interessengruppen verschiedenster Art, die sich u.a. zum Zweck der Vorteils-
  gewinnung (Rent Seeking) aus der Durchsetzung politischer Maßnahmen bzw.
  Regulierungen bilden.

Die Regulierungstheorie geht dabei zunächst davon aus, daß Politiker in einer repräsentativen Demokratie auf die Legitimierung ihrer Regierung durch Wahlen angewiesen sind, die Maximierung des Stimmenanteils ist damit ihre zentrale Handlungsrestriktion. Jedoch besteht zwischen Wählern und Politikern aufgrund von Informationsasymmetrien zugunsten der Politiker ein typisches Prinzipal-Agent-Problem (mit den Wählern als Prinzipal und den Politikern als Agent)[13], so daß Politiker ihre Macht- und Entscheidungsbefugnisse zu der Verfolgung eigener Interessen bzw. zur Durchsetzung der Interessen einzelner, besonders einflußreicher Interessengruppen, die aber nicht notwendigerweise die Mehrheit der Wählerschaft repräsentieren, benutzen können. Nach STIGLER (1971) existiert ein Markt für Regulierungen, auf dem die Politiker als Anbieter und einzelne Wirtschaftssubjekte bzw. Interessengruppen als Nachfrager von Regulierungen auftreten. STIGLER (1971) sieht dabei die Initiative vor allem auf seiten der Interessengruppen, die sich im Sinne des Rent Seeking Vorteile über bestimmte Regulierungen zu verschaffen erhoffen. PELTZMAN (1976) dagegen betont auch die Möglichkeit der Eigeninitiative von Politikern, die sich mit Regulierungsangeboten an Unternehmen und Interessengruppen richten. Als Preis für die Durchsetzung der Regulierungsmaßnahme stellen die Interessengruppen den Politikern Leistungen in Form von Spenden, Wahlwerbung und Informationen bereit.

Der staatliche Bürokratieapparat ist in der Regel für die Durchführung der politischen Regulierungsentscheidungen zuständig, wobei einerseits für die Bürokraten die Beziehung zu den politischen Entscheidungsträgern relevant ist, die wiederum in der Prinzipal-Agent-Form aufgefaßt werden kann, andererseits lassen sich gemäß der Bürokratietheorie (NISKANEN, 1971; BLANKART, 1975) auch bestimmte Kriterien für ein eigennützig-rationales Verhalten der Bürokraten aufstellen. Aus der Prinzipal-Agent-Beziehung mit den Politikern als Prinzipal und den Bürokraten als Agenten lassen sich Informationsvorsprünge und Spezialisierungsvorteile seitens der Bürokraten ableiten, die diesen wiederum Spielraum für die Verfolgung persönlicher Ziele gewähren. APOLTE (1992) merkt an, daß Politiker im Transformationsprozeß in besonderem Maße auf das Wohlwollen der Bürokraten angewiesen sind. Als Kriterien für ein eigennützig-rationales Verhalten der Bürokraten sind Ziele wie die Maximierung des dem Büro/den Bürokraten zur Verfügung stehenden Budgets bzw. des zu regulierenden Bereichs sowie generell die Maximierung von Macht und politischem Einfluß zu nennen. Während vor al-

---

[13] Das Prinzipal-Agent-Problem stellt sich innerhalb der ökonomischen Vertragstheorie zwischen einem Auftraggeber (Prinzipal) und einem Beauftragten (Agent), der für den Auftraggeber eine bestimmte Aufgabe durchführen soll, deren Erfolg sowohl vom Handeln des Agenten, aber auch von möglichen externen Umständen beeinflußt wird. Das eigentliche Problem entsteht aus der asymmetrischen Informationsverteilung nach Abschluß des Vertrages, denn der Prinzipal kann zum einen die Tätigkeit des Agenten nicht unmittelbar beobachten, und der Agent kann zum anderen Beobachtungen über externe Umstände machen, die dem Prinzipal vorenthalten sind. Letzterer kann also nicht den Anteil des Agenten am Erfolg oder am Mißerfolg mit Sicherheit beurteilen. Der Agent hat die Möglichkeit zu verstecktem Handeln bzw. zu versteckter Information, welche Unterformen des moralischen Risikos sind (vgl. RICHTER/FURUBOTN, 1999, 163).

lem NISKANEN (1971) auf die Budgetmaximierung als wichtigstes persönliches Nutzenkriterium der Bürokratie eingeht, sehen MIGUE/BELANGER (1974) Kriterien wie die Maximierung des sogenannten verdeckten Überschusses als ein ebenso wichtiges Nutzenkriterium an, welches jedoch im Grunde indirekt von der Höhe des Budgets bestimmt wird. Verdeckte Überschüsse ergeben sich dabei aus nicht notwendigen Kosten, die von seiten des Büros als solche angegeben werden, um eine Reduktion des betroffenen Ausgabenpostens im kommenden Fiskaljahr vermeiden zu können.

Im Rahmen der beschriebenen Verhaltensmuster und -restriktionen unterscheidet die Bürokratietheorie verschiedene Ansätze zur Erklärung des Zustandekommens von Regulierungen (vgl. WELFENS/GRAACK, 1996, 139-140). Dies sind a) Bürokratieverhalten, b) Krisentheorie, c) Staatsinteresse und d) Capture-Theorie.

Aus dem Ansatz zum Bürokratieverhalten (a), das durch Maximierung des Budgets und der politischen Macht geprägt ist, kann man auf Regulierungen schließen, die auf Basis des bürokratischen Expansionsdranges umgesetzt werden. Hierbei mag auch die Deutung der regulierenden Aktivitäten der Bürokratie als Wahrnehmung des Staatsinteresses (Ansatz c) eine unterstützende Rolle spielen. Insofern können beide Ansätze als zumindest teilweise komplementär angesehen werden. Das Staatsinteresse spielte als Regulierungsgrund historisch gesehen eine bedeutende Rolle. Die Verstaatlichung von Telekommunikation und Post oder des Energiesektors sowie wichtiger Transportbereiche wurde hiermit gerechtfertigt. Auch waren die staatlichen Monopole als Einnahmequelle für den Staatshaushalt von Bedeutung.

Die Krisentheorie (Ansatz b) bezieht sich darauf, daß im Laufe einer Krisensituation bestimmte Ausnahmeregelungen getroffen werden, die jedoch nach Überwindung der Krise längerfristig fortbestehen. Damit zeigt die Krisentheorie vor allem den Unterschied zwischen kurzfristig umgesetzten Regulierungsmaßnahmen und einer langfristig angelegten Regulierungsstrategie auf.

Die Capture-Theorie (Ansatz d) erklärt Regulierungen mit dem Interesse von einzelnen, in der Regel gut organisierten Gruppen, sich über die Umsetzung bestimmter staatlicher Regulierungen Vorteile zu verschaffen. So kann man das Bürokratieverhalten als Spezialfall der Capture-Theorie ansehen. Jedoch bezieht sich die Capture-Theorie üblicherweise auf einzelne Unternehmen oder Unternehmensgruppen, die zum Zwecke der Vorteilsgewinnung gegenüber Konkurrenten oder mit Bezug auf ihre Marktmacht gegenüber Nachfragern und Zulieferern Politiker oder Bürokraten zur Umsetzung der von ihnen gewünschten Regulierungsmaßnahmen bewegen möchten (STIGLER, 1975). Dies kann sich auf die Beschränkung des Markteintritts, die Einschränkung des Preiswettbewerbs oder den Zwang zur Einhaltung bestimmter Qualitätsstandards beziehen. Regulierungen können dabei als ein im Grunde öffentlich bereitgestelltes Gut angesehen werden, das allerdings über den Regulierungsmarkt mit Bürokraten/Politikern als Anbietern und Unternehmen als Nachfragern angeboten und damit quasi privatisiert werden kann; hierbei sind entsprechend Angebots- und Nachfragefunktionen ableitbar. POSNER (1971; 1974) verallgemeinert diesen Ansatz und bindet als Nachfrager von Regulierungen beispielsweise auch Konsumentengruppen mit ein.

Im Unterschied zur normativen Theorie der Regulierung versucht die positive Theorie der Regulierung nicht die Notwendigkeit von Regulierungen abzuleiten, sondern kommt zu einem völlig anderen Ergebnis, nämlich daß Regulierungen weniger auf der Basis des Vorhandenseins von Tatbeständen des Markt- und Wettbewerbsversagens erklärbar sind, sondern vielmehr auf eigennützig-rationales Verhalten einzelner Gruppen bzw. von Politikern und Bürokraten zurückzuführen sind. Nach der Capture-Theorie bestehen Regulierungen zum Schutz und zum Nutzen von politisch gut organisierten Gruppen, wobei die betreffenden Maßnahmen einerseits sektoral wettbewerbsmindernd wirken und andererseits hierdurch den Rest der Bevölkerung benachteiligen.

Im Kontext der Systemtransformation besitzt die positive Theorie der Regulierung einen hohen Erklärungswert für die Existenz bzw. die Fortdauer von Regulierungen, die zum Teil aus der planwirtschaftlichen Periode übernommen wurden. Es ist davon auszugehen, daß gerade während des Transformationsprozesses die Informationsasymmetrien zwischen Wählern auf der einen und Politikern und Bürokraten auf der anderen Seite besonders ausgeprägt sind. Denn ein demokratisches politisches System mit einer freien Parteien- und Medienlandschaft, die Informationen zwischen Politik und Bevölkerung transportiert und es damit den Bürgern ermöglicht, politische Entscheidungsträger zu kontrollieren, ist auch erst im Entstehen begriffen. Damit stehen in einem Transformationsland den politischen Entscheidungsträgern als der besser informierten Seite vermutlich breitere Handlungsspielräume in Form von Quasi-Renten zur Verfügung als in einem funktionierenden demokratischen System, das Fehlentscheidungen und Fehlverhalten von Politikern über Parteien und Medien dokumentiert und im Zuge von Wahlen – oder bei kriminellen Aktivitäten über die Justiz – sanktioniert.

Im Rahmen der zurückliegenden Darlegungen lassen sich für die regulatorische Lage der Transformationsländer – und insbesondere Rußlands – zwei spezielle Gefahrenmomente für ein Überhandnehmen von Regulierungen und damit Wettbewerbsbeschränkungen identifizieren: Zum einen liefert die Capture-Theorie (sowie auch die Krisentheorie aufgrund der Weiterführung der Regulierungen) einen Erklärungsansatz für ein Ausweiten bzw. ein Fortbestehen der teils planwirtschaftlichen Regulierungen in Bereichen, in denen große Staatsbetriebe dominant sind. Aufgrund ihrer im Vergleich zu Newcomern etablierten Organisation sowie den etablierten Verbindungen zu Bürokratie und Politik sollten diese in der Lage sein, das regulatorische Umfeld so zu gestalten, daß der Konkurrenzdruck möglichst gering und damit der Wettbewerb sowie der Marktzutritt von Newcomern weitgehend verhindert wird. Zum anderen ist von seiten der öffentlichen Stellen, insbesondere der Bürokratie, ein kontinuierlicher Abbau der umfangreichen Regulierungen selbst bei weitgehender Privatisierung der Unternehmen unwahrscheinlich, dies nicht zuletzt wegen des damit einhergehenden Macht- und Einflußverlustes der öffentlichen Stellen bzw. der regulierenden Instanzen.

4.3.3 Demokratische Kontrolle und marktwirtschaftliche Ordnung

Politiker und Bürokraten haben aus einer subjektiv rationalen Sichtweise im marktwirtschaftlich-demokratischen System unterschiedliche Zielsysteme. Politiker einerseits müssen sich periodisch zur Wahl stellen und richten demnach ihre Politik wesentlich nach den Bestimmungsgründen für eine Wiederwahl aus (DOWNS, 1967), während für Bürokraten Aspekte wie die Höhe des Gehalts, die Größe und Bedeutung des Zuständigkeitsbereichs sowie die Höhe des ihnen zur Verfügung stehenden Budgets als Variable ihres Zielsystems wichtig sind – sie sind nicht demokratisch legitimiert und daher in den meisten Fällen keiner Wahlrestriktion unterworfen. Nach NISKANEN (1971) steigt damit der Nutzen eines Bürokraten mit der Höhe des Gesamtbudgets an. In der sozialistischen Verwaltungswirtschaft kann zunächst von einem ähnlichen Zielsystem der Bürokratie ausgegangen werden. APOLTE (1992) weist aber darauf hin, daß es für Bürokraten in sozialistisch-planwirtschaftlichen Systemen einige weitere Aspekte gibt, die bestimmend für ihr Zielsystem sind. APOLTE (1992) bezieht sich vor allem auf zwei Aspekte:

- Im planwirtschaftlichen System ist die Bürokratie zuständig für Faktorallokation und Güterverteilung. Der Übergang zur Marktwirtschaft bedeutet hier einen massiven Kompetenzverlust und läßt starke Widerstände seitens der Bürokratie erwarten. Je weniger die Neudefinition und Umorientierung der Bürokratie gelingt, desto eher ist mit einem starken Eingreifen bürokratischer Instanzen in den neu entstehenden privaten Unternehmenssektor im Sinne der Grabbing Hand-Theorie zu rechnen (FRYE/SHLEIFER, 1997; SHLEIFER/VISHNY, 1999; ZAOSTROVTSEV, 2000). Diese Theorie geht davon aus, daß öffentliche Stellen – Politiker und Bürokraten – ihre Machtstellung gegenüber Unternehmen mißbrauchen, indem sie Zahlungen oder andere Vorteile von ihnen unter Androhung von Sanktionen erpressen.
- Der schattenwirtschaftliche Sektor bietet zusätzliche Einfluß- und Verdienstmöglichkeiten für Bürokraten. Sie sind in der Lage, Tätigkeiten im schattenwirtschaftlichen Sektor durch wohlwollende Duldung oder durch das Bereitstellen von Ressourcen aus ihrem Entscheidungsbereich (Immobilien, infrastrukturelle Dienstleistungen) zu ermöglichen bzw. zu unterstützen.

In einem schwachen institutionellen Umfeld besitzt dieses letztere Argument nicht nur für den schattenwirtschaftlichen Sektor Gültigkeit, sondern auch für den offiziellen. Denn Bürokraten besitzen die Möglichkeit des Verkaufs von öffentlichen "Leistungen" – Regeln oder Vorschriften – an Unternehmen, die sich dadurch in einem unsicheren institutionellen Umfeld eine gewisse institutionelle Sicherheit zu verschaffen versuchen. HELLMAN/JONES/KAUFMANN (2000) haben für dieses Phänomen in Anlehnung an die positive Regulierungstheorie den Begriff der sogenannten "Capture Economy" geprägt. Dieser Begriff weist darauf hin, daß in einer marktwirtschaftlichen Ordnung, die von einer unsicheren oder wenig gefestigten offiziellen Regelsetzung gekennzeichnet ist, Unternehmen bei einer hohen Korruptionsneigung in Politik und Bürokratie dazu übergehen, selbst offizielle Regeln über die Bestechung von öffentlichen Entscheidungsträgern zu

setzen, d.h. daß staatliche Stellen im Capture-Fall Regulierungen in Übereinstimmung mit privaten Interessen umsetzen und dabei öffentliche Interessen nicht berücksichtigen (WELTBANK, 2000, 3).

Bürokraten haben also im Prozeß der Systemtransformation – und insbesondere
bei einem fortdauernd schwachen institutionellen Umfeld, wie z.B. einer wenig
entwickelten Verwaltungsgerichtsbarkeit – parallel zu einem gravierenden Machtverlust zusätzliche Möglichkeiten zur persönlichen Macht- und Einkommenssteigerung. Diese resultieren wesentlich aus der nicht erfolgten Um- und Durchsetzung marktwirtschaftlicher Reformen sowie einer Anpassung der Rolle der
Bürokratie an die marktwirtschaftliche Ordnung.

Die Auswirkungen der Wiederwahlrestriktion auf Politiker läßt sich anhand des
einfachen Medianwählermodells von DOWNS (1967) erläutern. In einem Zwei-
Parteien-System orientieren sich Politiker bei ihren Programmen und politischen
Entscheidungen unter der Annahme der Stimmenmaximierung an dem imaginären
Wähler, der genau die Mitte des Spektrums an Wählerpräferenzen repräsentiert
(Medianwähler). Als Voraussetzung gilt hierbei ein normalverteiltes politisches
Präferenzenspektrum der Wählerschaft, so daß Verluste an beiden Extremen links
und rechts durch Zugewinne in der Mitte des Präferenzenspektrums überkompen-
siert werden können. Dieses Modell bezieht sich in erster Linie auf entwickelte
demokratische Gesellschaftssysteme und ist daher auf Gesellschaften im Umbruch
bzw. Übergang zur Demokratie vergleichsweise schlecht anwendbar. Für den speziellen Fall Rußlands gilt dies vor allem aus zwei Gründen (WENTZEL, 1998):

- Das demokratische System befindet sich erst im Aufbau, wobei zwar seit 2000
  sich ein gewisser Konsolidierungsprozeß auf föderaler Ebene mit Blick auf das
  Parteienspektrum ergeben hat. Jedoch sind die meisten Parteien – mit Ausnahme der Kommunisten – nicht über eine landesweite Organisationsstruktur im
  öffentlichen Leben vertreten (VON STEINSDORFF, 2002). Neben den Partei-
  en sind auch andere politisch meinungsbildende Massenorganisationen einem
  tiefgreifenden Wandel unterworfen und sind nicht in der Lage, ein kohärentes
  Erscheinungsbild wiederzugeben, so beispielsweise die russischen Gewerkschaften (HOFFER, 1998).
- Die demokratische Kontrollwirkung von Wahlen auf die politischen Entscheidungsträger ist erheblich eingeschränkt. Die Programme der politischen Partei-
  en ergeben in der Regel ein sehr diffuses Bild politischer Programmatik. Dies
  hat zur Folge, daß sich für den Wähler teilweise erhebliche Informationskosten
  ergeben (WELFENS, 1998) bzw. Wähler sich an bekannten Forderungen und
  Werten orientieren. Kontrollorgane wie Rechnungshöfe befinden sich noch im
  Aufbau bzw. sind von ihrer Rolle im politischem System und den daraus resultierenden Einflußmöglichkeiten her gesehen weitgehend machtlos. Die Freiheit
  und Meinungsvielfalt der Presse, insbesondere was die Berichterstattung auf
  regionaler und lokaler Ebene angeht, sollte insgesamt eine bedeutende Rolle
  spielen. Jedoch ist oft eine Art von Apathie gegenüber politischem Fehlverhalten wie Korruption und Vetternwirtschaft zu beobachten mit der Folge, daß
  selbst bei Bekanntwerden solcherlei Tatsachen demokratische Sanktionen aus-
  bleiben. Einige prominente Beispiele schildert ZAOSTROVTSEV (2000).

Insgesamt gibt die Schwäche des demokratischen Systems und der Kontrolle der politischen Entscheidungsträger diesen einen erweiterten Handlungsspielraum im Sinne einer Ausdehnung ihrer Aktivitäten auf privatwirtschaftliche Bereiche, einem verstärkten Eingreifen in Unternehmensabläufe mit dem Ziel der Rentenerpressung sowie – und dies ähnlich der Bürokratie – eines Verkaufs institutioneller Regeln (Capture Economy).

Allerdings sind auch in Rußland die politischen Entscheidungsträger – bei allen Schwächen des politischen Systems – in der Regel der Bestätigung durch die Wählerschaft unterworfen. Damit stellt sich die Frage, in welcher Weise marktwirtschaftliche Reformen einerseits in der Bevölkerung aufgenommen werden – wird hierdurch die Wiederwahl erleichtert oder erschwert? – und andererseits inwieweit solche Reformen mit der Einführung eines demokratischen politischen Systems interagieren. DETHIER/GHANEM/ZOLI (1999) analysieren die Wirkung demokratischer Freiheiten auf den wirtschaftlichen Liberalisierungsprozeß bzw. auf Einführung und Umsetzung marktwirtschaftlich orientierter Reformen. Sie kommen zu dem Schluß, daß demokratische Freiheiten die Liberalisierung mehr begünstigen als behindern, und stellen damit das Argument in Frage, das vor allem angesichts des relativen Erfolgs des chinesischen Weges der wirtschaftlichen Umgestaltung gebraucht wird, daß nämlich nur eine autoritäre Führung in der Lage ist, einen solchen langfristigen Liberalisierungsprozeß zu steuern. Ihrer empirischen Analyse zufolge hat das Vorhandensein einer bürgerlichen Gesellschaft wie in vielen Staaten Mitteleuropas eine Katalysatorwirkung auf den Zusammenhang zwischen Demokratie und wirtschaftlicher Liberalisierung. Gerade Rußland wird bei DETHIER/GHANEM/ZOLI (1999) allerdings als Problemfall mit Blick auf die Entwicklung einer bürgerlich-demokratischen Gesellschaft genannt.

4.3.4 Zum Verhältnis von Politikern und Unternehmen

In einer demokratischen Gesellschaftsordnung sind Politiker der Wiederwahlrestriktion unterworfen, wie oben schon erläutert wurde. Daraus ergibt sich das Motiv der Stimmenmaximierung für die Handlungen von politischen Entscheidungsträgern und damit für die Auswahl an regulatorischen Eingriffen in die marktwirtschaftlichen Wettbewerbsprozesse. Aus einer einfachen ökonomisch-rationalen Perspektive, die als ausschlaggebendes Kriterium für die Maximierung der Wahlstimmen Aspekte wie ein möglichst hohes wirtschaftliches Wachstum, geringe Arbeitslosigkeit und sozialer Frieden vorsieht, resultiert die Forderung an politische Entscheidungsträger nach einer wachstumsorientierten Wirtschaftspolitik unter Beachtung der oben genannten Prinzipien für eine funktionierende marktwirtschaftliche Wettbewerbsordnung.

In der Praxis der meisten Länder ist jedoch eine Fülle von Maßnahmen seitens politischer Entscheidungsträger beobachtbar, die weniger auf die langfristige Verbesserung der Wettbewerbsordnung als Quelle und indirekter Beeinflussung zunehmender privatwirtschaftlicher Aktivitäten abzielen, als vielmehr auf die direkte Verfolgung bestimmter populistischer Ziele. Dies betrifft beispielsweise die

Schaffung von Arbeitsplätzen über Arbeitsbeschaffungsmaßnahmen oder die Subventionierung bestimmter Grundbedürfnisse der Bevölkerung (z.B. Energie, Mieten, Lebensmittel). Solcherlei Maßnahmen beeinflussen die Popularitätsfunktion der Politiker bzw. der Regierung und erhöhen in der Regel die Chance ihrer Wiederwahl (Abb. 18).

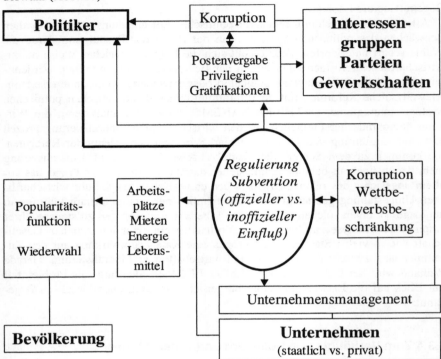

Abb. 18. Das Spannungsfeld zwischen Politikern und Unternehmen

Zur Durchsetzung dieser Maßnahmen steht den politischen Entscheidungsträgern ein breites Spektrum an Einflußmöglichkeiten zur Verfügung: Grundsätzlich zu unterscheiden sind hierbei offizielle, d.h. gesetzes- bzw. verfassungstreue Maßnahmen, und inoffizielle Regulierungen, die in einem weniger gefestigten institutionellen Umfeld als Politikmittel eingesetzt werden und die Gestalt von inoffiziellen Absprachen annehmen, welche durch Drohungen bzw. Repressalien seitens der Behörden gegenüber den Unternehmen durchgesetzt werden können. Politiker können im Falle von öffentlichen Unternehmen in aller Regel einen direkten Einfluß auf die Geschäfts- bzw. Beschäftigungspolitik nehmen, bei mehrheitlich privaten Unternehmen können bestimmte Regulierungen erlassen werden, z.B. im Falle von Infrastrukturbetrieben, die zu einer Mindestversorgung der Bevölkerung mit Energie, Wärme, Wasser oder Telekommunikationsdienstleistungen verpflichten.

Die Umsetzung der politischen Ziele führt für die betroffenen Unternehmen in aller Regel entweder zu einer höheren Kostenbelastung oder zu sinkenden Renditen. Daher versuchen die Unternehmen ihrerseits, Einfluß auf Politiker zur Reduzierung der Kostenbelastung bzw. zur Verbesserung ihrer Wettbewerbslage auszuüben. Einerseits besteht die Möglichkeit, daß sich das Unternehmensmanagement über Lobbyarbeit bis hin zur Bestechung von Politikern gegen die Regulierungen wehrt, andererseits werden die Politiker im Interesse des Erhalts des Unternehmens bestrebt sein, die Kostenbelastungen bzw. den Umsatzrückgang zu kompensieren: Dies erfolgt beispielsweise durch die Zahlung von Beihilfen oder die Gewährung von steuerlichen Vergünstigungen, durch Preisdifferenzierung (z.B. Unternehmen und private Haushalte, Absatz im Inland und im Ausland) oder durch die Beschränkung des Wettbewerbs und damit durch die Zurücknahme des Konkurrenzdrucks auf das Unternehmen. Diese Kompensationsinstrumente sind allerdings unter ökonomischen Effizienzgesichtspunkten kritisch zu beurteilen.

Die Bedeutung der Popularitätsfunktion als Entscheidungskriterium von Politikern hängt jedoch eng mit dem Organisationsgrad der Wahlbevölkerung zusammen. Eine unorganisierte und schlecht informierte Öffentlichkeit, wie sie für die jungen demokratischen Gesellschaften in den Nachfolgestaaten der Sowjetunion typisch ist, gibt den Politikern verstärkt Gelegenheit, einerseits persönliche Ziele zu verfolgen und andererseits politisch Verbündete und vor allem einflußreiche Interessengruppen mit Privilegien auszustatten, die den Politikern wiederum den Machterhalt sichern. Zur Untersuchung der Auswirkungen politischer Einflußnahme auf das Verhalten von Unternehmen beschreiben SHLEIFER/VISHNY (1994) ein einfaches Beziehungsgeflecht zwischen Politikern, dem Management von Unternehmen und den Interessengruppen, die mit Privilegien über Unternehmen versorgt werden sollen.

Abb. 18 veranschaulicht im rechten oberen Teil dieses Beziehungsgeflecht schematisch. Politiker üben dabei Einfluß auf Unternehmen aus, bestimmten Interessengruppen oder politisch Verbündeten Privilegien zukommen zu lassen. Das Verhältnis zwischen Unternehmensmanagement und Politikern wird dabei gedanklich durch einen unvollständigen Vertrag geregelt, durch den bestimmte Kontrollrechte bei den Politikern verbleiben, um deren Machtausübung zu sichern. Der Umfang dieser Kontrollrechte prägt die Verhandlungen zwischen Politikern und Unternehmensmanagement über den Umfang der Privilegien (SHLEIFER/VISHNY, 1994, 997). Politiker beeinflussen das Management durch Subventionen, und umgekehrt nimmt das Unternehmensmanagement Einfluß auf Politiker durch Bestechung zur Abwehr der Regulierungsmaßnahmen bzw. zur Reduzierung der aus der Privilegienvergabe im Unternehmen resultierenden zusätzlichen Kostenbelastung.

Im Modell von SHLEIFER/VISHNY (1994) wird Überbeschäftigung in Unternehmen in Form einer Versorgung von politisch Verbündeten der Politiker mit Arbeitsplätzen vereinfachend als einziges Privilegierungsinstrument betrachtet. SHLEIFER/VISHNY (1994) setzen die Verteilung der Kontrollrechte – insbesondere die Kontrolle über den Cash Flow des Unternehmens sowie den Umfang der Beschäftigung – in den Mittelpunkt ihrer Analyse. Sie untersuchen die Frage, ob eine unterschiedliche Verteilung dieser Kontrollrechte, die durch verschiedene Rechts- bzw. Besitzformen gekennzeichnet sind (Unternehmen im öffentlichen Besitz, vergesellschaftete bzw. kommerzialisierte und privatisierte Unternehmen), Auswirkungen auf die Unternehmenseffizienz besitzt, also darauf, wie hoch die Überbeschäftigung im Unternehmen ausfällt. Bei Unternehmen im öffentlichen Besitz hält der Politiker (das Finanzministerium) die Kontrolle über den Cash Flow und die Beschäftigungshöhe, bei rein privaten Unternehmen haben private Anteilseigner bzw. das Management als deren Agenten diese beiden Kontrollrechte. Bei kommerzialisierten Unternehmen in staatlicher Hand können diese unterschiedlich zwischen Politiker und Management verteilt sein.

Das Verhandlungsergebnis, also die Höhe der Überbeschäftigung, die Höhe der Subvention an das Unternehmen und die Höhe der Bestechungszahlung an den Politiker, wird abgeleitet aus den Nutzenfunktionen zum einen für den Politiker und zum anderen für das Management des Unternehmens. Der Nutzen des Politikers wird bestimmt durch die Höhe der Überbeschäftigung und die Höhe der Bestechungsgelder (nutzensteigernd) und die Kosten für die Erhebung von Steuergeldern zur Zahlung der Subvention (nutzensenkend). Der Nutzen des Managements wird aus der Höhe der Bestechungskosten (nutzensenkend) und dem Anteil am Gewinn des Unternehmens abgeleitet, von dem die Kosten der Überbeschäftigung abgezogen und die Subventionen addiert werden (nutzensteigernd).

SHLEIFER/VISHNY (1994) leiten zunächst ein Verhandlungsergebnis bezüglich der Höhe der Überbeschäftigung sowie der Zahlungen zwischen Politikern und Unternehmensmanagement ab, welches unabhängig von der Allokation der Kontrollrechte, also der Unternehmensform ist. Dies gilt unter der Annahme, daß Korruption "kostenlos" ist und die Kosten der Subventionszahlungen bei allen Unternehmen gleich sind. Die Frage danach, unter welchen Bedingungen nun die Rechts- bzw. Eigentumsform des Unternehmens möglicherweise das Verhandlungsergebnis und damit die Ressourcenallokation beeinflußt, steht im Mittelpunkt ihrer weiteren Erörterungen. Dabei sind folgende Ergebnisse wesentlich:

• Eine Restrukturierung des Unternehmens – ein Abbau der Überbeschäftigung – wird nur dann erreicht, wenn in das Modell eine polit-ökonomische Obergrenze für die Subventionierung von Unternehmen eingeführt wird – eine sogenannte Anstandsgrenze ("Decency Constraint"), und zwar insbesondere für Unternehmen mit hoher Profitabilität. Unternehmen mit ausreichend hoher Profitabilität und/oder einem ausreichend hohen Unternehmensanteil im Besitz des Managements wird sich gegen eine politisch motivierte und subventionierte Überbeschäftigung entscheiden bzw. diese abbauen. Unternehmen mit geringer Profitabilität oder mit Verlusten werden weiterhin Subventionen im Gegenzug zu politisch motivierter Überbeschäftigung beziehen. Man kann die Anstandsgrenze für Subventionen sicherlich dahingehend interpretieren, daß durch sie indirekt die oben dargestellte Popularitätsfunktion in das Modell eingeführt wird, das sich bislang lediglich auf das Beziehungsgeflecht zwischen Politiker, Unternehmensmanagement (sowie dessen Anteilseignern) und den mit dem Politiker verbundenen Interessengruppen konzentriert hat. Der politische Entscheidungsträger muß bei Verletzung der Anstandsgrenze mit Sanktionen seitens der

Wahlbevölkerung oder bisher nicht berücksichtigter Interessengruppen rechnen. Eine Privatisierung ist im Hinblick auf eine Effizienzsteigerung des Unternehmens also nur bei Gelten einer Anstandsgrenze für Subventionen und einem hinreichend profitablen Unternehmen sinnvoll.

- Das Nutzenniveau der Politiker steigt bei der Privatisierung eines öffentlichen Unternehmens (Übertragung der Kontrollrechte am Cash Flow an private Anteilseigner oder an das Management im SHLEIFER/VISHNY-Modell) dann, wenn sie weiterhin die Kontrolle über das Beschäftigungsniveau des Unternehmens behalten – hier wären verschiedene Regulierungsmöglichkeiten der Beschäftigungspolitik des Unternehmens denkbar – oder wenn die politische Anstandsgrenze für Subventionen relativ zu dem Nutzen aus der Überbeschäftigung bzw. der Versorgung von nahestehenden Interessengruppen mit Privilegien sinkt.

SHLEIFER/VISHNY (1994) weisen explizit auf einen im Zusammenhang mit der sich wandelnden Rolle des Staates im Transformationsprozeß interessanten Aspekt hin. Sofern das Finanzministerium als Empfänger des Cash Flows öffentlicher Unternehmen vom dem politischen Entscheidungsträger unabhängig ist, der die Regulierungsmacht über das Unternehmen ausübt, hat dieser Politiker somit keinen direkten Zugriff auf den Cash Flow des Unternehmens. Sofern gleichzeitig eine gewisse polit-ökonomische Maximalhöhe – also eine Anstandsgrenze – für die Subventionsvergabe existiert, so ist ein staatliches Unternehmen aus Sicht des Politikers als eine Quasi-Verschwendung möglicher Bestechungsgelder zu betrachten. Denn würde das Unternehmen und damit der Cash Flow privatisiert, und hätte er weiterhin weitreichende Regulierungsinstrumente – offizieller oder inoffizieller Art – in der Hand, so wäre die finanzielle Verhandlungsmasse für die Zahlung von Bestechungsgeldern seitens des Unternehmensmanagements wesentlich größer.

Damit läßt sich ein Bezug zu Unternehmensprivatisierungen im Transformationsverlauf herstellen. Politiker vor allem auf regionaler Ebene in Rußland, die einerseits über offizielle und inoffizielle Regulierungsinstrumente verfügen und andererseits einen geringen Nutzen von der Einbringung der Gewinne staatseigener Unternehmen in die öffentlichen Haushalte haben, wären demgemäß durch Unternehmensprivatisierung zu einer Steigerung des Finanzvolumens für Bestechungsgelder in der Lage. Die Regulierungsmöglichkeiten politischer Entscheidungsträger können daneben auch zur Verfolgung politischer Ziele – z.B. Überbeschäftigung – genutzt werden. Diese Zusammenhänge können teilweise erklären, warum ehemals staatseigene Betriebe trotz Privatisierung bislang wenig Effizienzverbesserungen bzw. Restrukturierungsmaßnahmen realisieren konnten.

Das Modell von SHLEIFER/VISHNY (1994) konzentriert sich in erster Linie auf die Verteilung der Kontrollrechte über die Geschäftspolitik und den Cash Flow eines Unternehmens. Es läßt dabei jedoch die Rolle der Informationsverteilung über die Produktions- bzw. die Kostenstruktur des Unternehmens außer acht, worauf die beiden Autoren zumindest hinweisen (SHLEIFER/VISHNY, 1994, 997). Dabei spielt die Rolle der Informationsverteilung für die Regulierung von Industrien eine bedeutende Rolle. Auf die Bedeutung einer asymmetrischen Informationsverteilung zwischen politischen Entscheidungsträgern und dem Management von Unternehmen haben LAFFONT/TIROLE (1991; 1993) hingewiesen, die anhand der Regulierung eines Monopols zeigen, daß private Informationen seitens der Manager, die nur mit zusätzlichem Aufwand für Politiker zugänglich sind, eine Quelle zur Rentengenerierung für Manager darstellen können. Das Verhältnis zwischen Politikern und Unternehmensmanagern wird in der Literatur zudem unter einem dritten modelltheoretischen Blickwinkel – neben der Betrachtung der Kontrollrechte und der Problematik der asymmetrischen Informationsverteilung – analysiert; dies ist das Problem "unvollständiger Verträge" (MASKIN/ TIROLE, 1999), das beispielsweise HART/SHLEIFER/VISHNY (1997) auf die Ausgestaltung von Regulierungen anwenden.

Die Problematik der asymmetrischen Informationsverteilung greift ESFAHANI (2000) in einer Kritik des Modells von SHLEIFER/VISHNY (1994) auf. Ausgehend von der Annahme privater Informationen zur Kostenstruktur des Unternehmens auf seiten des Unternehmensmanagements, welche den regulierenden Politikern ex ante nicht zur Verfügung stehen und vom Management zur Rentengenerierung benutzt werden können, analysiert er anhand eines alternativen theoretischen Modells die Wahl der Organisations- und Finanzierungsform eines Unternehmens.

ESFAHANI (2000) geht in seiner Analyse vereinfachend von einem Projekt über eine Periode aus, dessen Laufzeit er in einer Erweiterung auf unendlich viele Perioden ausdehnt. Die Wahl der Organisations- und Finanzierungsform des Unternehmens geschieht in Abhängigkeit von der administrativen Kapazität der Regierung, welche sich in den administrativen Kosten für die Kontrolle der Kostenstruktur des Projektes, also in der Effizienz des Regierungsapparates widerspiegelt. Die Regierungsentscheidungen sind von den Opportunitätskosten öffentlicher Mittel abhängig und darüber hinaus auf Instrumente zur Signalisierung der Glaubwürdigkeit der Regierung im Hinblick auf die Einhaltung von Zusagen gegenüber privaten Investoren angewiesen. (ESFAHANI (2000) bezeichnet letztere als "Cost of Commitment" der Regierung).

Im Hinblick auf die Wahl der Organisationsform des Projektes – staatlich oder privat – spielen die Glaubwürdigkeitskosten der Regierung die entscheidende Rolle: Sind diese hoch (die Regierung muß also einerseits öffentliche Mittel zur Anziehung privater Investoren aufwenden und andererseits sich in ihrem zukünftigen Handlungsspielraum stark einschränken), so wird das Projekt in staatlicher Regie durchgeführt, bei geringen Glaubwürdigkeitskosten jedoch unter privater Führung. Die Regulierungsneigung der Regierung ist darüber hinaus je stärker ausgeprägt, desto geringer die Effizienz der administrativen Kontrolle des privaten Unternehmens ausfällt (desto höher die Kontrollkosten liegen), desto schlechter also Politiker in der Lage sind, die Zusatzrenten aus privaten Informationen privater Investoren zu kontrollieren. ESFAHANI (2000) führt als Indiz für die empirische Bestätigung seiner Modellergebnisse u.a. die Beobachtung an, daß in Ländern mit qualitativ minderwertigen marktwirtschaftlichen Institutionen, welche die Kontrollkosten der Regierung gering halten – er assoziiert dieses Merkmal mit einem geringen Pro-Kopf-Einkommen –, der öffentliche Sektor relativ größer ist und das

Regulierungsniveau insgesamt höher liegt als in Ländern mit mittlerem oder hohem Pro-Kopf-Einkommen.

Tab. 29. Gas- und Elektrizitätspreise im internationalen Vergleich

	Strompreise 1997 in US-Dollar pro Kilowattstunde			Gaspreise 1997 in US-Dollar pro 10 Kilokalorien		
Land	Haushalte (A)	Industrie (B)	A/B	Haushalte (A)	Industrie (B)	A/B
Rußland 1997	2,7	4,1	0,7	17,9	43,0	0,4
Rußland 2000	1,0	1,5	0,7	8,4	14,2	0,6
Polen	6,2	3,6	1,7	227,7	130,6	1,7
Ungarn	6,8	5,4	1,3	165,6	145,0	1,1
Türkei	8,0	7,7	1,0	237,5	199,3	1,2
OECD	11,4	6,8	1,7	364,3	147,7	2,5

Quelle: OECD (2002), Economic Survey: Russian Federation, Paris, 131.

Die Nutzung von Unternehmen zur Verfolgung politischer Ziele läßt sich im Falle Rußlands mittels der Regulierungspolitik für die Strom- und Gasindustrie verdeutlichen. Ein Blick auf die Preisstruktur in der Strom- und Gasbranche zeigt dies. So dienen niedrige Tarife für die Versorgung mit Strom und Gas nicht nur der impliziten Subventionierung vieler Industriebetriebe, sondern auch private Haushalte kommen in den Genuß von im internationalen Vergleich extrem niedrigen Strom- und Gaspreisen, die vor allem auf politischen Vorgaben beruhen und die Kostenstruktur bei der Gasgewinnung bzw. Stromerzeugung und deren Weiterleitung in keiner Weise widerspiegeln (EBRD, 2001, 102).

Die Strompreise für private Haushalte in Rußland lagen 1997 auf einem Niveau von 2,7 US-Dollar pro 100 Kwh, was weniger als der Hälfte des polnischen Werts und weniger als einem Drittel des türkischen Werts entspricht (Tab. 29). Bei den Gaspreisen ist der Unterschied noch wesentlich größer. Der polnische Wert für private Haushalte beträgt rund das 15-fache des russischen. Zudem liegen die Industriepreise rund eineinhalb Mal bzw. doppelt so hoch wie die der privaten Haushalte. Zwischen 1997 und 2000 hat sich in Dollareinheiten ausgedrückt sogar eine weitere Senkung der Gas- und Strompreise ergeben. Dies reflektiert in erster Linie die starke Rubelabwertung gegenüber dem Dollar. Real (in Rubeleinheiten) ist der durchschnittliche Stromtarif allerdings ebenfalls in diesem Zeitraum um rund 50% zurückgegangen (OECD, 2002, 124).

Als Kompensation für die niedrigen Gas- und Strompreise waren die jeweiligen Hauptanbieter auf dem Gas- und Strommarkt, Gazprom und RAO UES, bis heute in der Lage, einerseits Steuerrückstände anzuhäufen und andererseits über Verhandlungen deutliche Reduzierungen der Steuerschuld zu erreichen. Ebenso werden sie zu Beginn des 21. Jahrhunderts durch ihre Monopolstellungen vor potentiellen Konkurrenten geschützt, an eine Liberalisierung speziell des Strommarktes in naher Zukunft wird seitens der Regierung nicht gedacht. Vielmehr sollen die zahlreichen, auf lokaler Ebene existierenden unabhängigen Netzbetreiber (Energos) unter dem Dach des einzigen überregionalen Stromanbieters und Netzbetreibers RAO UES vereinigt werden (OECD, 2002).

4.4 Hindernisse für einen funktionierenden Wettbewerb im Transformationsprozeß

Der marktwirtschaftliche Wettbewerb lebt vom ständigen Wandel von Produkten und Produktionsmethoden, von der Adaption des technologischen Fortschritts im Produktionsprozeß und bei der Produktgestaltung. Insofern zeichnet sich ein funktionierender Wettbewerb durch dynamische Veränderungen aus, die sich über den im Selektionsprozeß erfolgenden ständigen Wandel von Marktanteilen einzelner Firmen widerspiegeln. Offenheit der Märkte sowohl für Marktein- wie Marktaustritte ist daher von großer Bedeutung für den Selektionsprozeß und die wirtschaftliche Entwicklung im Ganzen. Es stellt sich bei der Betrachtung einer Transformationswirtschaft wie der russischen die Frage nach dem Funktionieren dieses Selektionsprozesses: ob einerseits ein hinreichend starker Druck auf die etablierten Unternehmen zur Restrukturierung ausgeübt wird, und ob andererseits die Märkte ausreichend offen, also die relevanten Markteintrittsschranken niedrig genug sind, um Marktzutritte bzw. die Entwicklung neuer Produkte zu ermöglichen.

Für junge russische Unternehmen sind, wie Unternehmensumfragen zeigen (RADAEV, 1999), insbesondere Regulierungen, diskretionäre bürokratische Entscheidungsspielräume, das ausufernde Lizensierungswesen und die teilweise erratische Steuergesetzgebung die wichtigsten Probleme bei der Gründung und beim Aufbau eines Unternehmens und auch letztlich der Grund dafür, daß immer mehr Unternehmen in die Schattenwirtschaft gezwungen werden. Aber auch der mangelnde Zugang zu externen Finanzierungsquellen schränkte die Expansionskraft junger und auch kleiner und mittlerer Unternehmen stark ein (PISSARIDES/SINGER/SVEJNAR, 2000). Darüber hinaus spielte auch die instabile gesamtwirtschaftliche Entwicklung in Rußland, welche sich in der Form eines Risikozuschlags im Rahmen von Renditekalkulationen niederschlägt und damit auch die externe Finanzierung von Unternehmen erschwert, eine negative Rolle für unternehmerische Gründungs- und Investitionsaktivitäten (EBRD, 1999). Es stellt sich insgesamt die Frage, auf welche Weise die oben genannten Probleme den Aufbau einer marktwirtschaftlichen Wettbewerbsordnung in Rußland beeinflussen bzw. behindern, auf welche Weise sie wettbewerbsbeschränkend oder wettbewerbsverzerrend wirken und ob Rußland mit Blick auf die Intensität einzelner Probleme möglicherweise eine Sonderrolle innerhalb der Gruppe der Transformationsländer einnimmt.

4.4.1 Regulierung und institutionelle Reform

Das institutionelle Umfeld und die staatliche Regulierung spielen naturgemäß eine erhebliche Rolle für die Intensität des Wettbewerbs und die Offenheit von Märkten. Explizit wettbewerbsbeschränkende staatliche Regulierungen können dabei verschiedene Formen annehmen, die von Lizensierungen (Beschränkungen des Markteintritts) über Qualitätsvorgaben bis hin zu Preisregulierungen in Form von Preisober- oder Preisuntergrenzen reichen können. Die Bedeutung staatlicher Regulierung nimmt allerdings mit der zunehmenden Verbreitung des schattenwirtschaftlichen Sektors ab. Dies zeigt sich am Beispiel von arbeitsrechtlichen Regelungen, die für Unternehmen in Ländern wie Rußland oder der Ukraine keine besondere Rolle für deren Beschäftigungspolitik spielen. (EBRD, 1999, 153).

Allerdings kann sich ein dichtes staatliches Regelwerk auch angesichts eines hohen schattenwirtschaftlichen Anteils für Unternehmen auf andere, mehr indirekte Weise nachteilig auf die Unternehmensentwicklung auswirken. Ein dichtes offizielles Regelwerk, insbesondere im Falle von unklaren und vor allem widersprüchlichen Regelungen, bietet den mit der Durchsetzung der Regulierung betrauten Behörden umfangreiche diskretionäre Entscheidungsspielräume, welche wiederum einen wichtigen Ansatzpunkt für Korruption und Machtmißbrauch darstellen. Eine in diesem Zusammenhang gerade in Rußland häufig angewandte Regulierungspraxis ist die regelmäßig wieder zu erneuernde Lizenzerteilung für den Geschäftsbetrieb durch Verwaltungsstellen, die das betroffene Unternehmen in hohem Maße durch die mit dem Vorgang befaßten Bürokraten erpreßbar macht (ZAOSTROVTSEV, 2000).

Probleme bei der Durchsetzung von institutionellen Reformen in der Praxis entstehen im Falle Rußlands nicht nur aufgrund einer zu großen Agenda an Reformmaßnahmen in einem zu knapp bemessenen Zeitraum. Es werden auch die Schwierigkeiten hinsichtlich der Einstellung von Unternehmern gegenüber kodifizierten Regeln betont (RADAEV, 1999). Die gesetzlichen Rahmenbedingungen, die in den meisten marktwirtschaftlichen Ländern der westlichen Welt die Beziehungen zwischen verschiedenen Wirtschaftssubjekten und den Ablauf ihrer Transaktionen bzw. die Vorgehensweise im Falle von Zuwiderhandlungen gegen Transaktionsvereinbarungen regeln, werden in Rußland oftmals in einer anderen Weise wahrgenommen. Die Wahrnehmung von gesetzlichen Regelungen aus sowjetischen bzw. zaristischen Zeiten, wo Regelungen und staatliche Institutionen primär als Maßnahmen des Staates zur Gängelung seiner Bürger empfunden wurden, hat auch im bzw. nach dem Systemübergang Bestand (HENDLEY, 1997).

Neben den Erfahrungen aus der Sowjetzeit fehlt in Rußland auch weitgehend die in Westeuropa vorherrschende Tradition der Verfassungs- und Rechtsgeschichte, deren Regelungen das Bürgertum seit dem Zeitalter der Renaissance sukzessive sich selbst erstritten und verfaßt hat (WEBER, 1967; NORTH, 1990). Das fehlende Vertrauen in staatlich gesetzte Institutionen hat die Konsequenz, daß sich russische Unternehmer als Vertragspartner in der Regel erstens mehr auf persönliche Bindungen als auf schriftlich fixierte Verträge verlassen und daß sie zweitens im Falle von Vertragsstreitigkeiten nicht den Weg über die staatliche Jurisdiktion suchen − diese sind schlecht bezahlt und daher korrumpierbar sowie schlecht ausgebildet und unerfahren −, sondern private Mittel der Problemlösung anwenden.

Fehlendes Vertrauen in die neuen marktwirtschaftlichen Institutionen, Widerstände aufgrund historischer Erfahrungen sowie mangelnde Qualifikationen in der

Verwaltung und Rechtssprechung können als "weiche Reformwiderstände" bezeichnet werden. Diese tragen dazu bei, daß der institutionelle Wandel, der einerseits Bürokraten und Politikern Grenzen für ihre Entscheidungsspielräume setzen
und andererseits einen verläßlichen marktwirtschaftlichen Ordnungsrahmen schaffen soll, zusätzlich verzögert wird. Grundsätzlich kann man mit DEWATRI-
PONT/ROLAND (1996, 2-3) folgende Einflüsse identifizieren, die das Tempo
und den Umfang des institutionellen Wandels beeinflussen:

- Unsicherheit bezüglich des Reformergebnisses,
- Komplementaritäten und Wechselwirkungen zwischen den einzelnen Teilen der
  Reform,
- politische Restriktionen im Laufe der Demokratisierung der Gesellschaft hinsichtlich der gesellschaftlichen Unterstützung der Reformvorhaben insgesamt.

Mit Blick auf den institutionellen Wandel sollte hier mindestens noch ein weiterer Punkt hinzugefügt werden:

- Zeitfaktor des institutionellen Wandels, der einerseits von dem Reformtempo
  und andererseits von der Adaptionsfähigkeit und dem Adaptionswillen der vom
  institutionellen Wandel Betroffenen abhängt.

Trotz der Bedeutung des institutionellen Wandels galt der Reform des Rechts-
wesens in Rußland, wie HENDLEY (1997) argumentiert, zunächst nicht die volle
Aufmerksamkeit der Reformer, insbesondere auch nicht der westlichen Ratgeber.
Vielmehr sollten rechtliche Reformen prinzipiell dann erfolgen, wenn in dem neu
geschaffenen privaten Sektor Bedarf danach besteht (das sogenannte "Development Argument" (HENDLEY, 1997, 228), siehe auch oben, Kap. 3.3.4). Eine
mögliche Rechtfertigung für diese Vorgehensweise könnte darin liegen, daß hierdurch zumindest die politischen Restriktionen für konkrete Reformvorhaben ge-
mindert werden können. Doch diese Sichtweise greift zu kurz, nicht nur weil sie
mit dem Problem des Zeitfaktors des institutionellen Wandels kollidiert. Dieses
Vorgehen ist insbesondere in Kombination mit der russischen Privatisierungs- und
Industriepolitik der 90er Jahre kritisch zu betrachten, da diese eine erhebliche
Machtkonzentration auf Unternehmensseite in Verbindung mit stark ausgeprägten
Beziehungen zwischen Politik, Verwaltung und Wirtschaft mit sich brachte.

Einen anderen Aspekt des Verhältnisses zwischen Unternehmensmanagement/
-eignern auf der einen Seite und Bürokratie und Politiker auf der anderen Seite betrachten DESAI/GOLDBERG (2000). Sie erklären die Regulierungsdichte mit
Blick auf den realen Sektor in Rußland mit den Anteils- und Machtverteilungen
innerhalb der Unternehmen einerseits sowie den fehlenden Anreizmechanismen
zur Unternehmensrestrukturierung andererseits. Die russische Privatisierungsme-
thodik, insbesondere die Voucherprivatisierung, führte dazu, daß ein Großteil der
privatisierten Unternehmen de facto in der Verfügungsgewalt der Unternehmensmanager verblieb. Angesichts der Regulierungsdichte und ohne eine vernünftige
Kalkulationsgrundlage für Restrukturierungsinvestitionen maximieren die neuen
Unternehmenseigner in der Regel ihren kurzfristigen Cash Flow durch die Übertragung von Unternehmensaktiva in ihren persönlichen Besitz, ohne dabei auf die
langfristige Überlebensfähigkeit des Unternehmens zu achten (Asset Stripping).

Demgegenüber verfolgen nach DESAI/GOLDBERG (2000) regionale Administrationen in erster Linie zwei Ziele: Maximierung der Steuereinnahmen und Erhalt von Arbeitsplätzen zur Sicherung der Wiederwahl. Zur Verhinderung von Entlassungen und insbesondere von Betriebsschließungen werden in der Folge immer weitergehende Regulierungen erlassen, die zwar das faktisch bankrotte, privatisierte Unternehmen weiterbestehen lassen, jedoch gleichzeitig anderen Unternehmen die Möglichkeit zur Expansion bzw. zur Übernahme des Unternehmens nehmen. Regionale Administrationen haben in diesem Sinne kein Interesse an einem Wechsel der Eigentümerstruktur. Es entsteht eine Art "Teufelskreis" der Regulierung: Weitere, verschärfte regulative Eingriffe seitens der Administration antizipierend, werden die Eigner der privatisierten Unternehmen verstärkt zu Maßnahmen wie Asset Stripping übergehen. Zudem sinkt der Anreiz zur Gründung neuer Unternehmen, die die Steuerbasis und Beschäftigung erhöhen könnten, zumindest im offiziellen Sektor angesichts der Regulierungsdichte weiter.

Eine Zunahme der Regulierungsdichte in Rußland im Zuge des Transformationsprozesses läßt sich also – aus Sicht der Bürokratie bzw. der Politik – auf Basis von zwei Faktoren im wesentlichen erklären: Die Regulierungsdichte erhöht sich, um

- die Folgen des Produktionsrückgangs und der Unternehmensrestrukturierung einzudämmen und die Betriebsschließung und den Verlust von Arbeitsplätzen zu vermeiden und weil
- die Bürokratie auf eine erneute Ausweitung ihres Macht- und Einflußbereichs als Kompensation des Einflußverlusts im Zuge der Abschaffung der zentralen Planung dringt. Dies wird in der Regel durch Rückgriff auf im sozialistischen System praktizierte Regulierungsmuster geschehen.

Im Zuge des institutionellen Wandels im Transformationsprozeß ergeben sich insgesamt erhebliche Gefahren für eine funktionierende Wettbewerbsordnung. Wettbewerbsbeschränkungen in Form staatlicher Regulierung sind dabei einerseits mit traditionellen, staatsdirigistischen Denkmustern zu erklären, aber auch und vor allem mit den Reaktionen von Politikern und Bürokraten auf die wirtschaftliche Entwicklung sowie auf die sich wandelnde Rolle staatlicher Institutionen. Zudem ist der Eintritt zur offiziellen Wirtschaft möglicherweise durch ein Übermaß an Regulierungen beschränkt.

4.4.2 Steuern und Subventionen

Das System der Steuern und Abgaben ist eingebunden in den Ordnungsrahmen eines marktwirtschaftlichen Systems insgesamt und sollte daher u.a. die einzelnen konstituierenden marktwirtschaftlichen Prinzipien beachten. Die Anpassung und Reform des sozialistischen Steuersystems an das marktwirtschaftliche System bringt institutionelle Übergangsprobleme mit sich, die sich in erheblicher Art und Weise auf den marktwirtschaftlichen Wettbewerb und die Restrukturierung des Unternehmenssektors auswirken können. Über das Steuersystem bzw. die Subventionsvergabe hat die Wirtschaftspolitik mit Blick auf den Wettbewerb die Möglichkeit, dessen Verlauf bzw. Ergebnisse zu verzerren.

Eine der theoretisch begründeten Hauptanforderungen an staatliche Aktivitäten und insbesondere an die Erhebung von Steuern besteht darin, daß die daraus resultierende allokative Verzerrung möglichst gering sein soll. Das bedeutet, daß das Steuersystem insgesamt nicht oder in möglichst geringem Maße die Allokationsentscheidung beispielsweise bezüglich des Einsatzes der Produktionsfaktoren oder der temporären Verteilung des Konsums beeinflussen sollte (TANZI/ZEE, 1996; STOKEY/REBELO, 1995; LUCAS, 1990; JONES/MANUELLI/ROSSI 1993).

Eine ideale Steuer in diesem Sinne stellt beispielsweise eine Mehrwertsteuer dar, soweit diese grundsätzlich nur auf Güter mit einer möglichst geringen Preiselastizität der Nachfrage erhoben wird. Der Einfluß der Steuer auf die Konsumentscheidung der Haushalte wird dadurch minimiert. Ein möglichst einheitlicher Mehrwertsteuersatz auf alle Verbrauchsgüter kann unter allokationstheoretischen Gesichtspunkten als eine Art second-best-Lösung angesehen werden. Dies gilt insbesondere dann, wenn aufgrund der einfachen Ausgestaltung des betreffenden Steuerrechts sich Kosten gegenüber komplexeren Lösungen für die Steueradministration auf seiten des Fiskus sowie des Steuerschuldners einsparen lassen.

Laut KRUPENINA/MOVSHOVICH/BOGDANOVA (1998) belaufen sich die sozialen Grenzkosten des russischen Steuersystems auf 67 Kopeken pro zusätzlich eingenommenen Rubel an Steuern. Dies bedeutet, daß für jeden zusätzlichen Rubel, der Unternehmen und privaten Haushalten in Form von staatlichen Steuereinnahmen ihrer Konsum- bzw. Investitionsentscheidung entzogen wird, 67 Kopeken als Kosten für die Unterhaltung des Steuersystems der Gesellschaft insgesamt verloren gehen (sogenannter "Marginal Excess Tax Burden"). Dieser Wert liegt damit in Rußland weit höher als in anderen Ländern (BALLARD/SHOVEN/WALLEY, 1985). Dies deutet darauf hin, daß die russische Steuerverwaltung sehr ineffizient arbeitet, der russische Staat zudem überdimensioniert ist – eine Rückführung der Steuerbelastung würde einen hohen Zusatznutzen für die Gesellschaft mit sich bringen – und darüber hinaus in hohem Maße die wirtschaftliche Entwicklung verzerrt.

Es stellen sich damit Fragen nach der administrativen Ausgestaltung der Steuererhebung bzw. nach einer angemessenen Steuerstruktur. Die unübersichtliche und vor allem oft willkürlichen kurzfristigen Veränderungen unterworfene Steuergesetzgebung bzw. Steuerpraxis in Rußland ist grundsätzlich eines der Haupthindernisse für die Entfaltung wirtschaftlicher Tätigkeit, für umfangreichere Investitionen und damit für die dringend notwendige Umstrukturierung der russischen Wirtschaft. Insbesondere für ausländische Investoren stellt sich die steuerpolitische Lage als besonders schwierig dar. Die intransparente und wechselhafte Steuergesetzgebung sowie der oft umfangreiche diskretionäre Entscheidungsspielraum lokaler Behörden wird in Umfragen als ein besonderes Problem für die Umsetzung von Investitionen genannt, weit vor der Gefährdung durch Kriminalität beispielsweise (AHREND, 2000).

Neuregelungen im Steuerrecht werden zuweilen – insbesondere auf regionaler bzw. kommunaler Ebene – erst Monate nach ihrem Inkrafttreten veröffentlicht (BARKHATOVA, 2000). Dies gibt Steuerinspektoren ein umfangreiches Bedrohungspotential an die Hand, da sich ein Unternehmen nie über die tatsächliche steuerrechtliche Lage sicher sein kann. Aber auch die teilweise ausgesprochen hohe Belastung durch Steuern und Sozialabgaben insgesamt setzt stark leistungsfeindliche Anreize und führt zu Steuerhinterziehung in großem Stil. Die Gesamtbelastung aus Steuern und Abgaben für kleine Unternehmen erreichte 1999 rund 80% bis 95% ihres Gewinns (BARKHATOVA, 2000). Auch die bestehenden Regelungen hinsichtlich der Behandlung bestimmter Ausgabenarten mit Blick auf die zu bemessende Berechnungsbasis für die Gewinnsteuer lassen den Abzug einiger wichtiger Kostenarten von der Bemessungsgrundlage nicht zu. Die mitunter brutale und teilweise willkürliche Vorgehensweise der russischen Steuerpolizei, die zur Abschreckung und Einschüchterung potentieller Steuerzahler über die Medien verbreitet wurde, trägt sicherlich ebenfalls zu diesem negativen Stimmungsbild bei (GREGORY/BROOKE, 2000). Insgesamt kann man die Komplexität und die Widersprüchlichkeit bzw. Unklarheiten des russischen Steuerrechts als ein wichtiges Element für Rentenmaximierungsstrategien betrachten, die seitens Bürokratie und Politik mittels Erpressung von Unternehmen angewandt werden.

Neben diesen für die unternehmerischen Planungsgrundlagen problematischen Aspekten des russischen Steuersystems hat die russische Industriepolitik in den 90er Jahren zunehmend auf Methoden zur impliziten Subventionierung unrentabler Industriebetriebe zurückgegriffen. Diese sind damit verbunden, daß Unternehmen ihre Steuerzahlungen auf verschiedene Art und Weise minimieren konnten. Die oben schon erwähnte Form der impliziten Subventionierung (Tab. 29) über künstlich niedrige Energiepreise als Vorleistungen für Industriebetriebe hat darüber hinaus bis 2002 eine steigende Bedeutung im Rahmen der Industriepolitik erfahren. Die Nichtzahlung bzw. verzögerte Zahlung von Steuern und Abgaben stellt eine verdeckte Subventionierung des betreffenden Unternehmens dar. Steuernachlässe spielen insbesondere in dem von DESAI/GOLDBERG (2000) beschriebenen Verhältnis zwischen dem Unternehmensmanagement privatisierter Betriebe und lokalen bzw. regionalen Politikern eine Rolle. Aber auch auf föderaler Ebene, beispielsweise im Fall von Gazprom, ist dieses Problem virulent.

Tab. 30. Bedeutung nicht-monetärer Zahlungsarten für die Reduzierung des Steueraufkommens bei russischen Unternehmen

	Nicht wichtig	Benutzt, aber nicht sehr wichtig	Sehr wichtig	Methode nicht benutzt
Barter	68	13	12	6
Steuernachlässe	63	15	16	5
Wechsel	47	8	9	36
Forderungsverkauf, Swaps	25	5	6	63

Quelle: PINTO/DREBENTSOV/MOROZOV (2000), 26.

Steuerzahlungsrückstände konnten im Laufe der Zeit auf verschiedene Weise zwischen Unternehmen und Regierung geregelt werden: teils über Steuernachlässe, teils über die Begleichung der Steuerschuld in Form von Produkten, teils auch letztlich in monetärer Form. Oft werden auch, insbesondere bei Unternehmen, die Energie oder andere Infrastrukturdienstleistungen bereitstellen, Zahlungsrückstände des Staates hiermit verrechnet. Die Duldung hoher Zahlungsrückstände bei Steuern und Abgaben sowie die Akzeptanz der Begleichung der Steuerschulden auf Barter-Basis (Tauschhandel) stellen einen wichtigen Beitrag zur Aufrechterhaltung des Betriebs in vielen ehemals sozialistischen Unternehmen dar (IVANOVA/PAVLOV, 2000). Tab. 30 zeigt auf Basis einer Unternehmensumfrage, welche Bedeutung nicht-monetären Zahlungsformen für Steuern und Abgaben für Unternehmen zukommt. Lediglich 6 bzw. 5% der befragten Unternehmen gaben an, Bartermethoden bzw. Steuernachlässe nicht zu nutzen, während solche Methoden von 25 bzw. 31% der Unternehmen genutzt werden und für 12 bzw. 16% von erheblicher Bedeutung sind. Von der großen Mehrheit der Unternehmen (68 bzw. 63%) werden Barter bzw. Steuernachlässe zwar genutzt, sind aber für das Unternehmen insgesamt nicht wichtig.

Die implizite Subventionierung von Unternehmen über die nicht-monetäre Begleichung von Steuerforderungen hat eine erhebliche, im Verlauf der 90er Jahre steigende gesamtwirtschaftliche Bedeutung. Tab. 31 gibt die Höhe der expliziten (in den öffentlichen Haushalten ausgewiesenen) Subventionszahlungen einerseits und der impliziten Subventionen in Prozent des Bruttoinlandsprodukts auf Basis der Schätzungen von PINTO/DREBENTSOV/MOROZOV (2000) an. Die impliziten Subventionen beziehen sich lediglich auf Steuernachlässe und die Gewährung von Ausnahmeregelungen bei Steuern und Abgaben. Dabei wird deutlich, daß das Subventionsniveau insgesamt von 1994 bis 1998 deutlich angestiegen ist und die Gesamtsubventionierung des Unternehmenssektors über öffentliche Budgets 1998 bei 16,3% lag. Dies ist vor allem auf eine erhebliche Steigerung der impliziten Subventionen zurückzuführen, die praktisch vom Null-Niveau in 1994 auf 10,4% des Bruttoinlandsprodukts wuchsen, während die expliziten Subventionen im gleichen Zeitraum relativ zum Bruttoinlandsprodukt zurückgingen.

Tab. 31. Öffentliche Subventionen für den russischen Unternehmenssektor, 1994-1998*

	1994	1995	1996	1997	1998
Explizite Subventionen	10,2	8,6	7,9	8,6	5,9
Implizite Subventionen[1]	$0,7^2$	$3,1^2$	7,6	7,4	10,4
Subventionen insgesamt	$10,9^2$	$11,7^2$	15,5	16,0	16,3

*in % des Bruttoinlandsprodukts.
[1]Subventionen in Form von ad hoc-Steuerbefreiungen und die Nettozunahme von Strafzahlungen sind nicht enthalten.
[2]Subventionen im Zuge von Forderungsnachlässen auf regionaler Ebene sind nicht enthalten.
Quelle: PINTO/DREBENTSOV/MOROZOV (2000), 12.

Im Zusammenhang mit der Rolle von Steuerrückständen als implizite Subventionierung darf die Bedeutung von anderen Formen von Zahlungsrückständen im russischen Unternehmenssektor nicht unerwähnt bleiben. Dies gilt vor allen Dingen für Zahlungsrückstände im Bereich des Energiesektors; hier wird der Unternehmenssektor ebenfalls in beträchtlicher Weise implizit subventioniert, wobei für die Begleichung der Forderungen der Energieproduzenten in der Regel dieselben nicht-monetären Zahlungsinstrumente wie bei den öffentlichen Haushalten zum Zuge kommen.

Tab. 32. Strom- und Gassubventionen durch RAO UES und Gazprom*

	1997	1998	1999	2000
Erlösindikatoren Gazprom				
Verkaufswert[1]	91,9	103,4	167,0	250,9
Aktueller Verkaufserlös[2]	69,0	68,2	68,0	97,2
Effektiver Verkaufserlös[3]	30,3	34,7	40,9	103,3 (60,4)[4]
Subventionsindikatoren Gazprom				
Effektive Subvention[5]	61,7	68,7	126,1	147,6 (190,5)[6]
Effektive Subvention in % des aktuellen Verkaufserlöses	89,4	100,7	185,6	151,8 (196,0)[6]
Effektive Subvention in % des BIP	2,5	2,5	2,7	2,1 (2,7)[6]
Erlösindikatoren RAO UES				
Verkaufswert[1]	172	196	315	482
Aktueller Verkaufserlös[2]	154	144	152	217
Effektiver Verkaufserlös[3]	78	95	118	285 (186)[4]
Subventionsindikatoren RAO UES				
Effektive Subvention[5]	94	101	197	197 (296)[6]
Effektive Subvention in % des aktuellen Verkaufserlöses	61	70	130	91 (136,4)[6]
Effektive Subvention in % des BIP	3,8	3,7	4,1	2,8 (4,2)[6]

*In Mrd. Rubel, sofern nicht anders angegeben.
[1]Strom- oder Gaslieferungen auf dem Inlandsmarkt zu Preisen von 1996.
[2]Strom- oder Gaslieferungen auf dem Inlandsmarkt zu aktuellen Preisen.
[3]Monetäre und diskontierte nicht-monetäre Zahlungen für laufende und vergangene Strom- und Gaslieferungen auf dem Inlandsmarkt.
[4]Laufender effektiver Verkaufserlös: monetäre und diskontierte nicht-monetäre Zahlungen für laufende Strom- und Gaslieferungen auf dem Inlandsmarkt.
[5]Verkaufswert[1] abzüglich effektiver Verkaufserlös[3].
[6]Verkaufswert[1] abzüglich laufender effektiver Verkaufserlös[4].
Quelle: OECD (2002), Economic Survey: Russian Federation, Paris, 126.

PINTO/DREBENTSOV/MOROZOV (2000) bezeichnen den russischen Energiesektor als geradezu "den Kern des Phänomens der Zahlungsrückstände" und geben die impliziten Subventionen, die Gazprom an den Unternehmenssektor leistet, für 1993 bis 1997 mit durchschnittlich rund 1,6% des Bruttoinlandsprodukts an. Im Bereich der Stromerzeugung schwankt dieser Wert für diesen Zeitraum zwischen 1,6 und 2,6% des Bruttoinlandsprodukts (PINTO/DREBENTSOV/

MOROZOV, 2000, 19, 21). Tab. 32 zeigt aktuellere Daten für die implizite Subventionierung durch einerseits den Gasproduzenten Gazprom und den Stromerzeuger RAO UES, wobei die Höhe der Subventionen der Differenz zwischen dem Wert der verkauften Gas- bzw. Strommengen (zu Preisen von 1996) und den dafür tatsächlich erhaltenen Zahlungen in monetärer und nicht-monetärer Form entsprechen. Die durch diese Differenz entstehenden effektiven Subventionen entsprachen relativ zum Bruttoinlandsprodukt 1997 bzw. 1998 insgesamt 6,3% bzw. 6,2%, wobei der Wert für 1997 damit höher als die Angaben von PINTO/DREBENTSOV/MOROZOV (2000) liegt.

Im Jahr 1999 stiegen die effektiven Subventionen über den Energiesektor auf fast 7% des Bruttoinlandsprodukts an. In 2000 gingen sie zwar scheinbar zurück, jedoch ist dies lediglich auf den durch die Begleichung von Zahlungsrückständen aus früheren Jahren entstandenen Anstieg von Zahlungen zurückzuführen. Die laufende effektive Subventionierung, die um diese Zahlungen bereinigt ist, weist daher für 2000 einen ähnlich hohen Gesamtwert wie für 1999 aus. Würden statt der russischen Preise von 1996 die durchschnittlichen OECD-Preise (siehe Tab. 29) für die Berechnung des Werts der verkauften Strom- und Gasmengen zugrunde gelegt, so beliefen sich die effektiven Subventionen auf rund 30% des Bruttoinlandsprodukts (OECD, 2002, 127).

Unter diesen hohen impliziten Subventionen leidet die Unternehmensrendite der Energieunternehmen in starkem Maße. Immerhin kann Gazprom durch Exporterlöse einen Teil der Verluste auf dem Binnenmarkt decken, aber diese Möglichkeit besteht für den Stromkonzern RAO UES nicht oder nicht in diesem Maße. Zwar gestattet es die russische Regierung den Strom- und Gasproduzenten, quasi als Ausgleich für ihre implizite Subventionierung von anderen Unternehmen selbst hohe Zahlungsrückstände zu akkumulieren bzw. Steuernachlässe auszuhandeln. Insgesamt sind dies jedoch insbesondere bei der Stromerzeugung und Stromweiterleitung keine attraktiven Bedingungen für private Investoren, so daß angesichts sinkender Produktions- und Weiterleitungskapazitäten mittelfristig, sollte sich der Energiebedarf parallel zum Wirtschaftswachstum entwickeln, eine Energieversorgungskrise droht (OECD, 2002, 136).

Das hohe gesamtwirtschaftliche Subventionsniveau stellt praktisch eine Fortführung der weichen Budgetbeschränkungen planwirtschaftlicher Art für die ehemals sozialistischen Betriebe dar. Das Modell von SHLEIFER/VISHNY (1994) findet sich in diesen impliziten Subventionen und dem Beziehungsgeflecht zwischen Energieunternehmen, Unternehmen anderer Industriesektoren und politischen Entscheidungsträgern in modifizierter Form wieder: Zum Erhalt der postsowjetischen Industriestruktur wird die Energieindustrie instrumentalisiert, um über künstlich niedrige Energiepreise bzw. teilweise über eine faktisch kostenlose Bereitstellung von Energie unrentable Betriebe zu subventionieren. Im Gegenzug sind die Energieunternehmen in der Lage, ihrerseits hohe Steuerrückstände und andere ökonomische Vorteile über Verhandlungen mit der Regierung zu erzielen. Insgesamt bezeugt diese Form der Industriepolitik den Unwillen zur tiefgreifenden Restrukturierung des Unternehmenssektors sowohl seitens großer Teile der Regierung als auch seitens vieler Unternehmensführungen (COMMANDER/MUMMSEN, 1999).

Mit Blick auf die Einführung einer wettbewerbsorientierten marktwirtschaftlichen Ordnung hat dies im wesentlichen zwei Auswirkungen: Zum einen läuft diese Entwicklung Bemühungen zur Härtung der Finanzierungsgrundlagen und damit zur effizienteren Ressourcennutzung seitens ehemals sozialistischer Betriebe zuwider. Sie verhindert außerdem den notwendigen Strukturwandel, indem durch die implizite Subventionierung unrentable Unternehmen weiterbetrieben werden können. Und zum anderen stellt dies eine schwerwiegende Wettbewerbsverzerrung zum Nachteil neu gegründeter privater Unternehmen dar, die in der Regel nicht bzw. nicht ohne weiteres eine solche implizite Subventionierung in Anspruch nehmen können. Auch im Energiebereich selbst wird eine effiziente Restrukturierung durch die hohe Regulierungsintensität verhindert. Insbesondere ausländische Investoren werden kaum bereit sein, sich angesichts künstlich niedriger Preise und einer hohen politischen Sensibilisierung des Energiesektors im Zuge einer Modernisierung und eines Ausbaus der existierenden Anlagen und Transportsysteme zu engagieren.

4.4.3 Korruption und inoffizielle Regulierung

Die Beantwortung der Frage, ob Korruption und Rent Seeking eine Wettbewerbsbeschränkung oder eine Wettbewerbsverzerrung darstellen, hängt im wesentlichen davon ab, inwieweit dadurch einzelne Marktteilnehmer diskriminiert bzw. inwieweit sie Hindernisse für das Eintreten in den Markt darstellen. Der Zusammenhang zwischen Korruption und wirtschaftlicher Entwicklung wurde in Kapitel 3 schon diskutiert. Hierbei wurde festgestellt, daß insbesondere aus der Sicht theoretischer Modelle im Rahmen von wohlfahrtsökonomischen Partialanalysen Korruption nicht notwendigerweise mit negativen Folgen für die wirtschaftliche Entwicklung verbunden sein muß. Als Voraussetzung hierfür gilt aber, daß die Unternehmen, die um die per Bestechung zu erlangende Leistung der öffentlichen Stelle konkurrieren, auch im Markt unter gleichen Ausgangsbedingungen in Konkurrenz zueinander stehen (BECK/MAHER, 1986; LIEN, 1986) oder daß mehrere öffentliche Stellen, die die gleiche Leistung per Bestechung zu erstellen in der Lage sind, existieren und daß zwischen diesen eine Art Konkurrenz um den Erhalt der Bestechungssumme zustande kommt (ROSE-ACKERMANN, 1978). Korruption kann jedoch in der Situation des Transformationsprozesses grundsätzlich – selbst bei den oben beschriebenen wettbewerbsähnlichen Voraussetzungen – als ein Hindernis zum Markteintritt gesehen werden. Dies hat im wesentlichen zwei Gründe:

• Neue Marktteilnehmer kennen sich oftmals nicht in dem Beziehungsgeflecht zwischen etablierten Unternehmen und öffentlichen Stellen aus und müssen zunächst deutlich höhere Ressourcen als ihre im Markt befindlichen Konkurrenten aufwenden, um sich selbst eine ausreichend sichere Position im Korruptionsgeflecht zu schaffen. Man kann die damit verbundenen Kosten auch als Sunk Costs der Korruption einstufen.

- Etablierte Unternehmen können über schon bestehende Beziehungen zu korrupten Verwaltungsstellen den Marktzutritt von neuen Konkurrenten erschweren, indem sie dort z.B. auf die Verzögerung von Verwaltungsverfahren oder die Nichterteilung von betriebsnotwendigen Genehmigungen hinwirken.

Mit Blick auf das Verhältnis zwischen Korruption und dem Aufbau von Markteintrittsschranken stellt sich auch die Frage nach dem Zusammenhang zwischen der zugrundeliegenden Marktform bzw. dem Grad an Wettbewerbsintensität und dem Umfang der Korruption. Damit ist die Frage danach gemeint, auf welche Weise die Struktur des betroffenen Marktes die Korruptionsneigung der öffentlichen Stellen beeinflußt. ADES/DI TELLA (1999) geben zu bedenken, daß korrupte Bürokraten die Marktform des Monopols bevorzugen müßten, da hierbei die Produzentenrenten und also auch der maximal zu erhaltende Bestechungsbetrag höher sei als bei vollständiger Konkurrenz.

Die Präferenz von Politikern und Bürokraten für ein Monopol im Vergleich zu mehreren Anbietern läßt sich auch aus regulierungstheoretischer Sicht damit begründen, daß ein einzelner Anbieter besser kontrolliert werden kann (SHLEIFER/ VISHNY, 1994, 1020). Die Öffentlichkeit würde jedoch gerade in einer Monopolsituation – sofern sie dieser Lage gewahr ist und ausreichend informiert werden kann – auf eine stärkere Kontrolle des Bürokraten hinwirken, so daß die optimale Höhe der Bestechungssumme hierdurch wiederum begrenzt wird. ADES/DI TELLA (1999) kommen mittels einer empirischen Untersuchung auf Basis eines theoretischen Modells zu der Schlußfolgerung, daß in Ländern, die höhere Monopolrenten aufweisen, die Korruptionsneigung wesentlich stärker ausgeprägt ist als in Ländern mit einem funktionierenden marktwirtschaftlichen Wettbewerb. Dabei sind von der starken Korruptionsneigung insbesondere Länder betroffen, die einen relativ umfangreichen Rohstoffsektor in Kombination mit einem Monopol in dem relevanten Markt besitzen, was gerade für Rußland bedenkenswert erscheint.

Illegale staatliche Einflußnahme auf ökonomische Transaktionen stellt insofern eine Markteintrittsschranke dar, da hierdurch Unternehmen als Markteinsteiger in der Regel in die inoffizielle Wirtschaft gedrängt werden. Dies geschieht zur Vermeidung bzw. Umgehung von Formen aktiver Korruption bzw. von Rent Seeking-Aktivitäten öffentlicher Stellen. Die Entwicklung der offiziellen im Verhältnis zur inoffiziellen Wirtschaft wird also von dem Umfang und der Qualität der Rent Seeking-Aktivitäten öffentlicher Stellen beeinflußt. FRYE/SHLEIFER (1997) gehen davon aus, daß sich die Transformationsländer Mittel- und Osteuropas und der ehemaligen Sowjetunion in diesen Aspekten unterscheiden – wodurch sich ihrer Meinung nach auch die unterschiedliche wirtschaftliche Entwicklung der Länder teilweise erklären ließe – und schlagen ein Schema aus drei Stufen für die Messung staatlicher Regulierungsaktivitäten sowie des Umfangs bzw. der Qualität von Rent Seeking-Aktivitäten öffentlicher Stellen vor:

- Staat als Invisible Hand: Regierung und öffentliche Stellen stehen nicht über dem Gesetz und sind genauso wie private Wirtschaftssubjekte der Jurisdiktion unabhängiger Gerichte unterworfen und folgen in ihren Entscheidungen festgelegten Regeln; sie stellen grundlegende öffentliche Dienstleistungen bereit und reduzieren die Regulierung auf ein Minimum.

- Staat als Helping Hand: Regierung und öffentliche Stellen agieren über dem Gesetz stehend, nutzen jedoch ihre Macht zur Unterstützung wirtschaftlicher Aktivitäten. Öffentliche Stellen greifen direkt in die Wirtschaftsabläufe ein und entfalten eine breite Regulierungsaktivität. Korruption existiert hier schon in organisierter Form.

- Staat als Grabbing Hand: Regierung und öffentliche Stellen stehen über dem Gesetz und mißbrauchen ihre Machtstellung zum eigenen Vorteil (Rent Seeking), indem sie Zahlungen von seiten der Unternehmen erpressen. Die staatlichen Regulierungen werden im Sinne der Rent Seeking-Aktivitäten eingesetzt, wobei ein rechtliches System in Form von Verwaltungsgerichten, auf die Unternehmen zum Schutz vor staatlichen Übergriffen zurückgreifen könnten, nicht existiert.

FRYE/SHLEIFER (1997) argumentieren, daß die im Transformationsprozeß am weitesten fortgeschrittenen Länder, vor allen Dingen jene, die kurz vor dem Beitritt zur Europäischen Union stehen, am ehesten dem Ideal der wirtschaftlichen Rolle des Staates als "Invisible Hand" nahekommen. Dies ist zumindest dann nachvollziehbar, wenn man das Beispiel der meisten Staaten der ehemaligen Sowjetunion und insbesondere Rußlands diesen Ländern gegenüberstellt. Die Rolle des Staates in Rußland hat sich dahingehend entwickelt, daß zunehmend Elemente einer Grabbing Hand-Strategie öffentlicher Stellen sichtbar werden (SHLEIFER/ VISHNY, 1999; ZAOSTROVTSEV, 2000). Unternehmen sehen sich dabei in zunehmendem Maße aggressiven Erpressungsmethoden von seiten öffentlicher Institutionen gegenüber, die aufgrund mangelhafter demokratischer Kontrolle und einer gleichzeitig weitgehend gefestigten wirtschaftlichen Machtbasis hierzu in der Lage sind.

Staatliche Institutionen unterliegen in einer funktionierenden Demokratie der Kontrolle durch den politischen Wettbewerb, der regelmäßig über Wahlen für eine festgelegte Zeitspanne entschieden wird. Im Falle einer mangelhaften demokratischen Kontrolle bzw. ungenügender institutioneller Bindung der staatlichen Organe im legislativen und exekutiven Bereich kann jedoch ein fortdauerndes politisches Machtmonopol entstehen, das Personen in diesen Bereichen in die Lage versetzt, Rent Seeking-Aktivitäten durchführen zu können, ohne den Verlust des Machtmonopols fürchten zu müssen. ZAOSTROVTSEV (2000) hat in diesem Zusammenhang darauf hingewiesen, daß sich staatliche Organe dabei nicht auf eine passive Rolle – z.B. über den Empfang von Bestechungsgeldern – beschränken müssen. Sie können vielmehr eine aktive Politik der Rentenmaximierung betreiben. Dabei schöpfen sie private Gewinne über die Androhung von verschiedenen Maßnahmen ab, die von verstärkten Kontrollen durch diverse Inspektionsbehörden (Steuer, Gesundheitsamt) bis hin zur Einleitung eines Konkursverfahrens oder einer prohibitiven Gesetzesinitiative gegen die Tätigkeit des Unternehmens reichen können (ZAOSTROVTSEV, 2000).

Verläßliche empirische Daten bzw. Indikatoren über den Umfang und die Qualität von Rent Seeking-Aktivitäten öffentlicher Stellen sowie deren Folgen für den Wettbewerb sind naturgemäß schwer zu erheben. Wichtige Hinweise können jedoch Umfragen unter Managern von Unternehmen geben, wie sie beispielsweise vom Center of Political Studies Ende 1997 durchgeführt wurden (RADAEV, 1998, 1999; ZAOSTROVTSEV, 2000). Auch das Business Environment and Enterprise Survey (BEEPS) von EBRD und Weltbank hat hier mit Bezug auf die Transformationsländer Mittel- und Osteuropas sowie der ehemaligen Sowjetunion zum empirischen Erkenntnisfortschritt über die Rolle des Staates in den Transformationsländern beigetragen.

Tab. 33. Ausgaben von Unternehmen für Zahlungen für informelle Dienstleistungen im Zusammenhang mit dem Geschäftsbetrieb

Ausgaben für informelle Dienstleistungen	Anteil an der Gesamtzahl der befragten Unternehmen (%)	Anzahl der Inspektionen pro Monat und Anteil der jeweiligen Unternehmen an der Gesamtzahl der Befragten (%)					Anzahl der Inspektionen (Durchschnitt)
		<1	1	1,5-2	2,5-5	5	
hoch	14,5	7	17	13	21	31	2,4
nicht sehr hoch	46,0	50	41,6	49	43	46	1,9
keine	39,5	43	41,5	38	36	23	2,2
insgesamt	100,0	100	100	100	100	100	2,1

Quelle: RADAEV (1999), 41.

Als ein wichtiges Instrument zur Durchsetzung der Rent Seeking-Ansprüche seitens der Bürokratie werden von Unternehmern Unternehmensinspektionen genannt, die in Rußland von einer ganzen Reihe verschiedener öffentlicher Institutionen durchgeführt werden können – in der Regel zur Überprüfung der Einhaltung bestimmter Richtlinien und Standards, z.B. beim Feuerschutz, Arbeitsrecht, aber auch und gerade bei der Überprüfung der steuerlichen Angaben der Unternehmen. Derartige Inspektionen können im Ergebnis mit Drohungen seitens der Inspektoren verbunden sein, die bis hin zur Betriebsschließung aufgrund des Nichteinhaltens einer spezifischen Vorschrift reichen können. Die Ergebnisse der Befragungen des Center of Political Studies zeigen u.a. einen Zusammenhang zwischen der Häufigkeit von Inspektionen durch Behörden und der Höhe der Ausgaben für Zahlungen für informelle Dienstleistungen im Zusammenhang mit dem Geschäftsbetrieb (Tab. 33). Mit steigender Anzahl an Inspektionen pro Monat sinkt einerseits der Anteil der Unternehmen, die keine derartigen Zahlungen leisten, andererseits erhöht sich der Anteil der Unternehmen, die Zahlungen in bedeutender Höhe abgeben. Dies gibt zumindest einen Hinweis darauf, daß Unternehmen, die von Behördeninspektionen stärker frequentiert werden, tendenziell in höherem Umfang informelle Zahlungen leisten müssen.

Darüber hinaus wurden die Manager auch nach ihren Einschätzungen zur Häufigkeit von bzw. ihren eigenen Erfahrungen mit erpresserischen Methoden im Rahmen von Rent Seeking seitens staatlicher Organe befragt (Tab. 34). So sehen sich fast 2/3 der Befragten von Zeit zu Zeit erpresserischen Methoden staatlicher Organe gegenüber, gar 87% (38,5% oft, 48,5 manchmal) gaben an, daß derartige erpresserische Methoden beobachtbar seien, wobei eine leichte Tendenz zur Zunahme vorhanden ist (28% meinen eine Zunahme der Aktivitäten zu erkennen gegenüber 12%, die eine Abnahme, sowie 60%, die keine Veränderung erkennen können). Andere Umfragen und Erfahrungsberichte geben ähnliche Schilderungen der Situation hinsichtlich der Verbreitung von Korruption staatlicher Organe und von erpresserischen Rent Seeking-Methoden wieder (AHREND, 2000; BARKHATOVA, 2000).

Tab. 34. Schätzungen der Häufigkeit von Erpressungen durch Verwaltungsorgane*

	häufig	manchmal	nie
Wie oft kann man Erpressungen durch Verwaltungsorgane im russischen Geschäftsleben beobachten?	38,5	48,5	13
	häufig	manchmal	nie
Wie oft sehen Sie sich solchen Erpressungen gegenüber?	20	45	35
	häufiger beobachtet	keine Veränderung	weniger häufig
Wie haben sich solche Erpressungen in den letzten 2-3 Jahren quantitativ entwickelt?	28	60	12
	nein	mit Schwierigkeiten	ja
Ist ein erfolgreicher Geschäftsbetrieb ohne Schmiergeldzahlungen möglich?	38	42	20

*Anteil der Befragten in %.
Quelle: RADAEV (1999), 44.

Aus den Betrachtungen zum Ausmaß von Korruption und Rent Seeking-Aktivitäten läßt sich insgesamt der Schluß ziehen, daß diese in Rußland zweifellos ein Hindernis für einen funktionierenden Wettbewerb darstellen. Verzerrend im Hinblick auf den Wettbewerb wirken sie insoweit, als Rent Seeking-Aktivitäten analog zu den oben geschilderten Beispielen Unternehmen aufgrund der großen Unsicherheit und der hohen unwägbaren Kosten, die durch solche Aktivitäten entstehen, vom Markteintritt abhalten. Der Wettbewerb mit auf dem Markt operierenden Altunternehmen ist somit zwar nicht ausgeschlossen, jedoch findet er aufgrund des mangelnden Zutritts von Konkurrenten nicht statt.

Man könnte auch dahingehend argumentieren, daß aus polit-ökonomischer Sicht Korruption und Rent Seeking-Aktivitäten wettbewerbsbeschränkend wirken. Dies gilt für den Fall, daß bestehende Unternehmen, möglicherweise sozialistische Altbetriebe, gezielt gegen Konkurrenz geschützt werden sollen, damit Bürokraten bzw. Politiker im Sinne von SHLEIFER/VISHNY (1994) eine bessere Kontrolle über die Marktrendite besitzen und dadurch die von ihnen abgeschöpfte (vom Unternehmen erpreßte) Rente maximieren können. Zudem läßt sich der Schutz von

Altunternehmen als Schutz von Arbeitsplätzen politisch popularitätssteigernd nutzen.

4.4.4 Privatisierung von Regulierungsentscheidungen: State Capture

Während das Schlagwort von der "Grabbing Hand" des Staates die Problematik der Korruption, des Rent Seeking-Verhaltens öffentlicher Stellen und deren Folgen für die Entwicklung des Unternehmenssektors anspricht, hat sich die Blickrichtung der Analyse im Zusammenhang mit Rent Seeking-Aktivitäten und Wettbewerbsverhalten von Unternehmen in Transformationsländern teilweise umgekehrt. Mittlerweile sind verstärkt auch die Aktivitäten von Unternehmen in diesem Zusammenhang in die Betrachtung einbezogen worden. Der Beitrag von HELLMAN/JONES/KAUFMANN (2000) ist diesbezüglich hervorzuheben, denn er analysiert auf der Grundlage der Umfrageergebnisse des BEEPS-Panels diesen Aspekt empirisch. Die Autoren lehnen sich dabei an Ansätze aus der positiven Theorie der Regulierung an, die als Erklärung für das Zustandekommen von Regulierungen die Vereinnahmung (Capture) staatlicher Institutionen durch Unternehmen heranzieht, was dazu führen kann, daß Unternehmen die sie regulierenden Rahmenbedingungen ganz oder teilweise selbst bestimmen oder zumindest entscheidend beeinflussen können.

Im Rahmen des Ansatzes von HELLMAN/JONES/KAUFMANN (2000) bezieht sich der Begriff State Capture auf das Verhalten von Unternehmen, die über die Beeinflussung der Entscheidungen von öffentlichen Stellen – Legislative, Exekutive und Judikative auf prinzipiell allen föderalen Ebenen – mittels Bestechung die institutionellen Rahmenbedingungen selbst zu bestimmen in der Lage sind. Damit sind auch Regelungen gemeint, die unter Umständen direkt zum Nachteil Dritter, also in der Regel von Konkurrenten, eingesetzt werden können. Nach HELLMAN/JONES/KAUFMANN (2000) dienen State Capture-Methoden in einem transformationsspezifischen institutionellen Umfeld wie dem russischen insbesondere jungen Unternehmen dazu, sich bzw. ihre Eigentumsrechte und die zukünftige Unternehmensentwicklung beim Markteintritt abzusichern, und zwar zum einen gegen korrupte öffentliche Stellen und zum anderen gegen etablierte Unternehmen. Damit soll mindestens der Fortgang der Geschäftstätigkeit gewährleistet werden. In diesem Sinne ist State Capture-Verhalten als Reaktion auf das oben beschriebene Bild des Staates als Grabbing Hand und auf die übermächtige Stellung etablierter ehemaliger Staatsbetriebe zu betrachten. Man kann jedoch auch dahingehend argumentieren, daß State Capture-Verhalten in Rußland nicht nur auf der Ebene junger Unternehmen zu beobachten ist, sondern auch bei schon etablierten Unternehmen und Unternehmensholdings. Mögliche Ursachen hierfür wären aus der Sicht der betreffenden Unternehmen:

- Ausbau der eigenen ökonomischen (und auch politischen) Machtstellung,
- Abwehr und Sicherung gegen Übergriffe staatlicher Organe,
- Abwehr und gegebenenfalls Ausschaltung von Konkurrenten.

Damit stellt State Capture-Verhalten auf seiten etablierter Unternehmen in einem schwachen institutionellen Umfeld ein direktes Hindernis für den Markteintritt bzw. für die Expansion junger Unternehmen dar. Ein solches Verhalten bedeutet also letztlich eine Wettbewerbsverzerrung, denn junge Unternehmen müssen quasi zwangsweise zu State Captors werden und damit zusätzliche Kosten für den Markteintritt aufwenden, um sich gegen etablierte Unternehmen durchsetzen zu können.

Aufgrund der Umfrageergebnisse des BEEPS-Panels stufen HELLMAN/ JONES/KAUFMANN (2000) Rußland als ein Land mit einer ausgeprägten Capture Economy ein (siehe Tab. 35). Zwischen 24 und 47% der befragten Unternehmen in Rußland geben an, daß sie von dem privaten Kauf bzw. der Vereinnahmung öffentlicher Dienstleistungen über verschiedene Arten staatlicher Organe (parlamentarische Gesetzgebung, Präsidentendekrete, Zentralbankentscheidungen, Straf- und Handelsgerichtsbarkeit sowie einzelne Parteien) in ihrer Geschäftstätigkeit betroffen sind. Interessanterweise weist hierbei die Zentralbank mit 47% der Befragten den höchsten Wert auf. Im ungewichteten Durchschnitt (Capture Economy Index) liegt Rußland gleichauf mit der Ukraine – der Wert des Capture Economy Index beträgt jeweils 32 –, aber weit vor Ländern wie Polen oder gar Slowenien mit einem Indexwert von 12 bzw. 7.

Tab. 35. Reichweite der Capture-Wirtschaft in Transformationsländern *

Land	Parlamentari- sche Gesetz- gebung	Präsiden- tendekrete	Zentral- bank	Straf- gerichte	Zivilge- richte	Parteien- finanzie- rung	Index der Capture- Wirtschaft[1]	Klassifi- zierung
Rußland	35	32	47	24	27	24	32	Hoch
Ukraine	44	37	37	21	26	29	32	Hoch
Polen	13	10	6	12	18	10	12	Niedrig
Slowenien	8	5	4	6	6	11	7	Niedrig

*in % der von Capture-Methoden betroffenen Unternehmen. Die Unternehmen wurden danach gefragt, ob Korruption bzw. der Kauf von Entscheidungen der jeweiligen Institutionen keine, geringe, spürbare oder stark spürbare Folgen für ihre Geschäftstätigkeit hatte. Die Tabelle gibt den Anteil der Firmen wieder, bei denen die Folgen spürbar oder stark spürbar waren.
[1] Ungewichteter Durchschnitt der einzelnen Landeswerte.
Quelle: HELLMAN/JONES/KAUFMANN (2000), 9.

Die Folgen von State Capture für die gesamtwirtschaftliche Entwicklung ist verbunden mit der Rolle von Unternehmensneugründungen bei der Unternehmensrestrukturierung – als Konkurrenten der etablierten Unternehmen wie auch als Schöpfer neuer Produktionsmöglichkeiten und Arbeitsplätze – und ihrer potentiellen, d.h. ohne State Capture möglichen Bedeutung in der gesamtwirtschaftlichen Produktionsstruktur. In entwickelten marktwirtschaftlichen Systemen wird die Bedeutung von kleinen und mittleren Unternehmen für den Strukturwandel – sie sind im Gegensatz zu großen Unternehmensstrukturen verhältnismäßig flexibel – sowie damit auch für Wachstum und Beschäftigung hoch eingeschätzt (ACS, 1996; ACS/CARLSSON/KARLSSON, 1998; FÖLSTER, 2000; WENNEKERS/THURIK, 1999).

Für den strukturellen Wandel im Transformationsprozeß wird die Rolle von kleinen und mittleren Unternehmen ähnlich positiv beurteilt (BREZINSKI/FRITSCH, 1996; EBRD, 1994, 1999; WELTBANK, 2002). Als Leitbild für Rußlands Unternehmenssektor lassen sich die Erfahrungen der mitteleuropäischen Transformationsländer heranziehen, wo der Sektor der kleinen und mittleren Unternehmen, insbesondere die Neugründungen, einen großen Anteil an der Restrukturierung des Unternehmenssektors und am wirtschaftlichen Wiederaufbau besitzt. Gelingt es also etablierten Unternehmen, durch die Nutzung von Capture-Methoden hinreichend hohe Markteintrittsschranken dauerhaft aufzubauen, so mindert dies das Restrukturierungspotential sowie die Wachstumsaussichten des betreffenden Transformationslandes beträchtlich.

4.4.5 Wettbewerb und Regulierung aus Unternehmenssicht

Die Beziehungen zwischen politischen Entscheidungsträgern und Bürokraten einerseits und Unternehmen andererseits weisen in Rußland im Hinblick auf die Rolle des Staates in einer wettbewerbsorientierten Marktwirtschaft zahlreiche schwerwiegende Probleme auf. Die Regulierungsintensität, die Ausgestaltung des Steuer- und Abgabensystems sowie das Verhalten von politischen Entscheidungsträgern läßt bislang einen funktionierenden Wettbewerb nicht oder nur in Ansätzen aufkommen. Zudem ist die Kontrolle der Entscheidungsträger in Politik und bei den Unternehmen nur schwach ausgeprägt, so daß eine effiziente Restrukturierung des Unternehmenssektors nur langsam voranschreitet.

Die Umfrageergebnisse der EBRD (1999) bzw. von HELLMAN/JONES/KAUFMANN (2000) und von RADAEV (1998) haben schon auf die besonderen Schwierigkeiten der Unternehmen im Umgang mit Steuern und Regulierungen sowie mit öffentlichen Stellen selbst hingewiesen. Um die mit der im weitesten Sinne als Regulierungsproblematik zu verstehenden Schwierigkeiten insgesamt beurteilen zu können, ist ein Vergleich mit anderen Problemen bzw. Hindernissen für die Aufnahme und die Durchführung des Geschäftsbetriebs eines Unternehmens sinnvoll. Hierzu liegen Umfrageergebnisse der EBRD (1999) für die Transformationsländer Mittel- und Osteuropas sowie der GUS und von der OECD (2002) für Rußland im besonderen vor. Die Daten der OECD (2002) basieren dabei auf Ergebnissen einer Umfrage unter Unternehmern aus den Regionen Tula, Irkutsk und Udmurtiia zum Investitionsklima in ihrer Region.

Die Bedeutung der Regulierungsproblematik stellt sich in den Transformationsländern Mittel- und Osteuropas unterschiedlich dar und wird von den Unternehmen selbst auch unterschiedlich stark gewichtet. Auch zwischen verschiedenen Unternehmenstypen gibt es deutliche Unterschiede. In Tab. 36 werden zum einen die Transformationsländer in Mitteleuropa sowie die Baltischen Staaten und zum anderen die Zentralländer der GUS miteinander verglichen; zudem sind die Unternehmen unterschieden in Neugründungen und Unternehmen im Staatsbesitz, wobei die Neugründungen wiederum nach dem Jahr ihrer Gründung in zwei Klassen unterteilt sind. Die Klassen orientieren sich an einer Anfangsperiode der Transformation (1989-96) und einer fortgeschritteneren Periode (1996-98).

Tab. 36. Hindernisse für Markteintritt und Expansion in Transformationsländern*

	Neugründungen		Staatliche
	1989-96	1996-98	Betriebe
1. Steuern und Regulierungen			
Mittel- und Osteuropa und Baltikum	3,21	3,15	2,83
Zentral-GUS	3,50	3,32	3,42
2. Inflation			
Mittel- und Osteuropa und Baltikum	2,72	2,81	2,38
Zentral-GUS	3,51	3,36	3,42
3. Finanzierung			
Mittel- und Osteuropa und Baltikum	2,87	2,90	2,96
Zentral-GUS	3,09	3,23	3,36
4. Korruption			
Mittel- und Osteuropa und Baltikum	2,31	2,52	1,83
Zentral-GUS	2,49	2,09	2,25
5. Wettbewerbswidriges Verhalten			
Mittel- und Osteuropa und Baltikum	2,31	2,53	1,88
Zentral-GUS	2,73	2,27	2,39
6. Infrastruktur			
Mittel- und Osteuropa und Baltikum	1,85	1,87	1,81
Zentral-GUS	1,97	1,96	2,06

*Durchschnittlicher Wert wahrgenommener Hindernisse auf einer Skala von 1-4, wobei der Wert 4 ein großes Hindernis anzeigt. Neugründungen sind aufgeteilt in solche aus der frühen Transformationsphase (1989-96) und solche mit einer Unternehmensgründung jüngeren Datums (1996-98). Die Länder der Zentral-GUS sind Rußland, Belarus und die Ukraine.
Quelle: EBRD (1999), Transition Report 1999, London, 151.

Tab. 36 listet die sechs wichtigsten Hindernisse für Gründung und Expansion von Unternehmen auf. Steuern und Regulierungen stehen dabei in der Regel an erster Stelle, wobei insbesondere für die Länder der Zentral-GUS gilt, daß dort die Höhe der Inflationsrate ein ebenso hohes Hindernis für die Unternehmensentwicklung darstellt. Die mangelhaften Finanzierungsmöglichkeiten von Unternehmen werden in der zentralen GUS als drittwichtigstes Gründungs- und Expansionshindernis angesehen, und an vierter und fünfter Stelle folgen die Korruptionsproblematik sowie wettbewerbswidriges Verhalten von Konkurrenten. Zusammen mit den an erster Stelle genannten Steuern und Regulierungen zählen damit drei der fünf wichtigsten Hindernisse für Unternehmensgründung und -expansion zu dem Bereich der Erscheinungsformen und Instrumente von State Capture- und Grabbing Hand-Verhalten. An sechster Stelle steht die mangelhafte Bereitstellung von unternehmensrelevanten infrastrukturellen Leistungen.

Die Ergebnisse des Vergleichs der Regionen in Mittel- und Osteuropa hinsichtlich des Geschäftsumfelds für Unternehmen sind zwar regional betrachtet sehr breit abgegrenzt, ergeben aber dennoch einige wichtige Erkenntnisse. Die insbesondere zu Transformationsbeginn angeregte Priorität der Stabilisierung der gesamtwirtschaftlichen Entwicklung als wichtiger Faktor für einen erfolgreichen Transformationsprozeß verliert durch die Regulierungsproblematik im Hinblick auf Unternehmen zugunsten der Schaffung institutioneller Rahmenbedingungen an Bedeutung. Die Hindernisse, denen sich vor allem kleine und mittlere Unternehmen angesichts staatlicher Regulierungsaktivitäten gegenübersehen, stellen für diese ein mindestens ebenso großes Problem dar wie die Instabilität der gesamtwirtschaftlichen Entwicklung. Insgesamt läßt sich zudem feststellen, daß die unternehmensrelevanten Hindernisse in den Ländern der zentralen GUS in der Regel stärker ausgeprägt sind als in den Ländern Mitteleuropas sowie den Baltischen Staaten.

Interessanterweise ergibt der Vergleich von Unternehmen, die einerseits von 1989 bis 1996 und andererseits von 1996 bis 1998 gegründet wurden, ein differenziertes Bild hinsichtlich der Bedeutung der einzelnen Problembereiche für die Unternehmensentwicklung (Tab. 36). Für die Länder der zentralen GUS zeigt sich für Neugründungen, daß die einzelnen Hindernisse als weniger bedeutend im Periodenvergleich wahrgenommen werden. Eine Ausnahme bilden hier die Bereiche Finanzierung, welcher sich verschlechterte, und Infrastruktur, welcher in der Wahrnehmung der Unternehmen als Hindernis für ihre Entwicklung nahezu konstant blieb. Die Hindernisse werden dabei in den Jahren 1996-98 von Neugründungen in der Regel als weniger gravierend angesehen wie von Staatsunternehmen über den gesamten Zeitraum. Bedauerlich ist es, daß für Staatsunternehmen kein ähnlicher Vergleich hier vorgenommen wurde. Eine Analyse privatisierter Unternehmen wäre hierbei ebenfalls hilfreich. Es läßt sich aber vermuten, daß die hohen Werte der Staatsunternehmen bei Steuern und Regulierungen auf die Richtigkeit des Zusammenhangs zwischen dem Produktionsrückgang und der Zunahme von Regulierungsintensität hinweisen, den DESAI/GOLDBERG (2000) beschrieben haben.

Die Ergebnisse der Umfrage der OECD (2002, 80ff.) belegen, daß Unternehmen in Rußland und darunter vor allen Dingen Neugründungen sowie kleine und mittlere Unternehmen einer Reihe von spezifischen Problemen ausgesetzt sind, die die Geschäftsentwicklung behindern. Dies betrifft die Finanzierung von privaten Unternehmen, die in der Form von Neugründungen einerseits keine unternehmerische Erfahrung vorweisen können und andererseits angesichts der Lage des russischen Finanzsystems keine Geldgeber finden. Dies betrifft aber auch das Steuersystem und vor allem die hohe Regulierungsintensität seitens öffentlicher Stellen, die sich beispielsweise in Form eines umfangreichen und zeitaufwendigen Lizensierungswesens manifestiert. Dies zeigen die Hindernisse, die in Tab. 37 für eine erfolgreiche Unternehmensentwicklung genannt werden. Dabei stehen die Beziehungspflege (Lobbyarbeit bei staatlichen Stellen) bzw. der Umgang mit Behörden und politischen Entscheidungsträgern (Verteidigung gegen öffentliche Entscheidungsträger, die ihre Stellung ausnutzen) an erster Stelle. Über die Hälfte der Unternehmen sehen diese beiden Aufgaben als sehr schwierig an.

Tab. 37. Hindernisse für eine erfolgreiche Geschäftsentwicklung[1]

	Stabile Firmen[2]	Instabile Firmen[2]	Insgesamt[3]
Durchsetzung eigener Interessen bei Behörden	54,1	79,7	67,7
Verteidigung gegen ihre Position ausnutzende staatliche Stellen	63,7	69,2	66,7
Vergrößerung des Absatzgebietes	41,0	61,1	51,4
Ausbau oder Wechsel der Geschäftsräume	48,2	53,8	51,2
Erhalt betriebsnotwendiger Ausrüstung	38,1	49,4	44,0
Zugang zu Bankkrediten	32,9	51,6	42,7
Erhalt von finanzieller Unterstützung von Partnern, anderen Unternehmen und Individuen	28,8	37,9	33,6
Sicherstellung der Betriebssicherheit	22,6	30,1	26,6
Erhalt von Lizenzen und Zertifikaten für Produktion, Güter oder Dienstleistungen	12,3	39,5	26,3
Einstellung von qualifiziertem Personal	21,3	20,1	20,7
Erhalt von Informationen und Consulting-Diensten bei Bedarf	9,4	10,9	10,2

[1]Die Befragten sollten die Frage "Wie schwierig ist für Ihr Unternehmen heute die Lösung der folgenden Aufgaben?" mit der Einschätzung "sehr schwierig", "nicht sehr schwierig" oder "ziemlich leicht" beantworten. Die Daten zeigen den Anteil der Befragten in %, die die Lösung der Aufgabe mit "sehr schwierig" bezeichneten.
[2]Die befragten Unternehmen wurden in finanziell stabile und nicht vollständig stabile bzw. in finanziell kritischer Lage sich befindende Unternehmen nach eigenen Angaben eingeteilt.
[3]Gesamtwert aller befragten Unternehmen.
Quelle: OECD (2002), Economic Surveys: Russian Federation, Paris, 86.

Angesichts dieser stark ausgeprägten, anhaltenden Restriktionen für die Tätigkeit, die Gründung und Expansion von Unternehmen kann man darauf schließen, daß die meisten Länder der ehemaligen Sowjetunion und insbesondere Rußland von einer funktionierenden marktwirtschaftlichen Wettbewerbsordnung noch weit entfernt sind. Vor allem die Offenheit der Märkte – und hierbei der Marktzutritt bzw. in weiterem Sinne die Marktexpansion – und die Sicherheit der Property Rights von Unternehmen sind unzureichend für die Schaffung eines investitions- und damit restrukturierungsfreundlichen Umfeldes. Die spezifische Problematik im Falle Rußlands (und einiger anderer Transformationsländer) liegt darin, daß aus der Sicht der betroffenen Unternehmen die höchsten Markteintrittshindernisse von seiten staatlicher Organe in verschiedenster Form errichtet werden. Zudem sind etablierte Unternehmen mit guten Kontakten zu politischen Entscheidungsträgern in der Lage, wettbewerbswidrige Praktiken auszuüben. Insgesamt haben diese Phänomene zur Folge, daß ein funktionierender marktwirtschaftlicher Wettbewerb wenn nicht völlig ausgeschlossen, so doch erheblich erschwert wird – insbesondere im Vergleich zu anderen Transformationsländern wie beispielsweise den EU-Beitrittskandidaten Polen oder Ungarn.

4.5 Wettbewerbsblockade, Transaktionskosten und fehlender Strukturwandel

Das Verhältnis von Unternehmen und Politik in Rußland ist geprägt von einer Reihe spezifischer Phänomene in den Bereichen Regulierung, Korruption und Rent Seeking, wie die obigen Ausführungen gezeigt haben. Die Rolle des Staates als Grabbing Hand, die Möglichkeit des Kaufs von Regulierungsentscheidungen durch Unternehmen (State Capture), die verzerrenden Wirkungen des russischen Steuersystems und die Praxis der russischen Industriepolitik der Fortführung der weichen Budgetbeschränkungen mit anderen Mitteln – über künstlich niedrige Energiepreise und Steuernachlässe – haben dazu beigetragen, daß einerseits ein funktionierender Wettbewerb in Rußland nicht in Gang kam und andererseits der notwendige Strukturwandel und die Modernisierung der russischen Industrie weitgehend unterblieb. Die Einführung einer marktwirtschaftlichen Ordnung, die Schaffung der Voraussetzungen für einen funktionierenden Wettbewerb und der im Übergang zur Marktwirtschaft notwendige Strukturwandel sind jedoch eng miteinander verknüpft.

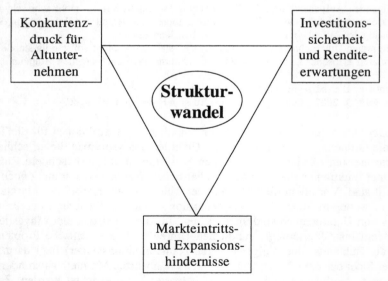

Abb. 19. Einflußfaktoren auf den Strukturwandel

Die Voraussetzungen bzw. die Einflußfaktoren für einen grundlegenden Strukturwandel und für eine Modernisierung des Unternehmenssektors werden in der Abb. 19 schematisch verdeutlicht. Strukturwandel kommt im Rahmen eines funktionierenden Wettbewerbs dann zustande, wenn

- der Konkurrenzdruck und die Budgetrestriktionen für etablierte Unternehmen groß genug sind, um sie zur Restrukturierung und Effizienzverbesserung anzureizen,
- die Investitionssicherheit (Property Rights) und die Renditeerwartungen seitens privater Investoren groß genug sind, um Investitionen in die Modernisierung alter Unternehmen sowie in den Aufbau neuer Unternehmen zu rechtfertigen,
- mögliche Markteintritts- sowie Expansionshindernisse für private Unternehmen gering genug sind, so daß diese ohne einen zu hohen zusätzlichen Kostenaufwand überwunden werden können.

Fehlende Anreize zur Restrukturierung von Altunternehmen müssen nicht unbedingt mit einem Mangel an Konkurrenzdruck erklärt werden. Die Ursache kann auch in entsprechend hohen Marktaustrittsbarrieren begründet liegen, deren Merkmale verschieden ausgeprägt sein können. Eine der wichtigsten Marktaustrittsbarrieren in einer Transformationsökonomie stellt das Fortbestehen der weichen Budgetbeschränkungen für Unternehmen dar. Das Auftreten weicher Budgetbeschränkungen ist im Hinblick auf ihre Form im Zuge der marktwirtschaftlichen Reformen Änderungen unterworfen (SCHAFFER, 1997; SCHWARZ, 2001). Es wurde gezeigt, daß in Rußland die implizite Subventionierung von Unternehmen über eine verbilligte Strom- und Gaszufuhr eine große Bedeutung hat. Aber auch die im Zusammenhang mit den Methoden der virtuellen Wirtschaft entstandenen impliziten Subventionen für zahlungsunfähige Unternehmen spielen hier eine Rolle (PINTO/DREBENTSOV/MOROZOV, 1999; AUKUTSIONEK, 1998). Zusammen mit einer unzureichenden Konkursgesetzgebung können weiche Budgetbeschränkungen dazu führen, daß insolvente und selbst wertvernichtende Unternehmen langfristig überleben. Es ist in diesem Zusammenhang wichtig festzustellen, daß Marktaustrittsbarrieren in solcher Form gleichzeitig auch Markteintrittsbarrieren für neue Unternehmen darstellen. Denn eine solche Wettbewerbsverzerrung ermöglicht es den etablierten, aber ineffizienten Unternehmen weiterhin Marktanteile zu behaupten. Ein Strukturwandel kann hier nicht in Gang kommen, da die ineffizienten Altunternehmen notwendige Ressourcen zum Nachteil effizienterer Neuunternehmen quasi blockieren.

Die Ausführungen der vorangegangenen Unterkapitel haben gezeigt, daß in Rußland zur Jahrtausendwende über die Problematik subventionierter Altunternehmen hinaus eine Reihe von schwerwiegenden Markteintrittsbarrieren existiert, wobei das Verhältnis von Staat und Unternehmen eine besondere Rolle spielt. Abb. 20 veranschaulicht den Zusammenhang von Markteintritts- und Marktaustrittsbarrieren einerseits, der Rolle des Staates in der russischen Transformationswirtschaft andererseits sowie den Folgen insgesamt für das Marktergebnis bzw. die Kosten der Nutzung von Märkten.

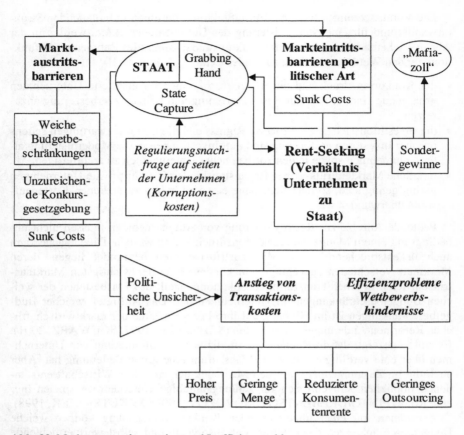

Abb. 20. Marktnutzungshemmnisse und Ineffizienzprobleme

Die Marktaustrittsbarrieren sind anhand von drei Grundproblemen dargestellt. Dies sind die schon erläuterten weichen Budgetbeschränkungen, ein mangelhaftes Insolvenzrecht und die Höhe der Sunk Costs (Abb. 20), wobei die drei genannten Probleme in der Regel wettbewerbsverzerrend zugunsten von Altunternehmen wirken. Zwar ist das russische Insolvenzrecht Ende der 90er Jahre grundlegend reformiert worden, jedoch besteht eine Reihe von Schwachstellen weiter, insbesondere der Bereich des Bankensektors ist aufgrund einer speziellen Gesetzgebung hier zu nennen (EGGENBERGER, 1999). Die verschiedenen Formen impliziter (oder auch expliziter) Unternehmenssubventionierung – im Rahmen der virtuellen Wirtschaft – sind als wichtige Marktaustrittsbarrieren zu betrachten.

Marktaustrittsbarrieren können gleichzeitig Markteintrittsbarrieren darstellen. Dies gilt nicht nur für weiche Budgetbeschränkungen, sondern auch für Sunk Costs. Hohe Sunk Costs können etablierte Unternehmen dazu bewegen, längerfristig bei negativem Betriebsergebnis weiter zu produzieren sowie selbst über einen längeren Zeitraum gegenüber (neuen) Konkurrenten einen ruinösen Preiswettbewerb zu führen. Die Perspektive eines solchen ruinösen Wettbewerbs kann daher einerseits potentielle Konkurrenten vom Markteintritt abhalten, andererseits können hohe Sunk Costs per se ein Markteintrittshindernis angesichts einer relativ risikoreichen Investitionsrendite darstellen.

Sunk Costs treten beispielsweise in Form hoher Werbeetats in jeder Marktwirtschaft auf, so auch in der russischen. Jedoch kommen in Rußland die aus der Rolle des Staates und dem Verhalten seiner Entscheidungsträger entstehenden Kosten in der Regel als zusätzliche Komponente zu den Sunk Costs hinzu (Rent Seeking seitens des Staates). Diese treten einmal in Form von Zahlungen an öffentliche Stellen im Rahmen der Abwehr gegen Amtsmißbrauch auf (Grabbing Hand-Problematik), zum anderen in Form von Bestechungszahlungen zur Veränderung bzw. Gestaltung der regulatorischen Rahmenbedingungen des Unternehmens (State Capture-Problematik: Regulierungsnachfrage der Unternehmen). Darüber hinaus sind erfolgreiche Unternehmen mit "Sondergewinnen" neben dem Zugriff öffentlicher Stellen oft auch privaten Rentenerpressungsversuchen ausgesetzt, der in der Form eines "Mafiazolls" an kriminelle Organisationen unter Androhung von Sach- oder Personenschäden abgeführt werden muß. Politische Unsicherheit bzw. unklare regulatorische Rahmenbedingungen tragen zu einer weiteren Erhöhung von Unsicherheit seitens potentieller Investoren bei.

Zu hohe Markteintrittsschranken lassen im Falle einer Transformationswirtschaft den notwendigen Strukturwandel erlahmen und führen dazu, daß Marktstrukturen konserviert werden. Damit bleibt aber die hochgradig konzentrierte Angebotsstruktur im wesentlichen erhalten. Zudem sind in einer "Capture Economy" Unternehmen, die in einem von Wettbewerb geprägten Markt stehen, über die Gestaltung ihres regulatorischen Umfelds in der Lage, Konkurrenten auszuschalten bzw. sich über Kartellbildung regional begrenzte monopolartige Angebotsstrukturen zu verschaffen. Es gilt hier zu beachten, daß dies durchaus mit den Zielen von Politikern kompatibel sein kann. Denn, wie oben betont wurde, können politische Entscheidungsträger aus Sicht der Regulierungstheorie durchaus ein Interesse daran haben, zwecks besserer Kontrolle der Unternehmen und des Unternehmensmanagements Monopole in einzelnen Märkten zu schaffen bzw. zu tolerieren (SHLEIFER/VISHNY, 1994). Der marktwirtschaftliche Wettbewerb wird auf diese Weise erheblichen Beschränkungen unterworfen.

Es ist aufgrund der Datenlage recht schwierig, eine genaue Einschätzung des Umfangs der Wettbewerbsbeschränkungen und -verzerrungen in Rußland zu geben. Allerdings deuten die oben angeführten Unternehmensbefragungen hinsichtlich des Ausmaßes an Korruption und Rent Seeking-Aktivitäten in der russischen Wirtschaft darauf hin, daß Rußland hierbei einen besonders hohen Aktivitätsgrad unter den Transformationsländern zu verzeichnen hat. Zudem ergeben sich aufgrund hoher, vor allem impliziter Subventionen erhebliche Verzerrungen des Wettbewerbs; dies gilt auch für die Phänomene der Barter-Wirtschaft bzw. der "virtuellen Ökonomie", welche in Kapitel 2 beschrieben wurden. Insofern erscheint es gerechtfertigt, von einer Wettbewerbsblockade als Ergebnis der zahlreichen wettbewerbsbeschränkenden und -verzerrenden Aspekte in Rußland zu sprechen. Dies gilt nicht zuletzt auch deswegen, weil die geschilderten Wettbewerbshindernisse offensichtlich einen dauerhaften Charakter besitzen und sich im Laufe des Transformationsprozesses teilweise noch verstärkt oder gewandelt haben.

Diese Terminologie soll zwar nicht darauf hindeuten, daß marktwirtschaftlicher Wettbewerb in Rußland grundsätzlich ausgeschlossen ist. Sie stellt aber zum einen die Sonderrolle Rußlands bei den beschriebenen wettbewerbsrelevanten Problemen heraus; zum anderen verweist sie auf die Tatsache, daß die zentralen wettbewerbshinderlichen Elemente einen längerfristigen Bestand haben (Korruption und Rent Seeking) oder sich im Zeitablauf in der Form zwar wandeln, aber in der Wirkung gleich bleiben (explizite oder implizite Subventionen, Zahlungsrückstände). Rußland befindet sich demnach in einer Phase des Transformationsprozesses, in der einerseits zahlreiche institutionelle Merkmale einer Marktwirtschaft verwirklicht sind, andererseits aber ein integraler Bestandteil der Marktwirtschaft, also der unternehmerische Wettbewerb, in schwerwiegender Weise behindert ist bzw. kaum funktioniert. Ein funktionierender Wettbewerb wäre aber gerade im Zuge des wirtschaftlichen Aufschwungs der Jahre 1999-2002 von großer Bedeutung, um dem Strukturwandel innerhalb des russischen Unternehmenssektors einen neuen Schub zu verleihen.

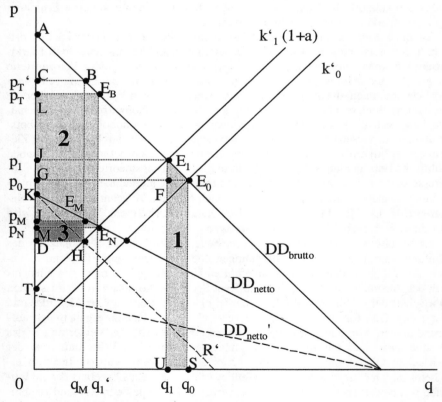

Abb. 21. Rent Seeking, Transaktionskosten und Monopolbildung

Die Folgen der einzelnen Wettbewerbshindernisse lassen sich noch auf andere Weise betrachten. Man kann aus den vorangegangenen Darlegungen auch ableiten, daß in Rußland die Nutzung von Märkten als Koordinationsinstrument für Angebot und Nachfrage in der Regel mit zusätzlichen Kosten verbunden ist. ARROW (1969, 48; vgl. RICHTER, 1994, 5-6), bezeichnet mit dem Begriff der Transaktionskosten im weitesten Sinne die Kosten, die bei der "Betreibung eines Wirtschaftssystems entstehen". Hierunter fallen als fixe Kosten der Aufbau von Institutionen im Rahmen einer marktwirtschaftlichen Ordnung sowie als variable Kosten der Aufwand, der mit der Nutzung von Märkten verbunden ist. Für Rußland gilt demnach, daß die Transaktionskosten vergleichsweise hoch sind und dabei der Anteil der Transaktionskosten, die in Anlehnung an RICHTER/FURU-BOTN (1999) als politische Transaktionskosten bezeichnet werden können – die Kosten der formellen und institutionellen Ordnung des politischen Systems und die "Betriebskosten des Gemeinwesens" –, besonders groß ist. In Abb. 20 wird entsprechend aus dem Anstieg der Kosten der Unternehmen im Rahmen von Rent Seeking-Aktivitäten und von Markteintrittsschranken ein Anwachsen der politischen Transaktionskosten bzw. der Effizienzprobleme und ein Sinken der Wettbewerbsintensität gefolgert.

Aus wohlfahrtstheoretischer Sicht können der Anstieg der politischen Transaktionskosten und der sinkenden Wettbewerbsintensität (im Extremfall der Monopolisierung der Angebotsseite) sowie die damit verbundenen Kosten bzw. Wohlfahrtseinbußen (in Form steigender Preise, niedrigerer Produktquantität und -qualität sowie geringerer Konsumentenrente) anhand einer grafischen Darstellung in einem Preis-Mengen-Diagramm veranschaulicht werden (Abb. 21). Aus Vereinfachungsgründen gelten hier die Annahmen der vollkommenen Konkurrenz, so daß die Angebotsseite gemäß der Grenzkostenkurve k'_0 Gut q anbietet und die Konsumenten entsprechend der Bruttonachfragekurve DD_{brutto} q erwerben. Es ergibt sich als Marktgleichgewicht der Schnittpunkt der beiden Kurven E_0. Dieses Gleichgewicht entsteht gewissermaßen auf einem Standardmarkt bei einer funktionsfähigen marktwirtschaftlichen und wettbewerbsorientierten Wirtschaftsordnung. Es lassen sich drei verschiedene Wirkungsmechanismen unterscheiden, die das Marktergebnis, das Marktverhalten der Wirtschaftssubjekte und die Marktstruktur beeinflussen:

1. Die Grenzkostenkurve der Unternehmen wird von k'_0 nach $k'_1(1+a)$ verschoben. Der Faktor a stellt dabei den zusätzlichen Kostenaufwand der Unternehmen in einem regulatorischen Umfeld dar, das einerseits durch Grabbing Hand-Verhalten öffentlicher Stellen und andererseits durch State Capture-Methoden auf seiten der Unternehmen gekennzeichnet ist. Zudem läßt sich der Faktor a mit Ineffizienzen auf Märkten begründen, die für die Bereitstellung der betrieblichen Infrastruktur notwendig sind. Dies sind beispielsweise Immobilienmärkte, aber auch hohe Finanzierungskosten für Investitionen angesichts ineffizienter Finanzmärkte. Die Verschiebung der Grenzkostenkurve k'_0 nach $k'_1(1+a)$ führt zu einem Anpassungsprozeß, der in einem neuen Gleichgewicht E_1 resultiert. Der Preis steigt von p_0 nach p_1, und die abgesetzte Menge des Gutes q sinkt entsprechend der Preiselastizität der Nachfrage von q_0 nach q_1. Der Wohl-

fahrtsverlust entspricht der Fläche 1 (Viereck E_1E_0US), wobei die Anbieter ihren Umsatzrückgang in Höhe des Vierecks FE_0US in Abhängigkeit von der Preiselastizität der Nachfrage mit der Fläche E_1FGJ teilweise kompensieren können. Die Konsumentenrente dagegen sinkt von Dreieck AE_0G nach Dreieck AE_1J.

2. Die bei einer nicht funktionsfähigen marktwirtschaftlichen Ordnung zusätzlich entstehenden Transaktionskosten lassen sich in der Abb. 21 durch eine Trennung der Nachfragekurve in eine Brutto- und eine Nettonachfragekurve darstellen (DD_{brutto} bzw. DD_{netto}; vgl. WELFENS, 1995, 177f.). DD_{netto} gibt die marginale Zahlungsbereitschaft der Nachfrager an, die nach Abzug der Transaktionskosten von der ursprünglich geäußerten Bruttozahlungsbereitschaft DD_{brutto} verbleibt. Die geringere Nettozahlungsbereitschaft führt zu einer Anpassung des Gleichgewichts auf den Punkt E_N. Die abgesetzte Menge q sinkt von q_1 nach q_1', und das Preisniveau sinkt einerseits in der Nettobetrachtung ebenfalls, und zwar auf p_N, andererseits in der Bruttobetrachtung (inklusive der Transaktionskosten) steigt es auf p_T. Es entstehen Transaktionskosten in Höhe der Fläche 2 (Viereck LE_BE_NM), wobei die Konsumentenrente von Dreieck AE_1J auf Dreieck AE_BL sinkt.

3. Für den Fall einer monopolistischen Marktstruktur kommt es zu einer weiteren Verschlechterung des Marktergebnisses. Unter der Annahme, daß der Monopolist als Preisfixierer den Erlös entsprechend der Bedingung Grenzkosten gleich Grenzerlös maximiert, wird er q_M produzieren und zum (Netto-) Preis p_M auf dem Markt absetzen. Unter Einschluß der Transaktionskosten in Höhe der Strecke BE_M ergibt sich der Bruttopreis p_T'. Die Konsumentenrente verringert sich von der Fläche AE_BL auf das Dreieck ABC. Die Fläche 3 (E_MHDI) gibt den Umfang der Monopolrente an, während die Transaktionskosten im Monopolfall pro Einheit q die Strecke BE_M, und insgesamt bei q_M die Fläche CBE_MI betragen.

Diese Betrachtungen machen deutlich, wie wichtig eine funktionsfähige marktwirtschaftliche Ordnung ist. Weist sie erhebliche Mängel auf, so steigen die Kosten der Nutzung von Märkten als Koordinationsinstrument an. Der Transaktionskostenanstieg (im Fall 2) wirkt ähnlich einer Steuererhebung und zieht entsprechende Wohlfahrtseinbußen nach sich. Der Wohlfahrtsverlust ("Deadweight Loss") entspricht dem Dreieck $E_1E_NE_B$, während der Gesamterlös der Anbieter sinkt. Im Extremfall, sofern die Nettonachfragekurve DD_{netto} für jede Menge q unterhalb der Grenzkostenkurve k'_1 verläuft (DD_{netto}'), versagt der Markt als Koordinationsinstrument, da sich in diesem Fall für keine Menge q ein Schnittpunkt zwischen Grenzkosten- (k'_1) und Nachfragekurve (DD_{netto}') ergibt.

Hohe Transaktionskosten für die Nutzung von Märkten führen im übrigen zu einem geringen Grad an Outsourcing im Unternehmensbereich. Outsourcing kann insbesondere für ehemals sozialistische bzw. privatisierte Unternehmen bedeutende Effizienzgewinne bringen, wie das Beispiel eines privatisierten Unternehmens in Polen zeigt, das von einem ausländischen Investor übernommen wurde (STEFFENS, 2002). Je höher jedoch die Kosten der Nutzung von Märkten liegen, desto eher wird die Transaktion nicht über Märkte, sondern innerhalb eines Unternehmens durchgeführt (COASE, 1937). Es werden dann neben den direkt produktionsbezogenen Leistungen auch alle anderen, nicht direkt produktionsbezogenen Leistungen (z.b. Sicherheit des Unternehmens, Fahrzeugpark etc. oder auch die Erstellung von Vorleistungen) innerhalb des Unternehmens durchgeführt. Dies ist im übrigen ein Kennzeichen sozialistischer Großunternehmen sowjetischen Typs gewesen, die nicht nur horizontal, sondern auch vertikal stark integriert waren und dabei in der Regel auch infrastrukturelle Aufgaben sowie die Bereitstellung von Sozialleistungen übernahmen.

An der Produktion eines Gutes A, zu dessen Herstellung eine bestimmte Anzahl x an Produktionsstufen notwendig ist, werden in einer arbeitsteiligen Marktwirtschaft mit funktionsfähiger Wirtschaftsordnung und geringen Transaktionskosten im Idealfall x Unternehmen beteiligt sein, je eines pro Produktionsstufe. Existieren jedoch hohe Transaktionskosten, z.B. in Form eines Mafiazolls oder hoher Korruptionszahlungen im Umfang von Y, die pro Unternehmen fällig werden, so ist es unter Umständen rational, zur Vermeidung der Kosten in Höhe von xY alle x Produktionsstufen in einem Unternehmen zu integrieren und lediglich den Betrag Y (oder zumindest einen geringeren Betrag als xY) an Korruptionskosten zu kalkulieren. Dies verhindert jedoch eine Desintegration der einzelnen Produktionsstufen sowie die Chancen von Unternehmensneugründungen, die nur einzelne Produktionsstufen anbieten, beispielsweise spezielle Vorleistungsprodukte oder die Gestaltung von Absatzwegen.

Im Hinblick auf die besondere Problematik der Existenz monopolartiger Marktstrukturen und der Effizienzprobleme im Zusammenhang mit politischen Transaktionskosten sind zwei weitere Aspekte zu beachten: Zum einen vergrößert die Monopolrente den Spielraum von Politikern zur Verteilung von Privilegien an Interessengruppen sowie zur Finanzierung der eigenen Machtbasis. Politiker sind insbesondere dann hierzu in der Lage, wenn sie entsprechenden Zugriff auf die Monopolrente haben, was in Rußland der Fall ist, das von einer hohen offiziellen und inoffiziellen Regulierungsintensität geprägt ist. Zum anderen gilt, daß, sofern es sich bei dem monopolisierten Markt um wichtige Vorleistungs- bzw. Infrastrukturprodukte handelt (z.B. Telekommunikation, Energie, Transport), deren Ineffizienzen kostensteigernd wirken, die internationale Wettbewerbsfähigkeit Rußlands im Bereich der handelbaren Güter entsprechend beeinträchtigt wird.

Insgesamt ist der hier dargestellte Ansatz, der für Rußland eine Wettbewerbsblockade und hohe zusätzliche Transaktionskosten bei der Nutzung offizieller Märkte konstatiert, in der Lage, eine Erklärung für den langsamen Strukturwandel und die Investitionszurückhaltung in Rußland zu geben. Der Strukturwandel lahmt, weil Altunternehmen aufgrund des geringen Konkurrenzdrucks und aufgrund von (impliziten) Subventionen keinen Anreiz zur Restrukturierung und Modernisierung haben und weil neue Unternehmen wegen hoher Markteintrittsbarrieren (u.a. Sunk Costs durch State Capture, Korruption und Rent Seeking) nicht gegründet werden bzw. geringere Expansionschancen besitzen. Damit läßt sich aber auch letztlich die gesamtwirtschaftliche Investitionszurückhaltung erklären, was insbesondere hinsichtlich der wachstumsanalytischen Überlegungen aus Kapitel 3 von Bedeutung ist. Ohne die Überwindung der Wettbewerbsblockade ist ein langfristig tragfähiger wirtschaftlicher Wachstums- und Aufholprozeß Rußlands nur schwer vorstellbar.

4.6 Ansatzpunkte zur Überwindung der Wettbewerbsblockade

Eine ganze Reihe von Reformmaßnahmen in verschiedenen Bereichen (Steuerrecht, Sozialversicherung, Grund- und Bodenrecht, Verwaltungsreformen) ist seit dem Amtsantritt von Präsident Putin verabschiedet und umgesetzt worden. Jedoch sind weitere, hierzu komplementäre Reformen zweifelsohne notwendig (WELFENS/WIEGERT, 2002b). Immerhin gibt es Ansatzpunkte zu einer umfassenden, in Teilen aber nicht sehr konkreten Reformstrategie der russischen Regierung in einem Strategiepapier aus dem Jahr 2000 und einem weiterentwickelten Strategiepapier zur Bestimmung der mittelfristigen Politikziele aus dem Jahr 2001 (PRAVITEL'STVO ROSSIJSKAYA FEDERATSII, 2000, 2001). Das Bewußtsein für die Notwendigkeit umfassender Reformen hin zu mehr Transparenz und Wettbewerb sowie der Umsetzung marktwirtschaftlicher Ordnungsprinzipien ist zu Beginn des neuen Jahrhunderts, dies zeigen diese Strategiepapiere, bei Teilen der russischen Regierung vorhanden.

Dennoch sind mit den bisher angedachten Reformprojekten die grundsätzlichen Probleme, die insbesondere die geringe Wettbewerbsintensität sowie die Rolle des Staates betreffen, nicht gelöst bzw. werden kaum oder überhaupt nicht berührt. Dies betrifft beispielsweise den Bereich der Wettbewerbspolitik. Einerseits ist die Kontrolle bzw. Regulierung von hochkonzentrierten Märkten oder die Überwachung wettbewerbswidriger Praktiken kaum gewährleistet, andererseits sind die Entscheidungen der öffentlichen Entscheidungsträger im Bereich der Wettbewerbspolitik wenig regelbasiert und erwecken den Eindruck diskretionären und willkürlichen Entscheidungsverhaltens (DUTZ/VAGLIASINDI, 2000; OECD, 2001a). Hier sind einerseits auf der administrativen Seite erhebliche Defizite zu verzeichnen – die Kompetenzverteilung und Regelsetzung der verschiedenen Ministerien sowie Konflikte zwischen regionaler und föderaler Ebene betreffend –, und andererseits sind in den vergangenen Jahren sogar noch Tendenzen hin zu einer verstärkten Konzentration der Marktmacht in einigen wichtigen Bereichen der russischen Industrie (z.B. Aluminium) zu beobachten gewesen. Die Bemühungen zur Eindämmung von Korruption in Politik und Verwaltung sind ebenso bisher wenig erfolgreich, vielmehr werden selbst auf höchster Ebene offensichtlich korrupte Politiker mit Ämtern versorgt, sofern sie in anderer Funktion nicht mehr "tragbar" waren (KLEBNIKOW, 2001).

Hohe Markteintrittsschranken sowie hohe Transaktionskosten vor allem politischer Art prägen das Investitionsklima im überwiegenden Teil der Regionen Rußlands. Wirtschaftliche Aktivität bzw. Investitionen finden nicht statt, weil ein Unternehmer bzw. ein Investor sich hohen Markteintrittsschranken – z.B. in Gestalt von Zahlungen an erpresserische Verwaltungsbeamte – gegenübersieht, die bei einem möglichen Scheitern des Unternehmens nicht wieder zurückgeholt werden können. Welche Ansatzpunkte sind nun hierbei für eine reformpolitische Strategie in Rußland von Belang, die insbesondere Wert legt auf die Schaffung eines investitionsfreundlichen ordnungspolitischen Umfelds? Auf Basis der vorangegangenen Überlegungen lassen sich fünf Hauptansatzpunkte für eine Verbesserung der Wettbewerbsbedingungen in Rußland benennen:

- Änderung der bisherigen wettbewerbspolitischen Strategie,
- Stärkung der Rolle privater Unternehmen und Unternehmensneugründungen,
- Bekämpfung von Engpässen für Unternehmen: Verbesserung der infrastrukturellen Rahmenbedingungen für Unternehmen, zuvorderst die Restrukturierung der Infrastrukturbereiche (Energie, Telekom, Transport),
- Neudefinition der Rolle des Staates im marktwirtschaftlichen System (Bekämpfung von Korruption und Behördenwillkür, Einengung der diskretionären Entscheidungsspielräume, aber auch Reform der Aufgabenverteilung und der Allokation der Finanzmittel zwischen und auf den unterschiedlichen Entscheidungsebenen, des Systems des fiskalischen Föderalismus),
- Weiterführung der äußeren Integration Rußlands in die Weltwirtschaft und Verstärkung der inneren Integration durch Reduktion von Handelshemmnissen zwischen den Regionen: Verbesserung der Rahmenbedingungen für ausländische Direktinvestitionen in Rußland und Reduktion von tarifären und nichttarifären Handelshemmnissen im Rahmen des WTO-Beitritts.

Wettbewerbspolitische Strategie

Einer der wichtigsten Ansatzpunkte ist die Änderung der wettbewerbspolitischen Strategie in Rußland. Wettbewerbspolitik in Rußland stützt sich im wesentlichen auf das "Gesetz der russischen Föderation über den Wettbewerb und über die Begrenzung monopolistischer Tätigkeit auf den Warenmärkten" aus dem Jahre 1991, das 1995 in Teilen novelliert wurde (OECD, 2001a). Dieses Gesetz bietet den westlichen Standards angepaßte Regelungen für wettbewerbswidriges Verhalten wie z.B. Kartellbildung, Preisabsprachen oder Gebietsaufteilungen zwischen Konkurrenten. Die zuständige Behörde ist das "Anti-Monopol Komitee" (GAK), das 1998 zusammen mit dem Komitee für die Kleingewerbeaufsicht und den Regulierungsbehörden für Telekommunikation und für Transport zu einer Institution (MAPSE) integriert wurde. MAPSE besitzt in den russischen Regionen rund 80 Vertretungen, die teilweise unter dem Einfluß regionaler Politiker individuelle Strategien verfolgen.

Die Hauptintention des russischen Wettbewerbsgesetzes ist die Verfolgung und Verhinderung von wettbewerbswidrigem Verhalten von Unternehmen oder Kartellen, deren Marktanteil oberhalb eines bestimmten kritischen Schwellenwerts liegt, nämlich über 35% (HÖLZLER, 1996). Jedoch setzte das GAK bzw. später MAPSE die gesetzlich vorgeschriebenen Regelungen oft nicht in angemessener Weise durch. Vielfach spielte lokale oder regionale politische Einflußnahme dabei eine Rolle, daß gerade gegen marktmächtige Unternehmen auf regionaler Ebene kaum vorgegangen wurde bzw. kartellähnliche Absprachen praktisch nicht verfolgt wurden. Selbst offensichtlich wettbewerbswidrige Verhaltensweisen wurden oft nicht geahndet (BROADMAN, 2000). Hierfür sind sicherlich einerseits Methoden des State Capture verantwortlich, andererseits fehlt es der russischen Wettbewerbsaufsicht an qualifiziertem Personal sowie an den Mitteln, die Regelungen anzuwenden und durchzusetzen.

Ein Mangel an hinsichtlich des Wettbewerbs rationalen Regelungen ist dem russischen Gesetzgeber daher nur bedingt vorzuwerfen (BROADMAN, 2000), vielmehr kann man eher ein Zuviel an Regelungen – z.B. bei der Fusionskontrolle (HÖLZLER, 1996) – konstatieren, die zu einer enormen sachlich ungerechtfertigten zeitlichen Verzögerung bei Unternehmensfusionen führen können. Teilweise sind die gesetzlichen Regelungen allerdings auch ungenau formuliert, so daß die Wettbewerbsbehörde ihrer grundsätzlichen Neigung folgend problemlos in die Geschäftsführung von Unternehmen eingreifen kann, so z.B. in die Preispolitik. Dies läßt breiten Raum für Korruption und Amtsmißbrauch im Stile der Grabbing Hand-Problematik. Unternehmen können sich dem in der Regel nur durch Kontaktpflege zur Behörde bzw. über Bestechungszahlungen entziehen.

DUTZ/VAGLIASINDI (2000) ziehen für die russische Wettbewerbspolitik ebenfalls eine ernüchternde Bilanz: Im Vergleich mit den meisten anderen Transformationsländern Mittel- und Osteuropas liegt Rußland nach den von ihnen konzipierten Wettbewerbsindikatoren auf einem der letzten Plätze. Insbesondere die unter Wettbewerbsgesichtspunkten fehlgeschlagenen Restrukturierungsbemühungen in den Infrastrukturbereichen sowie die Privatisierungspolitik, die für eine schlechte Ausgangslage für den Wettbewerb im neu entstehenden privaten Sektor gesorgt hat, werden hierbei reflektiert.

Die Probleme der russischen Wettbewerbspolitik wurden verschärft durch die Privatisierungspolitik Mitte der 90er Jahre, die Aspekte der Wettbewerbspolitik praktisch nicht beachtete und große Industrieunternehmen ohne vorherige Entflechtung bzw. Ex-post-Regulierung in die Privatwirtschaft entließ. Zudem förderte die russische Regierung explizit die vertikale wie horizontale Integration von Unternehmen im Rahmen der finanz-industriellen Gruppen. Dieses Konzept wurde zwar inzwischen weitgehend aufgegeben, jedoch wird die grundsätzliche Favorisierung von großen Unternehmenskonglomeraten mit dem Ziel der Schaffung von kapital- und dadurch investitionsstarken Firmengruppen weiterhin verfolgt. Da aber gleichzeitig keinerlei Bemühungen erkennbar sind, in den jeweils von den Unternehmen dominierten Branchen durch Restrukturierungen bzw. Regulierungen der dominanten Unternehmen Markteintrittsschranken für Neuanbieter zu reduzieren, scheint Rußland in den meisten Branchen von einer funktionierenden Wettbewerbsordnung weit entfernt zu sein.

Im Hinblick auf die wettbewerbspolitische Strategie der russischen Regierung ist daher zunächst weniger an eine Reform der gesetzlichen Regeln als vielmehr an eine konsequente Umsetzung der bestehenden Regelungen zu denken. Insgesamt wäre auch eine Straffung der Organisation der Wettbewerbsbehörde in dem Sinne erwägenswert, daß ihre Vertretungen auf regionaler Ebene vereinheitlicht und allein zuständig für wettbewerbspolitische Entscheidungen werden. Politische Unabhängigkeit ist dabei eine wichtige Voraussetzung genauso wie die Einschränkung der Kompetenzen der zahlreichen Branchenministerien und deren Unterabteilungen, die sich mit den eigentlichen Kompetenzen der Wettbewerbsbehörde oft überschneiden.

Stärkung der Rolle privater Unternehmen und Unternehmensneugründungen

Viele Unternehmen, vor allem kleine und mittlere Firmen, sehen sich in Rußland starken Restriktionen und Eingriffen seitens öffentlicher Organe ausgesetzt. ASLUND (1997) zufolge könnte dieser Sektor der russischen Wirtschaft insgesamt vier- bis fünfmal größer sein, eine funktionsfähige marktwirtschaftliche Ordnung vorausgesetzt. Ein wichtiger Ansatzpunkt für die Stärkung dieses Sektors liegt daher im Wandel der Rolle des Staates gegenüber den privaten Unternehmen. Die russische Regierung hat in ihren Strategiepapieren anerkannt, daß die Förderung kleiner und mittlerer Unternehmen in erster Linie die Schaffung fairer Wettbewerbsbedingungen und eines günstigen Investitionsklimas beinhaltet (PRAVITEL'STVO ROSSIJSKAYA FEDERATSII, 2000; 2001). Einen Bezugspunkt können die Gründe darstellen, die private Unternehmen in der Regel zum Übergang in den schattenwirtschaftlichen Bereich veranlassen:

- Eingriffe öffentlicher Organe über Lizensierungen, Inspektionen und andere Verwaltungsakte,
- hohe Belastung durch Steuern und Abgaben sowie ein Steuersystem, das teilweise kleine und mittlere Unternehmen benachteiligt,
- geringer bzw. ineffizienter Schutz privater Property Rights mit der Konsequenz, daß dieser Schutz verstärkt über private Organisationen angeboten bzw. aufgezwungen wird.

Dringlich sind dabei die Einschränkung behördlicher Willküräkte durch eine Begrenzung der Inspektionen, eine Reduktion der notwendigen Lizenzen für eine Unternehmensgründung und auch die Einschränkung der Möglichkeiten für Behörden vor allem auf regionaler Ebene zur kurzfristigen und willkürlichen Veränderung und Erhebung von Steuersätzen. Wichtig ist vor allem, daß sich Unternehmen gegen behördliche Willküräkte zur Wehr setzen können. Dies setzt allerdings eine funktionsfähige Justiz und insbesondere Verwaltungsgerichtsbarkeit voraus. Allerdings gibt es im Hinblick auf die Einflußmöglichkeiten der föderalen Regierung auf lokale und auch regionale Investitionsbedingungen aufgrund der Größe des Landes quasi natürliche Grenzen. Die Rolle der russischen Regierung könnte daher vor allen Dingen darin bestehen, einheitliche Regelungen mit Blick auf Rechnungslegungs- und Bilanzierungsstandards durchzusetzen und darüber hinaus die Behandlung von kleinen und mittleren Unternehmen im Mehrwertsteuer-, Einkommen- und Gewinnsteuerrecht zu verbessern.

Explizite Förderprogramme für kleine und mittlere Unternehmen sind im Hinblick auf ihre Effizienz eher skeptisch zu beurteilen. In den 90er Jahren waren insgesamt drei solcher Initiativen weitgehend gescheitert, wobei allein schon aus der mangelhaften tatsächlichen Finanzierung der Mißerfolg der Vorhaben fast zwangsläufig zu erwarten war (SCHULZE, 1998; CHEPURENKO, 1998; OECD, 2002). Förderprogramme, die wesentlich auf finanzielle Unterstützungsmaßnahmen gründen, sollten angesichts der hohen Wahrscheinlichkeit einer Zweckentfremdung bzw. Veruntreuung der Fördergelder entweder auf der Verwaltungsebene oder bei den Unternehmen selbst weniger in Betracht gezogen werden (BARKHATOVA, 2000). Möglicherweise sind Fördermodelle, die traditionelle genossenschaftliche Finanzierungsformen unternehmerischer Aktivitäten beinhalten, eher erfolgversprechend (BROCKMEIER, 2000).

Bekämpfung von Engpässen für Unternehmen: Verbesserung der infrastrukturellen Rahmenbedingungen

Eine unter marktwirtschaftlich-wettbewerblichen Gesichtspunkten durchdachte Restrukturierung der Infrastruktursektoren zählt zu den wichtigsten Elementen einer neuen Reformstrategie (KENNEDY, 1999). Neben dem ebenfalls noch unterentwickelten Immobilienmarkt (GUZANOVA, 1997) gehören die Infrastruktursektoren Energie, Telekommunikation und Transport zu den bislang noch am stärksten regulierten Bereichen der russischen Wirtschaft. Gleichzeitig aber bilden eben diese Bereiche bedeutende Engpässe für viele Unternehmen, d.h. es existiert ein erheblicher Nachfrageüberhang.

Die Regulierungsdichte im Infrastrukturbereich und die Engpaßsituation bei vielen damit zusammenhängenden Versorgungsleistungen führen unter Beachtung der oben ausgeführten Überlegungen zur Rolle der Bürokratie zu folgenden Problemen, die Markteintrittsschranken für Unternehmen darstellen und in diesem Sinne die Unternehmensentwicklung behindern: Zum einen führt die Engpaßsituation bei gleichzeitig hohem Einfluß der Bürokratie zu einer erheblichen Verhandlungsmacht mit Blick auf Rent Seeking-Aktivitäten, so daß Unternehmen betriebsnotwendige Versorgungsleistungen nur über die wohlwollende Vermittlung staatlicher Regulierungsstellen erhalten können. Zum anderen besitzen marktmächtige Industrieunternehmen vermutlich ausreichend politischen Einfluß auf die regulierenden Organe, um bei Bedarf konkurrierenden Unternehmen betriebsnotwendige Versorgungsleistungen entziehen zu können. Zum dritten sind große Industriebetriebe in der Regel in einer politischen Machtposition, die es ihnen erlaubt, günstigere Konditionen bei Infrastrukturleistungen auf dem bilateralen Verhandlungswege – oft auch mit der expliziten Unterstützung von seiten der Politik – bzw. die Akkumulierung von Zahlungsrückständen gegenüber Infrastrukturunternehmen zu erreichen. Damit sind, wie oben schon betont wurde, hohe implizite Subventionen an die begünstigten Industriebetriebe verbunden.

In den meisten OECD-Ländern und insbesondere in den USA wurde in den 90er Jahren deutlich, welche Bedeutung der Informations- und Kommunikationssektor für die Entwicklung der Produktivität und das wirtschaftliche Wachstum besitzt (AUDRETSCH/WELFENS, 2002). Mit Blick auf den Zusammenhang zwischen Telekommunikationssektor und Wachstum haben jüngere Analysen gezeigt, daß hier ein positiver Zusammenhang besteht (WELFENS/JUNGMITTAG, 2001). Insbesondere die mit den Netzwerkeffekten (WELFENS, 1995) des Telekommunikationssektors assoziierten positiven Externalitäten sind dabei von entscheidender Bedeutung für die Wachstumswirkung dieses Sektors. RÖLLER/WAVERMAN (2001) zeigen für ein Panel von 20 OECD-Ländern, daß diese

Netzwerkeffekte nur ab einem bestimmten kritischen Umfang des Netzwerks, den die Autoren erst bei der Verfügbarkeit eines universellen Services verwirklicht sehen, wirksam werden. Von diesem kritischen Umfang ist Rußland noch weit entfernt, und es bedarf hoher Investitionen in die kommunikationstechnische Infrastruktur, um in Rußland entsprechende Wachstumswirkungen aus dem Informations- und Kommunikationssektor erwarten zu können.

Die zunehmende Vernetzung über das Internet und die Nutzung moderner Kommunikationsformen ermöglichen hohe Effizienzgewinne und führen zum raschen Wachstum völlig neuer Industriebranchen. Für die industrielle Nutzung der modernen Informations- und Kommunikationsmedien ist jedoch ein qualitativ hochwertiges und weit verbreitetes Kommunikationsnetzwerk notwendig. Rußland besitzt jedoch im Bereich Telekommunikation erhebliche Defizite, allenfalls im Mobilfunksektor läßt sich ein funktionierender Wettbewerb mit mehreren Unternehmen und entsprechenden Qualitätsstandards konstatieren. Im Bereich des Festnetzes jedoch existiert ein Monopol bei Ferngesprächen (Rostelekom) und im Ortsnetzbereich gibt es lokal abgegrenzte Gebietsmonopole kleinerer Telefongesellschaften, welche bei vergleichsweise hohen Kosten eine schlechte Servicequalität und geringe Übertragungsraten aufgrund veralteter Technik aufweisen. Innerhalb einer langfristigen Wachstumsstrategie ist daher eine Modernisierung des russischen Festnetzes und insbesondere ein Ausbau des Internets in Rußland wichtig. Für die dafür nötige Anziehung privater Investitionen, insbesondere aus dem Ausland, ist allerdings eine rasche Klärung der umfangreichen Regulierungsproblematik im Telekommunikationssektor notwendig.

Interessanterweise sind Netzwerkeffekte nicht die einzigen Formen dynamischer Effizienzgewinne in Infrastruktursektoren. AGHION/SCHANKERMAN (1999) weisen darauf hin, daß eine effizientere Bereitstellung von Infrastrukturleistungen nicht nur zu statischen Effizienzgewinnen führt – etwa in der Form geringerer Kosten bei der Nutzung der Infrastrukturleistungen –, sondern auch zu dynamischen Effizienzgewinnen über eine Intensivierung des Wettbewerbs in Branchen, die auf die Nutzung der betreffenden Infrastrukturdienstleistungen angewiesen sind. AGHION/SCHANKERMAN (1999) verbinden die Wettbewerbsintensivierung mit einer Reduktion von Markteintrittsschranken in Form von Infrastrukturkosten – solche Infrastrukturkosten verstehen sie dabei ebenfalls als Transaktionskosten für Unternehmen.

Hinsichtlich einer rationalen Reformstrategie für die Versorgungsbereiche Gas und Elektrizität ist es notwendig, je drei einzelne Reformbereiche zu benennen, die allerdings gegenseitig voneinander abhängig sind (vgl. OECD, 2002): zum einen die Entpolitisierung der Preissetzung und damit die Rückführung der impliziten Subventionierung in diesen Versorgungsindustrien, zum anderen die Reform der Regulierungsinstitutionen und schließlich die Identifizierung und tatsächliche Abgrenzung von einzelnen Bereichen (z.B. Energiegewinnung), in denen Wettbewerb unter bestimmten Voraussetzungen möglich wäre (Möglichkeit zur freien Durchleitung durch unternehmensfremde Netze). In allen drei genannten Bereichen sieht sich die russische Regierung mit erheblicher Gegenwehr konfrontiert, die die Umsetzung einer wettbewerbsorientierten Reformstrategie sehr erschweren, wenn nicht gar unmöglich machen dürften.

Rolle des Staates – Bekämpfung von Korruption und Behördenwillkür

Die Bekämpfung von Korruption und Amtsmißbrauch ist neben den oben angeführten Elementen einer Reformstrategie letztlich der zentrale Aspekt für ihre erfolgreiche Umsetzung. Schließlich liegt hier der Schlüssel zu den Rent Seeking-
Möglichkeiten, die sich Politikern und Bürokraten einerseits und Managern von
großen Industrieunternehmen andererseits bieten. Die Schwäche einer Regierung,
oder in einer allgemeineren Form, die Schwäche des Prinzipals (die Regierung)
zur Kontrolle seines Agenten (der Bürokratie) wird in der Regel als Grundlage für
die weite Verbreitung von Korruption und Amtsmißbrauch angesehen (SHLEI-
FER/VISHNY, 1993). Zudem gelten russische Beamte und Angestellte im öffentlichen Dienst als stark unterbezahlt. Dies senkt einerseits die Loyalität gegenüber
ihrer eigentlichen Aufgabenerfüllung, und andererseits steigt damit der Anreiz zur
Annahme von Bestechungszahlungen bzw. zu Rent Seeking.

Der Einfluß von öffentlichen Organen auf private wirtschaftliche Aktivitäten
nimmt in Rußland viele verschiedene Formen an. Öffentliche Organe besitzen eine Reihe von Möglichkeiten, Rent Seeking-Aktivitäten gegenüber Firmen im
Rahmen von Grabbing Hand-Strategien durchzuführen, ohne Sanktionen befürchten zu müssen. So bietet die nach wie vor umfangreiche staatliche Regulierungsaktivität in den Infrastrukturbereichen breiten Raum für Rent Seeking-Aktivitäten
von Politikern und Bürokraten. Für die Überwindung der Wettbewerbsblockade ist
es daher sinnvoll, Maßnahmen zu treffen, die die bürokratischen Aktivitäten einerseits begrenzen und andererseits in ausreichendem Maße öffentlich transparent
machen. Aus Sicht der Bürokratietheorie, die grundsätzlich ein Streben nach Maximierung des Macht- und Budgetbereichs von Bürokraten unterstellt, ist die Einführung eindeutiger Regeln zur Begrenzung bürokratischer Aktivitäten zu empfehlen:

- Begrenzung von Handlungsspielräumen von Verwaltungen und Reduktion von
  Kompetenzüberschneidungen,
- Erfassung und Dokumentation von Entscheidungen und staatlichen Aktivitäten,
  Gewährleistung einer möglichst hohen Transparenz,
- Reform des Lizensierungswesens für Geschäftsbetriebe und Begrenzung der
  behördlichen Inspektionen,
- Verbesserung der Funktion der Verwaltungsgerichtsbarkeit,
- Anpassung der Lohn- und Gehaltszahlungen im öffentlichen Dienst auf ein be-
  stimmtes Mindestniveau, wobei dies parallel zu einem Abbau der Personal-
  überkapazitäten im russischen Verwaltungsbereich erfolgen sollte.

Die Begrenzung und Einengung der Möglichkeiten öffentlicher Organe zu Rent
Seeking wirkt prinzipiell ähnlich wie eine Reduzierung der durchschnittlichen
Steuerlast für Unternehmen. Ebenso wie bei einer Reduzierung des Steuersatzes
werden finanzielle und personelle Mittel frei, die zuvor für Leistungen seitens der
öffentlichen Organe aufgewandt werden mußten. Davon dürften insbesondere
kleine und mittlere Unternehmen sowie Neueinsteiger relativ am stärksten profitieren, da sie zum einen überproportional stark von den Lasten durch Rent Seeking

seitens des Staates betroffen sind und zum anderen auch die Möglichkeiten etablierter Konkurrenten sinken, über State Capture-Methoden den Markteintritt von Neueinsteigern zu verhindern.

Reform des fiskalischen Föderalismus in Rußland

Das System des fiskalischen Föderalismus in Rußland ist dadurch gekennzeichnet, daß den Gebietskörperschaften auf der regionalen und lokalen Ebene zwar ein im Vergleich mit anderen föderalen Systemen relativ hoher Anteil an den Gesamtausgaben der öffentlichen Hand zukommt, die einzelnen Ausgaben sind jedoch zu großen Teilen durch von der Zentralregierung festgelegte Richtlinien bestimmt (OECD, 2002, 156). Zudem ist der Grad an Autonomie der subnationalen Ebenen hinsichtlich der Erhebung von Steuern und Abgaben ausgesprochen gering. Dies führt einerseits dazu, daß die subnationalen Entscheidungsträger innerhalb des offiziellen Systems der föderalen Finanzbeziehungen und Aufgabenverteilung zu wenig eigene Entscheidungskompetenzen besitzen, und andererseits – als eine direkte Folge davon – nach inoffiziellen Wegen suchen, eigene Entscheidungskompetenzen aufzubauen. Dies führt zwangsläufig zu einer Aushöhlung der offiziellen Regelsetzung. Eine "vernünftige", an einer Verbesserung der Standortbedingungen für Investoren orientierte Wirtschaftspolitik ist unter diesen Bedingungen kaum zu erwarten. Denn die finanziellen Mittelzuweisungen orientieren sich in der Regel nicht am ökonomischen Erfolg der regionalen Politikstrategien und setzen damit auch keine Anreize für eine Wirtschaftspolitik auf regionaler und lokaler Ebene, die zu höherem Wirtschaftswachstum und dadurch steigenden Steuereinnahmen führen könnte.

Ohne einen angemessenen Grad an Autonomie in bestimmten Politikfeldern einerseits und bei der Finanzierung öffentlicher Aufgaben andererseits werden regionale und lokale Politiker weiterhin auf informelle Möglichkeiten der Einflußnahme setzen. Hier hat sich inzwischen ein breites Spektrum an Einflußmöglichkeiten ergeben, das auch durch die Einrichtung der sieben Distrikte als Bindeglied zwischen Zentralregierung und den 89 Föderationssubjekten seit Mitte 2000 nur bedingt begrenzt werden konnte. Das Zurückgreifen regionaler Regierungen auf inoffizielle Regeln und Instrumente fördert zudem die Ausbreitung von Korruption und schattenwirtschaftlichen Aktivitäten. Sie stellt auch einen wesentlichen Beitrag zum Entstehen der virtuellen Wirtschaft dar, die durch ein System aus direkten und indirekten Subventionen, diskreten Regulierungen und informellen Absprachen notwendige Restrukturierungen in ehemaligen Staatsbetrieben zu vermeiden half.

Als inoffizielle oder "virtuelle" Instrumente der Industriepolitik werden die wichtigsten Elemente der virtuellen Wirtschaft bezeichnet, wie sie im ersten Kapitel skizziert wurden. Dies betrifft die Subventionierung von Unternehmen über z.B. verbilligte Energie, die Nutzung von Barter-Methoden im Zahlungsverkehr zwischen Unternehmen und auch für die Begleichung von Steuern und Abgaben sowie die spezielle Behandlung großer Unternehmen. "Virtuelle" Instrumente der Industriepolitik sind in der Form informeller Einflußmöglichkeiten von politischen Entscheidungsträgern auf subnationalen Ebenen eng mit der Reform des fiskalischen Föderalismus verbunden. LAVROV/LITWACK/SUTHERLAND (2001) weisen darauf hin, daß beispielsweise die Bereitstellung von Wohnraum oder bestimmter sozialer Einrichtungen durch private bzw. privatisierte Unternehmen im Gegenzug zu Erleichterungen bei Steuern und Abgaben oder anderen impliziten Subventionen eine weit verbreitete Praxis in vielen Regionen Rußlands darstellt. Damit werden nicht nur öffentliche Aufgaben mit privaten Interessen vermischt – Unternehmen mutieren im Extremfall zu quasi-fiskalischen Institutionen –, sondern es wird auch die Transparenz der Unternehmenslage und -entscheidungen stark eingeschränkt.

Eine Rückführung des zu großen Teilen informellen Einflusses öffentlicher Entscheidungsträger auf Unternehmen wie auch der impliziten Subventionierung maroder Unternehmen ist im Hinblick auf eine Restrukturierung des Unternehmenssektors und auch auf eine langfristige Wachstumsstrategie von großer Bedeutung. Mögliche Maßnahmen, die diesem Ziel dienen, sollten folgende Aspekte berücksichtigen:

• Erhöhung der Transparenz der Entscheidungen öffentlicher Entscheidungsträger (z.B. Stärkung der Funktion von Rechnungshöfen),
• Begrenzung der Regulierungsmöglichkeiten einzelner politischer Entscheidungsträger auf verschiedenen föderalen Ebenen und Konzentration der Regulierungsmacht auf eine Wettbewerbsaufsichtsbehörde. Dies gilt insbesondere für den Bereich der Bereitstellung infrastruktureller Dienstleistungen wie Energie, Wasser und Telekommunikation,
• Verbesserung der Unternehmenskontrolle und nach Klärung des regulatorischen Umfelds ggf. weitere Privatisierung von Unternehmen im Infrastrukturbereich; die Förderung von Beteiligungen ausländischer Investoren zur Stärkung der Unternehmenskontrolle erscheint hierbei als besonders relevant.

Es ist sinnvoll, die Reform des fiskalischen Föderalismus und den Abbau der informellen Elemente in der subnationalen Wirtschaftspolitik miteinander zu verknüpfen. Als Erfolg der Bemühungen der russischen Regierung zur Eindämmung der "virtuellen" wirtschaftspolitischen Elemente läßt sich die Tatsache werten, daß der Anteil der nicht-monetären Steuerzahlungen auf föderaler wie auf regionaler Ebene seit 1999 stark zurückgegangen ist und in 2001 bei weniger als 5% auf regionaler, auf föderaler Ebene praktisch bei Null liegt (OECD, 2002, 167).

Eine weitreichende Reform des Systems des fiskalischen Föderalismus in Rußland sollte insgesamt darauf achten, daß den einzelnen Föderationssubjekten in klar abgegrenzten Bereichen für bestimmte Steuerarten ein höherer Grad an Autonomie zugebilligt wird, daß die Aufgaben der Föderationssubjekte und lokalen Gebietseinheiten in Abgrenzung zu denen der Zentralregierung deutlicher formuliert werden und daß ein an Leistungsaspekten orientierter Finanzausgleich zwischen den Föderationssubjekten eingeführt wird. Einzelne Maßnahmen sind sowohl von seiten westlicher Ratgeber wie der russischen Regierung formuliert und teilweise umgesetzt worden (OECD, 2002; LAVROV/LITWACK/SUTHERLAND, 2001; PRAVITEL'STVO ROSSIJSKAYA FEDERATSII, 2001; KHRISTENKO, 2002). Die Reformen sind mit Blick auf die Wachstumsfaktoren vor allem aus folgenden Gründen zu befürworten:

- Verbesserung der Standortbedingungen und Erhöhung der Investitionssicherheit für inländische Unternehmen wie für ausländische Direktinvestoren und verstärkter Druck auf eine wirtschaftliche Öffnung der Regionen,
- Klärung strittiger Fragen und Kompetenzüberschneidungen zwischen den verschiedenen Föderationsebenen und damit verstärkte institutionelle Sicherheit für Investoren,
- eine Neuordnung der föderalen Aufgabenverteilung bietet die Möglichkeit zur Reform des Bildungswesens im Sinne einer Dezentralisierung der Bildungspolitik, was nach Erfahrungen mit einzelnen Projekten auf regionaler Ebene für den öffentlichen Bildungssektor mit positiven Effizienzeffekten verbunden ist (CANNING/MOOCK/HELENIAK, 1999).

Integration Rußlands in die Weltwirtschaft und die Rolle internationaler Organisationen

Eine verstärkte Integration Rußlands in die Weltwirtschaft könnte ebenfalls zu einer Überwindung der Wettbewerbsblockade beitragen. Dabei sind in erster Linie drei Faktoren von Bedeutung: erstens das Ausmaß und die Struktur der ausländischen Direktinvestitionen in Rußland, zweitens der Offenheitsgrad der russischen Märkte für den internationalen Warenverkehr und drittens das Bemühen der russischen Regierung, internationale Standards umzusetzen bzw. Mitgliedschaft in wichtigen Entscheidungsgremien auszuüben und zu erlangen (z.B. WTO). Gerade die Mitgliedschaft in internationalen Organisationen und die damit in der Regel verbundene Übernahme bestimmter internationaler Standards, die u.a. von erheblicher Bedeutung in Form von Rahmenbedingungen für Investitionen sind, könnte Rußland helfen, einige wichtige marktwirtschaftliche Ordnungsfaktoren zu verankern und die ordnungspolitischen Rahmenbedingungen und damit die Voraussetzungen für einen marktwirtschaftlichen Wettbewerb grundsätzlich zu verbessern (STERN, 2001; SMITH, 1999).

Insbesondere die Mitgliedschaft in der WTO wäre für Rußland, das im Gegensatz zu den EU-Beitrittskandidaten unter den Transformationsländern aus Mitteleuropa nicht über den Vorteil einer institutionellen Zielvorgabe in Form des Acquis Communautaire der Europäischen Union verfügt (SUTELA, 2001), mit Blick auf einige wichtige wettbewerbssensible institutionelle Bereiche von Bedeutung. Allerdings existiert noch eine Reihe von ungelösten Fragen im Zusammenhang mit der Zollstruktur, sektoralen Ausnahmeregelungen, intellektuellen Property Rights, ausländischen Direktinvestitionen und den Handelsregelungen innerhalb der Gemeinschaft unabhängiger Staaten; auch innerhalb Rußlands gibt es eine starke Industrielobby, die sich gegen den WTO-Beitritt des Landes ausspricht (HARE, 2002). Über den Regelimport und auch über den wegen des im Zuge des Beitritts zur WTO zunehmenden internationalen Wettbewerbs- und damit Restrukturierungsdrucks hinaus könnte Rußland aus einer WTO-Mitgliedschaft im wesentlichen noch folgende direkte Vorteile ziehen (MICHALOPOULOS, 1998, 1999):

- Verbesserung und Absicherung des Marktzutritts zu den wichtigsten Export-
  märkten,
- Zugang zu den Schiedsinstitutionen der WTO bei Handels- und anderen internationalen Wirtschaftskonflikten.

Eine Verbesserung der institutionellen Rahmenbedingungen dürfte auch dem
Zufluß ausländischer Direktinvestitionen nach Rußland einen neuen Schub geben.
Diese wären nicht nur unter dem Aspekt der Restrukturierung der Altindustrien
bzw. der Erhöhung des Konkurrenzdrucks – im Falle von Greenfield Investments
– für ehemalige Staatsbetriebe zu sehen, sondern auch unter dem Gesichtspunkt
des Wissentransfers, von dem Rußland erheblich profitieren könnte, da in vielen
Bereichen – z.B. im Bankensektor – ein erheblicher Nachholbedarf an qualifiziertem Personal zu konstatieren ist. Mit Blick auf die Behandlung speziell ausländischer Direktinvestoren gibt es allerdings noch erheblichen Reformbedarf, beispielsweise bezüglich der Registrierungsformalia, bezüglich einer Reihe von
Local Content-Vorschriften bei Direktinvestitionen und mit Blick auf die Verbesserung der Verfahren zur Schlichtung von Rechtsstreitigkeiten (BERGSMAN/
BROADMAN/DREBENTSOV, 2000).

Ein verstärkter Importkonkurrenzdruck bei einem erhöhten Offenheitsgrad des
Landes wird zu einem steigenden Restrukturierungsdruck führen, jedoch steht die
mangelnde binnenwirtschaftliche Integration als Handelshemmnis diesem entgegen (BERKOVITZ/DE JONG, 1999). Überflüssige bürokratische Kontrollen des
binnenwirtschaftlichen Handels innerhalb Rußlands, tarifäre Handelshemmnisse
in Form von Zöllen oder auch Importkontingente sowie starke Preisregulierungen,
aber auch die mangelhafte Transportinfrastruktur verhindern eine stärkere binnenwirtschaftliche Integration Rußlands und damit letztlich auch eine verstärkte
Öffnung des Landes zur Weltwirtschaft.

Die Bedeutung der Rolle des IWF hat im Gefolge der Finanzkrise 1998 stark
abgenommen. Dies gilt vor allem auch deswegen, da die russische Regierung im
Zuge des darauf folgenden wirtschaftlichen Aufschwungs und der Verbesserung
der föderalen Haushaltslage auf weitere finanzielle Hilfsmaßnahmen seitens des
Fonds verzichten konnte. Zudem wird die Rolle des IWF insbesondere im Vorfeld
der Finanzkrise äußerst kritisch beurteilt (WELFENS, 1999). Die Fokussierung
der Kreditvergabeprogramme des IWF auf vor allem makroökonomische Stabili-
tätskriterien und insbesondere die Bindung des Rubel an den Dollar unterstützten
mehr die spekulativen Verzerrungen mit Blick auf die russischen Wertpapiermärkte, als daß sie die gesamtwirtschaftliche Entwicklung stabilisieren halfen. Schließlich wurde auf dem Höhepunkt der Krise das vorerst letzte große finanzielle Hilfs-
paket des IWF nahezu komplett für die – im nachhinein sinnlose – Stützung des
Rubelwechselkurses ausgegeben. Wichtige Reformmaßnahmen, die der IWF in
früheren Programmen stets gefordert hatte, wurden von der russischen Regierung
praktisch nicht umgesetzt, wobei dies bis 1998 in der Regel keine langfristigen
Konsequenzen nach sich zog. Die Erfahrungen des IWF in den 90er Jahren haben
gezeigt, daß groß angelegte finanzielle Hilfsprogramme in Rußland wenig zum
Reformfortschritt beigetragen haben.

Die direkte Unterstützung einzelner Projekte oder einzelner Unternehmen in Rußland kann demgegenüber zwar keinen umfassenden Reformschub befördern, jedoch kann eine solche Förderung im Übergang zu einem wettbewerbsorientierten Geschäftsverhalten wichtige Akzente und Zeichen setzen (SZEGVARI, 2001). Die finanzielle Förderung und auch praktische Unterstützung von Projekten und Unternehmen durch die Weltbank und vor allem die EBRD mit Blick auf den russischen Reformprozeß betrifft vor allem folgende Bereiche:

- Förderung von wachstumsrelevanten Branchen wie der Infrastruktur (insbesondere Energie und Telekommunikation),
- Schulung von inländischen Mitarbeitern,
- Förderung von kleinen und mittleren Unternehmen, denen in der Regel der Zugang zum regulären Kapitalmarkt versperrt ist. Hierbei ist die Anwendung innovativer Kreditvergabemethoden (Gruppenkredite mit Haftung jedes Einzelnen bei Ausfall eines der Mitglieder denkbar (ARMENDARIZ DE AGHION/ MURDOCH, 2000).

Die EBRD ist bereits ein großer ausländischer Kreditgeber in Rußland. Ihr Engagement besitzt vor allen Dingen zwei strategische Vorteile: Zum einen dürften Engagements der EBRD eine breitere politische Rückendeckung – auch aus dem Ausland – haben, die sie vor Rent Seeking-Aktivitäten weitgehend schützen, und zum anderen können die Engagements der EBRD eine gewisse Signalwirkung auf andere Investoren ausüben.

Sofern der Reformwille der russischen Regierung weiter anhält, könnte es durchaus im Bereich des Möglichen liegen, daß die Wettbewerbsblockade weitgehend aufgelöst wird, die Transaktionskosten gesenkt werden können und das Investitionsumfeld in Rußland insgesamt deutlich verbessert werden kann. Wahrscheinlich existiert ein gewisser Schwellenwert an Investitionen aus dem privaten Sektor und auch aus dem Ausland, ab dem der Druck der Investoren für funktionierende marktwirtschaftliche Ordnungselemente und eine effizientere Regulierung der Infrastrukturbereiche groß genug ist, um dies tatsächlich umzusetzen und damit einen weiteren Investitionsschub in Rußland auszulösen. In diesem Falle würde sich auch das Problem der Subventionierung unrentabler Altunternehmen lösen, da diese entweder langfristig saniert werden oder ihre Beschäftigten in neu geschaffene Arbeitsplätze bei anderen Unternehmen wechseln. Es könnte sich in einem solchen positiven Szenario ein sich selbst verstärkender Prozeß zwischen wirtschaftlichem Wachstum und marktwirtschaftlichen Reformen ergeben.

Gerade im Hinblick auf die Rezentralisierungstendenzen der politischen Entscheidungen unter der Putin-Administration sollte darauf hingewiesen werden, daß sich Rußlands Probleme nicht in einem einzigen großen, nationalen Reformkraftakt lösen lassen. Die weitere Umsetzung von Reformen auf nationaler Ebene ist zwar wichtig, jedoch wäre es ebenso wichtig zu zeigen, daß sinnvolle marktwirtschaftliche, wettbewerbsorientierte Reformen positive Wirkungen hervorbringen. Die Auswahl einzelner Regionen oder Gebiete im Hinblick auf sehr weitgehende Reformen z.B. im Bereich der Administration, der Steuergesetzgebung und der Wettbewerbspolitik – als eine Art Sonderwirtschaftszone – könnte hier Vorbildcharakter für andere Landesteile entwickeln. Sofern sich aufgrund der besseren wirtschaftlichen Entwicklung solcher Pilotregionen eine stärkere regionale Ungleichverteilung der Einkommen ergeben würde, wäre dies sogar zu begrüßen. Allerdings sollten im Zuge dessen die zahlreichen expliziten und impliziten Migrationsbarrieren in Rußland weiter abgebaut werden, um die Ungleichverteilung längerfristig über Migration – und andere integrationsfördernde Mechanismen – zurückführen zu können.

Allerdings erscheint es angesichts der vielen unbewältigten Probleme und auch der Reformwiderstände in Rußland zu Beginn des 21. Jahrhunderts auch als wahrscheinlich, daß dieser kritische Schwellenwert für Investitionen vorerst nicht erreicht wird. Rußland könnte demnach zwar vorübergehend wirtschaftliches Wachstum wie in den Jahren 1999 bis 2001 aufweisen, ein nachhaltiger Aufholprozeß käme aber nicht in Gang, da zu starke Widerstände in Politik und Wirtschaft das Funktionieren der marktwirtschaftlichen Mechanismen, in erster Linie des Wettbewerbs, blockieren und damit die Investitionsbedingungen deutlich hinter denen der Transformationsländer Mitteleuropas zurückbleiben.

5 Die Rolle des russischen Finanzsektors für den Reformprozeß und die gesamtwirtschaftliche Stabilität: Theoretische und empirische Aspekte

Die vorangegangenen Kapitel haben sich, nach einer allgemeinen Einführung in den Stand und die Entwicklung der russischen Wirtschaft bis 2002, einerseits mit der Identifikation von Wachstumsfaktoren und ihrer Relevanz für die wirtschaftliche Entwicklung und andererseits mit der Umsetzung einer marktwirtschaftlichen Ordnung in Rußland und der Bedeutung von Wettbewerb für den Transformationsprozeß beschäftigt. Das folgende Kapitel untersucht die Bedeutung eines bestimmten Bereichs der russischen Wirtschaft, nämlich den Finanzsektor und dabei insbesondere den russischen Bankensektor. Die Gründe für die Wahl des Finanzsektors für eine genauere, sektorale Analyse sind folgende:

- Bedeutung des Finanzsektors für die wirtschaftliche Entwicklung: Ein funktionsfähiger und im Sinne der Finanzintermediation effizient arbeitender Finanzsektor alloziiert einerseits die Kapitalressourcen eines Landes – fungiert also als eine Art Kapitalfilter, der rentable von weniger rentablen bzw. unrentablen Investitionen trennt – und erhöht andererseits die verfügbaren Kapitalressourcen durch verstärkte Anreize zum Sparen. Beide Funktionen besitzen aus theoretischer wie aus empirischer Sicht (vgl. Kapitel 3) eine wichtige Bedeutung für die wirtschaftliche Entwicklung, konkreter für den Fall Rußland: für die Dauer des wirtschaftlichen Aufholprozesses.
- Bedeutung von Wettbewerb und marktwirtschaftlicher Ordnung: Der russische Bankensektor ist im Privatkundengeschäft durch einen hohen Konzentrationsgrad auf der Anbieterseite gekennzeichnet. Die Sberbank hält als Quasi-Monopolist rund 85% aller privaten Geldanlagen in Rußland. Im Kreditgeschäft ist darüber hinaus die Aktivität des Bankensektors insgesamt gering. Die Gründe dafür sind vor allem in der mangelnden Implementierung bzw. Durchsetzung finanzmarktrelevanter Institutionen (z.B. Insolvenzrecht und Gläubigerschutz) und in der mit hohen Transaktionskosten verbundenen Einschätzung von Kreditrisiken zu sehen. Dies führt zu Kreditrationierungsverhalten auf seiten der Banken mit der Konsequenz, daß expandierende Unternehmen wenig Möglichkeiten zur externen Finanzierung besitzen (STIGLITZ/WEISS, 1981; WIEGERT, 2000).
- Korruption und Rent Seeking: Diese beiden Phänomene spielen im russischen Bankensektor eine wichtige Rolle. So wird die Russische Zentralbank als dieje-

nige Stelle unter den politischen Entscheidungsinstanzen in Rußland betrachtet, die am stärksten vom State Capture-Phänomen betroffen ist (Tab. 35). Außerdem kann man die Frage stellen, aus welchen Gründen einerseits ein zahlenmäßig derart großer Bankensektor existiert, andererseits aber die traditionellen Funktionen von Banken kaum bzw. nur sehr ineffizient wahrgenommen werden. Die Existenz und die Geschäftstätigkeit vieler Banken läßt sich, wie zu zeigen sein wird, auf Basis von Rent Seeking-Überlegungen begründen.

- Bedeutung des Finanzsektors für die gesamtwirtschaftliche Stabilität: Wie die Erfahrungen Rußlands 1998 gezeigt haben, ist der Finanzsektor eine potentielle Quelle gesamtwirtschaftlicher Instabilität bzw. Stagnation. Eine Finanzkrise mit Auswirkungen auf die gesamtwirtschaftliche Stabilität kann sowohl durch den Extremfall einer falschen Risikobewertung im Gesamtmarkt (im Hinblick auf die Risikobewertung der GKO-Papiere und der Dollarbindung des Rubel bis zum August 1998) wie auch im Falle einer Schieflage einzelner Finanzinstitute entstehen. Über Dominoeffekte und Herdenverhalten kann sich eine solche Schieflage auf den gesamten Finanzsektor ausbreiten. Für die Lage des russischen Finanzsektors im Jahr 2002 gilt dabei im Besonderen, daß eine unüberlegte außenwirtschaftliche Liberalisierungsstrategie beim Kapitalverkehr bei zu geringer Absicherung gegen Wechselkursrisiken ein erhebliches Destabilisierungspotential beinhaltet, wie noch zu zeigen sein wird.

5.1 Die Entwicklung des russischen Finanzsystems

Der Aufbau des russischen Finanzsystems unterscheidet sich deutlich von der Entwicklung des Finanzsektors in anderen Transformationsländern. Bemerkenswert ist einerseits die große Anzahl an Geschäftsbanken in Rußland und zum anderen der vergleichsweise geringe Anteil ausländischer Banken bzw. von Banken mit ausländischen Teilhabern. Die Zahl der Geschäftsbanken ist schon frühzeitig Ende der 80er Jahre und zu Beginn der 90er Jahre rapide angestiegen (LAPIDUS, 1997). Der Begriff Bank als Bezeichnung für viele dieser Institute ist jedoch insoweit irreführend, als sie oft lediglich als ausgegliederte Finanzabteilungen grosser Staatsbetriebe arbeiteten (BUCH, 1993). Rund 80% der 2600 Banken, die sich zwischen 1992 und 1996 neu registrieren ließen, wurden von Unternehmen bzw. Konzernen vor allem mit dem Ziel gegründet, sich Zugang zu verbilligten, d.h. nominal sehr niedrig bzw. real meist negativ verzinsten Zentralbankkrediten zu verschaffen, die faktisch Subventionen gleichkamen. Mit der Gründung eigener Banken konnten Unternehmen außerdem die im Zuge des Stopps der planwirtschaftlich administrierten Zuteilung von Krediten entstehenden Budgetrestriktionen relativ leicht umgehen.

Den Beginn des postsozialistischen Bankensystems in Rußland markiert die 1987 eingeführte Reform der sowjetischen Gosbank, aus der einzelne Abteilungen ausgegliedert wurden. Die neu geschaffenen Institute verblieben jedoch zunächst in staatlichen Händen. Diese Neuordnung des staatlichen Bankenwesens erfolgte dabei anhand der jeweiligen Geschäftsfelder der ehemaligen Sparten der Gosbank.

So entstanden die Sberbank, die in erster Linie mit ihrem landesweiten Filialnetz für das Mengengeschäft mit privaten Haushalten zuständig war, weiterhin die Vneshtorgbank (Außenhandel), Agroprombank (Landwirtschaft), Zhilsotsbank (Wohnungsbau, Einzelhandel und Sozialleistungen) und die Promstroibank (Bau und Industrie). Einzelne dieser Institute zergliederten sich weiter auf regionaler Ebene und schufen dort selbständige Einheiten (z.b. Promstroibank Rossii, Moskau, und Promstroibank St. Petersburg, St. Petersburg; GOLOVIN, 1999; JOHNSON, 1994). Die Sberbank ist dabei dank ihres landesweiten Filialnetzes und der Quasi-Monopolstellung im Privatkundengeschäft die bei weitem größte Bank Rußlands.

Weitere bedeutende russische Banken wurden im Umfeld staatlicher Strukturen gegründet. Zu ihnen zählen beispielsweise Menatep, Inkombank, Alfa Bank und Mostbank (PLEINES, 2000). Die Führungselite des russischen Bankensektors rekrutierte sich daher vor allem aus dem Bereich der früheren Staatsbank oder aus branchennahen Ministerien bzw. Behörden. Dies ist im Hinblick auf die Bildung von Netzwerken im Bereich des Bankensektors, aber auch zwischen den Banken und staatlichen Institutionen sowie staatlichen bzw. privatisierten Unternehmen von erheblicher Bedeutung. Allerdings gibt es auch eine Elite vergleichsweise junger Bankmanager, die sich aber relativ problemlos in diese Netzwerke integrierte (PLEINES, 2000).

Der private Bankensektor erlebte einen erstaunlich raschen Aufstieg bis zur Mitte der vergangenen Dekade und einen jähen Niedergang im Zuge der Finanzkrise 1998. Während aufgrund der hohen Inflationsraten in den Jahren 1992-94 die Bilanzposten der alten Staatsbanken im Realwert rapide sanken, nutzten die neu gegründeten privaten Banken die sich ihnen bietenden Ertragsmöglichkeiten, was dazu führte, daß sie im Hinblick auf die Aktivastruktur gegenüber den Staatsbanken schnell an Bedeutung gewannen. Die Ausnutzung von Arbitragemöglichkeiten im Kreditgeschäft, das Engagement in den Privatisierungsprogrammen und das Angebot von im Vergleich zu den Staatsbanken qualitativ höherwertigeren Bankdienstleistungen seitens der Privatbanken trugen zu dieser Entwicklung entscheidend bei. Mit dem steigenden Emissionsvolumen im GKO-Markt und den teilweise außergewöhnlich hohen Renditen kam eine weitere Einnahmequelle hinzu. In einer Studie der Bilanzen einzelner russischer Banken für die Jahre 1995 und 1996 identifiziert WARNER (1998) neben dem Handel mit Zentralbankkrediten zwei weitere zentrale Quellen des Geschäftserfolgs der russischen Privatbanken: Zum einen waren sie in der Lage, einen ausgesprochen hohen Anteil (1995: rund 70%, allerdings mit stark fallender Tendenz) an zinslosen Guthaben anzuziehen. Zum anderen konnten sie einen hohen Spread zwischen Kredit- und Guthabenzinsen erzielen (DMITRIYEV et al., 1998).

Nur wenige Banken versuchten im Privatkundengeschäft durch den Aufbau eines eigenen Filialnetzes ernsthaft Fuß zu fassen und damit der staatlichen Sberbank auf diesem Markt Konkurrenz zu bieten. Daher blieb die Wettbewerbsintensität auf dem Markt für Privatkunden ausgesprochen gering, abgesehen von den großen Metropolen Moskau und St. Petersburg, wo sich einige Institute in diesem Bereich des Bankgeschäfts etablieren konnten. Aufgrund des enormen Aufwands, den ein flächendeckendes landesweites Filialnetz erfordert, blieben viele Banken regional, in ihrer Mehrheit auf Moskau, beschränkt.

Nach der ersten Expansionsphase geriet der russische Bankensektor seit 1995 in eine Phase der Konsolidierung, die sich in der Zahl der registrierten Banken niederschlug. Auch das verstärkte Bemühen der Zentralbank als bankenaufsichts-rechtliche Instanz, schärfere Richtlinien für Bilanzkennziffern und das Geschäfts-verhalten im Bankensektor einzuführen und diese auch durchzusetzen, trugen zu dieser Entwicklung bei. Die Hauptprobleme des russischen Bankensektors lagen in dieser Phase der Entwicklung zum einen bei der hohen Anzahl an Banken mit ausgesprochen geringem Eigenkapitalanteil, einem schlechten Management sowie geringer Transparenz der Unternehmensentwicklung. Schon vor 1998 zeichneten sich erhebliche strukturelle Probleme im russischen Bankensektor ab. Insbeson-dere der relativ hohe Anteil an nicht zinstragenden Aktiva (unter anderem Devisen in Bargeldform) führte dazu, daß ein großer Teil der Banken bereits ab 1995, als die Geldpolitik restriktiver gehandhabt wurde und die Realzinsen in der Folge positiv wurden, Verluste machte (OECD, 1997).

Durch die Finanzkrise 1998, die große Teile des Bankensektors in die Zah-lungsunfähigkeit trieb und das Zahlungsverkehrssystem zusammenbrechen ließ, wurde eine deutliche Zäsur und Umstrukturierung im russischen Bankensektor of-fensichtlich notwendig. Eine Reihe von Banken suchte die Finanzkrise und ihren Bankrott über Fusionen und Kooperationen zu überwinden bzw. zu verdecken, je-doch ohne daß eine spürbare Verbesserung ihrer Liquiditätslage daraus hervor-ging. Vielmehr übertrugen zahlreiche Banken liquide Aktiva auf neu geschaffene Gesellschaften, um diese dem möglichen Zugriff staatlicher Regulierungsbehör-den bzw. dem Zugriff eines drohenden Konkursverfahrens zu entziehen (Asset Stripping). Bemerkenswert ist insbesondere, daß auf seiten der Bankenaufsicht bzw. der Politik wenig getan wurde, um diese Praktiken zu verhindern und um ei-ne kohärente Strategie zum Wiederaufbau des Bankensektors zu entwickeln. Einer Reihe von Banken wurde dennoch die Lizenz durch die Russische Zentralbank entzogen, darunter auch die Inkom-Bank und die Bank Imperial, die beide ehe-mals zu den zehn größten Instituten zählten. Allerdings geschah dies meist auf-grund wenig nachvollziehbarer Entscheidungskriterien und ohne ausreichende Transparenz der Entscheidungen, so daß diese mitunter einen willkürlichen An-schein hatten.

Abgesehen von ad-hoc-Maßnahmen zur Sicherung der Liquidität vor allem der Sberbank blieben weitergehende Maßnahmen in Form eines strategischen Ansat-zes zur Wiederbelebung und Restrukturierung des zusammengebrochenen Ban-kensystems zunächst aus. Im Dezember 1998 wurde eine Restrukturierungskom-mission (ARKO) ins Leben gerufen, die allerdings erst einige Monate später ihre Arbeit aufnahm und für die Wiederherstellung der Funktionsfähigkeit des Ban-kensystems bzw. für die Rekapitalisierung der insolventen Banken verantwortlich sein sollte. Gleichzeitig wurde hierzu ein Maßnahmenkatalog aufgestellt. Dabei kündigte man die Einteilung der russischen Banken in mehrere Gruppen an, bei der den schwerwiegenden Problemfällen die Banklizenz entzogen werden sollte und andere, längerfristig überlebensfähige Banken rekapitalisiert werden sollten (BUCH/HEINRICH, 1999). Das Kapitalproblem des Bankensektors kann jedoch mittlerweile, nach dem verstärkten Zustrom von Devisen nach Rußland im Zuge der steigenden Rohstoffpreise als weniger dringend eingestuft werden (siehe die hohe Reservehaltung der russischen Banken bei der Zentralbank, Tab. 9).

Im März 1999 wurde ein spezielles Insolvenzrecht für russische Kreditinstitute in Kraft gesetzt, das sich wesentlich von dem seit März 1998 geltenden allgemeinen Insolvenzrecht unterscheidet. Das ursprüngliche Gesetz schreibt vor, daß ein Unternehmen als Schuldner im Falle der Insolvenz dies selbst anzeigen bzw. einen Antrag auf die Eröffnung eines Konkursverfahrens stellen muß. Dieses Gesetz ist bisher jedoch noch nicht im Bankensektor angewendet worden. Statt dessen wurde mit dem neuem Gesetz eine Regelung geschaffen, die zwar auch den Zwang zur Selbstanzeige des Schuldners beinhaltet, jedoch im Hinblick auf die Konsequenzen der Insolvenz der Restrukturierung des betroffenen Kreditinstituts gegenüber dem Konkursverfahren ein wesentlich höheres Gewicht beimißt (DIW et al., 1999). Das Bankeninsolvenzrecht bot bislang eine Reihe von Schlupflöchern für Manager und Eigner insolventer Institute zur Sicherung übertragbarer Vermögenswerte, wodurch die Rechte von Gläubigern an der Bedienung ihrer Forderungen erheblich beeinträchtigt wurden. In dieser Situation befürworteten selbst Gläubiger von insolventen Banken die Restrukturierung (statt der Einleitung eines Insolvenzverfahrens), da diese eine wenigstens teilweise Kompensation ihrer Forderungen wahrscheinlicher werden ließ (EGGENBERGER, 1999).

Insolvente Banken können im Rahmen der zu der Wiederherstellung ihrer Solvenz notwendigen Maßnahmen Anteile an ihrem Institut gegen Kredite der Restrukturierungskommission ARKO tauschen, was faktisch einer teilweisen oder völligen – je nach Umfang der Kredite – Verstaatlichung der Bank gleichkommt. ARKO spielt dabei im wesentlichen die Rolle des Abwicklers dieses Kredite-gegen-Anteile-Tauschs. Der Russischen Zentralbank wurden hingegen weitreichende Befugnisse im Zusammenhang mit der Restrukturierung einzelner Banken zugewiesen. Sie besitzt Zugriffsmöglichkeiten auf die Geschäftspolitik von Banken, die sich im Restrukturierungsprozeß befinden, wie zum Beispiel die Einrichtung einer Zwangsverwaltung. Dies kann sich bis zur Personalpolitik des Instituts erstrecken.

Die massive Kritik insbesondere von der Gläubigerseite zwang den Gesetzgeber im Sommer 2001 zum Handeln, womit einige wichtige Änderungen im Bankeninsolvenzrecht umgesetzt wurden. Einige Regeln bezüglich des Insolvenzprozedere wurden verschärft, und die Haftung von Managern und Eignern von Banken wurde erweitert. Jedoch bleibt die Russische Zentralbank weiterhin der zentrale Akteur im Insolvenzverfahren, da sie direkt den Liquidationsprozeß steuert. Der vergleichsweise komplizierte und zeitaufwendige Charakter der Regelungen zur Ingangsetzung des Insolvenzverfahrens blieb ebenfalls weitgehend erhalten (RECEP, 2001b, 82-83). Insgesamt bietet das novellierte Insolvenzrecht kaum Anlaß zur Hoffnung, daß sich hierdurch bedeutende Änderungen im Restrukturierungsprozeß des Bankensektors ergeben. Dies gilt zum einen mit Blick auf die nach wie vor starke Rolle der Zentralbank wie auch mit Blick auf den immer noch breiten Spielraum für Maßnahmen im Kontext von Asset Stripping.

5.2 Theorie der Finanzintermediation und Regulierung von Banken

Banken nehmen innerhalb des Finanzsektors einer Volkswirtschaft eine zentrale Stellung ein. Ihre wesentliche Tätigkeit resultiert aus "Produktion, Kauf, Verkauf und Vermittlung von Finanzinstrumenten und Finanzdienstleistungen" (BALTENSPERGER, 1996). Banken bieten bei ihrer Tätigkeit als Finanzintermediäre auf der einen Seite den Besitzern von Vermögen (private Haushalte) Anlagemöglichkeiten an und befriedigen auf der anderen Seite den Kapitalbedarf der Unternehmen. Daher spielen Banken eine wichtige Rolle bei der Allokation des Faktors Kapital und damit für die wirtschaftliche Strukturierung bzw. die Restrukturierung einer Volkswirtschaft. Dies gilt vor allem für eine Transformationswirtschaft wie die russische. Banken können hier einen wichtigen Beitrag zur Anpassung an die neuen strukturellen Erfordernisse im Übergang von der Plan- zur Marktwirtschaft leisten.

Die Existenz von Finanzintermediären zwischen Kapitalanlegern und Investoren wird aus ökonomischer Sicht mit der Existenz von Unvollkommenheiten der Finanzmärkte und deren Überwindung durch spezialisierte Finanzdienstleister begründet. Finanzdienstleister können demzufolge eine wichtige Rolle bei der Reduzierung von Transaktionskosten der Kreditvergabe bzw. der Reduzierung von Informationsasymmetrien zwischen Anleger und Investor und den damit verbundenen Kosteneinsparungen spielen (ALLEN/SANTOMERO, 2001). Banken als spezialisierte Finanzdienstleister können insbesondere bei folgenden Tätigkeiten Kostenvorteile realisieren (DEWATRIPONT/TIROLE, 1993; FREIXAS/ROCHET, 1998):

- Einstufung und Überwachung von Kreditnehmern und -risiken,
- Versicherung gegen individuelle Liquiditätsrisiken,
- Transformation von Fristen und Losgrößen von Kapitalanlagen,
- bessere Möglichkeiten zu Portfoliomanagement und Diversifikation von Risiken, Nutzung von Größenvorteilen.

Nach DIAMOND (1984; 1996) können Banken in ihrer Funktion als Finanzintermediäre aufgrund von Größen- und Informationsvorteilen gegenüber den Anlegern das individuelle Kreditrisiko von Kreditnehmern besser einschätzen und dabei die Kosten für Einstufung und Überwachung (Monitoring) von Kreditrisiken minimieren. Gesamtwirtschaftlich gesehen ist die Einschaltung eines Finanzintermediärs zwischen Kapitalanleger und Kreditnehmer solange vorteilhaft, wie die Monitoring-Kosten K_M des Intermediärs plus möglicher Delegationskosten D aufgrund des zwischen Intermediär und Anleger entstehenden Prinzipal-Agent-Problems[14] kleiner sind als die Summe der Monitoring-Kosten K_M^i, die für einen ein-

---

[14] Zwischen Anleger (Prinzipal) und einer Bank als Intermediär (Agent) treten insoweit Probleme auf, als die Bank grundsätzlich einen Informationsvorsprung gegenüber dem Anleger über die Weiterleitung des Kapitals und den Kreditnehmer an sich besitzt. Diese Informationsvorteile können von der Bank zum Nachteil des Anlegers ausgenutzt wer-

zelnen Anleger (i=1,2,3,...) bei direkter Kreditvergabe ohne Zwischenschaltung eines Intermediärs entstehen:

$$K_M + D = \sum K_M{}^i \qquad (13)$$

Auch wenn der Finanzintermediär über spezialisierte Bewertungssysteme für Kreditrisiken verfügt, ist es dennoch möglich, daß nicht alle Kreditnehmer entsprechend ihrer Kreditnachfrage zu einem angemessenen Zins/Risiko-Verhältnis bedient werden. Es kann sich mithin in einem Kreditmarkt ein Gleichgewicht bei Übernachfrage nach Krediten einstellen. MCKINNON (1993) hat in einem auf der Analyse von STIGLITZ/WEISS (1981) aufbauenden Modell für einen Finanzmarkt im Prozeß der Liberalisierung nachgewiesen, daß sich ein solcher Fall von Kreditrationierung bei Vorliegen von Informationsasymmetrien zwischen Kreditnehmer und Bank einstellen kann. Es kommt zu einem adversen Selektionsprozeß zwischen den Kreditnehmern, da die Bank nicht in der Lage ist, das Kreditausfallrisiko korrekt einzuschätzen und damit auch die Höhe des individuellen Kreditzinses zu bestimmen. In einem solchen Fall werden nur Kreditnehmer erstklassiger Bonität bedient. Das Problem der Kreditrationierung kann aus theoretischer Sicht auf dem Bankenkreditmarkt nicht zufriedenstellend gelöst werden. Hierzu wäre eine Weiterentwicklung bzw. Vertiefung der Kapitalmärkte notwendig (CHO, 1986). Dies bezieht sich vor allem auf die Entwicklung funktionsfähiger Wertpapier- und Risikokapitalmärkte.

Das Problem der Kreditrationierung tritt in Rußland in verschärfter Form auf, denn offensichtlich besteht eine große Übernachfrage nach externen Finanzierungsmöglichkeiten, die aber durch höhere Kreditzinsen kurz- bis mittelfristig nicht abgebaut werden kann. Aus dem Mangel an Investitionsalternativen ergibt sich für die großen privaten Banken in Rußland, die fast alle im Verbund mit Unternehmen aus dem realwirtschaftlichen Sektor agieren (sogenannte finanz-industrielle Gruppen), mittelfristig ein Stabilitätsproblem. Der Anreiz, aus Mangel an Investitionsalternativen in Projekte innerhalb der eigenen Unternehmensgruppe zu investieren, ist relativ hoch, so daß sich insgesamt starke Abhängigkeiten einzelner Banken von der Entwicklung bestimmter Unternehmen bzw. bestimmter Branchen ergeben.

Der in der Regel für die Förderung von finanz-industriellen Gruppen vorgebrachte Hauptgrund liegt in der Überwindung der Dysfunktionalitäten des unterentwickelten russischen Kapitalmarkts und in der Vorstellung, daß finanzielle Mittel innerhalb von großen zusammengeschlossenen Unternehmensgruppen unter den gegebenen Transformationsbedingungen effizienter alloziiert werden können. Eine Reihe von Autoren argumentiert (RAJAN/SERVAES/ZINGALES, 1998; JENSEN, 1986) bzw. zeigt anhand empirischer Analysen (SHIN/STULZ, 1998), daß innerhalb solcher Unternehmensgruppen eine bessere Nutzung der Finanzmittel nicht stattfindet. Man könnte auch dahingehend argumentieren, daß angesichts hoher Marktnutzungskosten (Transaktionskosten) die "Internalisierung" der

---

den. Um dies zu verhindern, fallen dem Anleger selbst in gewisser Höhe Delegationskosten an, die sich auf die Überwachung der Bank und die Durchsetzung von Sanktionen bei Fehlverhalten ihrerseits beziehen.

Markttransaktionen durch Unternehmenszusammenschlüsse, insbesondere in vertikaler Richtung, Effizienzgewinne nach sich zöge. Allerdings würde hiermit lediglich ein Symptom, nämlich die hohen Transaktionskosten, und nicht die eigentliche Krankheit bekämpft, nämlich die unvollständige marktwirtschaftliche Ordnung.

Banken und Finanzmärkte fungieren im Idealfall als eine Art Filter für Kapitalanlagen, der rentable von unrentablen Investitionsprojekten trennt und dadurch die effiziente Allokation des Faktors Kapital sicherstellt. In den USA haben spezialisierte Investmentbanken diesbezüglich eine führende Rolle übernommen. In Rußland hingegen sind zahlreiche Banken zwar im Bereich des Unternehmensinvestments engagiert – insbesondere im Rahmen finanz-industrieller Gruppen. Schwerwiegende Unregelmäßigkeiten bei dem Verkauf bedeutender staatlicher Unternehmen und eine noch unausgereifte gesetzliche Grundlage im Bereich der korporativen Kontrolle bzw. des Wertpapierrechts haben bislang jedoch weitgehend verhindert, daß Banken in Rußland im Bereich des Unternehmensinvestments in diesem Sinne tätig wurden.

Die Funktion einer Bank als Versicherer gegen individuelle Liquiditätsrisiken kann folgendermaßen erläutert werden: DIAMOND/DYBVIG (1983) argumentieren dahingehend, daß sich Wirtschaftssubjekte über eine Poolbildung von einer statistisch gesehen großen Anzahl von Einzelguthaben gegen ein Illiquiditätsrisiko, das bei einer direkten Kreditvergabe an den Investor zwangsläufig auftreten würde, versichern können. Vorteile der Einschaltung eines Intermediärs zur gemeinsamen Liquiditätssicherung entstehen allerdings nur so lange, wie es zu keinem allgemeinen "Run" auf den Intermediär kommt. Eine ähnliche Argumentation zur Begründung der Funktion von Finanzintermediären verfolgen BENCIVENGA/SMITH (1991), die aus der Möglichkeit der "Quasi-Versicherung" gegen individuelle Liquiditätsrisiken eine Erhöhung der volkswirtschaftlichen Sparquote und der Kapitalproduktivität ableiten.

Aus den ersten beiden Gründen (Kostenvorteile bei Einstufung und Überwachung von Kreditnehmern und -risiken sowie Versicherung gegen individuelle Liquiditätsrisiken) läßt sich die grundsätzliche Funktion einer Bank ableiten, auf die sich der Begriff der Finanzintermediation bezieht. Dies betrifft die Fristen- und Losgrößentransformation von Kapitalanlagen. Banken können durch die Akkumulierung von Depositen auf der Passivseite ihrer Bilanz und eine adäquate – im Grenzfall kongruente – Weiterleitung an Unternehmen im Aktivgeschäft die latent vorhandene Inkompatibilität hinsichtlich der Struktur der beiden Bilanzseiten überwinden. Dadurch kann sichergestellt werden, daß einerseits jeder Anleger auf der Grundlage seiner intertemporalen Konsumpräferenzen sein Vermögen anlegen kann und andererseits Unternehmen ihren Investitionsbedarf gemäß Volumen und Laufzeit finanzieren können.

Die Wettbewerbsintensität eines Bankensystems ist positiv mit der allokativen Effizienz des Bankensystems bzw. mit der Erfüllung der Funktion des Finanzintermediärs verbunden. Auf diese Beziehung weist SCHWIETE (1997) in seiner Diskussion des Zusammenhangs von Wettbewerb und Effizienz des Bankensektors hin. Die Einstufung des Bankensektors als wettbewerbspolitischen Ausnahmebereich ist daher insoweit abzulehnen, als daß die zentralen Transaktionskonditionen im Bankensektor – Marktein- und Marktaustritte, Zinssätze, Preise, Finanz-angebote – weitgehend unreguliert von den Marktteilnehmern zu setzen sein sollen. SCHWIETE (1997, 275) unterscheidet hierbei die Regulierung dieser Aspekte als "Economic Regulation" von der "Prudential Regulation", die er zur Erreichung des Ziels der Stabilität des Bankensektors als gleichfalls notwendig anerkennt. "Prudential Regulation" bezieht sich dabei auf die Bestimmung und Kontrolle von Richtlinien, die bilanzielle Mindestanforderungen im Hinblick auf das Eigenkapi-tal oder bestimmte Obergrenzen für Großkredite an einzelne Schuldner beinhalten. Bilanzielle Mindestanforderungen stellen zwar auch eine Markteintrittsschranke und damit eine Wettbewerbsbeschränkung dar. Diese Einschränkung ist jedoch vor dem Hintergrund der Bewahrung der Stabilität des Bankensystems als sekun-där einzustufen. Das Ziel der Stabilität des Bankensektors bzw. des Finanzsystems insgesamt kann allerdings auch zu einer sehr restriktiven Regulierung im Hinblick auf die Trennung bestimmter Geschäftsbereiche führen, wie dies in den USA für Investmentbanken einerseits und Geschäftsbanken andererseits seit den 30er Jah-ren geregelt war (Glass-Steagall-Act). Dieses Gesetz verbot Instituten, die in ei-nem der Bereiche tätig waren, die gleichzeitige Geschäftsaufnahme im anderen Bereich.

DEWATRIPONT/TIROLE (1993) geben zu bedenken, daß die Hauptfunktion von Banken, die Fristen- und Losgrößentransformation, auch von anderen im Fi-nanzbereich tätigen Unternehmen, wie z.B. Versicherungen, wahrgenommen wird. Die Risiken des Bankgeschäfts lassen sich ebenso über verschiedene Formen der Versicherungen bzw. Absicherung und Risikoteilung – durch Hedging-Geschäfte oder im Zuge einer Einlagenversicherung – minimieren, so daß zunächst aus die-ser Sicht nichts für eine spezielle Regulierung des Bankensektors spricht. Den-noch sehen DEWATRIPONT/TIROLE (1993, 32) die Notwendigkeit der Über-wachung und Regulierung der Risiken des Bankgeschäfts als gegeben an. Diese Erkenntnis gründet sich auf ihrer sogenannten "Repräsentations-Hypothese": Zu den wichtigsten Schuldnern einer Bank zählt die Gruppe sehr vieler kleiner Anle-ger, welche in der Regel weder fähig noch aus anderen Gründen willens zur Kon-trolle der Geschäftspolitik der Bank sind. Um in der Folge von Informationsasym-metrien über die Bonität einer Bank ein Moral Hazard-Verhalten seitens der Bank auszuschließen, ist daher die Einschaltung einer unabhängigen Aufsichtsinstanz notwendig.

Für ein Wirtschaftssystem im Übergang zur Marktwirtschaft ist eine funktionie-rende Bankenaufsicht besonders wichtig, da hier von einer besonderen "Unerfah-renheit" der Anleger und besonders großen Informationsasymmetrien auszugehen ist. Im Zuge eines sich verstärkenden Wettbewerbs während des Fortschreitens des ökonomischen Öffnungsprozesses, der die Banken zu stärker gewinnorientier-tem und möglicherweise auch risikoreicherem Verhalten zwingt, erhöht sich die Notwendigkeit einer strikten Aufsicht weiter.

ALLEN/SANTOMERO (1997; 2001) und SCHOLTENS/VAN WENSVEEN (2000) weisen darauf hin, daß sich innerhalb der Finanzsysteme der meisten OECD-Länder, allen voran den anglo-amerikanischen Finanzmärkten, in den 80er und 90er Jahren ein deutlicher Wandel im Hinblick auf die Rolle von Banken als Finanzintermediäre ergeben hat. Dabei ging die Bedeutung der Banken als Liquiditätsversicherer mit der Vereinfachung des direkten Zugangs zu den Kapitalmärkten zurück. Der Anteil der Zinserträge sank im Vergleich zu den Erträgen aus Beratungsleistungen (Emission von Aktien und Anleihen, Beratung bei Unternehmensübernahmen etc.) und aus der Verwaltung von Pensions- und Investmentfonds.

Die Standardargumente der Theorie der Finanzintermediation verlieren mit dem Strukturwandel auf den Kapitalmärkten an Aussagekraft, da sowohl die Liquiditätsversicherung wie auch Fristen- und Losgrößentransformation zunehmend über Finanzmärkte statt über Bankinstitute abgewickelt werden. Die Aufgabe von Banken und anderen Finanzdienstleistern wandelt sich dabei stärker hin zu einem Risikomanagement von Finanztransaktionen – einerseits auf der Anlegerseite das Management des Kursrisikos über das Angebot von Fonds und andererseits auf seiten der Unternehmen in Form einer Verwaltung z.B. von Emissionsrisiken bei Aktienemissionen und der Begebung von Anleihen. Diese Entwicklungen führen ALLEN/SANTOMERO (2001) insbesondere darauf zurück, daß sich im Zuge der Finanzmarktliberalisierung bzw. der steigenden Transparenz auf den Finanzmärkten die Transaktionskosten von Investitionsentscheidungen, die vor allem im Zusammenhang mit Informationsasymmetrien entstehen, deutlich reduziert haben.

Die meisten Transformationsländer sind allerdings von einer ähnlichen Entwicklung im Hinblick auf die Reduzierung von Transaktionskosten auf den Finanzmärkten noch weit entfernt. Dazu tragen die nach wie vor schlechte bzw. ineffiziente Unternehmenskontrolle, eine geringe Transparenz der Unternehmensentwicklung, ein mangelhafter gesetzlicher Rahmen und eine teilweise instabile gesamtwirtschaftliche Situation bei. Rußland stellt in diesen Punkten ein besonders negatives Beispiel dar. Für Rußland stellt sich daher als Hauptaufgabe im Bereich der Finanzmärkte die Entwicklung eines stabilen und funktionsfähigen Bankensektors, der einerseits qualitativ hochwertige Anlagemöglichkeiten bietet und zum anderen in der Lage ist, über längere Zeiträume hinweg Investitionen in Unternehmen zu finanzieren.

5.3 Bankensektor und Finanzintermediation in Rußland

Im 2. Quartal 2001 besaßen rund 1300 Finanzinstitute eine Lizenz für Bankgeschäfte von der Russischen Zentralbank, diese Zahl ist seit Mitte 1999 weitgehend konstant geblieben. Insgesamt sind allerdings über 2000 Institute bei der Zentralbank registriert (RECEP, 2001b, 109). Es ist kennzeichnend für den russischen Bankensektor, daß die meisten der mit einer Banklizenz ausgestatteten Finanzinstitute von ihrer Größe bezüglich des Bestandes an Aktiva her gesehen praktisch keine Bedeutung besitzen. Zudem ist die Aktivaverteilung unter den einzelnen Banken sehr stark konzentriert: Im Jahr 2000 entfielen 41% der Aktiva auf die fünf größten Banken, 62% waren im Besitz der 20 größten Institute. Die 1100 kleinsten Banken hatten einen gemeinsamen Anteil an den Gesamtaktiva von rund 10% (siehe Abb. 22). Die große Zahl an Banken, die praktisch keine ökonomische Bedeutung besitzen, macht die Bankenaufsicht ausgesprochen schwierig und ineffizient, da den hohen Kosten und insbesondere dem Aufwand an qualifiziertem Fachpersonal seitens der Bankenaufsicht in der Zentralbank die gesamtwirtschaftliche Bedeutung der beaufsichtigten Institute in keiner Weise entspricht.

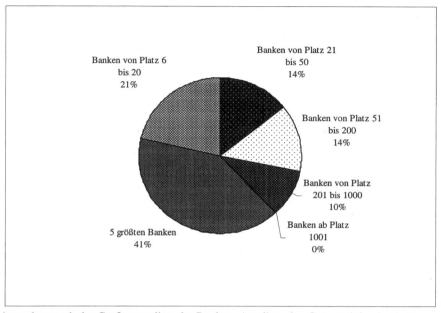

*geordnet nach der Größenrangliste der Banken, Anteil an den Gesamtaktiva in %. Der exakte Anteilswert der Banken ab Platz 1001 ist 0,29%.
Quelle: ZENTRALBANK RUSSLANDS (2000), Bulletin of Banking Statistics Nr. 10, Moskau; eigene Berechnungen.

Abb. 22. Konzentration der Aktiva im russischen Bankensektor in 2000*

Mit Blick auf den Depositenmarkt für private Haushalte läßt sich eine noch stärkere Konzentration der Anteile der einzelnen Banken feststellen. Die Sberbank hat mit einer Gesamtsumme an Guthaben privater Haushalte von Rubel 373 300 Mio. – was einem Marktanteil von rund 85% entspricht – in diesem Bereich eine Quasi-Monopolstellung inne, wenn auch andere Banken in den ersten Quartalen 2001 weitaus höhere Zuwachsraten verzeichnen konnten (siehe Tab. 38). Dies gilt insbesondere für die Raiffeissenbank, die sich als eine der wenigen ausländischen Banken auf dem russischen Markt mittlerweile etablieren konnte. Allerdings erreichen die Marktanteile der anderen Banken in keinem Fall mehr als 2%.

Den Guthaben, die in Rubel denominiert sind, steht ein Markt für Guthaben in Devisen (in der Regel Dollar) gegenüber, der rund 2/3 der gesamten Rubelguthaben erreicht (RECEP, 2001b, 110). Ähnliches gilt für den Kreditmarkt, so daß der russische Finanzsektor in erheblichem Maße von einem währungstechnischen Dualismus geprägt ist. Neben dem Rubel wird vor allem der Dollar als Zweitwährung für Finanztransaktionen verwendet, wobei zusätzlich zu den vorhandenen Devisenguthaben bei den Banken eine große Devisenmenge, die in Form von Bargeld bei russischen Haushalten gehalten wird, hinzukommt – die Angaben hierüber sind allerdings nur vage.

Tab. 38. Die zehn größten Anlagebanken in Rußland in 2001*

	Guthaben von privaten Haushalten (in Mio. Rubel)	Anteil an den gesamten Rubel-Bankguthaben von privaten Haushalten	Wachstumsrate im 1.Quartal 2001 (in %)
Sberbank	373300	84,5	9,5
Alfa-Bank	6166	1,4	29,6
Gazprombank	6037	1,4	10,8
Bank of Moscow	3705	0,9	8,8
Vneshtorgbank	3500	0,8	18,0
Avtobank	3171	0,7	16,5
Raiffeissenbank	3153	0,7	89,0
Rosbank	3055	0,7	14,1
Industry-Construction Bank St. Petersburg	2648	0,6	15,5
Bank of Austria	2281	0,5	20,6

*Angaben für das erste Quartal 2001.
Quelle: RECEP (2001a), Russian Economic Trends – Quarterly Issue, Vol. 10, Nr. 2, Moskau, 80.

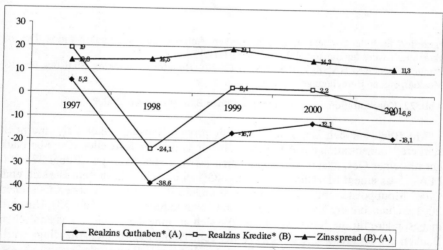

*Guthaben und Kredite in Rubel; Angaben für 2001: 1. Quartal.
Quelle: RECEP (2001a), Russian Economic Trends – Quarterly Issue, Vol. 10, Nr. 2, Moskau, 104; eigene Berechnungen.

Abb. 23. Realzinssätze und Zinsspread in Rußland 1997-2000

Die marktbeherrschende Stellung der staatlichen Sberbank wird insbesondere durch eine implizite Einlagenversicherung seitens der Zentralbank bzw. der russischen Regierung gestärkt, die im Zuge der Finanzkrise 1998 wirksam wurde. Haushalte wurden damals explizit aufgefordert, ihre Guthaben zur Sberbank zu transferieren, da nur dort deren Erhalt bzw. Teilerhalt laut Zentralbank sichergestellt werden konnte. Jedoch ist die Anlage von Rubelguthaben nach wie vor ausgesprochen unattraktiv, da die realen Guthabenzinsen aufgrund der anhaltend hohen Inflationsraten bislang noch im negativen Bereich liegen (für 2000 bei -12,1%, für Quartal 1 und 2 in 2001 bei durchschnittlich -18,1% auf Jahresbasis; siehe Abb. 23).

Ebenso wie die realen Depositenzinsen nach der monetären Stabilisierungsphase 1995-96 wieder in den negativen Bereich kamen, so befinden sich im Jahr 1998 und auch wieder im Jahr 2001 die Kreditzinsen im negativen Bereich. Der von RECEP (2001b) ermittelte gesamtwirtschaftliche Kreditzins war lediglich 1999 und 2000 mit 2,2 bzw. 2,4% (auf Jahresbasis) leicht positiv (siehe Abb. 23). Die niedrigen realen Kreditzinsen sind dabei weniger auf eine zu geringe Nachfrage bzw. zu starke Konkurrenz auf der Angebotsseite im Kreditmarkt zurückzuführen, als vielmehr auf die generelle Zurückhaltung russischer Banken bei der Vergabe von Krediten. Insgesamt zeigt der russische Bankensektor aufgrund des vergleichsweise hohen Spreads zwischen Anlage- und Kreditzinsen (zwischen 11 und 19%) eine ausgesprochen geringe Effizienz – die volkswirtschaftlichen Kosten des Bankensektors, die man als Differenz zwischen Anlage- und Kreditzinsen auffassen kann, stehen zu der geringen Erfüllung der Intermediärfunktion in einem schlechten Verhältnis.

Kredite wie auch längerlaufende Anleihen sind in der Regel nur Unternehmen mit bester Bonität und entsprechender Unternehmensgröße zugänglich. Im Oktober 1999 hatte über die Hälfte der russischen Unternehmen keinerlei Verbindlichkeiten gegenüber Finanzinstituten (GARA, 2001). Eine Stelle oder Organisation, die mit der SCHUFA[15] in Deutschland vergleichbar wäre und die es erlauben würde, die Kreditwürdigkeit bzw. den Verschuldungsgrad eines Unternehmens einzuschätzen, existiert bislang in Rußland nicht. Dies erschwert – neben oft mangelnden Qualifikationen der Bankmitarbeiter – die Bewertung der Bonität eines Kreditnehmers. Ein Markt für Risikokapital existiert in Rußland daher ebensowenig: Lediglich die EBRD (und auch die russische Regierung) hat eine Reihe von Fonds in ausgewählten Regionen zur Risikokapitalfinanzierung aufgelegt, welche aber im gesamtwirtschaftlichen Maßstab keine Rolle spielen (OECD, 2001a, 172). Insgesamt hat dies zur Konsequenz, daß insbesondere kleine und mittlere Unternehmen – und auch Unternehmensneugründungen – grundsätzlich vor einem Finanzierungsproblem stehen und in der Regel Expansionen nur aus dem aktuellen Cash Flow finanzieren können.

---

[15] Die Schutzgemeinschaft für allgemeine Kreditversicherung (SCHUFA) ist eine gemeinsame Einrichtung von Banken und Sparkassen in Deutschland mit dem Zweck des Informationsaustauschs über Kunden zur Vermeidung von Kreditausfällen und übermäßiger Verschuldung von Kreditnehmern.

a) Einnahmen

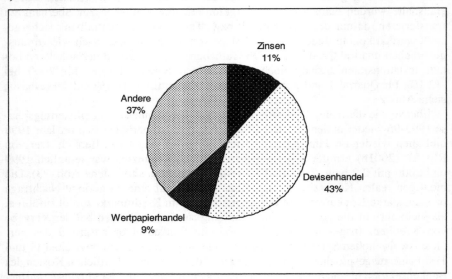

b) Ausgaben

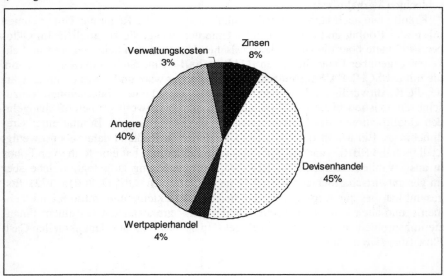

Quelle: RECEP (2000a), Russian Economic Trends – Quarterly Issue, Vol. 9, Nr. 3, Moskau.

Abb. 24. Aggregierte Einnahmen- und Ausgabenstruktur des russischen Bankensektors, 2000

Der eigentlichen Funktion eines Bankensektors, der eines Finanzintermediärs zwischen Anlegern und Unternehmen, wird der russische Bankensektor bislang in keiner Weise gerecht. Zwar stellen russische Banken inzwischen in der Regel die mit Konten- und Zahlungsverkehr zusammenhängenden üblichen Bankdienstleistungen bereit. Jedoch ist ihr realwirtschaftliches Engagement über die Vergabe von Krediten oder die Emission von Anleihen für Firmenkunden sehr gering. Zudem sind Kredite auf Rubelbasis mit Laufzeiten von über einem Jahr verhältnismäßig selten und für kleine und mittlere Unternehmen praktisch nicht erhältlich. Dies zeigen Unternehmensbefragungen (OECD, 2002).

Die Schwerpunkte der Geschäftstätigkeit russischer Banken veranschaulicht ihre aggregierte Einnahmen-/Ausgabenstruktur (Abb. 24). Lediglich 11% der Einnahmen und 8% der Ausgaben der Banken besteht aus Zinszahlungen, der Wertpapierhandel trägt 9% zu den Einnahmen und 4% zu den Ausgaben der Banken bei. Der weitaus größte Teil der Einnahmen und Ausgaben besteht aus Erträgen und Kosten im Zusammenhang mit Devisengeschäften, nämlich 43 bzw. 45%. Diese Einnahmen-/Ausgaben-Struktur der russischen Banken weist damit auf den Umstand hin, daß die meisten Banken nicht im eigentlichen Sinne Finanzintermediäre darstellen, sondern vielmehr als ausgegliederte Finanzabteilungen ihrer Eigentümer arbeiten – in der Regel sind dies große Unternehmen bzw. Unternehmensgruppen. Dies zeigt deutlich, daß der Prozeß der Finanzintermediation nicht funktioniert.

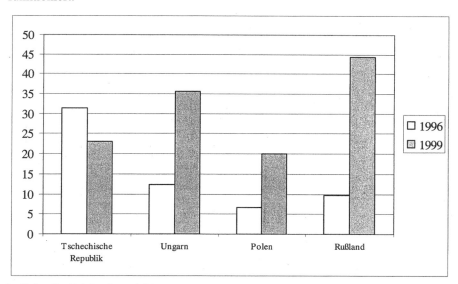

in % des Bruttoinlandsprodukts.
Quelle: EBRD (2000), Transition Report, London.

Abb. 25. Aktienmarktkapitalisierung in ausgewählten Transformationsländern

Institutionelle Investoren wie Versicherungen oder Fondsgesellschaften sind auf dem russischen Finanzmarkt ebenfalls ohne größere Bedeutung. Während

Fondsgesellschaften aufgrund der Erfahrungen aus der Voucher-Privatisierung weitgehend diskreditiert sind, ist das Volumen des Versicherungsmarktes gering. Insgesamt beliefen sich die abgeschlossenen Verträge auf rund Rubel 42 Mrd. Ende 1998 (OECD, 2001a, 171). Neben einem stark regulierten Marktumfeld und administrativ stark beschränkten Investitionsmöglichkeiten – das russische Finanzministerium fungiert als Aufsichtsbehörde für das Versicherungswesen – gibt es mit Blick auf die russischen Kapitalmärkte kaum Investitionsmöglichkeiten für Anlageverwaltungsunternehmen wie Versicherungsgesellschaften.

Die Aktienkapitalisierung ist in Rußland im Verhältnis zum Bruttoinlandsprodukt von 1996 bis 1999 zwar verhältnismäßig stark angestiegen (Abb. 25). Dies ist allerdings in erster Linie dem in 1999 einsetzenden Rohstoffboom zu verdanken. Die Marktkapitalisierung von Gazprom allein ist 1999 höher gewesen als die Gesamtkapitalisierung der übrigen börsennotierten Unternehmen (BENOIT/DE-MEL/REININGER, 2000, 210). Ein hinreichend liquider Aktienmarkt, der über einige wenige Blue Chip-Unternehmen hinaus Firmen mit externem Eigenkapital versorgen könnte, existiert bislang nicht. Darüber hinaus gilt der Markt noch als extrem volatil. Ähnliches gilt für den Markt für Unternehmensanleihen. Es fehlen neben dem notwendigen Angebot an soliden Anleiheemittenten auch die Nachfrage über hinreichend investitionsbereite institutionelle Investoren. Im Vergleich mit Ländern wie Polen und Ungarn, deren Anleihemärkte im langfristigen Bereich 1998 ein Volumen von 9,0% bzw. 15,3% des Bruttoinlandsprodukts erreicht haben, liegt Rußland weit zurück (BENOIT/DEMEL/REININGER, 2000, 131). Hinzu kommt ein Mangel an Unternehmenstransparenz und den damit verbundenen Möglichkeiten zur Risikobewertung. Allein der GKO-Markt wurde in 1999 nach dem Zahlungsstopp vom August 1998 wieder eröffnet und hat seither ein gewisses Volumen erreicht bzw. an Liquidität zurückgewonnen (OECD, 2001a).

5.4 Korruption und Rent Seeking im russischen Bankensektor

Wenige russische Banken, die Ende der 80er und bis Mitte der 90er Jahre des vergangenen Jahrhunderts gegründet wurden, hatten Anlaß, sich dem eigentlichen Kerngeschäft von Banken, der Finanzintermediation, zu widmen. Vielmehr boten sich im Zuge des fortschreitenden Transformationsprozesses, insbesondere der Privatisierung großer Industrieunternehmen, und der Vernetzung von öffentlichen und privaten Akteuren Möglichkeiten für Rent Seeking-Aktivitäten. Auf nationaler Ebene traten hierbei insbesondere die Banken hervor, die den Kern von finanzindustriellen Gruppen darstellten.

Zahlreiche Banken waren in der Lage, in der Frühphase der Transformation Anfang der 90er Jahre hohe Gewinne durch z.B. den Handel mit Zentralbankkrediten oder Devisenspekulationen zu realisieren, was oben schon erläutert wurde (WARNER, 1998). Eine Reihe von Banken begann jedoch, ab Mitte der 90er Jahre einen starken Einfluß auf die Politik der russischen Regierung auszuüben. Die russische Regierung ihrerseits war zur Mitte der 90er Jahre aus verschiedenen

Gründen, insbesondere wegen der zunehmend sich verschlechternden Haushaltslage, auf die Unterstützung der russischen Banken als finanzkräftige Partner angewiesen, wodurch ihnen eine besondere Machtstellung zuwuchs:

- Aus polit-ökonomischer Sicht: Die Banken waren in der Lage, einerseits durch finanzielle Unterstützung und andererseits über die Nutzung ihrer Medienbeteiligungen den politischen Machterhalt abzusichern (LAPINA, 1997). Am deutlichsten wurde dies im Falle des Präsidentenwahlkampfs 1996, als die russischen Oligarchen – die Köpfe der damals führenden russischen Industrie- und Finanzkonglomerate – ein regelrechtes Bündnis mit dem Ziel der Wiederwahl von Präsident El'tsin schmiedeten.
- Aus fiskalpolitischer Sicht: Mangels haushaltstechnischer Konsolidierung und einer restriktiveren Geldpolitik ab 1995 mußte die Regierung zusätzliche Quellen für die Finanzierung des hohen Haushaltsdefizits erschließen, welche sie dann über den Weg der Emission von kurzfristigen Wertpapieren (GKO) bei den russischen Finanzinstituten fand.
- Aus industriepolitischer Sicht: Die russische Regierung suchte einerseits nach Investoren für zu privatisierende Industrieunternehmen und andererseits nach Wegen, die Subventionierung der russischen Industrieunternehmen, die zunächst noch über den Haushalt bzw. die Zentralbank erfolgte und Mitte der 90er Jahre durch Verpflichtungen gegenüber dem IWF stark eingeschränkt werden mußte, fortzuführen.
- Aus finanzmarktpolitischer Sicht: Die russische Regierung verfolgte stets das Ziel der Schaffung eines eigenständigen, nationalen russischen Bankensektors, wobei die Beteiligung ausländischer Banken stark eingeschränkt wurde. Zudem sollte aus reformstrategischer Sicht mittelfristig über die Schaffung eines Sekundärmarktes für staatliche Wertpapiere der Russischen Zentralbank ein zentrales Instrument zur Kontrolle der Geldpolitik an die Hand gegeben werden.

Diese Gründe bewogen die russische Regierung, den großen Banken wichtige Zugeständnisse in Form von Möglichkeiten zum Rent Seeking zu machen. Die Nutzung dieser Möglichkeiten war dabei keineswegs nur einseitig auf die Banken beschränkt, sondern wurde auch auf politische Entscheidungsträger ausgedehnt, wie zahlreiche Skandale belegen (KLEBNIKOW, 2001). Die zentralen Tätigkeitsfelder der Banken in diesem Zusammenhang waren folgende:

- Verwaltung von öffentlichen Finanzmitteln: Banken wurden öffentliche Finanzmittel zur Verwaltung übertragen, wobei die Banken diese Mittel wiederum in andere Anlagen (z.B. den GKO-Markt) investierten. Dies ist eine der wichtigsten Ursachen für den hohen Zinsspread, den WARNER (1998) als Grund für die hohen Gewinne der russischen Banken in den Jahren 1995/1996 identifizierte. Diese Praxis der öffentlichen Mittelverwaltung fand auch auf der regionalen bzw. kommunalen Ebene verbreitet Anwendung (PLEINES, 2000).
- Die Investition in den staatlichen Wertpapiermarkt (GKO und OFZ-Papiere), auf dem sehr hohe Renditen erzielt werden konnten, wobei der Zugang hierfür beschränkt war.

- Die Kredite-gegen-Anteile-Auktionen, bei denen bedeutende Industrieunternehmen für Preise verkauft bzw. privatisiert wurden, die weit unter ihrem tatsächlichen Wert lagen (siehe Kap. 2.2.3).

Mit der Finanzkrise 1998 und dem weitgehenden Zusammenbruch der wichtigsten russischen Privatbanken änderten sich jedoch die Bedingungen für das Verhältnis zwischen Regierung und Banken grundlegend, wobei dazu auch die sich stabilisierende politische und fiskalische Lage nach 1998 beitrug. Die Regierung war nun nicht mehr in dem Maße wie noch vor der Krise auf die Unterstützung der Banken angewiesen und konnte diese ihrerseits nun unter Druck setzen. Jedoch nutzte die russische Regierung bzw. die Zentralbank die Situation 1999/2000 nicht zu einer tiefgreifenden Reform des Bankensektors.

Auf die Reaktion der Regierung und der Zentralbank auf den Zusammenbruch des Bankensektors nach der Finanzkrise wurde oben schon ausführlicher eingegangen. Für die weitere Entwicklung der Regulierung des Bankensektors in den Jahren nach der Krise ist ein Dilemma bedeutsam, auf das PLEINES (2000) hinweist: So steht die russische Regierung vor dem Problem, sich zwar einerseits über die Notwendigkeit zur Reform des Bankensektors im Hinblick auf eine Zerschlagung der korrupten Strukturen und Netzwerke im klaren zu sein, andererseits aber ist die Regierung nach wie vor auf die privaten Banken bei der Verteilung der Budgetmittel angewiesen. Zudem existiert eine starke Lobby aus dem Bereich der Banken, aber auch der Zentralbank, die in 1999/2000 eine wirkliche Reform des Bankensektors zu verhindern wußte.

Der Einfluß der Russischen Zentralbank im Bankensektor hat sich im Gefolge der Finanzkrise verstärkt. Durch die oft undurchsichtige und wenig regelbasierte Restrukturierungspolitik der Zentralbank im Hinblick auf insolvente Banken erhöhte sich insbesondere ihr informeller Einfluß auf die Geschäftspolitik der Banken. Dabei lassen sich schematisch drei einzelne Interessenbereiche der Politik der Zentralbank abgrenzen:

- Regulierung des Bankensektors: Die Zentralbank vergibt Lizenzen für den Bankenbetrieb und erläßt und überwacht die Richtlinien für die Geschäftspolitik der Banken. In diesem Rahmen arbeitet sie auch an der Restrukturierung des Bankensektors unter Beteiligung der Restrukturierungsagentur ARKO.
- Akteur im Bankensektor: Die Zentralbank ist über Mehrheitsbeteiligungen an Banken, insbesondere der Sberbank, am Geschäftserfolg dieser Institute direkt interessiert. Hierbei spielen möglicherweise auch Überlegungen mit Blick auf die Plazierung weiterer Anteile der Sberbank an der Börse eine Rolle, die zusätzliche Einnahmen generieren könnten.
- Geld- und währungspolitische Instanz: Die Zentralbank reguliert nicht nur die Geschäftspolitik der Banken, sondern besitzt auch einen erheblichen Einfluß auf die Regulierung des in Rußland mit Blick auf die Exporterlöse aus dem Rohstoffgeschäft wichtigen Devisenmarkts. Zudem spielt die Zentralbank als geldpolitische Instanz eine Rolle für die Konditionen der Refinanzierung der Banken und die Regulierung des Interbankenmarktes.

Aus dieser dreidimensionalen Interessenlage läßt sich eine direkte Gefahr für einen funktionierenden Wettbewerb im Bankensektor und damit seine volkswirtschaftliche Effizienz ableiten: Die Rolle der Zentralbank als Regulierer einerseits und als einer der Hauptakteure in Form von Mehrheitsbeteiligungen an Geschäftsbanken andererseits offenbart einen Interessenkonflikt zwischen effizienter Regulierung und dem Ziel der Gewinnmaximierung dieser Banken. Die Tatsache, daß die Russische Zentralbank ausgerechnet die Anteilsmehrheit an der weitaus größten russischen Geschäftsbank auf dem privaten Anlagemarkt, der Sberbank, hält, hat sich in der Vergangenheit abträglich auf die Wettbewerbsorientierung der Regulierungsaktivitäten ausgewirkt.

Die umfangreiche Regulierungsmacht gibt der Zentralbank zudem ein Instrument zur Verfolgung von Grabbing Hand-Strategien an die Hand, was möglicherweise zu hohen politischen Transaktionskosten von Bankgeschäften führt. Zudem sind nach wie vor die oben beschriebenen Netzwerkstrukturen innerhalb der Führungselite des Bankensektors relevant, welche sich über State Capture-Strategien im Hinblick auf die Regulierung und dabei insbesondere die Lizenzerteilung für Bankgeschäfte gegenüber potentiellen Konkurrenten absichert. Der Eintritt in den Bankenmarkt ist daher – neben anderen, nach wie vor bestehenden Risiken wie den unterentwickelten Finanzmärkten – mit der Überwindung von vergleichsweise hohen Markteintrittsschranken in Form von politischen Transaktionskosten verbunden. Ein funktionierender Wettbewerb ist unter den gegebenen Umständen im russischen Bankensektor nicht oder allenfalls nur in einzelnen Marktnischen zu erwarten, so beispielsweise für die Finanzierung und Abwicklung von Finanzdienstleistungen für Unternehmen mit hoher Bonität.

5.5 Finanzintermediation, Wechselkursregime und gesamtwirtschaftliche Stabilität

Die Liquiditätslage und damit letztlich die Stabilität einer Bank ist von der Laufzeitenstruktur der einzelnen Positionen einerseits auf der Aktivseite und andererseits auf der Passivseite der Bilanz wesentlich beeinflußt. Grundsätzlich können sich bei unterschiedlicher Laufzeitenstruktur der beiden Bilanzseiten im Falle von unvorhergesehenen Zins- und Kursänderungen Liquiditätsengpässe bei Banken ergeben. Dies kann beispielsweise dann geschehen, wenn längerfristige Kredite an Unternehmen mit kurzfristigen, im Extremfall täglich abrufbaren Einlagen finanziert werden. Im Falle von internationalem Kapitalverkehr sowie bei einer Wirtschaft, die von einem dualen monetären Standard, also einer parallelen Verwendung zweier Währungen, geprägt ist, kommt zu dem Zinsänderungsrisiko noch ein Wechselkursrisiko hinzu: Sofern Aktiv- und Passivposten in unterschiedlicher Währung denominiert sind, kann es ebenso wie bei Zinsänderungen bei abrupten Wechselkursänderungen zu Liquiditätsengpässen bei der betreffenden Bank kommen.

In unterentwickelten Finanzmärkten ist es im wesentlichen eine Frage der Regulierung von Finanzinstituten, die Liquiditätsengpässe aufgrund von Zinsänderungs- bzw. Wechselkursänderungsrisiken zu vermeiden. In hochentwickelten Finanzmärkten können solche Risiken durch Hedginginstrumente abgesichert werden. Denn unter der Annahme von ausreichend tiefen – mit Blick auf die Laufzeitenstruktur – Finanzmärkten sollte es zum einen möglich sein, Investitionsprojekte laufzeitenkongruent zu finanzieren. Ebenso können unter Hinzuziehung von Derivativgeschäften (z.B. Forward- oder Optionskontrakte bzw. Swapgeschäfte) Änderungsrisiken hinsichtlich Zinsen und Wechselkursen vermieden bzw. minimiert werden. In den meisten Transformationsländern allerdings ist eine solche ausreichend lange Laufzeitenstruktur nicht vorhanden, ebensowenig wie hinreichend liquide und differenzierte Märkte für Derivativgeschäfte.

EICHENGREEN/HAUSMANN (1999, 3) nennen diese Situation unvollständiger Finanzmärkte, in dem die Inlandswährung weder zur langfristigen Kreditaufnahme im Inland noch im Ausland benutzt werden kann, den Zustand der "Erbsünde", da hierbei langfristige Investitionsprojekte entweder im Inland in inländischer Währung mit kurzfristigen Krediten oder in Devisen, aber dafür laufzeitenkongruent finanziert werden müßten. Dabei ist es grundsätzlich ausgeschlossen, daß die Zins- oder Wechselkursänderungsrisiken, die sich aus der jeweiligen Finanzierungsweise ergeben, abgesichert werden, da aufgrund der Laufzeitenbeschränkung auf dem inländischen Finanzmarkt keine Hedging-Transaktionen für die Dauer des Investitionsprojektes abgeschlossen werden können. Dies gilt auch für ähnliche Transaktionen auf internationalen Finanzmärkten, die ebenfalls nicht angeboten werden, da eine solche Hedging-Transaktion notwendigerweise unter Einbeziehung der inländischen Währung ablaufen müßte.

MCKINNON (2000, 223) betont, daß im Falle von hohen Zinssatzdifferenzen zwischen Anlagen denominiert in der Ankerwährung und Anlagen in inländischer Währung offene Währungsrisiken aufgrund von Kostenüberlegungen von Banken nicht abgedeckt werden. Der Zinsgewinn, den eine Bank durch die Aufnahme gering verzinster Dollarguthaben mit der Vergabe hoch verzinster Rubelkredite realisiert, wird demzufolge durch die Hedging-Kosten wieder egalisiert oder sogar übertroffen. Hedging-Kosten können in diesem Fall dadurch entstehen, daß die Bank einen Terminkontrakt über den Kauf von Dollar zu einem festgelegten Preis zum Zeitpunkt der Rückzahlung des Dollarkredits abschließt.

Für MCKINNON (2000) gilt in Anlehnung an EICHENGREEN/HAUSMANN (1999, 3) dieser Zustand der "Erbsünde" zusammen mit einer schwachen Bankenregulierung sowie eines intransparenten, auf Vetternwirtschaft basierenden Bankensektors als die Hauptursache der Asienkrise 1997. Dabei verweist er insbesondere auf die feste Anbindung der südostasiatischen Währungen an den US-Dollar, die für eine langfristige Wechselkursstabilität zu sorgen schien. Wechselkursänderungsrisiken bei Investitionsprojekten in den asiatischen Ländern, die mit kurzfristigen Kapitalzuflüssen finanziert wurden, konnten scheinbar minimiert werden. Jedoch war im Zuge hoher Leistungsbilanzdefizite und realer Abwertungen der inländischen Währungen bis zum Sommer 1997 die Wechselkursfixierung nicht länger haltbar. Die falsche Sicherungswirkung der Wechselkursfixierung wurde zusätzlich verschärft durch Moral Hazard-Überlegungen seitens internationaler Anleger, die auf eine finanzielle Rettungsaktion des IWF bzw. der Weltbank spekulierten.

Die Überlegungen MCKINNONs (2000) sind in hohem Maße für Rußland relevant (WELFENS/WIEGERT, 2002c). Dies gilt sowohl als Erklärungsansatz für die Finanzkrise von 1998 wie auch für kommende Instabilitätsrisiken im russischen Finanzsektor. Die einzelnen Faktoren für Stabilitätsrisiken im russischen Finanzsektor sind folgende:

- Die russischen Finanzmärkte besitzen keine ausreichende zeitliche Tiefe und sind damit nicht in der Lage, Investitionsprojekte laufzeitenkongruent zu finanzieren; eine laufzeitenkongruente Finanzierung ist nur über eine Kreditaufnahme bzw. eine Begebung von Anleihen in Devisen möglich, wodurch aber offene Devisenpositionen geschaffen werden, die bei Wechselkursschwankungen zu Liquiditätsproblemen führen können.
- Rußlands Bankenaufsicht in Händen der Russischen Zentralbank hat es in den vergangenen Jahren nicht geschafft, elementare Standards im Hinblick auf international anerkannte Bilanzrichtlinien durchzusetzen. Außerdem ist ihre Handlungsweise im Zusammenhang mit der Finanzkrise 1998 und deren Folgen mit Blick auf den Schutz der Gläubiger der bankrotten Banken sowie der mangelnden Transparenz ihrer Entscheidungsfindung höchst fragwürdig. Zudem dürfte es der Bankenaufsicht aufgrund der großen Zahl an Banken in Rußland an qualifiziertem Personal fehlen, das die Überprüfung einzelner Banken laufend durchzuführen in der Lage ist.
- Führende Banken sind in Rußland in der Lage, sich über Verbindungen zur Politik bzw. zur Zentralbank durch State Capture-Maßnahmen gegenüber Marktrisiken abzusichern oder zumindest eine teilweise Absicherung zu erreichen; dies führt in der Regel über Moral Hazard-Verhalten zu einem sinkenden Risikobewußtsein auf seiten des Bankmanagements.

Tab. 39. Verbindlichkeiten russischer Banken geordnet nach Währung

	1997	1998	1999	2000	2001*
Verbindlichkeiten insgesamt (A)	622,7	933,1	1549,7	2259,4	2546,45
Rubel-Giro- und -Termineinlagen (B)	238	242,6	416	703,6	765,45
Deviseneinlagen (C)	85	190,9	290,2	420	495,45
Auslandsverbindlichkeiten (D)	104,2	203,1	222,5	249	286,35
Eigenkapital (E)	143,9	157,6	292,4	437,1	491,8
(C)/(B)	0,36	0,79	0,70	0,60	0,65
(D)/(A)	0,17	0,22	0,14	0,11	0,11
(E)/(D)	1,38	0,78	1,31	1,76	1,72
(E)/(A) (Eigenkapitalquote)	0,23	0,17	0,19	0,19	0,19

(A)-(E): alle Angaben in Mrd. Rubel.
*Ungewichteter Durchschnitt der beiden ersten Quartale 2001.
Quelle: RECEP (2001a), Russian Economic Trends – Quarterly Issue, Vol. 10, Nr. 2, Moskau, 110; eigene Berechnungen.

- Die russischen Finanzmärkte sind gekennzeichnet durch einen hohen Anteil von Devisenguthaben sowie -krediten. Die Devisenguthaben bei russischen Banken erreichen in 2001 rund 2/3 des Wertes der Rubelguthaben (siehe Tab. 39, C/B). Sofern die Bargeldbestände an Devisen, die viele russische Haushalte als "Matratzengeld" horten, vermehrt auf Bankkonten transferiert werden, wird dies den Anteil der Devisenguthaben an den Gesamtdepositen weiter erhöhen. Damit ist jedoch schon jetzt ein bilanztechnisches Stabilitätsrisiko für einzelne Banken bei kurzfristigen Wechselkursschwankungen gegeben. Wechselkursrisiken sind gerade für Rußland deswegen relevant, da das Land aufgrund seiner Exportstruktur, deren Schwerpunkt im Rohstoffbereich liegt, eine vergleichsweise volatile Entwicklung des Wechselkurses des Rubel gegenüber dem US-Dollar im Zuge von Preisschwankungen z.B. auf dem Rohölmarkt verkraften muß. Selbst angesichts eines relativ geringen bzw. gesunkenen Anteils der Auslandsverbindlichkeiten im Bankensektor an den Verbindlichkeiten insgesamt (Tab. 39, (D)/(A)), der den Bankensektor weitgehend unempfindlich gegen kurzfristige Kapitalabflüsse macht, wird es ohne eine adäquate Durchsetzung von Bilanz- und Transaktionsrichtlinien aufgrund eines solchen dualen monetären Standards fast zwangsläufig zu einzelnen Bankenzusammenbrüchen kommen.

Ein weiteres Merkmal, das sowohl in den meisten südostasiatischen Ländern, die von der dortigen Finanzkrise 1997 betroffen waren, und Rußland vorhanden ist, stellt die Art des Wechselkursregimes und dabei insbesondere die Art des Wechselkursregimes gegenüber dem US-Dollar dar. Rußland verfolgte bis zum 17. August 1998, genauso wie beispielsweise Thailand, Korea, die Philippinen oder Indonesien bis zum Ausbruch der Währungs- bzw. Finanzkrisen dieser Länder im Jahre 1997, eine Politik der Fixierung des Wechselkurses der nationalen Währung gegenüber dem Dollar innerhalb einer relativ engen Bandbreite. Nach der Aufgabe der Wechselkursfixierung sank der nominale Wert der jeweiligen Landeswährung innerhalb weniger Wochen gegenüber dem Dollar rapide ab. Es ist jedoch bemerkenswert, daß, wie MCKINNON (2000, 212-217) nachweist, fast alle von ihm betrachteten südostasiatischen Länder mit Ausnahme von Indonesien nach Ablauf der Krisenperiode, die er von Juni 1997 bis Dezember 1998 datiert, zu einer Quasi-Fixierung der Landeswährung gegenüber dem Dollar zurückgekehrt sind und dies mindestens bis zum Ende seines Beobachtungszeitraums im Mai 2000 beibehalten haben.

Die inoffizielle Quasi-Fixierung der Landeswährung der meisten südostasiatischen Länder analysiert MCKINNON (2000) anhand von Tagesdaten der Wechselkurse. Er spricht von einer "Hochfrequenz-Wechselkursfixierung" (High-Frequency Exchange Rate Pegging) angesichts der Tatsache, daß die jeweilige Zentralbank durch tägliche Interventionen auf dem Devisenmarkt den Wechselkurs kurzfristig stabil hält und höchstens mittelfristig – über mehrere Monate – eine langsame Anpassung des Wechselkurses gestattet. MCKINNON (2000) zeigt auch, daß sich diese inoffizielle Quasi-Fixierung von der offiziellen Fixierung vor der Krise statistisch gesehen praktisch nicht unterscheidet. Es stellt sich die Frage, ob die Russische Zentralbank eine ähnliche Wechselkursstrategie verfolgt.

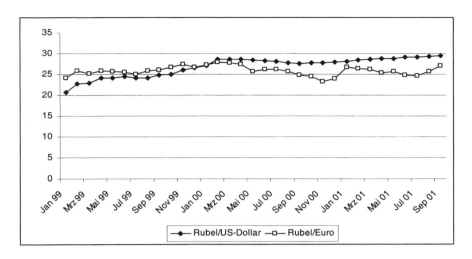

Quelle: ZENTRALBANK RUSSLANDS (2000; 2001).

Abb. 26. Nominaler Wechselkurs Rubel zu US-Dollar und Euro, 1999-2001

Abb. 26 zeigt auf Basis von Halbmonatsdaten, daß der Wechselkurs des Rubel sich gegenüber dem Dollar ausgeprochen stabil entwickelte. Dies gilt insbesondere im Vergleich zum Wechselkurs des Rubel zum Euro. Abrupte nominale Wechselkursanpassungen fanden nach 1998 vor allen Dingen deswegen nicht statt, weil es der Russischen Zentralbank gelang, den Wechselkursverlauf trotz einiger volatilitätsförderlicher externer Einflüsse wie dem schwankenden Ölpreis auf einem leichten Abwertungspfad gegenüber dem US-Dollar zu halten bzw. von März 2000 bis September 2000 dann auf einem leichten Aufwertungspfad (siehe Abb. 26). Die Gründe hierfür liegen in der strikten Devisenbewirtschaftung der Zentralbank einerseits (Umtauschpflicht für einen Teil der Exporteinnahmen) sowie in häufigen Devisenmarktinterventionen der Zentralbank andererseits (RECEP, 2001b).

In 2000 bestand ein erheblicher Aufwertungsdruck für den Rubel gegenüber dem US-Dollar, dem die Zentralbank durch hohe Dollarkäufe begegnete, was wiederum monetäre Stabilitätsrisiken mit sich brachte. Bemerkenswerterweise ist dennoch die monetäre Expansion in Folge der Dollarkäufe weitgehend ohne entsprechende Folgen für die Preisentwicklung geblieben. Die Ursache liegt sicherlich zum einen in der geringen kreditwirtschaftlichen Verflechtung des Finanz- und des realen Sektors sowie in der hohen Reservehaltung der Geschäftsbanken, die weit über die Mindestreserve der Zentralbank hinausging (DIW et al., 2000).

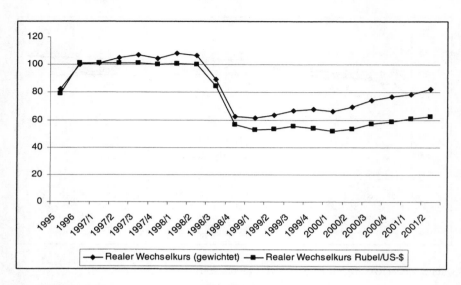

[1]Gewichtung: 40% USD, 40% DEM, 20% Ukrainische Hryvna.
[2]Index: Dezember 1995 = 100, alle Werte sind Periodendurchschnitte, Preisentwicklung anhand der Konsumentenpreisindizes.
Quelle: RECEP (2000a), Russian Economic Trends, Vol. 9, Nr. 3, und (2001), Russian Economic Trends, Vol. 10, Nr. 2, Moskau.

Abb. 27. Realer Wechselkurs nach Handelsanteilen gewichtet[1] und gegenüber dem US-Dollar[2]

Der reale Wechselkurs des Rubel zum US-Dollar zeigt nach dem infolge der Finanzkrise 1998 rapiden Wertverlust insbesondere seit Anfang 2000 eine ansteigende Tendenz (Abb. 27), was mittelfristig auf eine nominale Abwertung des Rubel hindeutet. Gegenüber einem handelsgewichteten Währungskorb (40% USD, 40% DEM, 20% Ukrainische Hryvna) fällt die reale Aufwertung des Rubel erheblich stärker aus. So hat die russische Wirtschaft Mitte 2001 schon mehr als die Hälfte des wechselkursbedingten Preisvorteils im internationalen Handel aufgrund der nominalen Rubelabwertung nach dem August 1998 wieder verloren.

Die halbmonatliche Analyse der Wechselkursentwicklung in Abb. 26 täuscht möglicherweise über das tatsächliche Ausmaß der Wiedererrichtung eines Dollarstandards in Rußland hinweg. Auf das analoge Problem hat MCKINNON (2000) für den Fall der südostasiatischen Länder hingewiesen und die Strategie der jeweiligen nationalen Wechselkurspolitik auf Basis von Tagesdaten (sogenannte Hochfrequenzanalyse im Gegensatz zur Niedrigfrequenzanalyse auf Basis von Wochen- bzw. Monatsdaten) untersucht. Die Grundlage seiner Analyse, die hier auch für Rußland angewendet werden soll, bildet das Regressionsmodell von FRANKEL/ WEI (1994). Es handelt sich um ein Mehrfachregressionsmodell, das für jedes betrachtete Land und jeden betrachteten Zeitraum mit der Methode der kleinsten Quadrate geschätzt wird. Dabei muß eine relativ unabhängige Währung als Referenzwährung gefunden werden, deren Wechselkursänderungen gegenüber der zu untersuchenden Landeswährung auf der Basis von Änderungen des Wechselkurses der Referenzwährung gegenüber verschiedenen internationalen Reserve- bzw. potentiellen Ankerwährungen erklärt werden kann. Als Referenzwährung kann für den Fall Rußlands wie auch für den Fall der südostasiatischen Länder der Schweizer Franken (SFR) akzeptiert werden. Neben der potentiellen Ankerwährung, dem US-Dollar (USD), werden als weitere Erklärungsvariablen die ersten Differenzen der natürlichen Logarithmen des japanischen Yen (JPY) und des Euro bzw. ECU in die Regressionsgleichung aufgenommen, die damit in allgemeiner Form wie folgt lautet:

$$\text{Nationale Währung/SWF} = \beta_0 + \beta_1 \, \text{ECU/SWF} + \beta_2 \, \text{JPY/SWF} \tag{14}$$
$$+ \, \beta_3 \, \text{USD/SWF} + \varepsilon$$

sowie bei der Analyse des Rubel (RUB):

$$\text{RUB/SWF} = \beta_0 + \beta_1 \, \text{ECU/SWF} + \beta_2 \, \text{JPY/SWF} + \beta_3 \, \text{USD/SWF} + \varepsilon \tag{14a}$$

mit β_0, β_1, β_2 und β_3 als Regressionskoeffizienten der Konstante sowie der Wechselkurse des ECU, des Yen und des US-Dollars zum Schweizer Franken und ε als normalverteiltem Störterm. Sofern der Rubel an eine der drei potentiellen Ankerwährungen gebunden ist, kann für den entsprechenden Regressionskoeffizienten ein Schätzwert nahe bei eins erwartet werden. Die Schätzwerte der beiden anderen Regressionskoeffizienten sollten in diesem Falle ungefähr bei null liegen, da ECU, Yen, und US-Dollar untereinander weitgehend frei floaten (FRANKEL/ WEI, 1994). Bei einer strikten Anbindung des Rubel an den US-Dollar liegt der Schätzwert b_3 des Koeffizienten β_3 also nahe bei eins, die Schätzwerte b_1 und b_2 von β_1 und β_2 dagegen bei nahe null.

Tab. 40 zeigt die Regressionsergebnisse der Analyse für die Wechselkurse auf Basis von Tagesdaten. Die Beobachtungen sind in drei Perioden eingeteilt: vor dem Ausbruch der Währungskrise – also zur Zeit der Gültigkeit der Dollarfixierung der Währungen –, während der Krise und nach der Krise. Zum Vergleich sind neben den Ergebnissen der Regressionen für den Rubel die Ergebnisse von MCKINNON (2000) für China, Indonesien, Südkorea, Philippinen und Thailand angegeben. China besitzt dabei insoweit eine Referenzposition für die anderen Länder, da es bis heute und selbst während der Finanzkrise in Südostasien die Dollarfixierung des Yuan nicht aufgegeben hat.

Tab. 40. Analyse der Wechselkursregime in Rußland und ausgewählten südostasiatischen Ländern anhand von Tagesdaten

	b_0 (Konstante)	b_1 (ECU/Euro – DEM)[4]	b_2 (Japan. Yen)	b_3 (US-Dollar)	R^2	partielles R^{2}* (US-Dollar)	F-Statistik
Vor der Krise[1] (Beobachtungen: 159 (Rubel), 889 (Yuan, Rupiah, Peso, Baht))							
Rubel	0,004 (2,643)	0,043 (0,768)	0,009 (0,512)	1,007 (0,028)	0,911	0,897	528,09
Yuan (China)	0,000 (0,000)	0,012 (0,007)	0,000 (0,003)	0,996 (0,003)	0,996	k.A.	67 142,17
Rupiah (Indonesien)	0,004 (0,002)	-0,021 (0,022)	-0,014 (0,009)	0,999 (0,008)	0,961	k.A.	7 188,77
Won (Korea)	0,001 (0,001)	-0,032 (0,041)	0,006 (0,017)	1,021 (0,016)	0,883	k.A.	2 236,68
Peso (Philippinen)	0,001 (0,000)	-0,012 (0,049)	-0,009 (0,021)	0,987 (0,018)	0,836	k.A.	1 503,58
Baht (Thailand)	0,000 (0,000)	-0,087 (0,031)	0,070 (0,013)	0,955 (0,012)	0,923	k.A.	3 547,57
Während der Krise[2] (Beobachtungen: 99 (Rubel), 412 (Yuan, Rupiah, Peso, Baht))							
Rubel	0,012 (1,251)	6,639 (1,845)	-0,498 (-0,578)	-1,567 (1,763)	0,042	0,008	1,39
Yuan (China)	0,000 (0,000)	0,000 (0,001)	0,000 (0,000)	1,001 (0,000)	1,000	k.A.	1 289 001,65
Rupiah (Indonesien)	0,004 (0,002)	0,716 (0,710)	0,615 (0,239)	0,550 (0,388)	0,038	k.A.	5,32
Won (Korea)	0,001 (0,001)	0,179 (0,413)	0,160 (0,139)	1,086 (0,226)	0,087	k.A.	12,95
Peso (Philippinen)	0,001 (0,000)	0,240 (0,229)	0,318 (0,077)	0,788 (0,125)	0,196	k.A.	33,18
Baht (Thailand)	0,000 (0,000)	0,588 (0,302)	0,216 (0,102)	0,688 (0,165)	0,107	k.A.	16,37
Nach der Krise[3] (Beobachtungen: 893 (Rubel), 350 (Yuan, Rupiah, Peso, Baht))							
Rubel	0,000 (1,815)	-0,140 (-1,218)	-0,096 (-2,477)	1,049 (0,050)	0,423	0,331	217,65
Yuan (China)	0,000 (0,000)	-0,001 (0,001)	0,000 (0,000)	1,000 (0,000)	1,000	k.A.	1 492 141,09
Rupiah (Indonesien)	0,000 (0,000)	0,063 (0,329)	0,299 (0,111)	0,848 (0,163)	0,182	k.A.	25,59
Won (Korea)	0,000 (0,000)	0,147 (0,090)	0,070 (0,030)	0,957 (0,045)	0,706	k.A.	276,75
Peso (Philippinen)	0,000 (0,000)	0,042 (0,080)	0,067 (0,027)	0,945 (0,040)	0,741	k.A.	329,35
Baht (Thailand)	0,000 (0,000)	0,014 (0,098)	0,128 (0,033)	0,858 (0,049)	0,639	k.A.	204,47
Rubel (1999/2000)[5]	0,001 (1,396)	-0,298 (-1,398)	-0,134 (-2,240)	1,071 (0,084)	0,308	0,240	76,59
Rubel (2001/2002)[6]	0,000 (3,347)	0,000 (0,355)	0,009 (0,707)	0,993 (0,014)	0,959	0,929	2836,40

Bemerkung: Standardabweichung ist in Klammern angegeben; auf die Nennung der Werte der t-Statistik für die Schätzkoeffizienten wurde aufgrund der hohen Fehlerwahrscheinlichkeiten, die sich aus den lediglich auf Tausendstel genau angegebenen Daten von MCKINNON (2000) ergeben, verzichtet.

*Partielles R^{2} des US-Dollars, zur Erläuterung siehe Text.

[1]Für den russischen Rubel: 05.01.1998 - 14.08.1998, für die anderen Währungen: Januar 1994 - Mai 1997.

[2]Für den russischen Rubel: 17.08.1998 - 31.12.1998, für die anderen Währungen: Juni 1997 - Dezember 1998.

[3]Für den russischen Rubel: 01.01.1999 - 04.06.2002, für die anderen Währungen: Januar 1999 - Mai 2000.

[4]Koeffizient β_1 bezieht sich beim Rubel auf ECU/Euro, bei den anderen Währungen auf die D-Mark (DEM).

[5]Für den Zeitraum 01.01.1999 - 29.12.2000, Beobachtungen: 521.

[6]Für den Zeitraum 01.01.2001 - 04.06.2002, Beobachtungen: 372.

Quelle: MCKINNON (2000), 214-218; eigene Berechnungen auf Basis von Datastream-Daten.

Im oberen Teil der Tab. 40 (Zeitraum vor Ausbruch der Währungskrise) können recht eindeutige Ergebnisse festgestellt werden: Während die geschätzten Koeffizienten von ECU und Yen, b_1 und b_2, wie erwartet bei nahe null liegen, besitzt der geschätzte Koeffizient b_3 für den US-Dollar Werte nahe eins. Dabei hat China mit einem b_3-Wert von 0,996, einer Standardabweichung von 0,003 sowie einem sich daraus ergebenden t-Wert dieses Schätzkoeffizienten von 332 (auf Basis der Angaben von MCKINNON (2000) für die Standardabweichung und den b_3-Wert) die stärkste Bindung an den US-Dollar, während Indonesien und Thailand sowie insbesondere Korea und die Philippinen eine zwar enge, aber weniger strikt verfolgte Bindung an den US-Dollar aufweisen.[16] Die jeweiligen t-Werte für die Null-Hypothese des Schätzkoeffizienten b_3 liegen bei 125 (Indonesien, Standardabweichung 0,008 und b_3 = 0,999), 64 (Korea, Standardabweichung = 0,016 und b_3 = 1,021), 55 (Philippinen, Standardabweichung = 0,018 und b_3 = 0,987) und 80 (Thailand, Standardabweichung = 0,012 und b_3 = 0,955). Die t-Werte weisen für alle betrachteten Länder auf einen signifikanten Einfluß des US-Dollars auf die Wechselkursentwicklung der jeweiligen Landeswährung hin.

Der t-Wert für die Hypothese β_3 = 1 beträgt für Indonesien -0,125, für Korea 1,313, für die Philippinen -0,722 und für Thailand -3,75. Für China ergibt sich bei diesem Test ein t-Wert von etwas über eins – leider kann er auf Basis der vorhandenen Daten nicht genauer bestimmt werden. Dies reicht dennoch aus, da erst für einen t-Wert von 1,96 bzw. von 2,64 die Null-Hypothese mit einem Wahrscheinlichkeitsniveau α von 5% bzw. 1% zurückgewiesen werden kann.[17] Daher gilt für alle betrachteten Länder – mit Ausnahme von Thailand, bei dem die Hypothese β = 1 nicht bestätigt werden kann –, daß die jeweilige Landeswährung nahezu perfekt an die Wertentwicklung des US-Dollar gebunden war.

Der festgestellte Zusammenhang bestätigt die offizielle Bindung der nationalen Währungen an den US-Dollar. Die R^2-Werte, die zwischen Werten von fast 1 im Falle Chinas (0,996) und 0,835 im Falle der Philippinen liegen, zeigen zudem, daß die geschätzte Gleichung die Streuung der Beobachtungen sehr gut bis nahezu umfassend im Falle Chinas zu erklären in der Lage ist.

---

[16] Die t-Werte zur Überprüfung der Hypothese β = 0 lassen sich mittels des Schätzwerts b des Koeffizienten β und der Standardabweichung s wie folgt ermitteln: t = (b - 0)/s; für die Überprüfung der Hypothese β = 1 gilt folgende Gleichung zur Ermittlung des t-Werts: t = (b - 1)/s.

[17] Null-Hypothese (β=1): Die jeweilige Landeswährung paßt sich perfekt an den US-Dollar an. Alternativhypothese (β ungleich 1): Die jeweilige Landeswährung paßt sich nicht perfekt an den US-Dollar an.

Rußland weist für den Zeitraum bis zur Finanzkrise Mitte August 1998 mit einem b_3-Wert von 1,0072 und einem t-Wert von 36,656 (Standardabweichung bei 0,028) ebenfalls einen signifikanten Einfluß des US-Dollar auf die Wechselkursentwicklung des Rubel aus. Der im Vergleich zu den südostasiatischen Ländern relativ niedrige t-Wert, der statistisch dennoch hoch signifikant ist, könnte durch einen besonders breiten Wechselkurskorridor für den Rubel verursacht sein. Demgegenüber folgt der Rubel jedoch strikt der Wertentwicklung des US-Dollar, da die Hypthese $ß_3 = 1$ mit einem t-Wert von 0,262 nicht zurückgewiesen werden kann.

Der Zeitraum der jeweiligen Währungs- bzw. Finanzkrise wird im mittleren Teil der Tab. 40 analysiert. Während MCKINNON (2000) für die hier betrachteten südostasiatischen Länder den Krisenzeitraum auf immerhin 18 Monate festlegt, kann dieser Zeitraum für Rußland wesentlich kürzer bemessen werden (von Mitte August 1998 bis zum Jahresende 1998). Die einzige Währung, die weiterhin eine strikte Dollarfixierung aufrechterhielt, war der chinesische Yuan. Bei Won, Peso und Baht ist der Koeffizient $ß_3$ bei einem Signifikanzniveau von 1% zwar größer als null, aber die Bindung an den Dollar ist deutlich gelockert. Allerdings kann bei einem Signifikanzniveau von 5% nicht davon ausgegangen werden, daß der Koeffizient $ß_3$ von eins verschieden ist. Die t-Werte der entsprechenden Tests sind 0,381 (Korea, Standardabweichung = 0,226 und b_3 = 1,086), -1,696 (Philippinen, Standardabweichung = 0,125 und b_3 = 0,788) und -1,899 (Thailand, Standardabweichung = 0,165 und b_3 = 0,688). Nur beim Rubel und der Rupiah besteht auf dem üblichen Signifikanzniveau kein Zusammenhang.

Umso erstaunlicher sind die Ergebnisse für den Zeitraum nach der Finanzkrise. Für Korea und die Philippinen gilt, daß sie zur Dollarfixierung der Vorkrisenperiode inoffiziell zurückgekehrt sind (Werte des Schätzkoeffizienten b_3: 0,957 (Korea) bzw. 0,945 (Philippinen) bei den entsprechenden t-Werten für den Hypothesentest $ß = 0$: 21 (Korea, Standardabweichung = 0,045) und 24 (Philippinen, Standardabweichung = 0,040)) , was den signifikanten Einfluß des Dollars auf den Wechselkurs von Won und Peso bestätigt. Der Hypothesentest für $ß = 1$ ergibt t-Werte von 0,955 (Korea) und 1,375 (Philippinen), womit auf eine erneute Bindung von Won und Peso an die Wertentwicklung des US-Dollars geschlossen werden kann. Allerdings sind weder Thailand und noch weniger Indonesien zu der strikten Fixierung der Landeswährung an den US-Dollar zurückgekehrt, auch wenn der jeweilige b_3-Schätzkoeffizient bezüglich der Null-Hypothese stark signifikant ist.

In der Periode von 1999 bis Mitte 2002 läßt sich interessanterweise auch für Rußland eine faktische Rückkehr zum Wechselkursregime von vor der Finanzkrise von 1998 konstatieren. Der Schätzkoeffizient b_3 liegt wieder bei nahe eins (1,049) mit einem entsprechenden t-Wert von 20,959 (Standardabweichung = 0,050), was wiederum auf ein hohes Signifikanzniveau hinweist. Der Hypothesentest für $ß = 1$ mit einem t-Wert von 0,984 bestätigt, daß die Wertentwicklung des Rubel derjenigen des Dollars nahezu exakt entspricht. Rußland ist damit also nach der Finanzkrise wieder zu einer inoffiziellen Dollarfixierung der Landeswährung übergegangen.[18]

Eine Teilung der Nachkrisenperiode Rußlands in die Zeiträume Anfang 1999 bis Ende 2000 (T_1) sowie Anfang 2001 bis Juni 2002 (T_2) zeigt, daß sich die Anbindung des Rubel an den Dollar von 1999 bis 2002 verschärft hat. Der Schätzwert des Koeffizienten b_3 liegt für die Periode T_2 näher bei 1 als in T_1 (0,993 gegenüber 1,071) und der entsprechende t-Wert ist von 12,788 (Standardabweichung = 0,084) in Periode T_1 auf 69,286 (Standardabweichung = 0,014) in Periode T_2 angestiegen (siehe die letzten zwei Zeilen der Tab. 40). Der t-Wert des Hypothesentests für ß = 1 liegt in der Periode 1999/2000 bei 0,844 und für die Periode 2001/2002 bei -0,501. Der im Periodenvergleich gesunkene t-Wert reflektiert die engere Fixierung des Rubel an den US-Dollar.

Zur Verdeutlichung des Einflusses des US-Dollar auf den Wechselkurs des Rubel kann die obige Schätzgleichung durch die Herausnahme des US-Dollar modifiziert werden. Der Wert für R^2 der modifizierten Gleichung (R^2_{mod}) zeigt dabei den Anteil der Streuung der Beobachtungen an, den die Schätzparameter ohne den US-Dollar zu erklären in der Lage sind. Der zusätzliche Erklärungsbeitrag (partielles R^2: R^2_{USD}) des US-Dollars läßt sich demnach wie folgt berechnen:

$$R^2_{USD} = (R^2 - R^2_{mod})/(1 - R^2_{mod}) \qquad (15)$$

Die Werte des partiellen R^2 des US-Dollar für Rußland zeigen, daß der Dollar für die Periode vor der Finanzkrise 1998 und in der Periode Anfang 2001 bis Juni 2002 einen hohen Erklärungsbeitrag leistet. Vor der Finanzkrise liegt der Wert des partiellen R^2 des Dollar bei 0,897 und in 2001/2002 bei 0,929. Dies läßt den Schluß zu, daß die inoffizielle Wechselkurspolitik des Rubel in der Periode 2001/2002 statistisch gesehen mindestens so eng an den Dollar gebunden war wie der Wechselkurs des Rubel zur Zeit der offiziellen Wechselkursfixierung vor der Finanzkrise. Im Zeitraum 1999 bis 2000 (sowie umso weniger während der Finanzkrise 1998) fällt der Erklärungsbeitrag des Dollars mit einem partiellen R^2 von 0,240 allerdings gering aus (Tab. 40).

Eine Fixierung des Wechselkurses des Rubel gegenüber dem Dollar ist für den Fall Rußlands mit unterentwickelten Finanzmärkten durchaus erwägenswert. MCKINNON (2000, 225) spricht sogar davon, daß eine Anbindung der nationalen Währung angesichts von unterentwickelten Finanzmärkten eine optimale Lösung wäre, um insbesondere das dadurch entstehende Wechselkursrisiko zu minimieren. Aus dieser Perspektive gibt es keine Alternative zu einer Fixierung – offiziell oder inoffiziell – des Rubel gegenüber dem Dollar zur Vermeidung von Bankenkrisen, insbesondere dann nicht, wenn zusätzlich die Regulierung des Bankensektors nicht funktioniert. Dies ist sicherlich auch ein Grund für den relativ raschen Wiedereinstieg der Zentralbank in die nominale Anbindung des Rubel an den Dollar. Um der Währungspolitik der Zentralbank einen höheren Transparenzgrad zu

---

[18] Im übrigen besitzt auch der japanische Yen, wenn auch bei relativ kleinen Werten des Schätzkoeffizienten b_2 (-0,096), einen auf dem 5%-Niveau signifikanten Einfluß (t-Wert bei -2,477, Standardabweichung = 0,039) auf den Wechselkurs des Rubel; ein solcher Einfluß des Yen gilt auch für Indonesien und Korea.

verleihen, wäre es jedoch wichtig, die inoffiziell praktizierte Dollarfixierung des Rubel offiziell zu verkünden.

Die Russische Zentralbank führt mit der Dollarfixierung des Rubel im Prinzip die 1998 fehlgeschlagene Währungspolitik der Nutzung des Dollars als nominalen Anker für den Werterhalt des Rubel fort. Dies geschieht in 2002 jedoch unter erheblich günstigeren gesamtwirtschaftlichen Voraussetzungen, so daß kurzfristig eine ähnliche Situation wie 1997/1998 nicht zu befürchten ist. Im Zuge einer fortschreitenden Integration Rußlands in die Weltwirtschaft, die durch eine Mitgliedschaft in der WTO erheblich beschleunigt würde – diese hätte die Abschaffung einer Reihe von Maßnahmen der Zentralbank zur Devisenbewirtschaftung zur Folge, was die Kontrolle der Wechselkursentwicklung erschwert –, wird jedoch das Risiko hoher Ungleichgewichte auf dem Devisenmarkt und damit potentieller abrupter Neubewertungen des Wechselkurses zunehmend relevant. Das Wechselkursrisiko für die Gesamtwirtschaft und den russischen Bankensektor nimmt zu. Dies gilt in verstärktem Maße, sofern es bei einem weiteren möglichen Wachstumsschub in Rußland sowie einer Rückführung der Kapitalverkehrsrestriktionen im Hinblick insbesondere auf Portfolioinvestitionen zu verstärkten ausländischen Kapitalzuflüssen nach Rußland kommt. Zudem ist der Wechselkurs des Rubel angesichts der Rohstoffneigung der Exportstruktur und der vergleichsweise volatilen internationalen Rohstoffpreise einem zusätzlichen Anpassungsdruck ausgesetzt.

Die Russische Zentralbank ist im Rahmen einer Fortführung der Wechselkurspolitik der Jahre 1999-2002 in der Lage, für eine augenblickliche Stabilität im Bankensektor durch die weitgehende Ausschaltung des Wechselkursrisikos zu sorgen. Allerdings gilt im Hinblick auf eine fortgeführte Integration Rußlands in die Weltwirtschaft, daß die Verfolgung des Ziels der Wechselkursstabilität gegenüber dem Dollar zunehmend schwieriger wird. Die Russische Zentralbank kann also kurzfristig Wechselkursstabilität und damit einen Zeitraum für Reformen im Bankensektor und insbesondere für die Einführung und Durchsetzung von Richtlinien für den Umgang mit Wechselkursrisiken über die Dollar-Fixierung quasi kaufen. Es sollte jedoch klar sein, daß dieser Zeitraum durch den internationalen Integrationsfortschritt Rußlands begrenzt ist.

5.6 Reformerfordernisse im russischen Bankensektor

Die bisherigen Maßnahmen der russischen Regierung und vor allem der Zentralbank vermitteln insgesamt nicht den Willen, die Folgen der Finanzkrise von 1998 bewältigen zu wollen in dem Sinne, daß der russische Bankensektor den zurückliegenden Erfahrungen gemäß an die Erfordernisse einer marktwirtschaftlichen Ordnung angepaßt wird. Vielmehr scheinen die Maßnahmen auf eine Festigung des Status quo hinauszulaufen (SCHOORS, 1999): nämlich auf eine Art Zweiteilung der bankenbezogenen Aufgaben zwischen der Sberbank als fast monopolartigem Finanzinstitut für Kleinanleger und einer Reihe von in der Regel privaten Banken, die die Finanzierung großer Unternehmen und Unternehmensgruppen leiten. Insbesondere unter Wettbewerbs- bzw. Effizienzgesichtspunkten, aber auch unter bankenaufsichtsrechtlichen Aspekten mit Blick auf Banken in Unternehmensgruppen, die ein erhebliches Destabilierungspotential durch eine einseitige Gewichtung des Kreditportfolios besitzen, sowie letzlich als Refinanzierungsengpaß für kleine und mittlere Unternehmen ist diese Strategie als inadäquat für die wirtschaftlichen Wachstumsperspektiven Rußlands zu charakterisieren. Zudem gibt es Anlaß zur Vermutung, daß mittelfristig eine weitere Liberalisierung des Kapitalverkehrs in Rußland angesichts unterentwickelter Finanzmärkte zu Liquiditätsproblemen und Bankenkrisen führt.

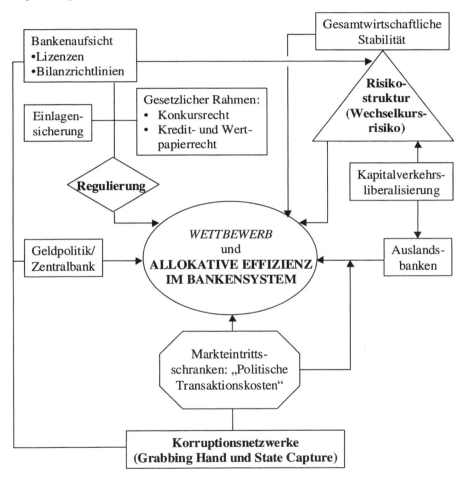

Abb. 28. Effizienzaspekte des russischen Bankensystems

Die Fehlentwicklungen im russischen Bankensektor sind einerseits auf konzeptionelle Fehler zu Beginn des Reformprozesses und andererseits auf Fehler seitens der Wirtschafts- und Finanzpolitik der Regierung sowie der Zentralbank zurück-zuführen. Es läßt sich ein grundlegender Widerspruch im Hinblick auf die Durch-setzung wettbewerbs- und damit effizienzorientierter Reformmaßnahmen feststel-len, der sich auf die Rolle der Russischen Zentralbank als Regulierer, geldpoliti-sche Instanz und zudem als Akteur im Bereich der Geschäftsbanken bezieht.

Die in den vorangegangenen Darlegungen diskutierten Aspekte der allokativen Effizienz des russischen Bankensektors sind in Abb. 28 zusammenfassend darge-stellt. Dabei sind drei Aspekte betont, die einen besonderen Einfluß auf die Wett-bewerbsintensität und die Stabilität des Bankensektors ausüben: die Rolle der Re-gulierung, die Auswirkungen von Grabbing Hand- und State Capture-Strategien über die Erhöhung der politischen Transaktionskosten und die Gefährdung der Stabilität der wirtschaftlichen Entwicklung durch Bilanzrisiken bei Banken, hier insbesondere das Wechselkursrisiko.

- Rolle der Regulierung: Angesichts des unterentwickelten russischen Banken-systems kommt einer effizienten Regulierung eine besondere Bedeutung zu. Die Regulierung betrifft dabei im wesentlichen die Regelung des Markteintritts und -austritts im Bankensystem (Lizenzvergabe) und die Durchsetzung von Bi-lanzrichtlinien und Standards bei der Rechnungslegung. Aus Sicht der regulie-renden Instanz ist es zudem sinnvoll, auf die Gestaltung des gesetzlichen Rah-mens einzuwirken sowie über die Einrichtung einer Einlagenversicherung die Stabilität einzelner Banken und die Attraktivität von Bankeinlagen zu erhöhen, wobei die Einlagenversicherung Anreize zu moralischem Risikoverhalten mi-nimieren sollte.

- Liberalisierung und Wechselkursrisiko: Die Bankenaufsicht muß insbesondere ihr Augenmerk auf das Wechselkursrisiko richten und dieses über die Durch-setzung der Bilanzrichtlinien minimieren, alternativ ist an die Einrichtung einer Wechselkursfixierung zu denken. Jedoch ist auch die Wechselkursfixierung Ri-siken unterworfen, welche sich durch eine verstärkte Integration in die Welt-wirtschaft und einen Abbau von Devisenmarkt- und Kapitalverkehrsrestriktio-nen erhöhen.

- Höhe der Markteintrittsschranken: Der Wettbewerb im Bankensektor kann nur dann funktionieren, wenn die Markteintrittsschranken möglichst gering sind. Angesichts von hohen politischen Transaktionskosten ist hiervon aber gerade nicht auszugehen. Die Russische Zentralbank kann ihre aufsichtsrechtlichen Kompetenzen, auch im Interesse des Erhalts der dominanten Stellung der Sber-bank, zum Aufbau vergleichsweise hoher Markteintrittsschranken nutzen und läßt damit einen Markteintritt in den wettbewerbsarmen Bereich des Privatkun-densektors als ausgesprochen unattraktiv erscheinen.

Die russische Zentralbank als dominanter Akteur im russischen Bankensektor beeinflußt den Wettbewerb in seinen wesentlichen Effizienzaspekten. Eine ratio-nale Reformstrategie, die insbesondere an einer Auflösung des Interessenkonflikts innerhalb der Russischen Zentralbank interessiert ist, muß daher zunächst an einer Entflechtung der drei Funktionen bzw. Interessenbereiche der Zentralbank anset-zen: Regulierungs- und Aufsichtsbehörde, Träger der Geldpolitik und Akteur auf dem Bankenmarkt. Eine vollständige Trennung dieser drei Bereiche und die Konzentration der Zentralbank auf die Geldpolitik ist in diesem Zusammenhang sicher wünschenswert, dürfte aber politisch nur schwer zu realisieren sein, zumal im Hinblick auf die Regulierung allein die Zentralbank über die dafür notwendigen Informationsnetzwerke und Personalressourcen verfügt.

In 2002 bedürfte es schon einer enormen politischen Anstrengung, die Regulierung des Bankensektors und insbesondere seine Aufsicht auf eine neue tragfähige Grundlage zu stellen. Ein Schritt dorthin wäre die Gründung eines neuen Aufsichtsamtes für den russischen Bankensektor, welches einen Status weitgehender politischer Unabhängigkeit, insbesondere von der Zentralbank, genießen und von ihr die regulatorischen und aufsichtstechnischen Kompetenzen übernehmen sollte. Dieses Amt wird jedoch weiterhin auf die Zusammenarbeit mit der Zentralbank angewiesen sein, insbesondere was die Ermittlung und Weiterleitung bankrelevanter Informationen betrifft.

Kurz- bis mittelfristig ist ein Rückzug der Zentralbank aus ihren verschiedenen Bankbeteiligungen zu empfehlen, wobei insbesondere eine vollständige Privatisierung der Sberbank, von der Anteile schon seit einigen Jahren an der Moskauer Börse gehandelt werden, erst dann erfolgen sollte, wenn die finanzielle Stabilität der Bank hinreichend gesichert und eine funktionsfähige Regulierungs- und Aufsichtsinstanz etabliert wurde.

Der Wettbewerb wird nur dann funktionieren, wenn die politischen Transaktionskosten im Bankensektor sinken, also das Korruptionsniveau zurückgeht. Korruptionskosten können sich, wie in Kap. 4 diskutiert wurde, als Markteintrittsschranke erweisen. Auch die staatliche Garantie für Einlagen bei der Sberbank, welche somit als einzige Bank in Rußland über eine Form von Einlagensicherung verfügt, stellt eine Markteintrittsschranke dar. Eine Ausdehnung des – möglicherweise staatlich unterstützten bzw. regulierten, aber grundsätzlich von den Banken selbst finanzierten – Sicherungsschutzes auf alle Banken sollte zunächst vermieden werden und dabei insbesondere solche außen vor lassen, die als Banken von großen Industrieunternehmen potentielle Stabilitätsrisiken darstellen. Eine Beteiligung wäre höchstens unter der Maßgabe eines entsprechend ausgestalteten Risikoaufschlags zum Beitrag der Bank für das Sicherungssystem denkbar. Eine Einlagensicherung wäre auch im Hinblick auf die sich aus der weiteren Vertiefung des Kapitalverkehrs mit dem Ausland ergebenden Risiken auszugestalten. Für die Bewertung der Risiken von Devisengeschäften der Banken im einzelnen ist allerdings eine hochentwickelte Bankenaufsicht sowie ein funktionierendes Berichtswesen der Banken erforderlich. Daher ist zu empfehlen, daß eine weitere Liberalisierung des Kapitalverkehrs unbedingt mit Verbesserungsmaßnahmen in diesen Bereichen einhergeht – auch auf dem Wege verstärkter internationaler Kooperation (z.B. mit der Bank für internationalen Zahlungsausgleich in Basel). In einer Übergangsfrist sind gegebenenfalls strikte Begrenzungen für Devisengeschäfte russischer Finanzinstitute durchzusetzen.

Ein weiterer wichtiger Beitrag zur Senkung der in diesem Falle rein "ökonomischen" Transaktionskosten auf den Kreditmärkten ist die Einrichtung einer zentralen Dokumentationsstelle für Kreditbeziehungen russischer Unternehmen und Haushalte. Als Voraussetzung für weitere Reformschritte müßte zudem die Zahl der Banken in Rußland deutlich gesenkt werden, was sich im übrigen bei konsequenter Umsetzung der aufsichtsrechtlichen Standards sowieso ergeben würde. Es ist im Hinblick auf die Glaubwürdigkeit und die Transparenz der Entscheidungsfindung der Zentralbank wichtig, daß der Entzug von Banklizenzen analog zu den gültigen Bilanzregeln geschieht. Eine Rückführung der Zahl der Geschäftsbanken wäre insbesondere auch im Hinblick auf die personellen und administrativen Kapazitäten der Zentralbank als Aufsichtsorgan geboten.

Die Vermeidung eines weiteren Abbaus von Kapitalverkehrsrestriktionen und von Regulierungen auf dem Devisenmarkt sowie von Restriktionen des Engagements ausländischer Finanzinstitute in Rußland wirkt zwar vordergründig stabilisierend, ist insgesamt aber als wachstumsschädlich zu betrachten. Dies gilt vor allem aufgrund zweier Aspekte (LEVINE, 2001; ERRUNZA, 2001):

- Ausländische Direkt- wie Portfolioinvestitionen führen zu einer Verbesserung der Liquidität und damit insgesamt zu einer verbesserten Effizienz der russischen Finanzmärkte.

- Das Engagement ausländischer Banken führt darüber hinaus zu einer steigenden Wettbewerbsintensität auf dem russischen Bankenmarkt; ausländische Banken tragen damit zu einer Verbesserung der Effizienz des Bankensektors über sinkende Zinsmargen und eine höhere Qualität der Bankdienstleistungen bei. Zudem sind ausländische Banken in der Regel aus Anlegersicht im Hinblick auf stabilitätspolitische Überlegungen eine Alternative zur Sberbank. Allerdings werden ausländische Banken nur dann bereit sein, über die Geschäftsbeziehungen zu Privatkunden und Unternehmen höchster Bonität hinaus Bankdienstleistungen anzubieten, wenn sich die Rahmenbedingungen für Investitionen grundsätzlich ändern. Dies betrifft vor allem die Senkung der "politischen Transaktionskosten", also ein nachlassendes Korruptionsniveau einerseits und einen geringeren Einfluß der russischen Bankenlobby auf die Bankenregulierung andererseits.

Unter den gegebenen Umständen werden ausländische Banken sich jedoch nur sehr zurückhaltend auf dem russischen Bankenmarkt engagieren. Dies gilt insbesondere hinsichtlich der Belebung des Wettbewerbs im Bereich der Privatanlage. Denn der Aufbau eines großen Filialnetzes ist angesichts der bestehenden Risiken zu teuer und die Übernahme existierender russischer Banken ist aus Gründen mangelnder Transparenz wenig wahrscheinlich. In den mitteleuropäischen Transformationsländern gestalteten sich die Verhandlungen beim Verkauf von staatlichen Banken an Auslandsbanken in der Regel sehr schwierig, weil diese u.a. die Übernahme verdeckter Altschulden fürchteten (BONIN/MIZSEI/SZEKELY/ WACHTEL, 1998).

6 Rußlands Perspektiven wirtschaftlichen Wachstums in der Weltwirtschaft

Extreme ökonomische Ungleichheiten, soziale Spannungen, Korruption, Kriminalität, Kapitalflucht und militärische Konflikte an den Randbereichen des Landes prägen das Bild Rußlands am Beginn des 21. Jahrhunderts. Das Land hat nicht nur aufgrund des ökonomischen, sondern auch des politischen Erbes der Sowjetunion besondere Probleme im Verlauf der Systemtransformation zu überwinden. Dies gilt ganz besonders für den Vergleich Rußlands mit mitteleuropäischen Transformationsländern wie Polen, Ungarn und der Tschechischen Republik. Wird es Rußland dennoch gelingen, in den kommenden Jahren die wirtschaftliche Erholung fortzusetzen und dabei einen langfristig tragfähigen und auch gesamtwirtschaftlich stabilen Aufholprozeß einzuleiten? Kann das Problem der Kapitalflucht, der Überalterung des Kapitalstocks gelöst und ein Investitionsschub für die Modernisierung und den Ausbau von Maschinen und Anlagen ausgelöst werden? Und wird es insbesondere gelingen, die Lage der ärmeren Schichten der Bevölkerung zu verbessern und die ungleiche Verteilung von Einkommen und Vermögen, auch im Hinblick auf die regionale Verteilung, weniger ungleich zu regeln?

Es ist naturgemäß schwierig, diese Fragen grundsätzlich zu beantworten. Die moderne Wachstumstheorie und die Ansätze der Neuen Politischen Ökonomie sowie der Ordnungstheorie bieten jedoch, dies haben die vergangenen Kapitel gezeigt, eine Fülle von Ansatzpunkten zur Analyse dieser Fragestellungen. Insofern können einerseits zentrale Problembereiche eines langfristigen ökonomischen Aufholprozesses und auch Stabilitätsgefahren identifiziert und andererseits die Investitionszurückhaltung, die Kapitalflucht und letztlich der mangelhafte strukturelle Wandel im russischen Unternehmenssektor weitgehend erklärt werden.

Aus Sicht der Wachstumsanalyse ist die Investitionszurückhaltung vordergründig als das wichtigste Wachstumsproblem zu nennen. Genauer betrachtet spielt hier der Finanzsektor eines Landes als Ort der Kapitalallokation eine zentrale Rolle. Für Rußland gilt hierbei, daß das Angebot an Bankdienstleistungen geringwertig und die externe Finanzierung von Unternehmen über Banken gesamtwirtschaftlich unbedeutend ist. Die Analyse des russischen Bankensektors hat gezeigt, daß die Ursachen für seine Fehlfunktionen sowohl in der noch unvollständigen marktwirtschaftlichen Ordnung zu suchen sind, daß aber auch Korruption und Rent Seeking im russischen Bankensektor seit seinen marktwirtschaftlichen Anfängen Ende der 80er Jahre eine bedeutende Rolle spielen. Dies alles geschieht vor dem Hintergrund einer im Bankenbereich relevanten Dominanz der Zentralbank und vor allem einer Interessenkollision der Zentralbank zwischen ihren Funktionen als Regulierer, als Träger der Geldpolitik

Funktionen als Regulierer, als Träger der Geldpolitik und als Akteur im Geschäftsbankenbereich.

Zudem stellt der russische Bankensektor angesichts der derzeitigen Regulierungssituation eine potentielle Gefahr für die gesamtwirtschaftliche Stabilität dar. Das Wechselkursrisiko für die Liquidität von Finanzinstituten mit Auslandsschulden, das sich im Zuge einer fortschreitenden Integration des Landes in die Weltwirtschaft verschärfen könnte, ist über die inoffizielle Bindung des Rubel an den US-Dollar nur teilweise ausgeschaltet. Das Risiko abrupter Wechselkursänderungen wird sich im Falle einer Rezession sowie von Phasen geringerer Rohstoffexporteinnahmen erhöhen. Sofern die russischen Finanzinstitute und Großunternehmen bis dahin nicht ausreichend gegen dieses Risiko abgesichert sind, wird es zwangsläufig wieder zu einer Finanzkrise kommen.

Im Bildungsbereich machen sich zwar Anpassungsmechanismen mit Blick auf die verstärkte Ausbildung speziell marktwirtschaftlicher Qualifikationen bemerkbar. Der russische Bildungssektor, vor allem der Bereich der Hochschulen und Forschungsinstitute, ist jedoch strukturell noch stark von seinem sowjetischen, zentralistischen Erbe beeinflußt. Dies führt zu Ineffizienzen bei der Mittelallokation und schränkt die notwendige Flexibilität der Bildungseinrichtungen angesichts knapper Finanzmittel unnötig ein. Es ist jedoch nicht eindeutig zu klären, inwiefern der russische Bildungssektor den Anforderungen einer modernen Marktwirtschaft entspricht, da ein wachsendes Angebot an privaten Einrichtungen Qualifikationslücken im staatlichen Bereich schließen hilft. Private Bildungsträger setzen dabei auf eine marktmäßige Finanzierung ihrer Bildungsangebote.

Durch die relativ ungleiche Einkommensverteilung in Rußland besteht die Gefahr des Verlustes einer der wenigen Standortvorteile Rußlands, nämlich ein vergleichsweise hohes Bildungsniveau im Bevölkerungsdurchschnitt. Bevölkerungsgruppen mit geringem Einkommen sind auf öffentliche Bildungseinrichtungen angewiesen. Diese besitzen aber aufgrund geringer Finanzmittel und der beschriebenen Ineffizienzen wenig Möglichkeiten, die Ausbildung an die Erfordernisse einer durch zunehmende internationale Vernetzung sowie durch die wachsende Bedeutung von Informations- und Kommunikationstechnologien geprägten Umwelt bzw. Wirtschaftswelt anzupassen.

Die außenwirtschaftliche Liberalisierung hat, wenn man von dem Rohstoffexportboom 1999/2000 absieht, bislang wenig wachstumswirksame Effekte gebracht. Immerhin dürften Spezialisierungs- und Effizienzgewinne infolge des Wirkens der Importkonkurrenz auf der Haben-Seite der Liberalisierungsbilanz zu vermerken sein. Allerdings hat sich die einseitige Konzentration der russischen Exportstruktur auf Rohstoffe verfestigt, wobei die geringe internationale Konkurrenzfähigkeit der übrigen russischen Industriesektoren zunehmend deutlich wurde. Rußland verzeichnete darüber hinaus relativ wenige ausländische Direktinvestitionen und war daher kaum in der Lage, die Restrukturierung bzw. den Aufbau einzelner Industriesektoren mit Ausnahme von Teilen der Rohstoffbranchen über die Mithilfe ausländischer Investoren erheblich zu beschleunigen bzw. in Gang zu setzen. Ungarn hat es hingegen in den 90er Jahren geschafft, über umfangreiche Beteiligungen ausländischer Finanzinstitute eine bemerkenswerte Stabilität in seinen Bankensektor zu bringen und u.a. die Computer- sowie die Autoindustrie zu modernisieren (HUNYA, 1996). Davon ist Rußland allerdings noch sehr weit entfernt, dies gilt nicht zuletzt wegen politischer Vorbehalte gegenüber ausländischen Investoren.

Die Erklärung der geringen ausländischen Direktinvestitionszuflüsse führt über die eigentliche Wachstumsanalyse hinaus. Die Tatsache, daß in Rußland offensichtlich ein hoher Investitionsbedarf zur Modernisierung des Kapitalstocks besteht, aber gleichzeitig selbst unter den günstigen Bedingungen eines wirtschaftlichen Aufschwungs die Kapitalflucht anhält, gibt zunächst Rätsel auf. Jedoch ist zu vermuten, daß ein Teil des Fluchtkapitals über Umwege wieder nach Rußland zurückfindet. Denn wie ist es sonst zu erklären, daß ein Land wie Zypern mit einer gewissen Bedeutung als internationaler Offshore-Finanzplatz den fünften Platz in der Rangliste der ausländischen Direktinvestoren belegt? Zypern wies mit 6% der bis zum 1. September 2000 registrierten kumulierten Direktinvestitionen einen höheren Wert als beispielsweise Italien auf und lag nur knapp hinter Großbritannien mit 7,3%. An erster Stelle standen zu diesem Zeitpunkt die USA mit 27,2%, darauf folgte Deutschland mit 20,5% und an dritter Stelle kam Frankreich mit 11,5% (Daten aus OECD, 2001a, 193). Dennoch kann von einer weitreichenden Rückkehr des Fluchtkapitals geschweige denn von einem Stopp der Kapitalflucht keine Rede sein.

In Rußland zeigt sich, daß für Unternehmensaktivitäten und Investitionsentscheidungen das Korruptionsniveau sowie das Rent Seeking-Verhalten anderer Unternehmen und öffentlicher Stellen eine entscheidende Rolle spielen. Korruption und Rent Seeking führen zu zusätzlichen Kosten für Unternehmen beim Markteintritt bzw. bei der Expansion, die die Belastung und das Verlustrisiko der Unternehmen zusätzlich erhöhen und damit Markteintrittsschranken darstellen. Diese Zusatzkosten können als politische Transaktionskosten aufgefaßt werden, die die Nutzung von Märkten in Rußland relativ unattraktiv erscheinen lassen. Dies stellt einen wichtigen Erklärungsansatz für die geringe Bedeutung neu gegründeter und kleiner und mittlerer Unternehmen und zudem auch für den mangelnden Strukturwandel der Industrie in Rußland dar. Hohe Transaktions- und Unsicherheitskosten bedeuten eine relativ geringe Gleichgewichtsmenge, so daß die Nachfrage nach Arbeit und Kapital ebenso relativ gering ist. Da insbesondere auch aus Investorensicht die Risiken hoch sind, fallen die Investitionen ebenfalls gering aus. Eine zu niedrige Investitionsquote ist aber ein erhebliches Wachstumshemmnis.

Im Verlauf der Transformation des Wirtschaftssystems werden die Rolle des Staates und mit ihm seine Institutionen sowie seine Repräsentanten und ausführenden Organe einem tiefgreifenden Wandel unterzogen. Es ist die Aufgabe einer rationalen Transformationsstrategie, im Zuge dessen staatlichen Institutionen Mechanismen zur Begrenzung ihrer Machtausübung und auch zur Sanktionierung der illegalen Nutzung dieser Macht zu setzen. Es wird oft beklagt – dies auch zurecht, wie anhand der Phänomene von State Capture und Grabbing Hand gezeigt wurde –, daß der Wandlungsprozeß des Staates in Rußland dazu führte, daß der Staat und seine Institutionen nicht etwa in erster Linie Garant für die neue marktwirtschaftliche Ordnung sind, sondern vielmehr für die Interessenwahrnehmung einer kleinen, aber mächtigen Elite instrumentalisiert wurden (BARTLETT, 2001;

SMALLBONE/WELTER, 2001). Damit wird deutlich, daß die Schranken zur Begrenzung der Machtausübung öffentlicher Stellen in Rußland bislang kaum funktionieren. Aus Investorensicht schmälert das Willkürpotential staatlicher Stellen die Höhe profitabler Investitionen, jedenfalls wenn man die Gesamtheit aller Investoren betrachtet.

Der neu entstehende private Sektor in Rußland hat also mit besonderen Problemen zu kämpfen, deren Ursachen zu wesentlichen Teilen in der neuen Rolle des Staates und dem nicht funktionierenden marktwirtschaftlichen Wettbewerb in Rußland liegen. Natürlich beklagen sich überall auf der Welt Unternehmen über ineffiziente Verwaltungen, bürokratische Hürden und Korruption, das Besondere an der russischen Situation ist jedoch zum einen das Korruptionsniveau und zum anderen die Tatsache, daß hier mehrere Faktoren auftreten, die Korruption und Rent Seeking speziell fördern:

- Die Problematik des Übergangs von der sozialistisch-planwirtschaftlichen Gesellschaftsordnung zu einer demokratisch-marktwirtschaftlich orientierten Ordnung. Dabei entstehen für gut informierte Insider enorme Möglichkeiten zum Rent Seeking. Besonders auffällige Beispiele sind der Verlauf der großen Privatisierungsauktionen in den Jahren 1996 und 1997, aber auch das Aufkommen der sogenannten "virtuellen Wirtschaft", die durch eine Vernetzung von Unternehmen und Politik zu zahlreichen Rent Seeking-Möglichkeiten führte. Die große Bandbreite politischer Optionen impliziert hohe Quasi-Renten für Politiker und Bürokraten. Der Vergleich Rußlands mit Ländern wie Polen oder Ungarn zeigt, welche Bedeutung externe Vorgaben für den Aufbau einer marktwirtschaftlichen Ordnung besitzen, wie sie im Falle der Beitrittskandidaten zur Europäischen Union in Gestalt des Acquis Communautaire existieren: Indirekt werden hiermit auch Quasi-Renten begrenzt, da Politiker durch derartige externe Richtlinien in ihrer politischen Programmatik und Maßnahmenwahl eingeschränkt werden. Die Vorgaben, die seitens der Europäischen Union als Beitrittsvoraussetzung den Kandidatenländern für die Schaffung eines gemeinsamen europäischen Binnenmarkts für Bereiche wie die Wettbewerbspolitik, das Unternehmensrecht, die Regulierung der Finanzmärkte sowie für den Transport-, Telekommunikation- und den Energiesektor gemacht werden, lassen ähnlich schwerwiegende Probleme wie in Rußland nicht entstehen bzw. versetzen die Reformpolitiker in die Lage, international erprobte Problemlösungen gegen anderslaufende Interessen durchzusetzen.

- Die Existenz eines gesamtwirtschaftlich bedeutenden rohstofffördernden Sektors, der sowohl die implizite Subventionierung von Altindustrien erlaubt, als auch im Zuge hoher Devisenerlöse und hoher Gewinne beim Rohstoffexport der Finanzpolitik gewisse finanzielle Spielräume verleiht und der darüber hinaus eine besondere Anziehungskraft für Rent Seeking-Aktivitäten besitzt: Der Rohstoffsektor hat neben der Rent Seeking-Problematik eine weitere Bedeutung für die russische Reformpolitik. Er gestattet der Regierung – sofern sie ausreichend Kontrolle über die wichtigsten rohstofffördernden Unternehmen hat – notwendige Reformen, die zu Strukturanpassungen beispielsweise im Bereich der Verarbeitenden Industrie führen würden, zu verschleppen und die strukturellen Probleme der Industrieunternehmen – veralteter Kapitalstock, Überbeschäftigung – durch Subventionen aus dem Rohstoff- und dem mit ihm im Falle von Gazprom unternehmerisch verbundenen Energiesektor zumindest teilweise zu kompensieren. Dabei gehört die Regulierung der Unternehmen im Rohstoffsektor zu den wichtigsten noch ungelösten Fragen der russischen Wirtschaftspolitik. Genau genommen stellen sich diesbezüglich zwei Fragen: Wie können die Einnahmen aus dem natürlichen Ressourcenreichtum des Landes, der einerseits regional sehr ungleich verteilt ist und andererseits im Zuge des Privatisierungsprozesses zu großen Teilen in private Hände übergegangen ist, interregional und gesamtgesellschaftlich sinnvoll eingesetzt werden, ohne dabei die ökonomischen Leistungsanreize im Rohstoffbereich zu sehr zu schwächen? Und wie kann der Ressourcenreichtum (auch im Sinne einer intergenerativen Gerechtigkeitslösung) langfristig sinnvoll verwaltet werden? Dies ist eine zugegebenermaßen mit Blick auf die Öl- und Gasvorkommen Rußlands sehr langfristige Betrachtung, mit Blick auf die zahlreichen drängenden Umweltprobleme Rußlands jedoch auch eine aktuelle und wichtige Fragestellung. Ein aus den Exporterlösen des Rohstoffsektors zu finanzierender Stabilisierungsfonds wäre ein möglicher fiskalpolitischer Ansatzpunkt (ZOLOTAREVA et al., 2002).

- Der mangelnde Einstellungswandel bei öffentlichen Stellen: Die Abkehr von dem dirigistischen planwirtschaftlichen Denken ist nur ansatzweise vollzogen, vielmehr sind Verhaltensmuster, die speziell auf eine starke und lenkende Rolle staatlicher Institutionen hinwirken, weiter präsent. Die Russische Zentralbank mit ihrer umfassenden Entscheidungsmacht im Bankensektor kann hierbei in den 90er Jahren als herausragender Fall gelten. Andere Beispiele stellen die verschiedenen Branchenministerien dar (z.B. Eisenbahn, Transport), welche einer sinnvollen Restrukturierungsstrategie der von ihnen verwalteten Bereiche im Wege stehen. Die Übertragung weitreichender regulatorischer Kompetenzen an ehemalige planwirtschaftliche Führungseliten einer Branche macht in gewisser Weise den Bock zum Gärtner, denn hierdurch sind Rent Seeking-Aktivitäten und State Capture-Verhalten vorprogrammiert: Die Führungseliten der ehemals staatlichen Betriebe finden sich nach dem Systemwechsel als die Regulierer derjenigen Unternehmen wieder, denen sie selbst vorgestanden haben – oder dies teilweise noch tun, wie im Fall der Russischen Zentralbank.

- Rußland besitzt eine extrem heterogene Einkommensverteilung. Die Unterschiede bei den Pro-Kopf-Einkommen zwischen der Zentralregion Moskau und ärmeren Regionen sind enorm. Zudem ist das Land ökonomisch stark fragmentiert – es bestehen sowohl mit Blick auf den Handel wie auf die Binnenmigration erhebliche Hindernisse –, und es kann von einem einheitlichen russischen Markt nur teilweise die Rede sein. Die ökonomische Abgrenzung einzelner Regionen bietet wiederum Spielraum für Rent Seeking- bzw. kriminelle Aktivitäten auf regionaler Ebene, beispielsweise im Bereich der illegalen Migration.

Die hohen politischen Transaktionskosten haben zur Konsequenz, daß trotz der Einführung wichtiger Ordnungselemente eines marktwirtschaftlichen Systems die eigentliche, treibende Kraft in diesem System, nämlich ein funktionierender Wettbewerb, bislang nicht oder nur in Teilbereichen zustande kommt. Ohne einen funktionierenden Wettbewerb ist aber weder eine effiziente Ressourcennutzung noch eine Begrenzung von ökonomischer und damit letztlich auch politischer Macht im marktwirtschaftlichen System denkbar. Es liegt bei der russischen Politik, dies im Hinblick auf eine rationale Reformstrategie zu berücksichtigen und dabei alternative Maßnahmen jenseits von nationalen und historisch begründeten Widerständen – wie bei der Zulassung ausländischer Direktinvestitionen im Bereich der Banken und der Rohstoff- und Energiegewinnung oder bei der Bodenrechtsreform – gegeneinander abzuwägen. Letztlich zahlt sich in einer global integrierten Volkswirtschaft nicht diejenige Politikstrategie aus, die eine möglichst weitgehende Bewahrung nationaler und historischer Besitzstände im Auge hat, sondern diejenige, die dazu führt, daß die Produktionsstrukturen die internationalen relativen Preise weitgehend widerspiegeln und daß die Versorgung der Bevölkerung mit Gütern und Dienstleistungen durch eine breite Auswahl, eine hohe Produktqualität und niedrige Preise dank statischer und dynamischer Effizienz gewährleistet wird.

Rußland zeigt zur Jahrtausendwende insgesamt das Bild eines ökonomisch zerrissenen Landes, das nicht in der Lage ist, einerseits seine natürlichen Reichtümer optimal zu nutzen und andererseits die hohen Wohlstandsunterschiede in der russischen Gesellschaft insgesamt und innerhalb der verschiedenen Regionen auf ein erträgliches Maß zu verringern. An die Stelle ökonomischer Ausgleichsmechanismen treten bislang staatliche, meist von der föderalen Ebene den untergeordneten Gebietskörperschaften oktroyierte Regulierungsmaßnahmen, die vordergründig ein Aufbrechen weitreichender sozialer Spannungen und überregionaler Konflikte innerhalb der russischen Föderation verhindern. Die weitere Gestaltung des Systems des fiskalischen Föderalismus stellt eine zentrale Forschungsfrage dar, denn die Reform eines jahrzehntelang zentralistisch-dirigistisch orientierten Systems hin zu einem System, das von regionaler und kommunaler Eigenverantwortung geprägt sein soll, bedeutet für ein solch großes Land wie Rußland eine enorme Herausforderung.

Eine Anhebung des Wohlstandsniveaus der ärmeren Bevölkerungsgruppen wird sich nur im Zuge eines langfristigen ökonomischen Aufholprozesses ergeben. Eine allzu sehr auf Umverteilung der Einkommen ausgerichtete Sozialpolitik ist aus ökonomischer Sicht zumindest nicht ratsam, allerdings sind einige Bereiche der Sozialpolitik unerläßlich. Dabei ist die institutionelle Verankerung des Subsidiaritätsprinzips erwägenswert. Es ist eine offene Frage und Herausforderung an die Politik, wie weit die russische Gesellschaft in der Lage ist, trotz des Wohlstandsgefälles einen langfristig stabilen Wachstumsprozeß einzuleiten.

Außenwirtschaftliche Integrationsperspektiven

Eine weitere Integration Rußlands in die Weltwirtschaft kann den Transformationsprozeß positiv unterstützen. Dazu sind einerseits Maßnahmen notwendig, die die Effizienz des russischen Außenhandelssystems, die Regulierung des Devisenmarkts und die Behandlung ausländischer Direktinvestitionen betreffen, andererseits sind aber auch und vor allem binnenwirtschaftliche Reformen wichtig, ohne die eine weitergehende Integration Rußlands in die Weltwirtschaft mit besonderen Schwierigkeiten verbunden sein wird.

Einerseits sind bessere Bedingungen für leistungsfähige und innovative kleine und mittlere Unternehmen bzw. Unternehmensgründer zu schaffen, denn aus Sicht multinationaler Unternehmen ist eine dynamische Zulieferindustrie im Gastland ein positiver Standortfaktor. Andererseits wäre daran zu denken, gezielt die industrielle Exportwirtschaft zu fördern und die Importe in vielen Bereichen zu liberalisieren, insbesondere dort, wo Rußland keine komparativen Vorteile aufzuweisen hat. Für den ökonomischen Aufhol- bzw. Wachstumsprozeß spielt die Verbindung von Exportexpansion im Verarbeitenden Gewerbe, Produktivitätsgewinnen und dem Wachstum selbst eine wichtige Rolle, wie die Analyse von Schwellen- und Transformationsländern zeigt (WELFENS/JUNGMITTAG, 2002; UNECE, 2002). Schließlich ist auch zu bedenken, daß sich über den Außenwirtschaftsbereich internationale (OECD-) Standards des Geschäftslebens in Rußland – in Wirtschaft und Verwaltung – ausbreiten, womit Phänomenen von Rent Seeking, State Capture und Grabbing Hand entgegengewirkt würde.

Zahlreiche Länder konnten in der Vergangenheit von einer Öffnung gegenüber den Weltmärkten profitieren. Allerdings gibt es hierbei erhebliche regionale Unterschiede. So sind die internationalen Direktinvestitionsströme außerhalb der Industrieländer auf einige wenige Regionen konzentriert, beispielsweise Südostasien und Teile von Lateinamerika, insbesondere Mexiko (PAIN, 2001). Rußland könnte im Idealfall einer deutlichen Verbesserung der Standortfaktoren eine wichtige Rolle für die Anziehung von Direktinvestitionen in Osteuropa in seiner Eigenschaft als ökonomisch wichtigstem Land der Region und als Brücke zwischen Europa und Asien spielen. Es ist sicherlich nicht falsch, davon auszugehen, daß nur mit Rußland diese Region ihr volles Potential aus einer tiefgreifenden weltwirtschaftlichen Integration – hinsichtlich der Anziehung ausländischer Direktinvestitionen und auch einer regionalen handelsmäßigen Verflechtung – ziehen kann. Demgegenüber greifen Krisenphasen in Rußland relativ schnell auf andere mittel- und osteuropäische Länder über, wie die russische Finanzkrise 1998 gezeigt hat, so daß diese und auch die Europäische Union, welche einige der mittel- und osteuropäischen Länder voraussichtlich in 2004 aufnehmen wird, kein Interesse an einer instabilen wirtschaftlichen Entwicklung in Rußland haben können.

Es ist jedoch zu Beginn des 21. Jahrhunderts illusorisch, wenn im Hinblick auf die hohen Restrukturierungs- und Investitionserfordernisse in Rußland die Hoffnung auf ein rasches Ansteigen ausländischer Direktinvestitionen gesetzt wird. Die seitens ausländischer Investoren nachhaltig schlechten Erfahrungen im Zuge der Finanzkrise 1998 und auch bei der besonderen Problematik des Zusammenwirkens von staatlicher Einflußnahme und polit-ökonomischen Netzwerken in der Bankenbranche lassen ausländische Direktinvestitionen gerade in den Bankensektor als ausgesprochen unattraktiv erscheinen. Als problematisch gelten auch die meisten Infrastrukturbereiche, deren Entwicklung wichtig für einen intensivierten raumwirtschaftlichen Wettbewerb und Wachstum ist. Es fehlt dort nach wie vor an einer glaubwürdigen, an marktwirtschaftlichen Prinzipien und einer Intensivierung des Wettbewerbs orientierten Reformpolitik. Aus Sicht ausländischer Direktinvestoren wäre dabei die Verbindung von binnenwirtschaftlichen Reformen mit einem Beitritt zur WTO ein bedeutender und vertrauensbildender Schritt auf dem Weg zu einer wirklichen Verbesserung der Rahmen- bzw. Standortbedingungen in Rußland.

Von einer stärkeren Öffnung im Bereich der Handelsaktivitäten durch einen Abbau tarifärer und vor allem nichttarifärer Handelsschranken – dies betrifft in erster Linie die ineffiziente und sehr korruptionsanfällige Zollverwaltung – kann Rußland ebenfalls profitieren. Langfristig wären regionale Handelsabkommen im Hinblick auf die Schaffung von Freihandelszonen zu erwägen. Für die europäische Perspektive Rußlands käme dabei eine verstärkte Integration mit der Europäischen Union in Betracht, für die asiatische Perspektive sind hierbei insbesondere China und auch Japan sowie Südkorea wichtig. Allerdings bestehen bei den beiden zuletzt genannten Ländern zusätzliche politische Hindernisse wie die Kurilen-Frage (Japan) und die Tatsache, daß Südkoreas Landverbindung nach Rußland durch Nordkorea blockiert ist.

Tab. 41. Die zehn wichtigsten Handelspartner Rußlands, 1995 und 2000*

Rang	Export			Rang	Import		
(2000)	Land	2000	1995	(2000)	Land	2000	1995
1	Deutschland	8,96	7,93	1	Deutschland	11,49	13,85
2	Italien	7,05	4,31	2	Belarus	11,10	4,67
3	Belarus	5,37	3,79	3	Ukraine	10,76	14,14
4	China	5,08	4,31	4	USA	7,95	5,66
5	Ukraine	4,88	9,14	5	Kasachstan	6,48	5,72
6	Vereinigtes Königreich	4,53	3,92	6	Italien	3,57	3,95
7	USA	4,51	5,51	7	Frankreich	3,50	2,29
8	Polen	4,32	2,16	8	Finnland	2,83	4,36
9	Niederlande	4,21	4,08	9	China	2,80	1,85
10	Schweiz	3,74	4,51	10	Vereinigtes Königreich	2,54	2,35

*Anteil am Gesamtwert der russischen Exporte bzw. Importe in %.
Quelle: WIIW (2001), Handbook of Statistics – Countries in Transition, Wien, 367, 379.

China zählte im Jahr 2000 zu den 10 wichtigsten Handelspartnern Rußlands, im Exportbereich liegt China sogar an vierter Stelle (Tab. 41). Es ist zu vermuten, daß, sofern der nur schwer zu erfassende grenznahe Handel (sogenannter "Kofferhandel" bzw. "Shuttle Trade") miteinbezogen würde, sich der Anteil Chinas noch erhöht. Die Exporte in die Europäische Union bilden einen klaren Schwerpunkt der russischen Handelsstruktur. Im Jahr 2000 waren vier der zehn wichtigsten Exportempfängerländer Rußlands Mitglieder der Europäischen Union, mit Polen kommt in naher Zukunft ein weiteres EU-Land hinzu. Bemerkenswert ist dabei, daß von 1995 bis 2000 der Anteil an den Gesamtexporten in jedes der genannten EU-Länder anstieg, was auf eine wachsende Bedeutung der Europäischen Union für Rußland hinweist. Auf der Importseite liegt das Schwergewicht allerdings mehr auf den direkten Nachbarländern Rußlands sowie auf Deutschland und den USA. Im übrigen haben die USA und Frankreich auf der Importseite ihre Position deutlich verbessern können, wenn man 1995 und 2000 miteinander vergleicht (Tab. 41).

Ein erfolgreiches und interessantes Beispiel einer regionalen Handelsintegration stellt Mexiko dar, das sich nach einer Jahrzehnte dauernden protektionistisch orientierten Importsubstitutionspolitik in den 80er Jahren öffnete und mit den USA und Kanada ein Freihandelsabkommen abschloß, das 1994 in Kraft trat (EBRD, 2001, 28-29). Zuvor, im Jahre 1986, war Mexiko schon der WTO beigetreten. Interessanterweise ergab sich dadurch neben ökonomischen Wachstumseffekten im Bereich der exportorientierten Industrien auch ein politischer Prioritätenwechsel im Hinblick auf eine weitere außenwirtschaftliche Öffnung, den Abbau von Handelsschranken und die Förderung von zu den außenwirtschaftlichen Reformen komplementären binnenwirtschaftlichen Reformmaßnahmen. Die Befürworter einer liberaleren Außenhandelspolitik und einer verstärkten Integration Mexikos in die Weltwirtschaft gewannen zunehmend an Gewicht (THACKER, 2000). Rußland könnte ähnliche Vorteile aus einer verstärkten Handelsintegration mit der Europäischen Union ziehen. Damit würden marktwirtschaftlich-wettbewerbsorientierte Kräfte innerhalb des russischen Unternehmenssektors gestärkt und protektionistische Tendenzen geschwächt, was letztlich zu einem Abbau staatlicher Regulierung im Handelsbereich und damit auch zu einem Abbau von Rent Seeking-Möglichkeiten führen dürfte.

Rußland besitzt dank seiner umfangreichen Rohstoffexporte – insbesondere Gas und Erdöl – eine starke Verhandlungsposition gegenüber der Europäischen Union und insbesondere gegenüber führenden Ländern wie Deutschland, Frankreich und Italien. Die Abhängigkeit der Europäischen Union von russischen Gaslieferungen wird sich, unter anderem durch die Aufnahme der mittel- und osteuropäischen Länder in die Gemeinschaft, erhöhen. Damit wächst das Interesse der Europäischen Union an einer langfristigen Kooperationsvereinbarung mit Rußland zur Sicherung der zukünftigen Energieversorgung (EUROPÄISCHES PARLAMENT, 2002). Rußland könnte hier die Energiefrage mit einer weitgehenden Öffnung der Märkte der Europäischen Union für russische Güterexporte verknüpfen. Es zeigt sich im übrigen, daß die seitens der Europäischen Union anvisierten Gasimportvolumina aus Rußland die von der russischen mittelfristigen Produktionsplanung prognostizierten Exportmengen deutlich übertreffen, was die Verhandlungsposition Rußlands weiter stärkt (GÖTZ, 2002).

Seit dem Amtsantritt von Präsident Putin im Jahr 2000 und insbesondere im Zuge der veränderten weltpolitischen Lage nach den Ereignissen des 11. September 2001 in den USA hat sich die Bedeutung Rußlands in der Weltpolitik zum ersten Mal seit der Auflösung der Sowjetunion 1991 wieder gefestigt bzw. sogar deutlich erhöht. Zudem scheint sich das Land in seiner veränderten geopolitischen Bedeutung zunehmend zurecht zu finden. Dies wird den Umgang Rußlands mit internationalen Organisationen bzw. Kooperationen und mit regionalen Angelegenheiten erheblich erleichtern und wäre ein wichtiger Schritt Rußlands auf dem Weg zu einer vertieften Integration in die Weltwirtschaft. Denn Rußland wird nur dann von einer solchen Integration profitieren können, wenn es bereit ist, die international akzeptierten Spielregeln seinerseits zu beachten. Dies sollte allerdings nicht mit einer impliziten Unterwerfung des Landes unter das Diktat ausländischer Wirtschaftsinteressen gleichgesetzt werden. Es geht hierbei vielmehr darum, im globalen wirtschaftlichen Wettbewerb den Unternehmen akzeptable Standortbedingungen zu bieten – für inländische wie ausländische Unternehmen gleichermaßen. Als aktiver Akteur in den internationalen Organisationen kann Rußland Regeln auch mitgestalten. Die offizielle Aufnahme Rußlands in die G8-Gruppe ab 2006 setzte in 2002 ein positives Zeichen.

Von einer verstärkten internationalen Zusammenarbeit kann Rußland in vielen zentralen, wachstumsrelevanten Reformbereichen profitieren. Daher ist ein Beitritt Rußlands zur WTO ein prioritäres Politikziel. Aber auch das Engagement Rußlands in den anderen Bereichen, wie der Kooperation und dem Informationsaustausch der Zentralbanken über die Bank für Internationalen Zahlungsausgleich in Basel sollte weiter vorangetrieben werden. Die Öffnung Rußlands zur Weltwirtschaft, die Zusammenarbeit auf bilateraler Ebene und im Rahmen internationaler Organisationen sowie grundsätzlich die Akzeptanz der internationalen Spielregeln in Politik und Wirtschaft öffnet nicht nur Rußland potentiellen ausländischen Investoren, sondern es öffnet auch russischen Unternehmen den Zugang zu den Weltmärkten.

Insgesamt zeigt sich, daß eine einfache (traditionelle) makroökonomische Analyse für das Verständnis der Wirtschaftsentwicklung und der Wirtschaftsprobleme Rußlands zu kurz greift. Es bedarf eben auch eines kritischen Blicks auf Spezifika Rußlands, wie etwa der besonderen Rolle der Energiewirtschaft, und einer ordnungspolitischen Analyse, welche in Verbindung mit dem Ansatz der Neuen Politischen Ökonomie Probleme wie die stark verbreitete Korruption und Rent Seeking als endogene Barrieren für die Umsetzung eines funktionierenden Wettbewerbs thematisiert. Die in dieser Arbeit präsentierte Verbindung wichtiger Analysebausteine reflektiert letztlich auch die Interdependenz der Teilordnungen eines komplexen Wirtschafts- und Sozialsystems.

Abbildungsverzeichnis

Tabellenverzeichnis

Literaturverzeichnis

ABERLE, G. (1992), Wettbewerbstheorie und Wettbewerbspolitik, Stuttgart, Berlin, Köln: Kohlhammer, 2. Aufl.

ACQUISTI, A. LEHMANN, H. (2000), Job Creation and Job Destruction in the Russian Federation, Trinity Economic Paper Series Nr. 1/2000, Dublin: Trinity College.

ACS, Z. (Hg., 1996), Small Firms and Economic Growth, Cheltenham: Edward Elgar.

ACS, Z., CARLSSON, B., KARLSSON, C. (Hg., 1998), Entrepreneurship, Small and Medium-Sized Enterprises and the Macroeconomy, Cambridge: Cambridge UP.

ADES, A., DI TELLA, R. (1999), Rents, Competition and Corruption, in: American Economic Review, Vol. 89, Nr. 4, 982-993.

AGHION, P., BLANCHARD, O., BURGESS, R. (1994), The Behaviour of State Enterprises in Eastern Europe, pre-Privatization, in: European Economic Review, Vol. 38, 1327-1349.

AGHION, P., BLANCHARD, O.J. (1994), On the Speed of Transition in Central Europe, NBER Working Paper Nr. 4736, May, Cambridge, Mass.

AGHION, P., CAROLI, E., GARCIA-PENALOSA, C. (1999), Inequality and Economic Growth: The Perspective of the New Growth Theories, in: Journal of Economic Literature, Vol. 37, 1615-1660.

AGHION, P., DEWATRIPONT, M., REY, P. (1999), Competition, Financial Discipline and Growth, in: Review of Economic Studies, Vol. 66, 825-852.

AGHION, P., HOWITT, P. (1992), A Model of Growth Through Creative Destruction, in: Econometrica, Vol. 60, Nr. 2, 323-351.

AGHION, P., HOWITT, P. (1998), Endogenous Growth Theory, Cambridge, Mass.: MIT Press.

AGHION, P., SCHANKERMAN, M. (1999), Competition, Entry and the Social Returns to Infrastructure in Transition Economies, in: Economics of Transition, Vol. 7, 79-101.

AHREND, R. (2000), Foreign Direct Investment in Russia – Pain without Gain? A Survey of Foreign Direct Investors, in: Russian Economic Trends, Vol. 9, Nr. 2, 26-33.

AHRENS, J. (1994), Der russische Systemwandel. Reform und Transformation des (post)sowjetischen Wirtschaftssystems, Frankfurt a. M. et al.

AIZENMAN, J., MARION, N. (1993), Policy Uncertainty, Persistence and Growth, in: Review of International Economics, Vol. 27, 145-163.

ALCHIAN, A.A., DEMSETZ, H. (1973), The Property Rights Paradigm, in: Journal of Economic History, Vol. 33, 16-27.

ALEKSASHENKO, S. (1999), Bankovskij krizis: Tuman rasseivaetsya? Doklad tsentra razvitiya pod rukovodstvom, in: Voprosy ekonomiki, Nr. 5/1999, 4-42.

ALLEN, F., SANTOMERO, A.M. (1997), The Theory of Financial Intermediation, in: Journal of Banking&Finance, Vol. 21, Nr. 11-12, 1461-1486.

ALLEN, F., SANTOMERO, A.M. (2001), What Do Financial Intermediaries Do? in: Journal of Banking&Finance, Vol. 25, 271-294.

AMABLE, B., CHATELAIN, J.-B. (2001), Can Financial Infrastructure Foster Economic Development? in: Journal of Development Economics, Vol. 64, 481-498.

APOLTE, T. (1992), Politische Ökonomie der Systemtransformation, Hamburg.

APPEL, H. (1997), Voucher Privatisation in Russia: Structural Consequences and Mass Response in the Second Period of Reform, in: Europe-Asia Studies, Vol. 49, Nr. 8, 1433-1449.

ARMENDARIZ DE AGHION, B., MURDOCH, J. (2000), Microfinance beyond Group Lending, in: Economics of Transition, Vol. 8, Nr. 2, 401-420.

ARROW, K.J. (1962), The Economic Implications of Learning by Doing, in: Review of Economic Studies, Vol. 29, 155-173.

ARROW, K.J. (1969), The Organization of Economic Activity: Issues Pertinent to the Choice of Market Versus Nonmarket Allocation, in: The Analysis and Evaluation of Public Expenditures: The PBB-System, Joint Economic Committee, 91st Congress, 1st Session, Bd. 1, Washington D.C.

ASLUND, A. (1995), The Politics of Economic Reform: Remaining Tasks, in: ASLUND, A. (Hg.), Russian Economic Reform at Risk, New York: St. Martin's Press, 179-186.

ASLUND, A. (1996), Rentoorientirovannoe povedenie v rossiiskoi ekonomike, in: Voprosy ekonomiki, Nr. 8/1996, 99-108.

ASLUND, A. (1997), Observations on the Development of Small Private Enterprises in Russia, in: Post-Soviet Geography and Economics, Vol. 38, 191-206.

ASLUND, A. (2001), The Myth of Output Collapse after Communism, Washington D.C., Carnegie Endowment for International Peace, mimeo.

ASLUND, A., BOONE, P., JOHNSON, S. (1996), How to Stabilize: Lessons from Post-communist Countries, in: Brookings Papers on Economic Activity, Nr. 1/1996, 217-291.

ASTAPOVICH, A., SYRMOLOTOV, D. (1999), Rossijskie banki v 1998 godu: Sistem-nogo krizisa, in: Voprosy ekonomiki, Nr. 5/1999, 43-64.

AUDRETSCH, D.B., WELFENS, P.J.J., (Hg., 2002), The New Economy and Economic Growth in Europe and the U.S., Heidelberg und New York: Springer.

AUKUTSIONEK, S.P. (1995), Teoriya perekhoda k rynku, Moskau: IMEMO, 2. Aufl.

AUKUTSIONEK, S.P. (1998), Barter i Rossijskoj Prom'yshlennosti, in: Voprosy eko-nomiki, Nr. 2/1998, 51-60.

AUKUTSIONEK, S.P., BATYAEVA, A.E. (2000), Rossijskie predpriyatiya v rynochnoj ekonomike, Moskau: Nauka.

BALASSA, B. et al. (1982), Development Strategies in Semi-industrial Countries, Wash-ington D.C.: Johns Hopkins University Press.

BALCEROWICZ, L. (1997), The Interplay between Economic and Political Transition, in: ZECCHINI, S. (Hg.), Lessons from the Economic Transition. Central and Eastern Europe in the 1990s, London: OECD/Kluwer Academic Publishers, 153-168.

BALLARD, C., SHOVEN, J., WALLEY, J. (1985), General Equilibrium Computations of the Marginal Welfare Costs of Taxes in the United States, in: American Economic Re-view, Vol. 75, 138-138.

BALTENSPERGER, E. (1996), Banken und Finanzintermediäre, in: VON HAGEN, J., BÖRSCH-SUPAN; A., WELFENS, P.J.J. (Hg.), Springers Handbuch der Volkswirt-schaftslehre, Bd. 1, Heidelberg, New York: Springer, 269-304.

BALZER, H. (1993), Science, Technology and Education in the Former USSR, in: SHARPE, M.E., KAUFMAN, R., HARDT, J.P. (Hg.), The Former Soviet Union in Transition, Armonk, NY, 889-908.

BARDHAN, P. (1997), Corruption and Development: A Review of Issues, in: Journal of Economic Literature, Vol. 35, 1320-1346.

BARKHATOVA, N. (2000), Russian Small Business, Authorities and the State, in: Europe-Asia Studies, Vol. 52, Nr. 4, 657-676.

BARRO, R.J. (1991), Economic Growth in a Cross-Section of Countries, in: Quarterly Journal Economics, Vol. 106, Nr. 2, 407-444.

BARRO, R.J. (1992), Human Capital and Economic Growth, in: FEDERAL RESERVE BANK OF KANSAS CITY (Hg.), Policies for Long-Run Economic Growth, Symposium Series, Kansas City, 199-216.

BARRO, R.J. (1997), Determinants of Economic Growth: A Cross-country Empirical Study, Cambridge Mass.: MIT Press.

BARRO, R.J., LEE, J.W. (1993), International Comparisons of Educational Attainment, in: Journal of Monetary Economics, Vol. 32, Nr. 3, 363-394.

BARRO, R.J., LEE, J.W. (1996), International Measures of Schooling Years and Schooling Quality, in: American Economic Review, Vol. 86, 218-223.

BARRO, R.J., SALA-I-MARTIN, X. (1995), Economic Growth, New York.

BARRO, R.J., SALA-I-MARTIN, X. (1997), Technological Diffusion, Convergence and Growth, in: Journal of Economic Growth, Vol. 2, 1-27.

BARTLETT, W. (2001), Introduction: SME Development Policies in Different Stages of Transition, in: Moct-Most, Vol. 11, Nr. 3, 197-204.

BAUMOL, W.J., PANZAR, J.C., WILLIG, R.D. (1982), Contestable Markets and the Theory of Industry Structure, New York: Harcourt Brace Jovanovich.

BECK, P.J., MAHER, M.W. (1986), Comparison and Bribery in Thin Markets, in: Economic Letters, Vol. 20, 1-5.

BECK, T., DEMIRGÜC-KUNT, A., LEVINE, R. (1999), A New Database on Financial Development and Structure, World Bank Working Paper Nr. 2146, Washington D.C.

BECK, T., LEVINE, R., LOAYZA, N. (1998), Finance and the Sources of Growth, World Bank Working Paper Nr. 2057, Washington D.C.

BECKER, G.S. (1983), Human Capital: Theoretical and Empirical Analysis with Special Reference to Education, Chicago: Chicago Press.

BELL, C. (1998), Der fiskalische Föderalismus in der Rußländischen Föderation. Finanzwissenschaftliche Analyse der föderalen Neuordnung in einer Transformationsökonomie, Baden-Baden: Nomos.

BENCIVENGA, V.R., SMITH, B.D. (1991), Financial Intermediation and Endogenous Growth, in: Review of Economic Studies, Vol. 58, 195-209.

BEN-DAVID, D., LOEWY, M.B. (1998), Free Trade, Growth, and Convergence, in: Journal of Economic Growth, Vol. 3, 143-170.

BENHABIB, J., SPIEGEL, M. (1994), The Role of Human Capital in Economic Development: Evidence from Cross-National Aggregate Data, in: Journal of Monetary Economics, Vol. 34, 143-173.

BENOIT, A., DEMEL, W., REININGER, T. (2000), Main Features of the Markets, in: SCHRÖDER, M. (Hg.), The New Capital Markets in Central and Eastern Europe, Heidelberg und New York: Springer, 126-211.

BERG, A., BORENZSTEIN, E., SAHAY, R., ZETTELMEYER, J. (1999), The Evolution of Output in Transition Economies: Explaining the Differences, IMF Working Paper Nr. 73, Washington D.C.

BERG, H. (1995), Wettbewerbspolitik, in: Vahlens Kompendium der Wirtschaftstheorie und Wirtschaftspolitik, München: Vahlen, 6. Aufl., 239-300.

BERGLÖF, E., BOLTON, P. (2002), The Great Divide and Beyond: Financial Architecture in Transition, in: Journal of Economic Perspectives, Vol. 16, Nr. 1, 77-100.

BERGSMAN, J., BROADMAN, H.G., DREBENTSOV, V. (2000), Improving Russia's Policy on Foreign Direct Investment, World Bank Working Paper Nr. 2329, Washington D.C.

BERKOVITZ, D., DEJONG, D.N. (1999), Russia's Internal Border, in: Regional Science and Urban Economics, Vol. 29, 633-649.

BERKOVITZ, D., DEJONG, D.N. (2001), The Evolution of Market Integration in Russia, in: Economics of Transition, Vol. 9, Nr. 1, 87-104.

BERRYMAN, S.E. (2000), Hidden Challenges to Education Systems in Transition Economies, World Bank, Washington D.C.

BHAGWATI, J.N. (1981), Directly Unproductive Profit-Seeking (DUP) Activities, in: Journal of Political Economy, Vol. 90, 988-1002.

BLACK, B., KRAAKMAN, R., TARASSOVA, A. (1999), Russian Privatization and Corporate Governance: What Went Wrong? William Davidson Institute Working Paper Nr. 269, Ann Arbor.

BLANCHARD, O., KREMER, M. (1997), Disorganization, in: Quarterly Journal of Economics, Vol. 112, 1091-1126.

BLANKART, B. (1975), Zur ökonomischen Theorie der Bürokratie, in: Public Finance, Vol. 2, 166-185.

BLECHINGER, D., PFEIFFER, F. (1999), Humankapital und technischer Fortschritt, in: CLAR, G., DORÉ, J., MOHR, H. (Hg.), Humankapital und Wissen – Grundlagen einer nachhaltigen Entwicklung, Heidelberg und New York: Springer, 255-276.

BLOMSTROM, M., LIPSEY, R.E., ZEJAN, M. (1996), Is Fixed Investment the Key to Economic Growth? in: Quarterly Journal of Economics, Vol. 111, 269-276.

BOERI, T., TERRELL, K. (2002), Institutional Determinants of Labor Reallocation in Transition, in: Journal of Economic Perspectives, Vol. 16, Nr. 1, 51-76.

BONIN, J.P., MIZSEI, K., SZÉKELEY, I.P., WACHTEL, P. (1998), Banking in Transition Economies. Developing Market Oriented Banking in Eastern Europe, Cheltenham: Edward Elgar.

BORNSTEIN, M. (2000), Post-Privatization Enterprise Restructuring, The William Davidson Institute Working Paper Nr. 327, July, Ann Arbor.

BOSSONE, B. (1999), Financial Development and Industrial Capital Accumulation, World Bank Working Paper Nr. 2201, Washington D.C.

BOYCKO, M., SHLEIFER, A. (1995), Russian Restructuring and Social Benefits, in: ASLUND, A. (Hg.): Russian Economic Reform at Risk, New York: St. Martin's Press, 99-118.

BOYCKO, M., SHLEIFER, A., VISHNY, R. (1995), Privatizing Russia, Cambridge, Mass.: MIT Press.

BRANA, S., MAUREL, M. (1999), Barter in Russia: Liquidity Shortage versus Lack of Restructuring, William Davidson Institute Working Paper Nr. 271, Juni, Ann Arbor.

BRENTON, P., GROS, D., VANDILLE, G. (1997), Output Decline and Recovery in Transition Economies: Causes and Social Consequences, in: Economics of Transition, Vol. 5, Nr. 1, 113-129.

BREZINSKI, H., FRITSCH, M. (Hg., 1996), The Economic Impact of New Firms in Postsocialist Countries: Bottom up Transformation in Eastern Europe, Aldershot: Edward Elgar.

BROADMAN, H.G. (2000), Reducing Structural Dominance and Entry Barriers in Russian Industry, World Bank Working Paper Nr. 2330, Washington D.C.

BROADMAN, H.G. (Hg., 1999), Russian Trade Policy Reform for WTO Accession, Washington D.C.: The World Bank.

BROADMAN, H.G., RECANATINI, F. (2000), Seeds of Corruption. Do Market Institutions Matter? World Bank Policy Research Working Paper Nr. 2368, Washington D.C.

BROCKMEIER, T. (1998a), Wettbewerb und Unternehmertum in der Systemtransformation. Das Problem des institutionellen Interregnums, Stuttgart: Lucius&Lucius.

BROCKMEIER, T. (1998b), Legal Order and Economic (Under)Development – a Contribution to the Theory of Property Rights, in: Economics, Vol. 58, 7-46.

BROCKMEIER, T. (2000), Nurturing Entrepreneurship and the Role of Co-operatives, in: WELFENS, P.J.J., GAVRILENKOV, E. (Hg.), Restructuring, Stabilizing and Modernizing the New Russia, Heidelberg und New York: Springer, 345-372.

BROWN, A.N., BROWN, D.J. (1998), Does Market Structure Matter? New Evidence from Russia, SITE Working Paper Nr. 130, Stockholm.

BROWN, D., GURIEV, S., VOLCHKOVA, N. (1999), Financial-Industrial Groups in Russia: Virtue or Vice, in: Russian Economic Trends, Vol. 8, Nr. 3, 6-12.

BROWN, J.D., EARLE, J.S. (2000), Competition and Firm Performance: Lessons from Russia, SITE Working Paper Nr. 154, Stockholm.

BROWN, J.D., EARLE, J.S. (2001), Privatization, Competition and Reform Strategies: Theory and Evidence from Russian Enterprise Panel Data, SITE Working Paper Nr. 159, Stockholm.

BRUNETTI, A. (1997), Political Variables in Cross-Country Growth Analysis, in: Journal of Economic Surveys, Vol. 11, Nr. 2, 163-190.

BRUNETTI, A., KISUNKO, G., WEDER, B. (1997), Institutional Obstacles for Doing Business. Data Description and Methodology of a Worldwide Private Sector Survey, World Bank Working Paper Nr. 1759, Washington D.C.

BRUNETTI, A., KISUNKO, G., WEDER, B. (1998), Credibility of Rules and Economic Growth: Evidence from a Worldwide Survey of the Private Sector, in: World Bank Economic Review, Vol. 12, Nr. 3, 353-384.

BUCH, C.M. (1993), Das Bankwesen in den Nachfolgestaaten der Sowjetunion, in: Die Weltwirtschaft, Nr. 1/1993, 70-91.

BUCH, C.M. (1996), Creating Efficient Banking Systems: Theory and Evidence from Eastern Europe, Tübingen: J.C.B. Mohr.

BUCH, C.M., HEINRICH, R.P. (1999), Handling Banking Crisis: The Case of Russia, in: Economic Systems, Vol. 23, Nr. 4, 349-380.

BUITER, W.H. (2000), From Predation to Accumulation? The Second Transition Decade in Russia, in: Economics of Transition, Vol. 8, Nr. 3, 603-622.

CADOT, O., GRETHER, J.-M., DE MELO, J. (2002), Trade and Competition – Where Do We Stand? in: Journal of World Trade, Vol. 34, Nr. 3, 1-20.

CAMPOS, N.F. (1999), Back to the Future: The Growth Prospects of Transition Economies Reconsidered, The William Davidson Institute Working Paper Nr. 229, April, Ann Arbor.

CANNING, M., MOOCK, P., HELENIAK, T. (1999), Reforming Education in the Regions of Russia, World Bank Technical Paper Nr. 457, Washington D.C.

CARBAJO, J., FRIES, S. (1999), Restructuring Infrastructure in Transition Economies, in: WELFENS, P.J.J., YARROW, G., GRINBERG, R., GRAACK, C. (1999), Towards Competition in Network Industries, Heidelberg und New York: Springer, 401-448.

CARLIN, W., FRIES, S., SCHAFFER, M., SEABRIGHT, P. (2001), Competition and Enterprise Performance in Transition Economies. Evidence from a Cross-Country Survey, The William Davidson Institute Working Paper Nr. 376, May, Ann Arbor.

CHAPMAN, S.A., MULINO, M. (2001), Explaining Russia's Currency and Financial Crisis, in: Moct-Most, Vol. 11, Nr. 1, 1-26.

CHEPURENKO, A. (1998), Die russischen Kleinunternehmen in der zweiten Hälfte der 90er Jahre, Teil II: Wirtschaftspolitische und institutionelle Rahmenbedingungen, Bericht des BIOst Nr. 46/1998, Köln.

CHO, Y.J. (1986), Inefficiencies from Financial Liberalization in the Absence of Well Functioning Equities Markets, in: Journal of Money, Credit and Banking, Vol. 18, 191-199.

CHONG, A., CALDERON, C. (2000), Institutional Quality and Poverty Measures in a Cross-Section of Countries, in: Economics of Governance, Vol. 1, Nr. 2, 123-135.

CHUBAIS, A., VISHNEVSKAYA, M. (1994), Privatization in Russia: An Overview, in: ASLUND, A. (Hg.), Economic Transformation in Russia, New York: St. Martin's Press, 94-100.

CLARKE, S., KABALINA, V. (2000), The New Private Sector in the Russian Labour Market, in: Europe-Asia Studies, Vol. 52, Nr. 1, 7-32.

COASE, R.H. (1937), The Nature of the Firm, Economica, Vol. 4, 386-405.

COASE, R.H. (1988), The Firm, the Market, and the Law, Chicago: University of Chicago Press.

COCHRANE, I., GIDIRIM, V., CARTY, T., DOBRITSKAYA, Z. (2000), The Russian Tax System: Achievements in 2000 and Possible Agenda for 2001, in: Russian Economic Trends, Vol. 9, Nr. 3, 17-21.

COMMANDER, S., MUMSSEN, C. (1999), Understanding Barter in Russia, EBRD Working Paper Nr. 37, London.

COX, T. (1996), From Perestroika to Privatization, Aldershot: Avebury.

DE BROECK, M., KOEN, V. (2000), The Great Contractions in Russia, the Baltics and Other Countries of the Former Soviet Union: A View from the Supply Side, IMF Working Paper Nr. 32/2000, Washington D.C.

DE LONG, B.J., SUMMERS, L.H. (1991), Equipment Spending and Economic Growth, in: Quarterly Journal of Economics, Vol. 106, 445-502.

DE LONG, B.J., SUMMERS, L.H. (1992), Equipment Spending and Economic Growth: How Strong is the Nexus, Brookings Papers on Economic Activity, 157-199.

DE MELO, M., DENIZER, C., GELB, A. (1996), Patterns of Transition from Plan to Market, World Bank Economic Review, Vol. 10, Nr. 3, 397-424.

DE MELO, M., DENIZER, C., GELB, A., TENEV, S. (1997), Cirumstance and Choice: The Role of Initial Conditions and Policies in Transition Countries, World Bank Working Paper Nr. 1866, Washington D.C.

DE MELO, M., GELB, A. (1997), Transition to Date: A Comparative Overview, ZECCHINI, S. (Hg.), Lessons from Economic Transition: Central and Eastern Europe in the 1990s, Dordrecht: Kluwer Publishers.

DEARDORFF, A.V. (2001), Rich and Poor Countries in Neoclassical Trade and Growth, in: The Economic Journal, Vol. 111, 277-294.

DEININGER, K., SQUIRE, L. (1996), A New Data Set Measuring Income Inequality, in: World Bank Economic Review, Vol. 10, 565-591.

DEININGER, K., SQUIRE, L. (1997), Wirtschaftswachstum und ungleiche Einkommensverteilung: Neue Zusammenhänge? in: Finanzierung und Entwicklung, März, 36-39.

DEMIRGÜC-KUNT, A., MAKSIMOVIC, V. (1998), Law, Finance and Firm Growth, in: Journal of Finance, Vol. 53, Nr. 6, 2107-2137.

DEMSETZ, H. (1982), Barriers to Entry, in: American Economic Review, Vol. 72, 47-57.

DENISOVA, I. (1999), Social Policy in Russia: Employment Fund, in: Russian Economic Trends – Quarterly Issue, Vol. 8, Nr. 1, 6-11.

DENISOVA, I., GORBAN, M., YUDAEVA, K. (1999), Social Policy in Russia: Pension Fund and Social Security, in: Russian Economic Trends – Quarterly Issue, Vol. 8, Nr. 1, 12-23.

DENIZER, C. (1997), Stabilisation, Adjustment and Growth Prospect in Transition Economies, World Bank Working Paper Nr. 1855, November, Washington D.C.

DENIZER, C., WOLF, H., YING, Y. (2000), Household Savings in Transition Economies, World Bank Working Paper Nr. 2299, Washington D.C.

DESAI, R.M., GOLDBERG, I. (1999), Corporate Governance in Russia, in: BROADMAN, H.G. (Hg.), Russian Enterprise Reform Policies to Further Transition, Washington D.C.: The World Bank, 41-56.

DESAI, R.M., GOLDBERG, I. (2000), The Vicious Circles of Control: Regional Governments and Insiders in Privatized Russian Enterprises, World Bank Working Paper Nr. 2287, Washington D.C.

DETHIER, J.-J., GHANEM, H., ZOLI, E. (1999), Does Democracy Facilitate the Economic Transition? An Empirical Study of Central and Eastern Europe and the Former Soviet Union, World Bank Working Paper Nr. 2194, Washington D.C.

DEWATRIPONT, M., ROLAND, G. (1996), Transition as a Process of Large-Scale Institutional Change, in: Economics of Transition, Vol. 4, 1-30.

DEWATRIPONT, M., TIROLE, J. (1994), The Prudential Regulation of Banks, Cambridge, Mass.: MIT Press.

DIAMOND, D. (1984), Financial Intermediation and Delegated Monitoring, in: Review of Economic Studies, Vol. 51, 393-414.

DIAMOND, D. (1996), Financial Intermediation as Delegated Monitoring: A Simple Example, in: Federal Reserve Bank of Richmond, Economic Quarterly, Vol. 82, 51-66.

DIAMOND, D., DYBVIG, P. (1983), Banks Runs, Deposit Insurance, and Liquidity, in: Journal of Political Economy, Vol. 91, 401-419.

DIW (2002), Russlands Wirtschaft auf riskantem Kurs, Wochenbericht des DIW 6/2002, 89-106.

DIW/IFW/IWH (1999), Die wirtschaftliche Lage Rußlands: Wachstumsperspektive fehlt weiterhin – Schuldenerlaß keine Lösung, Wochenbericht des DIW 49/99.

DIW/IFW/IWH (2000), Rußlands Aufschwung in Gefahr, Wochenbericht des DIW 50/2000, 843-864.

DIXIT, A.K., STIGLITZ, J.E. (1977), Monopolistic Competition and Optimum Product Diversity, in: American Economic Review, Vol. 67, 297-308.

DMITRIYEV, M., MATOVNIKOV, M., MIKHAILOV, L., SYCHEVA, L. (1998), Russian Stabilization Policy and the Russian Banking Sector, as Reflected in the Portfolios of Moscow Banks in 1995-97, in: Review of Economies in Transition, 7/1998, 29-57.

DOBRYNIN, A.I., DYATLOV, S.A., TSYRENOVA, E.D. (1999), Chelovecheskij kapital v transitivnoj ekonomike: Formirovanie, otsenka, effektivnoct' ispol'zoovaniya, St. Petersburg: Nauka.

DOLLAR, D. (1992), Outward Oriented Developing Economies Really Do Grow More Rapidly: Evidence from 95 LDC's, 1976-85, in: Economic Development and Cultural Change, 523-544.

DOLLAR, D., COLLIER, P. (2001), Globalization, Growth, and Poverty: Building an Inclusive World Economy, Oxford: Oxford University Press.

DOWNS, A. (1967), An Economic Theory of Democracy, New York.

DREBENTSOV, V., MICHALOPOULOS, C. (1999), State Trading in Russia, in: BROADMAN, H.G. (Hg.), Russian Trade Policy Reform before WTO Accession, World Bank Discussion Paper Nr. 401, Washington D.C., 51-63.

DUTZ, M.A., HAYRI, A. (2000), Does More Intense Competition Lead to Higher Growth? World Bank Working Paper Nr. 2320, Washington D.C.

DUTZ, M.A., VAGLIASINDI, M. (2000), Competition Policy Implementation in Transition Economies: An Empirical Assessment, EBRD Working Paper Nr. 47, London.

EARLE, J.S., ESTRIN, S. (1998), Privatization, Competition and Budget Constraints: Disciplining Enterprises in Russia, SITE Working Paper Nr. 128, Stockholm.

EASTERLY, W., FISHER, S. (1994), The Soviet Economic Decline: Historical and Republican Data, NBER Working Paper Nr. 4735, National Bureau of Economic Research, Cambridge, Mass.

EBRD (1994), Transition Report 1994, London.

EBRD (1997), Transition Report 1997, London.

EBRD (1998), Transition Report 1998, London.

EBRD (1999), Transition Report 1999, London.

EBRD (2000), Transition Report 2000, London.

EBRD (2001), Transition Report 2001, London.

EGGENBERGER, K. (1999), Bank Restructuring: Developments in 1999, in: Russian Economic Trends – Quarterly Issue, Vol. 8, Nr. 4, 25-30.

EICHENGREEN, B., HAUSMANN, R. (1999), Exchange Rates and Financial Fragility, NBER Working Paper Nr. 7418, Cambridge, Mass.

EICHER, T.S., GARCIA-PENALOSA, C. (2001), Inequality and Growth: The Dual Role of Human Capital in Development, Journal of Development Economics, Vol. 66, 173-197.

EICKHOF, N. (1985), Wettbewerbspolitische Ausnahmebereiche und staatliche Regulierung, in: Jahrbuch für Sozialwissenschaft, Vol. 36, 63-79.

EICKHOF, N. (1992), Marktstruktur und Wettbewerbsprozeß, in: Ordo-Jahrbuch, Vol. 43, 173-192.

EIGENDORF, J. (1995), Markt ist Verrat, Die Zeit, (50/1995), 50. Jg., 39.

ELISSEEVA, I.I. (1999), Price Dynamics in the Russian Food Market, Heidelberg: Physica.

ELLMAN, M. (1989), Central Planning, Cambridge: Cambridge UP.

ELLMAN, M. (1997), Transformation as a Demographic Crisis, in: ZECCHINI, S. (Hg.), Lessons from the Economic Transition. Central and Eastern Europe in the 1990s, London: Kluwer Academic Publishers, 76-96.

ERICSON, R.E., ICKES, B.W. (2000), A Model of Russia's "Virtual" Economy, William Davidson Institute Working Paper Nr. 317, May, Ann Arbor.

ERRUNZA, V. (2001), Foreign Portfolio Equity Investments, Financial Liberalization and Economic Development, in: Review of International Economics, Vol. 9, Nr. 4, 703-726.

ESFAHANI, H.S. (2000), Institutions and Government Controls, in: Journal of Development Economics, Vol. 63, 197-229.

ESTRIN, S. (2002), Competition and Corporate Governance in Transition, in: Journal of Economic Perspectives, Vol. 16, Nr. 1, 101-124.

ESTRIN, S., URGA, G. (1997), Convergence in Output in Transition Economies: Central and Eastern Europe 1970-1995, CEPR Discussion Paper Nr. 1616, April, London.

EUCKEN, W., (1952/1990), Grundsätze der Wirtschaftspolitik, Tübingen: J.C.B. Mohr, 6. Aufl.

EUROPÄISCHES PARLAMENT (2002), Energy Security as a Basis for EU-Russia Cooperation, Directorate General for Research, Luxemburg.

FAN, C.S., OVERLAND, J., SPAGAT, M. (1999), Human Capital, Growth and Inequality in Russia, in: Journal of Comparative Economics, Vol. 27, 618-643.

FEENSTRA, R. (1996), Trade and Uneven Growth, in: Journal of Development Economics, Vol. 49, 229-256.

FERNANDEZ, E., MAURO, P. (2000), The Role of Human Capital in Economic Growth: The Case of Spain, IMF Working Paper Nr. 08/2000, Washington D.C.

FINE, B. (2000), Critical survey. Endogenous Growth Theory: a Critical Assessment, in: Cambridge Journal of Economics, Vol. 24, Nr. 2, 245-265.

FISCHER, S., GELB, A. (1991), Process of Socialist Economic Transformation, in: Journal of Economic Perspectives, Vol. 5, 91-105.

FISCHER, S., SAHAY, R., VEGH, C. (1996a), Economies in Transition: The Beginnings of Growth, in: American Economic Review Papers and Proceedings, Vol. 86, Nr. 2, 229-233.

FISCHER, S., SAHAY, R., VEGH, C. (1996b), Stabilization and Growth in Transition Economies: The Early Experience, in: Journal of Economic Perspectives, Vol. 10, Nr. 2, 45-66.

FISCHER, S., SAHAY, R., VEGH, C. (1998), From Transition to Market: Evidence and Growth Prospects, IMF Working Paper Nr. 52, Washington D.C.

FÖLSTER, S. (2000), Do Entrepreneurs Create Jobs? in: Small Business Economics, Vol. 14, 137-148.

FRANKEL, J.A., WEI, S.J. (1994), Yen Bloc or Dollar Bloc? Exchange Rate Policies in the East Asian Economies, in: ITO, T., KRUEGER, A. (Hg.), Macroeconomic Linkage: Savings, Exchange Rates, and Capital Flows, NBER-East Asia Seminar on Economics 3, Chicago: University of Chicago Press.

FREINKMAN, L., YOSSIFOV, P. (1999), Decentralization in Regional Fiscal Systems in Russia: Trends and Links to Economic Performance, World Bank Working Paper Nr. 2100, Washington D.C.

FREIXAS, X., ROCHET, J.C. (1997), Microeconomics of Banking, Cambridge, Mass.: MIT Press.

FREY, B.S. (1986), Internationale Politische Ökonomie, München.

FRITSCH, T., WEIN, T., EWERS, H.-J. (1999), Marktversagen und Wirtschaftspolitik, 3. Aufl., München: Vahlen.

FRYDMAN, R., GRAY, C., HESSEL, M., RAPACZYNSKI, A. (1999), When Does Privatization Work? The Impact of Private Ownership on Corporate Performance in the Transition Economies, in: Quarterly Journal of Economics, Vol. 114, Nr. 4, 1153-1191.

FRYE, T., SHLEIFER, A. (1997), The Invisible and the Grabbing Hand, in: The American Economic Review, Papers and Proceedings, Vol. 87, 354-358.

FUNKE, N. (1993), Timing and Sequencing of Reforms: Competing Views and the Role of Credibility, in: Kyklos, Vol. 46, 337-362.

FURUBOTN, E.G., PEJOVICH, S. (1972), Property Rights and Economic Theory: A Survey of Recent Literature, in: Journal of Economic Literature, Vol. 10, 1137-1162.

GADDY, C.G., ICKES, B.W. (1998), Beyond a Bailout: Time to Face Reality about Russia's "Virtual Economy", Washington D.C.: Brookings Institution, mimeo.

GADDY, C.G., ICKES, B.W. (1999), Stability and Disorder: An Evolutionary Analysis of Russia's Virtual Economy, The William Davidson Institute Working Paper Nr. 276, November, Ann Arbor.

GALOR, O. (1996), Convergence? Inferences from Theoretical Models, in: The Economic Journal, Vol. 106, 1056-1069.

GARA, M. (2001), The Emergence of Non-Monetary Means of Payment in the Russian Economy, in: Post-Communist Economies, Vol. 13, Nr. 1, 5-40.

GAVRILENKOV, E. (1997), Banking, Privatization and Economic Growth in Russia, in: WELFENS, P.J.J., WOLF, H. (Hg.), Banking, International Capital Flows and Growth in Europe, Heidelberg und New York: Springer.

GAVRILENKOV, E. (2000), Ekonomicheskij rost i dolgosrochnaya strategiya razvitiya Rossii, in: GAVRILENKOV, E., WELFENS, P.J.J. (Hg.), Rossijskaya ekonomika: Opyt transformatsii 1990-kh godov i perspektivy razvitiya, Moskau: Higher School of Economics, 55-78.

GAVRILENKOV, E. (2002), Neue ökonomische Strategie der russischen Regierung: Grundlagen und erste Einschätzung, in: WELFENS, P.J.J., WIEGERT, R. (Hg.), Transformationskrise und neue Wirtschaftsreformen in Rußland, Heidelberg: Physica, 119-125.

GAVRILENKOV, E., KOEN, V. (1994), How Large was the Output Collapse in Russia? Alternative Estimates and Welfare Implications, IMF Working Paper Nr. 154, Washington D.C.

GERSCHENKRON, A. (1962), Economic Backwardness in Historical Perspective: A Book of Essays, New York und London: Praeger.

GOLDMAN, M. (1991), What Went Wrong with Perestroika? New York: Harper.

GOLDSMITH, A.A. (1995), Democracy, Property Rights and Economic Growth, in: Journal of Development Studies, Vol. 32, Nr. 2, 157-174.

GOLDSMITH, R. (1969), Financial Structure and Development, New Haven, Yale University Press.

GOLOVIN, Yu.V. (1999), Banki i bankovskie uslugi v Rossii, Moskau: Finansy i Statistika.

GOSKOMSTAT (2000), Rossijskij Statisticheskij Ezhegodnik, Moskau.

GÖTZ, R. (1999), How Virtual is the Post-Soviet Barter Economy? Köln, mimeo.

GÖTZ, R. (2002), Rußlands Beitrag zur Energiesicherheit der Europäischen Union, Studie der Stiftung Wissenschaft und Politik Nr. 12/2002, April, Berlin.

GRANVILLE, B. (1995), Farewell, Ruble Zone, in: ASLUND, A. (Hg.), Russian Economic Reform at Risk, New York: St. Martin's Press, 65-88.

GREENAWAY, D. (1998), Does Trade Liberalization Promote Economic Development? in: Scottish Journal of Political Economy, Vol. 45, Nr. 5, 491-511.

GREENAWAY, D., MORGAN, C.W., WRIGHT, P.W. (1998), Trade Reform, Adjustment and Growth: What Does the Evidence Tell Us? in: The Economic Journal, Vol. 108, 1547-1561.

GREENWOOD, J., JOVANOVIC, B. (1990), Financial Development, Growth and the Distribution of Income, in: Journal of Political Economy, Vol. 98, Nr. 5, 1076-1107.

GREGORY, F., BROOKE, G. (2000), Policising Economic Transition and Increasing Revenue: A Case Study of the Federal Tax Police Service of the Russian Federation 1992-1998, in: Europe-Asia Studies, Vol. 52, Nr. 3, 433-455.

GREGORY, P., MOKHTARI, M., SCHRETTL, W. (1999), Do the Russians Really Save that Much – Alternative Estimates from the Russian Longitudinal Monitoring Survey, in: The Review of Economics and Statistics, Vol. 81, Nr. 4, 694-703.

GREGORY, P.R., KOHLHAASE, J.E. (1988), The Earnings of Soviet Workers: Evidence from the Soviet Interview Project, in: Review of Economics and Statistics, Vol. 70, 23-35.

GREGORY, P.R., STUART, R.C. (1994), Soviet and Post-Soviet Economic Structure and Performance, New York, 5. Aufl.

GROS, D., STEINHERR, A. (1995), Winds of Change, London, New York: Longman.

GROS, D., SUHRCKE, M. (2000), Ten Years After: What Is Special about Transition Countries? EBRD Working Paper Nr. 56, London.

GROSSMAN, G.M., HELPMAN, E. (1991), Quality Ladders in the Theory of Growth, in: Review of Economic Studies, Vol. 58, 43-61.

GROSSMAN, G.M., HELPMAN, E. (1994), Endogenous Innovation in the Theory of Growth, in: Journal of Economic Perspectives, Vol. 8, Nr. 1, 23-44.

GRÜN, C., KLASEN, S. (2001), Growth, Income Distribution and Well-Being in Transition Countries, in: Economics of Transition, Vol. 9, Nr. 2, 359-394.

GUZANOVA, A.K. (1997), The Housing Market in the Russian Federation, World Bank Working Paper Nr. 1891, Washington D.C.

HARE, P.G. (2002), Russia and the World Trade Organization, RECEP Working Paper Series, July, Moskau.

HARE, P.G., LUGACHYOV, M. (1997), Higher Education in Transition to a Market Economy: A Case Study, CERT Discussion Paper 1997/17, Edinburgh.

HARRISON, A. (1996), Openness and Growth: A Time Series, Cross-Country Analysis for Developing Countries, in: Journal of Development Economics, Vol. 48, 419-447.

HART, O., SHLEIFER, A., VISHNY, R.W. (1997), The Proper Scope of Government: Theory and Application to Prisons, in: Quarterly Journal of Economics, Vol. 112, 1127-1161.

HAVLIK, P. (1996), Stabilization and Prospects for Sustainable Growth in the Transition Economies, in: KNELL, M. (Hg.), Economies of Transition: Structural Adjustment and Growth Prospects in Eastern Europe, Cheltenham, Edward Elgar.

HAVRYLYSHYN, O., VAN ROODEN, R. (2000), Institutions Matter in Transition, but so Do Policies, IMF Working Paper Nr. 00/70, Washington D.C.

HELENIAK, T. (1995), Economic Transition and Demographic Change in Russia, 1989-1995, in: Post-Soviet Geography, Vol. 36, Nr. 7, 446-458.

HELLMAN, J.S., JONES, G., KAUFMANN, D. (2000), "Seize the State, Seize the Day". State Capture, Corruption and Influence in Transition, World Bank Policy Research Working Paper Nr. 2444, Washington D.C.

HELLMAN, J.S., JONES, G., KAUFMANN, D., SCHANKERMAN, M. (2000), Measuring Governance Corruption, and State Capture. How Firms and Bureaucrats Shape the Business Environment in Transition Economies, World Bank Working Paper Nr. 2312, Washington D.C.

HENDLEY, K. (1997), Legal Development in Post-Soviet Russia, in: Post-Soviet Affairs, Vol. 13, Nr. 3, 228-251.

HEYBEY, B., MURRELL, P. (1997), The Relationship between Economic Growth and the Speed of Liberalization During Transition, November, mimeo.

HOFFER, F. (1998), Reform der sowjetischen Gewerkschaften in Rußland. Ein schwerer, aber nicht hoffnungsloser Fall, Berichte des BIOst Nr. 1-1998, Köln.

HÖLZLER, H. (1996), Privatisierung und Einführung von Wettbewerb in Rußland, Diskussionsbeitrag des EIIW Nr. 26, Potsdam.

HOPPMANN, E. (1967), Workable Competition als wettbewerbspolitisches Konzept, in: BESTERS, H. (Hg.), Theoretische und institutionelle Grundlagen der Wirtschaftspolitik, Festschrift für T. Wessels, Berlin, 145-197.

HOPPMANN, E. (1972), Fusionskontrolle, Bd. 38 der Vorträge und Aufsätze aus dem Walter-Eucken-Institut, Tübingen.

HOPPMANN, E. (1977), Marktmacht und Wettbewerb, Tübingen: Mohr.

HOUGH, J.F. (2001), The Logic of Economic Reform in Russia, Washington D.C.: Brookings Institution Press.

HUNYA, G. (1996), Foreign Direct Investment in Hungary: A Key Element of Economic Modernization, WIIW Research Report Nr. 226, February, Wien.

ICKES, B.W., MURRELL, P., RYTERMAN, R. (1997), End of the Tunnel? The Effects of Financial Stabilization in Russia, in: Post-Soviet Affairs, Vol. 13, Nr. 2, 105-133.

ILLARIONOV, A. (2001), Platit' ili ne platit'? Al'ternativnye strategii snizheniya vremeni gosudarstvennogo vneshnego dolga, Voprosy ekonomiki, Nr. 10/2001, 4-23.

INDEM (2002), Diagnostika rossijskoj korruptsii: Sotsiologicheskij analiz, Moskau.

IVANOVA, N., PAVLOV, G. (2000), Non-Payments in the Energy Sector, in: Russian Economic Trends – Quarterly Issue, Vol. 9, Nr. 1, 19-29.

IWF (1999), Russian Federation: Recent Economic Developments, IMF Staff Country Report Nr. 99/100, Washington D.C.

IWF (2000), Russian Federation: Staff Report for the 2000 Article IV Consultation and Public Information Notice Following Consultation, Washington D.C.

IWF/WELTBANK/OECD/EBRD (1990), Die Wirtschaft der UdSSR, Paris.

IWH (2001), Die wirtschaftliche Lage Rußlands. Achtzehnter Bericht, Sonderheft 5/2001, Halle.

JAGANNATHAN, N.V. (1986), The Role of Intangible Property Rights in Economic Development, Boston University.

JASPER, J. (1999), Entstehung und Tragfähigkeit der Konzeption finanz-industrieller Gruppen in der russischen Föderation, in: Osteuropa-Wirtschaft, Vol. 44, Nr. 1, 28-50.

JENSEN, M. (1986), Agency Costs of Free Cash Flow, Corporate Finance and Takeovers, in: American Economic Review, Vol. 76, 323-329.

JOHNSON, J. (1994), The Russian Banking System. Institutional Responses to the Market Transition, in: Europe-Asia Studies, Vol. 46, 971-995.

JOHNSON, J. (1997), Russia's Emerging Financial-Industrial Groups, in: Post-Soviet Affairs, Vol. 13, Nr. 4, 333-365.

JOHNSON, S., KAUFMANN, D., MCMILLAN, J., WOODRUFF, C. (1999), Why Do Firms Hide? Bribes and Unofficial Activity After Communism, EBRD Working Paper Nr. 42, London.

JOHNSON, S., KAUFMANN, D., SHLEIFER, A. (1997), The Unofficial Economy in Transition, in: Brookings Papers on Economic Activity, 2/1997, 159-239.

JOHNSON, S., KAUFMANN, D., ZOIDO-LOBATON, P. (1998), Regulatory Discretion and the Unofficial Economy, in: American Economic Review Papers and Proceedings, Vol. 88, 387-392.

JONES, C.I. (1995), Time Series Tests of Endogenous Growth Models, in: Quarterly Journal of Economics, Vol. 110, 495-525.

JONES, C.I. (1997), Convergence Revisited, in: Journal of Economic Growth, Vol. 2, 131-153.

JONES, L.E., MANUELLI, R.E., ROSSI, P.E. (1993), Optimal Taxation in Models of Endogenous Growth, in: Journal of Political Economy, Vol. 101, 485-517.

JUDSON, R. (1998), Economic Growth and Investment in Education: How Allocation Matters, in: Journal of Economic Growth, Vol. 3, 337-359.

JUNG, W.S. (1986), Financial Development and Economic Growth: International Evidence, in: Economic Development and Cultural Change, Vol. 34, 333-346.

KALAITZIDAKIS, P., MANNUMEAS, T.P., SAVVIDES, A., STENGOS, T. (2001), Measures of Human Capital and Nonlinearities in Economic Growth, in: Journal of Economic Growth, Vol. 6, 229-254.

KALDOR, N. (1957), A Model of Economic Growth, in: Economic Journal, Vol. 67, 591-624.

KANTZENBACH, E. (1966), Die Funktionsfähigkeit des Wettbewerbs, Göttingen.

KANTZENBACH, E., KALLFASS, H.H. (1981), Das Konzept des funktionsfähigen Wettbewerbs – workable competition, in: COX, H., JENS, U., MARKERT, K. (Hg.), Handbuch des Wettbewerbs, München, 103-127.

KAPELYUSHNIKOV, R.I. (2000), The Largest and Dominant Shareholders in the Russian Industry: Evidence of the Russian Economic Barometer Monitoring, in: Russian Economic Barometer, Vol. 9, Nr. 1, 9-46.

KEANE, M.P., PRASAD, E.S. (2000), Inequality, Transfers and Growth: New Evidence from the Economic Transition in Poland, IMF Working Paper Nr. 117/00, Washington D.C.

KEEFER, P., KNACK, S. (1995), Institutions and Economic Performance: Cross-Country Tests Using Alternative Institutional Measures, in: Economics and Politics, Vol. 7, Nr. 3, November, 207-228.

KEEFER, P., KNACK, S. (1997), Why Don't Poor Countries Catch Up? A Cross-National Test of an Institutional Explanation, in: Economic Inquiry, Vol. 35, 590-602.

KENDRICK, J.W. (1976), The Formation and Stocks of Total Capital, Columbia University for NBER, New York.

KENNEDY, D. (1999), Competition in the Power Sectors of Transition Economies, EBRD Working Paper Nr. 41, London.

KHARAS, H., PINTO, B., ULATOV, S. (2001), An Analysis of Russia's 1998 Meltdown: Fundamentals and Market Signals, in: Brookings Papers on Economic Activity, 1/2001, 1-50.

KHRISTENKO, V. (2002), Razvitie byudzhetnogo federalizma v Rossii: Itogi 1990-kh godov i zadachi na perspektivu, in: Voprosy ekonomiki, Nr. 2/2002, 4-18.

KIM, T.-H. (1999), International Trade, Technology Transfer, Growth, and Welfare in a Schumpeterian Model of Endogenous Growth, in: Review of International Economics, Vol. 7, Nr.1, 37-49.

KING, R.G., LEVINE, R. (1993), Finance and Growth: Schumpeter Might Be Right, in: Quartely Journal of Economics, Vol. 108, Nr. 3, 719-737.

KLEBNIKOW, P. (2001), Der Pate des Kreml, München: Econ.

KLUMP, R. (1996), Wachstum und Wandel: Die "neue" Wachstumstheorie als Theorie wirtschaftlicher Entwicklung, in: Jahrbücher für die Ordnung von Wirtschaft und Gesellschaft, Band 47, Stuttgart: Lucius&Lucius, 101-120.

KNAACK, R. (1996), The Collapse of the Russian Economy: An Institutional Explanation, in: DALLAGO, B., MITTONE, L. (Hg.), Economic Institutions, Markets and Competition: Centralization and Decentralization in the Transformation of Economic Systems, Cheltenham: Edward Elgar, 252-273.

KNIEPS, G. (1996), Wettbewerbspolitik, in: von HAGEN, J., BÖRSCH-SUPAN, A., WELFENS, P.J.J. (Hg.), Springers Handbuch der Volkswirtschaftslehre, Band 2, 39-80.

KOLENIKOV, S., YUDAEVA, K. (1999), Inequality and Poverty in Post-Crisis Russia, in: Russian Economic Trends – Quarterly Issue, Vol. 8, Nr. 3, 13-19.

KOLEV, P., PASCAL, A. (2002), What Keeps Pensioners at Work in Russia, in: Economics of Transition, Vol. 10, Nr. 1, 29-53.

KOLODKO, G.W. (1998), Ten Years of Postsocialist Transition: The Lessons for Policy Reforms, World Bank Working Paper Nr. 2095, Washington D.C.

KORNAI, J. (1980), Economics of Shortage, Amsterdam: North-Holland.

KORNAI, J. (1986), The Soft Budget Constraint, in: Kyklos, Vol. 39, Nr. 1, 3-30.

KORNAI, J. (1992), The Socialist System. The Political Economy of Communism, Princeton, New Jersey.

KOZUL-WRIGHT, R, ROWTHORN, R.E. (Hg., 1998), Transnational Enterprises and The Global Economy, London: Macmillan.

KRUEGER, A.O. (1974), The Political Economy of the Rent Seeking Society, in: American Economic Review, Vol. 64, 291-303.

KRUGMAN, P. (1979), Scale Economies, Product Differentiation, and the Patterns of Trade, in: American Economic Review, Vol. 70, 950-959.

KRUPENINA, G., MOVSHOVICH, S., BOGDANOVA, M. (1998), The Marginal Excess Burden of Taxes in the Russian Transition, EERC Working Paper Nr. 98/05, Moskau.

KUMO, K. (1997), Economic System Conversion and Migration Transition in Russia, in: Review of Urban and Regional Studies, Vol. 9, Nr. 1, 20-36.

KUSHNIRSKY, F. (2001), A Modification of the Production Function for Transition Economies Reflecting the Role of Institutional Factors, in: Comparative Economic Studies, Vol. 43, Nr. 1, 1-30.

KUZNETS, S. (1955), Economic Growth and Income Inequality, in: American Economic Review, Vol. 45, 1-28.

LAFFONT, J.-J., TIROLE, J. (1991), The Politics of Government Decision-Making: A Theory of Regulatory Capture, in: Quarterly Journal of Economics, Vol. 106, Nr. 4, 1089-1127.

LAFFONT, J.-J., TIROLE, J. (1993), The Theory of Incentives in Procurement and Regulation, Cambridge, Mass.: MIT Press.

LANE, T., LIPSCHITZ, L., MOURMOURAS, A. (2002), Capital Flows to Transition Economies: Reasons, Risks and Policy Responses, in: LANE, T., ODING; N., WELFENS, P.J.J. (Hg.), Real and Financial Economic Dynamics in Russia and Eastern Europe, Heidelberg und New York: Springer, in Druck.

LAPIDUS, M.K. (1997), Understanding Russian Banking. Russian Banking System, Securities Markets and Money Settlements, Kansas City: Mir House.

LAPINA, N. (1997), Die Wirtschaftseliten im Kräftefeld der russischen Politik, Köln, BI-Ost.

LAPORTA, R., LOPEZ-DE-SILANES, F., SHLEIFER, A., VISHNY, R.W. (1997), Legal Determinants of External Finance, in: Journal of Finance, Vol. 52, 1131-1150.

LAPORTA, R., LOPEZ-DE-SILANES, F., SHLEIFER, A., VISHNY, R.W. (1998), Law and Finance, in: Journal of Political Economy, Vol. 106, Nr. 6, 1113-1155.

LAPORTA, R., LOPEZ-DE-SILANES, F., SHLEIFER, A., VISHNY, R.W. (1999), Corporate Ownership around the World, in: Journal of Finance, Vol. 54, 471-517.

LAVROV, A., LITWACK, J., SUTHERLAND, D. (2001), Fiscal Federalist Relations in Russia: A Case for Subnational Autonomy, Paris: OECD.

LEAMER, E.E., LEVINSOHN, J. (1995), International Trade Theory: The Evidence, in: GROSSMANN, G.M., ROGOFF, K. (Hg.), Handbook of International Economics, Vol. 3, Amsterdam: Elsevier-North Holland.

LEDENEVA, A.V. (1998), Russia's Economy of Favours, Cambridge: Cambridge UP.

LEFF, N. (1964), Economic Development through Bureaucratic Corruption, in: American Behavioral Scientist, Vol. 8, 8-14.

LEKSIN, V., SHVETSOV, A. (1998), Byudzhetnyj federalizm v period krizisa i reform, in: Voprosy ekonomiki, Nr. 3/1998, 18-37.

LEVINE, R. (1997), Financial Development and Economic Growth: Views and Agenda, in: Journal of Economic Literature, Vol. 35, Nr. 2, 688-726.

LEVINE, R. (1998), The Legal Environment, Banks and Long-Run Economic Growth, in: Journal of Money, Credit and Banking, Vol. 30, 596-613.

LEVINE, R. (1999), Law, Finance and Economic Growth, in: Journal for Financial Intermediation, Vol. 8, Nr. 1/2. 8-35.

LEVINE, R. (2001), International Financial Liberalization and Economic Growth, in: Review of International Economics, Vol. 9, Nr. 4, 688-702.

LEVINE, R., LOAYZA, N., BECK, T. (1999), Financial Intemediation and Growth: Causality and Consequences, World Bank Working Paper Nr. 2059, Washington D.C.

LEVINE, R., RENELT, D. (1992), A Sensitive Analysis of Cross-Country Growth Regressions, in: American Economic Review, Vol. 82, 942-963.

LIEN, D.H.D. (1986), A Note on Competitive Bribery Games, in: Economic Letters, Vol. 20, 337-341.

LINDER, S.B. (1961), An Essay on Trade and Transformation, New York.

LINZ, S.J., KRUEGER, G. (1998), Enterprise Restructuring in Russia's Transition Economy: Formal and Informal Mechanisms, William Davidson Institute Working Paper Nr. 152, April, University of Michigan, Ann Arbor.

LIPSEY, R., KRAVIS, I.B. (1987), The Assessment of National Price Levels, in: ARNDT, S.W., RICHARDSON, J.D. (Hg.), Real Financial Linkages Among Open Economies, Cambridge, Mass.: MIT Press, 97-134

LIPTON, D., SACHS, J. (1990), Creating a Market Economy in Eastern Europe: The Case of Poland, in: Brookings Papers on Economic Activity, Nr. 1/1990, 75-133.

LOASBY, B.J. (2000), Market Institutions and Economic Evolution, in: Journal of Evolutionary Economics, Vol. 10, 297-309.

LOPEZ, R., THOMAS, V., WANG, Y. (1998), Adressing the Education Puzzle. The Distribution of Education and Economic Reforms, World Bank, Working Paper Nr. 2031, Washington D.C.

LOWINGER, T.C., NZIRAMASANGA, M., LAL, A.K. (2000), Economic Transition in Central and Eastern Europe: The Consequences for Trade Structure and Trade Volume, in: The International Trade Journal, Vol. 14, 53-76.

LUCAS, R.E. (1988), On the Mechanics of Economic Development, in: Journal of Monetary Economics, Vol. 22, 3-42.

LUCAS, R.E. (1990), Supply-side Economics: An Analytical Review, in: Oxford Economic Papers, Vol. 42, 293-316.

LUGACHYOV, M., MARKOV, A., TIPENKO, N., BELYAKOV, S. (1997), Structure and Financing of Higher Education in Russia, in: HARE, P. (Hg.), Structure and Financing of Higher Education in Russia, Ukraine and the EU, London: Jessica Kingsley, 144-176.

LUI, F.T. (1985), An Equilibrium Queuing Model of Bribery, in: Journal of Political Economy, Vol. 93, Nr. 4, 760-781.

LYNCH, A. (2002), Roots of Russia's Economic Dilemmas: Liberal Economics and Illiberal Geography, in: Europe-Asia Studies, Vol. 54, Nr. 1, 31-49.

MACDOUGALL, G.D.A. (1960), The Benefits and Costs of Private Investment Abroad: A Theoretical Approach, in: Economic Record, Vol. 36, 13-35.

MANKIW, G.N. (1995), The Growth of Nations, in: Brookings Papers on Economic Activity, Nr. 1/1995, 275-326.

MANKIW, G.N., ROMER, D., WEIL, D. (1992), A Contribution to the Empirics of Economic Growth, in: Quarterly Journal of Economics, Vol. 107, 407-437.

MANSFIELD, E., ROMEO, A. (1980), Technology Transfer to Overseas Subsidiaries by US-based Firms, in: Quarterly Journal of Economics, Vol. 95, 737-750.

MARTINEZ-VAZQUEZ, J., BOEX, J. (2001), Russia's Transition to a New Federalism, Washington D.C.: The World Bank.

MASKIN, E., XU, C. (2001), Soft Budget Constraint Theories. From Centralization to the Market, in: Economics of Transition, Vol. 9, Nr. 1, 1-27.

MASKIN, E.S. (1999), Recent Theoretical Work on the Soft-Budget Constraint, American Economic Review, Vol. 89, Papers and Proceedings of the 111th Annual Meeting of the American Economic Society, 421-425.

MASKIN, E.S., TIROLE, J. (1999), Unforeseen Contingencies and Incomplete Contracts, in: Review of Economic Studies, Vol. 66, 83-114.

MAURO, P. (1995), Corruption and Growth, in: Quarterly Journal of Economics, Vol. 60, 681-712.

MCKINNON, R.I. (1993), The Order of Economic Liberalization, Baltimore, London: The Johns Hopkins University Press, 2. Aufl.

MCKINNON, R.I. (2000), After the Crisis, the East Asian Dollar Standard Resurrected, in: STIGLITZ, J.E., YUSUF, S. (Hg.), Rethinking the East Asian Miracle, Oxford: Oxford University Press, Kap. 5, 197-246.

MICHALOPOULOS, C. (1998), WTO Accession for the Countries in Transition, World Bank Working Paper Nr. 1934, Washington D.C.

MICHALOPOULOS, C. (1999), The Integration of Transition Economies into the World Trading System, World Bank Working Paper Nr. 2182, Washington D.C.

MIGUE, J.-L., BELANGER, G. (1974), Toward a General Theory of Managerial Discretion, in: Public Choice, Vol. 17, 27-47.

MILANOVIC, B. (1998), Income, Inequality and Poverty during the Transition from Planned to Market Economy, World Bank Regional and Sectoral Studies, Washington D.C.: The World Bank.

MINCER, J. (1974), Schooling, Experience and Earnings, New York: National Bureau for Economic Research.

MO, P.H. (2000), Income Inequality and Economic Growth, in: Kyklos, Vol. 53, Nr. 3, 293-316.

MOHR, H. (1997), Wissen als Humanressource, in: CLAR, G., DORÉ, J., MOHR, H. (Hg.), Humankapital und Wissen – Grundlagen einer nachhaltigen Entwicklung, Heidelberg und New York: Springer, 13-28.

MUELLER, D.C., YURTOGLU, B.B. (2000), Country Legal Environments and Corporate Investment Performance, in: German Economic Review, Vol. 1, Nr. 2, 187-220.

MURPHY, K.M., SHLEIFER, A., VISHNY, R.W. (1993), Why is Rent Seeking so Costly to Growth? in: American Economic Review Papers and Proceedings, Vol. 83, 409-414.

MURRELL, P. (1992), Privatization versus the Fresh Start, in: TISMANEANU, V., CLAWSON, P. (Hg.), Uprooting Leninism, Cultivating Liberty, Philadelphia: University Press of America, 59-68.

MURRELL, P. (1996), How Far Has the Transition Progressed? in: Journal of Economic Perspectives, Vol. 10, 25-44.

MYRDAL, G. (1968), Asian Drama, Vol. II, New York: Random House.

NAGY, P.M. (2000), The Meltdown of the Russian State. The Deformation and Collapse of the State in Russia, Cheltenham: Edward Elgar.

NESPOROVA, A. (1999), Employment and Labour Market Policies in Transition Economies, Geneva, International Labour Organization.

NESTERENKO, A. (2000) Perekhodnyj period zakonchilsya. Chto dal'she? in: Voprosy ekonomiki, 6/2000, 4-17.

NESTEROVA, D.V., SABIRIANOVA, K.Z. (1999), Investment in Human Capital Under Economic Transformation in Russia, Moskau, EERC Working Paper Nr. 1999/04.

NICHOLSON, M. (1999), Towards a Russia of the Regions, Adelphi Paper 330, The International Institute for Strategic Studies, London: Oxford University Press.

NIES, S. (2002), Die einheitliche Sozialsteuer und die Reform des russischen Sozialversicherungssystems, in: Osteuropa Wirtschaft, Vol. 47, Nr. 1, 51-59.

NISKANEN, W.A. (1971), Bureaucracy and Representative Government, Chicago: Aldine Atherton.

NORTH, D., THOMAS, R.P. (1973), The Rise of the Western World: A New Economic History, Cambridge, Mass.: Cambridge University Press.

NORTH, D.C. (1990), Institutions, Institutional Change and Economic Performance, Cambridge: Cambridge UP.

ODING, N. (2002), Labor Market Transformation and Hidden Unemployment in Russia, in: LANE, T., ODING; N., WELFENS, P.J.J. (Hg.), Real and Financial Economic Dynamics in Russia and Eastern Europe, Heidelberg und New York: Springer, in Druck.

OECD (1995), Economic Survey: Russian Federation, Paris.

OECD (1997), Economic Survey: Russian Federation, Paris.

OECD (2000), Economic Survey: Russian Federation, Paris.

OECD (2001a), The Investment Environment in the Russian Federation. Laws, Policies and Institutions, Paris.

OECD (2001b), The Social Crisis in the Russian Federation, Paris.

OECD (2002), Economic Survey: Russian Federation, Paris.

OFER, G. (1987), Soviet Economic Growth: 1928-85, in: of Economic Literature, Vol. 25, Nr. 4, 1767-1833.

OLSON, M. (1965), The Logic of Collective Action. Public Goods and the Theory of Groups, Harvard: Harvard University Press.

OLSON, M. Jr., SARNA, N., SWARMY, A. (1998), Governance and Growth: A Simple Hypothesis Explaining Cross-Country Differences in Productivity Growth, IRIS Working Paper Nr. 218, University of Maryland.

ORDOVER, J.A., PITTMAN, R.W., CLYDE, P. (1994), Competition Policy for Natural Monopolies in a Developing Market Economy, in: Economics of Transition, Vol. 2, Nr. 3, 317-344.

PAGANO, M. (1993), Financial Markets and Growth. An Overview, in: European Economic Review, Vol. 37, 613-622.

PAIN, N. (2001), Openness, Growth and Development: Trade and Investment Issues for Developing Economies, in: RUGMAN, A.M., BOYD, G. (Hg.), The World Trade Organization in the New Global Economy, Cheltenham: Edward Elgar, 216-256.

PARENTE, S.L., PRESCOTT, E.C. (1994), Barriers to Technology Adoption and Development, in: Journal of Political Economy, Vol. 102, 298-321.

PELTZMAN, S. (1976), Toward a More General Theory of Regulation, in: Journal of Law and Economics, Vol. 19, 211-240.

PELTZMAN, S. (1989), The Economic Theory of Regulation after a Decade of Deregulation, in: Brookings Papers on Economic Activity – Microeconomics, Nr. 1/1989, 1-41.

PEREVALOV, J., GIMADI, I., DOBRODEY, V. (2000), Does Privatization Improve the Performance of Industrial Enterprises? Empirical Evidence from Russia, in: Post-Communist Economies, Vol. 12, Nr. 3, 337-364.

PEROTTI, E.C., GELFER, S. (2001), Red Barons or Robber Barons? Governance and Investment in Russian Financial Industrial Groups, in: European Economic Review, Vol. 45, 1601-1617.

PERSSON, T.; TABELLINI, G. (1994), Is Inequality Harmful for Growth? in: American Economic Review, Vol. 84, 600-621.

PFEIFFER, F. (1999), Humankapital im Lebenszyklus, in: CLAR, G., DORÉ, J., MOHR, H. (Hg.), Humankapital und Wissen – Grundlagen einer nachhaltigen Entwicklung, Heidelberg und New York: Springer, 175-196.

PINTO, B., DREBENTSOV, V., MOROZOV, A. (2000), Dismantling Russia's Nonpayments System. Creating Conditions for Growth, World Bank Technical Paper Nr. 471, Washington D.C.

PIRTTILÄ, J. (1999), Tax Evasion and Economies in Transition: Lessons from Tax Theory, Bank of Finland Institute for Economies in Transition (BoFIT) Discussion Paper Nr. 2/99, Helsinki.

PISSARIDES, F., SINGER, M., SVEJNAR, J. (2000), Objectives and Constraints of Entrepreneurs: Evidence from Small and Medium-Sized Enterprises from Russia and Bulgaria, EBRD Working Paper Nr. 59, London.

PISTOR, K., RAISER, M., GELFER, S. (2000), Law and Finance in Transition Economies, in: Economics of Transition, Vol. 8, Nr. 2, 325-368.

PLEINES, H. (2000), Large-Scale Corruption and Rent Seeking in the Russian Banking Sector, in: LEDENEVA, A.V., KURCHIYAN, M. (Hg.), Economic Crime in Russia, Den Haag: Kluwer, 191-209.

POGORLETSKIY, A., SÖLLNER, F. (2002), The Russian Tax Reform, in: Intereconomics, Vol. 37, Nr. 3, 156-161.

POLISHCHUK, L. (1998), Rossijskaya model' "Perekhodnogo Federalizma", Voprosy ekonomiki, Nr. 6/1998, 68-86.

POPOVA, T. (1998), Financial-Industrial Groups (FIGs) and Their Roles in the Russian Economy, in: Review of Economies in Transition, 7/1998, 5-28.

PORTER, M. (1990), The Competitive Advantage of Nations, New York: The Free Press.

POSNER, M.E. (1979), The Chicago School of Antitrust Analysis, University of Pennsylvania Law Review, Vol. 127, 925-948.

POSNER, R. (1971), Taxation by Regulation, in: Bell Journal of Economics and Management Science, Vol. 2, Nr. 1, 249.

POSNER, R. (1974), Theories of Economic Regulation, in: Bell Journal of Economics and Management Science, Vol. 5, Nr. 3, 335-357.

POSNER, R. (1975), The Social Cost of Monopoly and Regulation, in: Journal of Political Economy, Vol. 83, 805-827.

PRAVITEL'STVO ROSSIJSKAYA FEDERATSII (2000), Programma Pravitelstva Rossii: Osnovnye Napravlenia Sotsialno-Ekonomicheskoi Politiki Pravitelstva Rossiiskoi Federatsii na Dolgosrochnuiu Perspektivu, Moskau.

PRAVITEL'STVO ROSSIJSKAYA FEDERATSII (2001), Programma Razvitiia Biudzhetnogo Federalizma v Rossiiskoi Federatsii na Period do 2005g, Moskau.

PRITCHETT, L. (1996) ,Where Has All the Education Gone? World Bank Policy Research Working Paper, Nr. 1581, Washington D.C.

PRITZL, R.F.J. (1997), Korruption und Rent Seeking in Lateinamerika. Zur Politischen Ökonomie autoritärer politischer Systeme, Baden-Baden: Nomos.

PRITZL, R.F.J. (1998), Korruption, Rent Seeking und organisiertes Verbrechen in Rußland, in: List Forum für Wirtschafts- und Finanzpolitik, Vol. 24, Nr. 2, 198-218.

RADAEV, V. (1998), Formirovanie novykh rossiiskikh rynkov: transaktsionnie izderzhki, formy kontrolia i delovaya etika, Moskau: Center for Political Studies.

RADAEV, V. (1999), Wie in Russland Märkte entstehen: Vertragsdurchsetzung und Markteintritt, Berichte des BIOst Nr. 41, Köln.

RADOSEVIC, S. (1999), Transformation of Science and Technology Systems into Systems of Innovation in Central and Eastern Europe: the Emerging Patterns and Determinants, in: Structural Change and Economic Dynamics, Vol. 10, 277-230.

RAJAN, R.G., SERVAES, H., ZINGALES, L. (1998), The Cost of Diversity: The Diversification Discount and Inefficient Investment, in: Journal of Finance, Vol. 55, Nr. 1, 35-46.

RAJAN, R.G., ZINGALES, L. (1998), Financial Dependence and Growth, in: American Economic Review, Vol. 80, 559-586.

RAMACHANDRAN, V. (1993), Technology Transfer, Firm Ownership, and Investment in Human Capital, in: Review of Economics and Statistics, Vol. 75, 664-670.

REBELO, S. (1991), Long-Run Policy Analysis and Long-Run Growth, in: Journal of Political Economy, Vol. 99, 500-521.

RECEP (2000a), Russian Economic Trends – Quarterly Issue, Vol. 9, Nr. 3, Moskau.

RECEP (2000b), Russian Economic Trends – Monthly Update: March, Moskau.

RECEP (2001a), Russian Economic Trends – Quarterly Issue, Vol. 10, Nr. 2, Moskau.

RECEP (2001b), Russian Economic Trends – Quarterly Issue, Vol. 10, Nr. 3, Moskau.

RECEP (2001c), Russian Economic Trends – Monthly Update: September, Moskau.

RECEP (2002), Russian Economic Trends – Monthly Update: March, Moskau.

REDDING, S. (1999), Dynamic Comparative Advantage and the Welfare Effects of Trade, in: Oxford Economic Papers, Vol. 51, 15-39.

RICHTER, R. (1994), Institutionen ökonomisch analysiert, Tübingen: Mohr.

RICHTER, R., FURUBOTN, E. (1999), Neue Institutionenökonomik, Tübingen: Mohr.

RIVERA-BATIZ, F.L. (2001), International Financial Liberalization, Corruption and Economic Growth, in: Review of International Economics, Vol. 9, Nr. 4, 727-737.

RIVERA-BATIZ, F.L., ROMER, P. (1991), International Trade with Endogenous Technological Change, in: European Economic Review, Vol. 35, 971-1004.

ROBERTSON, P.E. (1999), Economic Growth and the Return to Capital in Developing Economies, in: Oxford Economic Papers, Vol. 51, 577-594.

ROBINSON, J. (1952), The Rate of Interest, and other Essays, London: MacMillan.

RODRIGUEZ, F., RODRIK, D. (1999), Trade Policy and Economic Growth: A Skeptic's Guide to the Cross-National Evidence, NBER Working Paper 7081, Cambridge, Mass.

RODRIGUEZ, F., SACHS, J.D. (1999), Why Do Resource-Abundant Economies Grow More Slowly? in: Journal of Economic Growth, Vol. 4, 277-303.

ROLAND, G. (1994), The Role of Political Constraints in Transition Strategies, CEPR Discussion Paper Nr. 943, April, London.

ROLAND, G. (2000), Transition Economics, Cambridge, Mass.: MIT Press.

ROLAND, G., VERDIER, T. (1997), Transition and the Output Fall, CEPR Discussion Paper Nr. 1636, London.

RÖLLER, L.-H., WAVERMAN, L. (2001), Telecommunications Infrastructure and Economic Development: A Simultaneous Approach, in: American Economic Review, Vol. 91, Nr. 4, 909-923.

ROMER, P.M. (1986), Increasing Returns and Long-Run Growth, in: Journal of Political Economy, Vol. 94, 1002-1037.

ROMER, P.M. (1987), Growth Based on Increasing Returns Due to Specialization, in: American Economic Review, Vol. 77, Nr. 2, 56-62.

ROMER, P.M. (1990), Endogenous Technological Change, in: Journal of Political Economy, Vol. 98, Nr. 5, 71-102.

ROMER, P.M. (1994), The Origins of Endogenous Growth, in: Journal of Economic Perspectives, Vol. 8, Nr. 1, 3-22.

ROSE, K., SAUERNHEIMER, K. (1995), Theorie der Außenwirtschaft, 12. Aufl., München: Vahlen.

ROSE-ACKERMAN, S. (1978), Corruption: A Study of Political Economy, New York: Academic Press.

ROSE-ACKERMAN, S. (1999), Corruption and Government: Causes, Consequences and Reform, Cambridge: Cambridge UP.

ROSENBERG, N., BIRDZELL, L.E. (1986), How the West Grew Rich: The Economic Transformation of the Industrial World, New York: Basic Books.

ROSENZWEIG, M.R. (2001), Savings Bevaviour in Low-Income Countries, in: Oxford Review of Economic Policy, Vol. 17, Nr. 1, 40-54.

ROTHER, P.C. (1999), Explaining the Behaviour of Financial Intermediation: Evidence from Transition Economies, IMF Working Paper Nr. 36/99, Washington D.C.

SABIRIANOVA, K.Z. (2000), The Great Human Capital Reallocation: An Empirical Analysis of Occupational Mobility in Transitional Russia, William Davidson Institute, Working Paper Nr. 309, May, Ann Arbor.

SACHS, J.D., WARNER, A.M. (1995a), Economic Reform and the Process of Global Integration, in: Brookings Papers on Economic Activity, 1/1995, 1-118.

SACHS, J.D., WARNER, A.M. (1995b), Natural Resource Abundance and Growth, NBER Working Paper Nr. 5398, 1-47.

SACHS, J.D., WARNER, A.M. (1999), The Big Push, National Ressource Boom and Growth, in: Journal of Development Economics, Vol. 59, Nr. 1, June, 43-76.

SACHS, J.D., WARNER, A.M. (2001), The Curse of Natural Resources, in: European Economic Review, Vol. 45, 827-838.

SAGGI, K. (2000), Trade, Foreign Direct Investment and International Technology Transfer: A Survey, World Bank Working Paper Nr. 2349, Washington D.C.

SAINT-PAUL, G. (1992), Technological Choice, Financial Markets and Economic Development, in: European Economic Review, Vol. 36, 763-781.

SCHAFFER, M.E. (1997), Do Firms in Transition Have Soft Budget Constraints? A Reconsideration of Concepts and Evidence, CERT Discussion Paper 1997/20, Edinburgh.

SCHNEIDER, C.M. (1994), Research and Development Management: From the Soviet Union to Russia, Heidelberg: Physica.

SCHNEIDER, F., ENSTE, D. (2000), Shadow Economies Around the World: Size, Causes and Consequences, IMF Working Paper Nr. 26/2000, Washington D.C.

SCHOLTENS, B., VAN WENSVEEN, D. (2000), A Critique on the Theory of Financial Intermediation, in: Journal of Banking and Finance, Vol. 24, 1243-1251.

SCHOORS, K. (1999), The Mired Restructuring of Russia's Banking System, in: Russian Economic Trends – Quarterly Issue, Vol. 8, Nr. 4, 35-45.

SCHRÖDER, H.-H. (1999), El'tsin and the Oligarchs: The Role of Financial Industrial Groups in Russian Politics between 1993 and July 1998, in: Europe-Asia Studies, Vol. 51, Nr. 6, 957-988.

SCHULZE, R. (1998), Kleine Unternehmen in Rußland. Ihre Bedeutung für die Reformen und politische Ansätze zu ihrer Förderung, Stuttgart: Lucius&Lucius.

SCHUMPETER, J.A. (1911), The Theory of Economic Development, Cambridge, Mass.: Harvard University Press.

SCHUMPETER, J.A. (1942), Capitalism, Socialism and Democracy, New York: Harper and Brothers.

SCHWARZ, A. (2001), Subventionen in Mittel- und Osteuropa. Theoretische und wirtschaftspolitische Analyse vor dem Hintergrund des Beitritts zur Europäischen Union, Lohmar, Köln: Josef Eul Verlag.

SCHWIETE, M. (1998), Finanzsysteme und wirtschaftliche Entwicklung. Theoretische Aspekte, Vergleich westlicher Finanzsysteme und Systemtransformation in Osteuropa, Berlin: Duncker&Humblot.

SEMENKOVA, E., ALEKSANYAN, V. (1999), Razvitie rynka GKO–OFZ: Uroki i perspektivy, in: Voprosy ekonomiki, Nr. 5/1999, 99-108.

SHAN, J.Z., MORRIS, A.G., SUN, F. (2001), Financial Development and Economic Growth: An Egg-and-Chicken-Problem, in: Review of International Economics, Vol. 9, Nr. 3, 443-454.

SHESTOPEROV, O. (2001), Sovremennye tendentsii razvitiya malogo predprinimatel'stva v Rossii, in: Voprosy ekonomiki, Nr. 4/2001, 65-83.

SHILLER, R.J., BOYCKO, M., KOROBOV, V. (1991), Popular Attitudes toward Free Markets: The Soviet Union and the United States Compared, in: American Economic Review, Vol. 81, 385-400.

SHIN, H., STULZ, R. (1998), Are Internal Capital Markets Efficient? in: Quarterly Journal of Economics, Vol. 113, 531-552.

SHLEIFER, A., TREISMAN, D. (2000), Without a Map: Political Tactics and Economic Reform in Russia, Cambridge, Mass.: MIT Press.

SHLEIFER, A., VISHNY, R.W. (1993), Corruption, in: Quarterly Journal of Economics, Vol. 109, 599-617.

SHLEIFER, A., VISHNY, R.W. (1994), Politicians and Firms, in: Quarterly Journal of Economics, Vol. 108, 995-1025.

SHLEIFER, A., VISHNY, R.W. (1999), The Grabbing Hand. Government Pathologies and Their Cures, Cambridge, Mass.: Harvard UP.

SMALLBONE, D., WELTER, F. (2001), The Contribution of Small and Medium Enterprises to Economic Development in Ukraine and Belarus: Some Policy Perspectives, in: Moct-Most, Vol. 11, Nr. 3.

SMITH, M.G. (1999), Russia and the "General Agreement on Trade in Services (GATS)", BROADMAN, H.G. (Hg.), Russian Trade Policy Reform before WTO Accession, World Bank Discussion Paper Nr. 401, Washington D.C., 31-50.

SOBANIA, K. (2000), Von Regulierungen zu Deregulierungen – eine Analyse aus institutionenökonomischer Sicht, Universität Potsdam, Volkswirtschaftliche Diskussionsbeiträge Nr. 37, Potsdam.

SOLOW, R.M. (1956), A Contribution to the Theory of Economic Growth, in: Quarterly Journal of Economics, Vol. 70, Nr. 1, February, 65-94.

SORENSEN, A. (1999), R&D, Learning, and Phases of Economic Growth, in: Journal of Economic Growth, Vol. 4, 429-445.

SOUTHERLAND, D., BRADSHAW, M., HANSON, P. (2000), Regional Dynamics of Economic Restructuring across Russia, in: HANSON, P., BRADSHAW, M. (Hg.), Regional Economic Change in Russia, London: Edward Elgar, 43-75.

SOUTHERLAND, D., HANSON, P. (2000), Demographic Responses to Regional Economic Change: Inter-regional Migration, in: HANSON, P., BRADSHAW, M. (Hg.), Regional Economic Change in Russia, London: Edward Elgar, 76-96.

SPRENGER, C. (2000), Corporate Governance in Russia, Russian Economic Trends – Quarterly Issue, Vol. 9, Nr. 2, 6-20.

STEFFENS, M.B. (2002), Outsourcing in Poland – a Case Report, in: Osteuropa Wirtschaft, Vol. 47, Nr. 1, 41-50.

STERN, N. (2001), Investment and Poverty: The Role of International Financial Institutions, in: Economics of Transition, Vol. 9, Nr. 2, 259-280.

STEWART, K. (2000), Fiscal Federalism in Russia. Intergovernmental Transfers and the Financing of Education, Cheltenham: Edward Elgar.

STIGLER, G.J. (1971), The Theory of Economic Regulation, in: Bell Journal of Economics and Management Science, Vol. 2, 3-21.

STIGLER, G.J. (1975), The Citizen and the State: Essays on Regulation, Chicago: Chicago University Press.

STIGLITZ, J. (1999), Whither Reform? Ten Years of the Transition, Keynote Address at the Annual World Bank Conference on Development Economics, Washington D.C.

STIGLITZ, J., WEISS, A. (1981), Credit Rationing in Markets with Imperfect Information, in: American Economic Review, Vol. 71, 394-410.

STOKEY, N.L., REBELO, S. (1995), Growth Effects of Flate-Rate Taxes, in: Journal of Political Economy, Vol. 103, Nr. 3, 519-550.

SUTELA, P. (1996), Fiscal Federalism in Russia, in: DALLAGO, B., MITTONE, L. (Hg.), Economic Institutions, Markets and Competition: Centralization and Decentralization in the Transformation of Economic Systems, Cheltenham: Edward Elgar, 151-172.

SUTELA, P. (1998), The Role of Banks in Financing Russian Economic Growth, in: Post-Soviet Economic Geography and Economics, Nr. 2/1998, 96-124.

SUTELA, P. (2002), Überwindung der russischen Transformationskrise: Ausgewählte Aspekte und Politikoptionen, in: WELFENS, P.J.J., WIEGERT, R. (Hg.), Transformationskrise und neue Wirtschaftsreformen in Rußland, Heidelberg: Physica, 83-95.

SZEGVARI, I. (2002), Rußland: Einschätzung der Lage und deren Schlüsselelemente, in: WELFENS, P.J.J., WIEGERT, R. (Hg.), Transformationskrise und neue Wirtschaftsreformen in Rußland, Heidelberg: Physica, 177-186.

TANZI, V., ZEE, H.H. (1996), Fiscal Policy and Long-Run Growth, IMF Working Paper Nr. 69/119, Washington D.C.

TARR, D. (1999), Design of Tariff Policy in Russia, in: BROADMAN, H.G. (Hg.), Russian Trade Policy Reform before WTO Accession, World Bank Discussion Paper Nr. 401, Washington D.C., 7-30.

TAYLOR, M.S. (1993), TRIPS, Trade and Technology Transfer, in: Canadian Journal of Economics, Vol. 26, Nr. 3, 625-637.

THACKER, S. (2000), Big Business, the State and Free Trade: Constructing Coalitions in Mexico, Cambridge: Cambridge University Press.

TORSTENSSON, J. (1994), Property Rights and Economic Growth – an Empirical Study, in: Kyklos, Vol. 47, Nr. 2, 231-247.

TRANSPARENCY INTERNATIONAL (2001), 2001 Corruption Perceptions Index, Paris.

TREISMAN, D. (1998), Deciphering Russia's Federal Finance: Fiscal Appeasement in 1995 and 1996, in: Europe-Asia Studies, Vol. 50, Nr. 5, 893-906.

TREISMAN, D. (1999), Russia's Tax Crisis: Explaining Falling Revenues in a Transitional Economy, in: Economics and Politics, Vol. 11, Nr. 2, July, 145-169.

TSURU, K. (2000), Finance and Growth. Some Theoretical Considerations, and a Review of the Empirical Literature, OECD Economics Department Working Paper Nr. 228, Paris.

TULLOCK, G. (1980), The Welfare Costs of Tariffs, Monopolies, and Theft, in: BUCHANAN, J., TOLLISON, R.D., TULLOCK, G. (Hg.), Toward a Theory of the Rent Seeking Society, College Station/Texas, 16-36.

UNECE (2002), Economic Survey of Europe, Nr. 1, Genf.

UZAWA, H. (1965), Optimum Technical Change in an Aggregate Model of Economic Growth, in: International Economic Review, Vol. 6, 18-31.

VAN MARREWIJK, C. (1999), Capital Accumulation, Learning, and Endogenous Growth, in: Oxford Economic Papers, Vol. 51, 453-475.

VLADIMIROV, M., KUSKOV, E. (2000), Russian VAT Reform. A Move towards the EU Framework? in: Russian Economic Trends – Quarterly Issue, Vol. 9, Nr. 2, 21-25.

VOLLMER, U. (1999), Geschäftsbanken und endogenes Wirtschaftswachstum, in: WiSt Nr. 1, Januar 1999, 17-21.

VON HAYEK, F.A. (1944), The Road to Serfdom, Chicago: Chicago UP.

VON HAYEK, F.A. (1968), Wettbewerb als Entdeckungsverfahren, Tübingen.

VON HAYEK, F.A. (1980), Recht, Gesetzgebung und Freiheit, Band 1: Regeln und Ordnung, München.

VON STEINSDORFF, S. (2002), Wie demokratisch ist die Rußländische Föderation? in: WELFENS, P.J.J., WIEGERT, R. (Hg.), Transformationskrise und neue Wirtschaftsreformen in Rußland, Heidelberg: Physica, 129-151.

VON WESTERNHAGEN, N. (2002), Systemic Transformation, Trade and Economic Growth. Developments, Theoretical Analysis and Empirical Results, Heidelberg und New York: Springer.

WAGENER, H.-J. (2001), The Virtual Economy as Intermediate Stage in Russian Transformation, Frankfurt/Oder, Arbeitsberichte des Frankfurter Instituts für Transformationsstudien Nr. 3/01.

WARNER, A.M. (1998), The Emerging Russian Banking System, in: Economics of Transition, Vol. 6, Nr. 2, 333-347.

WEBER, M. (1967, Hg.: RHEINSTEIN, M.), Max Weber on Law in Economy and Society, Cambridge, Mass.: Harvard University Press.

WEI, S.-J. (2000), Local Corruption and Global Capital Flows, in: Brookings Papers on Economic Activity, 2/2000, 303-354.

WELFENS, P.J.J. (1992), Market-oriented Systemic Transformations in Eastern Europe, Heidelberg und New York: Springer.

WELFENS, P.J.J. (1995), Grundlagen der Wirtschaftspolitik, Heidelberg und New York: Springer.

WELFENS, P.J.J. (1998), Staat und Transformation: Theoretische und konzeptionelle Aspekte von Systemwandel und wirtschaftspolitischer Neuorientierung, in: HÖHMANN, H.-H. (Hg.), Spontaner oder gestalteter Prozeß? Die Rolle des Staates in der Wirtschaftstransformation osteuropäischer Länder, Baden-Baden: Nomos, 55-79.

WELFENS, P.J.J. (1999), Die russische Transformationskrise: Monetäre und reale Aspekte sowie Politikoptionen, in: Kredit und Kapital, Vol. 32, Nr. 3, 331-368.

WELFENS, P.J.J. GRAACK, C. (1996), Telekommunikationswirtschaft. Deregulierung, Privatisierung und Internationalisierung, Heidelberg und New York: Springer.

WELFENS, P.J.J., JUNGMITTAG, A. (2001), Effects of an Internet Flat Rate on Growth and Employment in Germany, Diskussionsbeitrag des EIIW Nr. 85, Potsdam.

WELFENS, P.J.J., JUNGMITTAG, A. (2002), Innovation, Growth and Wage Structure in Transforming Economies, in: LANE, T., ODING; N., WELFENS, P.J.J. (Hg.), Real and Financial Economic Dynamics in Russia and Eastern Europe, Heidelberg und New York: Springer, in Druck.

WELFENS, P.J.J., WIEGERT, R. (2002a), Einkommensverteilung, Wachstum und Sozialversicherungsreform in ausgewählten Transformationsländern, in: APOLTE, T., VOLLMER, U. (Hg.), Arbeitsmärkte und soziale Sicherungssysteme unter Reformdruck, Stuttgart: Lucius&Lucius, 437-471.

WELFENS, P.J.J., WIEGERT, R. (Hg., 2002b), Transformationskrise und neue Wirtschaftsreformen in Rußland, Heidelberg: Physica.

WELFENS, P.J.J., WIEGERT, R. (2002c), Reform des Bankensektors und Stabilität in Rußland, in: DUWENDAG, D. (Hg.), Reformen in Rußland und die deutschrussischen Wirtschaftsbeziehungen, Baden-Baden: Nomos, 211-228.

WELFENS, P.J.J., YARROW, G. (1997), Telecommunications and Energy in Systemic Transformation, Heidelberg und New York: Springer.

WELTBANK (1995), Russia: Education in Transition, Washington D.C.

WELTBANK (1996a), From Plan to Market. World Development Report 1996, Washington D.C.

WELTBANK (1996b), Technical Annex to the Memorandum of the President, Russian Federation, Legal Reform Project, Report Nr. T-6883-RU, Washington D.C.

WELTBANK (2000), Anticorruption in Transition, A Contribution to the Policy Debate, Washington D.C.

WELTBANK (2002), Transition – the First Ten Years. Analysis and Lessons for Eastern Europe and the Former Soviet Union, Washington D.C.: The World Bank.

WENNEKERS, S., THURIK, R. (1999), Linking Entrepreneurship and Economic Growth, in: Small Business Economics, Vol. 13, 27-55.

WENTZEL, D. (1998), Die Rolle der Medien bei der Transformation von Wirtschaftsordnungen, in: HÖHMANN, H.-H. (Hg.), Spontaner oder gestalteter Prozeß? Die Rolle des Staates in der Wirtschaftstransformation osteuropäischer Länder, Baden-Baden: Nomos, 95-115.

WIEGERT, R. (2000), Banking Sector and Financial Intermediation in the Russian Transformation Process, in: WELFENS, P.J.J., GAVRILENKOV, E. (Hg.), Restructuring, Stabilizing and Modernizing the New Russia, Heidelberg und New York: Springer, 57-88.

WIEGERT, R. (2002), Die russische Steuerreform – neuer Schub für höheres Wachstum? in: WELFENS, P.J.J., WIEGERT, R. (Hg.), Transformationskrise und neue Wirtschaftsreformen in Rußland, Heidelberg: Physica, 97-118.

WIIW (2000), Handbook of Statistics. Countries in Transition 2000, Wien.

WIIW (2001), Handbook of Statistics. Countries in Transition 2001, Wien.

WILLIAMSON, O. (1985), The Economic Institutions of Capitalism: Firms, Markets, Relational Contracting, New York: Free Press.

YAKOVLEV, A. (1999), Black Cash Tax Evasion in Russia: Its Forms, Incentives and Consequences at the Firm Level, BoFIT Discussion Paper Nr. 3/99, Helsinki.

ZAOSTROVTSEV, A. (2000), Rent Extraction in a Rent Seeking Society, Spider Working Paper Series Nr. 10, St. Petersburg: Stockholm University, St. Petersburg State University.

ZENTRALBANK RUSSLANDS (2000), Bulletin of Banking Statistics Nr. 10, Moskau.

ZENTRALBANK RUSSLANDS (2001), Bulletin of Banking Statistics Nr. 12, Moskau.

ZHURAVSKAYA, J. (2000), Incentives to Provide Local Public Goods. Fiscal Federalism, Russian Style, SITE Working Paper Nr. 153, Stockholm.

ZINNES, C., EILAT, Y., SACHS, J.D. (2001), Benchmarking Competitiveness in Transition Economies, in: Economics of Transition, Vol. 9, Nr. 2, 315-353.

ZINOVIEVA, I.L. (1998), Why Do People Work When They Are Not Paid? An Example from Eastern Europe, William Davidson Institute Working Paper Nr. 206, May, Ann Arbor.

ZOLOTAREVA, A., DROBYSHEVSKII, S., SINEL'NIKOV, S., KADOCHNIKOV, P. (2002), The Prospects for Creating a Stabilization Fund in the Russian Federation, in: Problems of Economic Transition, Vol. 45, Nr. 2, 5-85.

Wirtschaftswissenschaftliche Beiträge

Band 151: C. Muth, Währungsdesintegration –
Das Ende von Währungsunionen, 1997.
ISBN 3-7908-1039-8

Band 152: H. Schmidt, Konvergenz wachsender
Volkswirtschaften, 1997. ISBN 3-7908-1055-X

Band 153: R. Meyer, Hierarchische Produktionsplanung für die marktorientierte Serienfertigung,
1997. ISBN 3-7908-1058-4

Band 154: K. Wesche, Die Geldnachfrage
in Europa, 1998. ISBN 3-7908-1059-2

Band 155: V. Meier, Theorie der Pflegever-
sicherung, 1998. ISBN 3-7908-1065-7

Band 156: J. Volkert, Existenzsicherung in der
marktwirtschaftlichen Demokratie, 1998.
ISBN 3-7908-1060-6

Band 157: Ch. Rieck, Märkte, Preise und
Koordinationsspiele, 1998. ISBN 3-7908-1066-5

Band 158: Th. Bauer, Arbeitsmarkteffekte der
Migration und Einwanderungspolitik, 1998.
ISBN 3-7908-1071-1

Band 159: D. Klapper, Die Analyse von
Wettbewerbsbeziehungen mit Scannerdaten, 1998.
ISBN 3-7908-1072-X

Band 160: M. Bräuninger, Rentenversicherung und
Kapitalbildung, 1998. ISBN 3-7908-1077-0

Band 161: S. Monissen, Monetäre Transmissions-
mechanismen in realen Konjunkturmodellen, 1998.
ISBN 3-7908-1082-7

Band 162: Th. Kötter, Entwicklung statistischer
Software, 1998. ISBN 3-7908-1095-9

Band 163: C. Mazzoni, Die Integration der Schweizer Finanzmärkte, 1998. ISBN 3-7908-1099-1

Band 164: J. Schmude (Hrsg.) Neue Unternehmen
in Ostdeutschland, 1998. ISBN 3-7908-1109-2

Band 165: A. Rudolph, Prognoseverfahren
in der Praxis, 1998. ISBN 3-7908-1117-3

Band 166: J. Weidmann, Geldpolitik
und europäische Währungsintegration, 1998.
ISBN 3-7908-1126-2

Band 167: A. Drost, Politökonomische Theorie der
Alterssicherung, 1998. ISBN 3-7908-1139-4

Band 168: J. Peters, Technologische Spillovers zwischen Zulieferer und Abnehmer, 1999.
ISBN 3-7908-1151-3

Band 169: P.J.J. Welfens, K. Gloede, H.G. Strohe,
D. Wagner (Hrsg.) Systemtransformation in
Deutschland und Rußland, 1999.
ISBN 3-7908-1157-2

Band 170: Th. Langer, Alternative Entscheidungs-
konzepte in der Banktheorie, 1999.
ISBN 3-7908-1186-6

Band 171: H. Singer, Finanzmarktökonomie, 1999.
ISBN 3-7908-1204-8

Band 172: P.J.J. Welfens, C. Graack (Hrsg.)
Technologieorientierte Unternehmensgründungen
und Mittelstandspolitik in Europa, 1999.
ISBN 3-7908-1211-0

Band 173: T. Pitz, Recycling aus produktions-
theoretischer Sicht, 2000. ISBN 3-7908-1267-6

Band 174: G. Bol, G. Nakhaeizadeh, K.-H. Vollmer
(Hrsg.) Datamining und Computational Finance,
2000. ISBN 3-7908-1284-6

Band 175: D. Nautz, Die Geldmarktsteuerung
der Europäischen Zentralbank und das Geldangebot
der Banken, 2000. ISBN 3-7908-1296-X

Band 176: G. Buttler, H. Herrmann, W. Scheffler,
K.-I. Voigt (Hrsg.) Existenzgründung, 2000.
ISBN 3-7908-1312-5

Band 177: B. Hempelmann, Optimales Franchising,
2000. ISBN-3-7908-1316-8

Band 178: R.F. Pelzel, Deregulierte Telekommuni-
kationsmärkte, 2001. ISBN 3-7908-1331-1

Band 179: N. Ott, Unsicherheit, Unschärfe und
rationales Entscheiden, 2001. ISBN 3-7908-1337-0

Band 180: M. Göcke, Learning-by-doing
und endogenes Wachstum, 2001.
ISBN 3-7908-1343-5

Band 181: W. Schelkle, Monetäre Integration,
2001. ISBN 3-7908-1359-1

Band 182: U. Blien, Arbeitslosigkeit und
Entlohnung auf regionalen Arbeitsmärkten, 2001.
ISBN 3-7908-1377-X

Band 183: A. Belke, Wechselkursschwankungen,
Außenhandel und Arbeitsmärkte, 2001.
ISBN 3-7908-1386-9

Band 184: F. Jöst, Bevölkerungswachstum und
Umweltnutzung, 2002. ISBN 3-7908-1405-9

Band 185: F. Bulthaupt, Lohnpolitik und Finanzmärkte in der Europäischen Währungsunion, 2001.
ISBN 3-7908-1424-5

Band 186: P.J.J. Welfens, R. Wiegert (Hrsg.)
Transformationskrise und neue Wirtschaftsreformen
in Russland, 2002. ISBN 3-7908-1465-2

Band 187: M. Pflüger, Konfliktfeld Globalisierung,
2002. ISBN 3-7908-1466-0

Band 188: K. Gutenschwager, Online-
Dispositionsprobleme in der Lagerlogistik, 2002.
ISBN 3-7908-1493-8

Band 189: Th. Gries, A. Jungmittag, P.J.J. Welfens
(Hrsg.) Neue Wachstums- und Innovationspolitik
in Deutschland und Europa, 2003.
ISBN 3-7908-0014-7

Band 190: D. Schäfer, Hausbankbeziehung und
optimale Finanzkontrakte, 2003.
ISBN 3-7908-0026-0